대상관계 이론과 실제

자기와 타자

N. Gregory Hamilton 저
김진숙 · 김창대 · 이지연 공역

학지사

SELF AND OTHERS:
Object Relations Theory in Practice
by N. Gregory Hamilton

| 역자 서문 |

근래 우리나라에서도 대상관계이론에 대한 관심이 높아지고 있다. 오랫동안 이 이론에 관심을 가져 온 역자로서는 반가운 일이 아닐 수 없다. 대상관계이론을 포함하여 Freud 사후에 발달한 현대정신분석이론은 1980년대 이후 정신분석뿐만 아니라 심리치료 분야에서도 폭넓게 도입되고 적용되어 왔다. 하지만 국내에서는 최근까지도 이런 새로운 이론을 소개하려는 노력이 미흡했다. 대상관계이론에 대한 관심의 증대에도 불구하고 이 이론을 이해하기 쉽게 소개해 놓은 번역서나 국내 저술이 별로 없어 늘 아쉬워하던 차에, 지난 수년 동안 세미나와 대학원 강의에서 교재로 사용하고 공부했던 Gregory Hamilton의 저서를 번역하기로 역자들이 뜻을 모았다.

G. Hamilton은 미국의 정신과 의사로서 메닝거 클리닉에서 정신과 수련을 마쳤다. 그는 메닝거 클리닉과 오리건 주 대학병원의 정신과에서 교수로 일하며 가르쳤고, 정신분석적 심리치료 임상과 슈퍼비전 및 저술활동을 활발히 수행하고 있다. Hamilton은 대상관계이론 중진학자로서 현대정신분석이론의 다양한 관점 간의 생산적인 대화와 교류를 위해 노력해 왔다. 그의 이런 노력은 이 책에 이어 대상관계이론과 현대정신분석이론의 다른 이론적 관점을 비교하여 소개한 편저 『내적 근원으로부터: 대상관계심리치료의 새로운 방향(*From Inner Sources: New Directions in Object Relations Psychotherapy*)』(1992)과 대상관계이론과 자아심리학 및

자기심리학을 비교하고 접목한 그의 관점을 제시한 저서 『심리치료에서 자기와 자아(*The Self and the Ego in Psychotherapy*)』(1996)에 나타난다.

하지만 이 책에서 저자는 이런 통합적인 관점보다는 대상관계이론을 충실하게 전달하고자 한다. 이 책의 서문에 나와 있듯이, 저자가 이 책을 쓰게 된 계기는 당시 미국에서도 대상관계이론에 대한 관심이 커지고 있었으나, 기존의 대상관계문헌이 대체로 난해하게 쓰여 있어 적합한 입문서가 필요하다는 인식에서 비롯되었다. 이에 저자는 이론의 깊이를 훼손하지 않으면서 독자들이 좀 더 쉽게 이해할 수 있는 언어와 내용구성으로 이 책을 저술하게 되었다. 이런 의도에 맞게 저자는 여러 학자의 대상관계이론에서 공통된 주요 개념과 기법을 정리하여 설명하고, 제시된 개념과 기법마다 구체적인 임상사례와 일상생활의 예시를 풍부하게 포함시켜 독자의 이해를 돕고자 했다. 이 책은 1988년 초판이 출간되었고, 책에 대한 높은 호응에 힘입어, 2년 뒤 제2판이 나왔다. 제2판은 초판을 읽은 독자의 요청에 따라 본문의 내용 수정 없이 서문만 고쳤을 정도로 초판에 대한 반응이 좋았다.

대상관계이론이 상담의 모든 것을 설명하지는 않는다. 그러나 이 이론은 역자에게 다른 이론적 접근을 아우를 수 있는 기본적 축과 맥락을 제공해 주었다. 대상관계이론이 없었다면, 역자는 다른 접근에서 제공하는 여러 가지 기법을 탈맥락적으로, 그리고 어쩌면 다소 기계적으로 적용했을지 모른다. 또한 역자는 대상관계이론의 도움을 받아 '상담자 자신을 활용한 상담'의 의미를 이해하고 적용할 수 있었는데, 그런 과정을 쉽게 도와준 것이 이 Hamilton의 책이다.

이처럼 대상관계이론은 역자의 상담방식과 상담에 대한 이미지를 크게 바꾼 이론이다. 물론 대상관계이론을 이해하고 상담실제에 적용하기에 어려움이 없었던 것은 아니다. 이론에서 사용하는 용어가 복잡하고 여러 이론가가 각각 다른 점을 강조하다 보니, 같은 용어도 다소 다른 의미로,

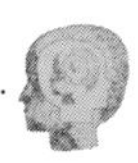

서로 다른 용어면서 유사한 것을 지칭하는 경우도 있었다. 대상관계이론을 이해하려면 다른 상담이론처럼 이론가를 중심으로 이해하기보다, 대상관계이론과 관련된 여러 이론가 간의 사소한 차이는 접어 두고, 먼저 대상단계이론이라는 이름하에 그들이 공통적으로 전달하려는 것에 초점을 맞추어 전체적인 맥락을 파악한 후 그 속에서 각 이론가의 세밀한 차이점을 하나하나 이해해 가는 편이 효과적이라는 점을 알게 된 것은 얼마 되지 않는다. 이 책은 각 이론가별로 상세하게 기술하지 않고 중요한 개념과 주제별로 대상관계이론을 통합적으로 정리함으로써 전체를 꿰뚫을 수 있는 커다란 축과 맥락을 제시해 준다.

Hamilton의 이 책은 다섯 개의 부로 구성되어 있다. 제1부 '자기와 대상 및 자아' 는 대상관계이론에서 반드시 이해하고 넘어가야 할 기본 개념(제1장 대상, 제2장 자기, 제3장 자기-대상, 제4장 자아)이 소개되어 있다. 이런 점에서 제1부는 대상관계라는 하나의 집을 이해하려고 할 때 그 집을 구성하고 지탱하는 벽돌의 모양과 성분을 소개하는 장이라고 할 수 있다.

제2부 '대상관계의 발달' 은 대상관계가 발달하는 과정이 기술되어 있고, 대상관계가 발달하는 방향인 분리와 개별화과정(제5장)과 그런 과정에서 사람이 사용하는 다양한 심리적 기제(제6장)가 기술되어 있다. 이런 점에서 제2부는 제1부에서 소개한 다양한 모양과 성분의 벽돌로 집을 지을 때 그 벽돌들이 어떻게 만들어지는지, 벽돌이 쌓여서 어떤 모양을 이루어 가는지, 또 그 벽돌들이 올바로 쌓이도록 하기 위해서 고려해야 하는 원리를 소개하는 장이다.

제3부 '대상관계의 연속선' 은 지금까지 이론적, 임상적으로 확인할 수 있는 대표적 대상관계의 형태(정상적, 병리적 형태를 포함)와 발현되는 방식을 소개했다. 대표적 대상관계의 형태에는 자폐(제7장), 정신분열증(제8장), 조증(제9장), 경계선적 성격장애(제10장), 자기애적 성격장애(제11장),

신경증적 성격과 정상 성격(제12장) 등이 있다. 이 장은 각각의 특성을 가진 벽돌과 그 벽돌을 쌓아 올려 만들 수 있는 집의 몇 가지 중요한 유형(그 집의 형태가 괜찮든, 보기에 다소 흉하든)을 기술한 장이라고 할 수 있다.

대상관계이론에 따르면, 상담자는 내담자에게 새롭고 도움이 되는 관계경험을 제공할 중요한 사람이며, 그 관계경험 자체가 내담자의 변화를 촉진하기 때문에 상담자 자신이 소위 변화를 촉진하는 '약' 이 되어야 한다. 이것은 제4부 '치료' 에서 전달하려고 하는 내용의 핵심이다. 여기에서 저자는 상담자나 상담자가 제공하는 관계가 어떻게 '약' 이 되는지(제13장 기법 속의 치료관계, 제14장 치료관계 속의 기법), 관계의 상호성 때문에 내담자와 상담과정이 상담자에게 어떤 영향을 미칠 수 있는지(제15장 역전이), 관계는 두 사람 사이에서만 발생하고 영향을 주는 것이 아니라 집단 체계에도 어떻게 영향을 미칠 수 있는지(제16장 집단과 체제와 병렬적 과정)에 대해 기술하고 있다.

제5부 '좀 더 넓은 맥락' 은 대상관계이론을 심리학의 좀 더 광범위한 영역에 적용해 보려는 시도로 기술되었다. 우선 저자는 대상관계이론을 민속과 신화에 적용했고(제17장 민속과 신화와 자기의 변형), 현실감각에 대해 대상관계이론의 관점에서 설명했다(제18장 현실은 관계성이다). 그리고 끝으로 제19장 '대상관계이론의 발달' 에서는 대상관계이론이 정신분석학 내에서 어떻게 발달되었는지를 설명했다.

다른 번역서와 마찬가지로 이 책의 번역 과정에서도 용어 선택에서 어려움이 있었다. 예컨대 'splitting' 은 분열, 양분, 분리 등의 번역어를 사용하고 있으나 'separation' 을 대체로 '분리' 라 번역하므로 이와 구별하기 위해 분열이라는 용어를 주로 사용했고, 경우에 따라 '양분' 이라는 용어를 썼다. 그리고 'holding' 도 '안아 주기' '버텨 주기' 등 여러 가지 번역어가 있으나, 신체적인 안아 주기와 심리적인 버텨 주기의 의미를 둘

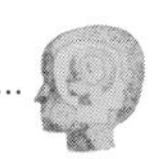

다 포함하여 '보듬어 주기'로 했다. 'the container'는 'holding'과 구별하기 위해 '담아내기'로 했다. 'the self'는 자기로, 'the ego'는 자아로 일관되게 옮겼다. 고유명사의 경우 저자명은 원어를 그대로 사용했고, 특수한 용어나 혼동이 생길 수 있다고 생각되는 용어는 괄호 안에 원어를 넣어 참고할 수 있게 했다. 추상적인 내용을 명료하고 쉽게 전달하고자 했던 저자의 의도를 최대한 살리려고 노력했으나, 여전히 난해하다거나 뜻이 잘 통하지 않는 등의 문제가 있다면 이는 전적으로 역자들의 책임일 것이다. 제1장에서 제6장까지는 김진숙이 번역을 맡았고, 제7장에서 제12장, 제17장, 제18장은 이지연이, 제13장에서 제16장까지 그리고 제19장은 김창대가 맡았다. 그리고 용어 통일과 문체의 일관성을 위해 김진숙이 다른 역자들의 동의를 얻어 전체 원고를 수정했다.

끝으로 이 책이 나오기까지 도움을 주신 여러분께 감사드린다. 인내심을 갖고 이 책의 판권을 확보하여 번역이 가능하도록 해 주신 학지사 김진환 사장님과 교정과 편집을 위해 애써 주신 김경민 선생님, 그리고 번역원고를 꼼꼼하게 수정해 준 부산외국어대학교 학생상담실의 이성원 선생님에게 진심으로 감사드린다.

아무쪼록 이 책이 독자들이 대상관계이론과 만날 수 있는 친절하고 따뜻한 입문서가 되기를 바란다.

2007년 2월

역자 일동

| 저자 서문과 감사의 글 |

이 책의 원래 의도는 대상관계이론의 개념을 희석시키거나 사상의 깊이를 해치지 않으면서 이해하기 쉬운 영어로 옮기는 것이었다. 그동안 정신건강 전문가로서의 경력을 막 쌓기 시작한 사람뿐만 아니라 자기-타자 관계를 공부하는 모든 학생과 대학원과정에 있는 분석가는 대상관계 문헌의 난해함을 호소해 왔다. 새로운 판이 필요한 때가 되었던 것이다.

대부분의 지적 운동처럼 대상관계이론은 특정한 동료가 가진 관점에 반대하는 일련의 논의나 혹은 당시 지배적인 집단이 가진 낡은 틀에 새로운 아이디어를 심어 주고자 하는 시도에서 시작되었다. 이런 논의에서는 기존의 전문용어를 사용해야 했고, 일부 용어에 종종 새로운 의미나 심지어 변하고 있는 의미가 부여되기도 했다. 따라서 원래 용어가 비록 그 목적과 독자를 위해서는 적합했지만, 성가시고 혼란스러웠다.

최근 대상관계 개념에 대한 관심과 수용의 폭이 넓어지면서 명료함을 높이는 일이 가능해지고 필요해졌다. 어색한 용어의 사용을 방어하는 일은 이제 더 이상 적절하지 않다. 한때 유명했던 논쟁에 대한 배경 지식을 요구하는 전문용어는 도움이 되기보다는 오히려 걸림돌이 되어 버렸다. 하지만 나는 원래의 전문용어를 완전히 버리는 것은 주저했다. 나는 이 책이 대중화되는 것을 원치 않았다. 나의 바람은 이 책이 동시대 치료자를 위한 하나의 번역서인 동시에, 현존하는 문헌에 입문하고 다른 문헌을 이해하는 관문 역할을 하는 것이었다. 이런 접근법은 수많은 대상관계 저자의 생각을 정리하고, 여러 관점을 비교하고, 대상관계이론에 대한 나 자신의 관점을 소개하는 작업을 요구했다. 내용의 이해가 가능하면서도 이전 문헌과 양립할 수 있도록 하기 위해, 나는 추상적인 개념에서 은유로, 임상사례로, 일상생활로 논의의 초점을 옮겨 갔다. 그리고 다시 추상적인 개념으로, 즉 원래의 이론적인 용어로 되돌아왔다. 그 결과 이 책은 단순히 번역 수준을 뛰어넘어 생각과 관찰의 통합과 변형이 이루어졌다.

이 책이 처음 나왔을 때 이 책을 읽은 독자와 교재로 쓴 강사는 이런 접근법에 대해 사려 깊게도 감사를 표현해 주었다. 그들은 이 책이 이해 가능하면서도 충분한 수준의 복잡성을 갖고 있다고 말해 주었다. 결과적으로 많은 사람이 내용 수정 없이 새로운 판이 나오기를 요구했는데, 저자로서는 참으로 만족스러운 일이다.

하지만 대상관계이론은 현재 풍성하고 성장을 계속하고 있는 분야다. 그에 따라 한 영역에서 나는 입장을 바꾸었다. 좀 더 최근의 아동연구는 자폐기에 대한 Mahler의 설명이 지지될 수 없음을 보여 주고 있다. 아동은 태어나면서부터 인간과 인간이 아닌 자극을 구별할 수 있다. 이들은 심지어 자신을 돌봐 주는 특정 인물에 대한 선호를 보일 수도 있다. 초기 이론가 Klein과 Fairbairn이 추측했던 대로, 이들은 아주 초기부터 많은 시간 동안 대상과 관련이 되어 있는 것처럼 보인다. 그리고 아동 발달의 시기에 대한 이론은 지금도 계속해서 수정되고 있다. 이것 외에 이 책에서 제시된 개념은 최근 연구에 뒤처지지 않고 또 유용하다고 믿고 있다.

나는 학생들이 자신의 환자들을 주의 깊게 관찰하고 그들에 대해 가능한 한 명확하게 기록하도록 장려해 준 Karl Menninger 박사님과 자신의 환자만큼 자기 자신을 면밀하게 관찰하라고 주장했던 Donald Rinsley 박사님께 감사드린다. 탁월한 이분들이 지난 한 해 동안 모두 돌아가셨지만 이분들의 수많은 제자는 스승이 전해 준 가르침을 계속해서 소중히 여기

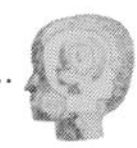

며 도움을 받고 있다. 우리는 이분들에 대한 기억과 영향을 우리 안에 지니고 있다.

나에게 가르침을 주신 여러 선생님의 도움에 고마움을 표하고 싶지만, 지면상의 제한으로 단지 몇 분만 언급할 수밖에 없다. 그분들은 Herbert Woodcock, William Sack, Diane Schetky, Ann Applebaum, Samuel Bradshaw, Normund Wong, Diego Rodriguez, Jack Ross, Meredith Titus, Robert Obourn, Stuart Averill, Tetsuro Takahashi, Richard Roskos, Peter Novotny 그리고 Herome Katz 박사다. Jan Larson 씨와 Mary Cerney 박사는 정신병 환자를 이해하고자 하는 나의 노력에 도움을 주었다. Topeka 정신분석연구소의 수련위원회 회원, 특히 Peter Hartocollis 박사와 Ramon Ganzarain 박사는 내가 배우고 성장할 수 있는 소중한 기회를 제공해 주었다. Walter Menninger, Roy Menninger, Roland Atkinson, James Shore 그리고 Joseph Bloom 박사는 내가 이 프로젝트를 맡았을 때 행정적인 지원을 제공했다.

Catherine Ponzoha 씨는 자신의 귀한 시간을 내어 이 책을 읽어 주는 평소대로의 호의를 베풀었다. 그녀는 무수히 많은 유용한 제언을 했는데, 항상 격려와 지지 속에서 재치 있고 예리하게 지적해 주었다. 뭐라고 더 감사해야 할지 모르겠다. 나의 아버지인 Norman K. Hamilton 박사는 제4장까지 도움을 주셨고, Robert Frick 박사도 마찬가지로 도움을 주셨다. Joan Langs 씨는 원고 전체를 교정해 주었는데, 적절한 대목에서 제안과 도전을 제공했다.

나의 학생들은 사례 예시를 제공하였을 뿐만 아니라 유용한 비판과 질문을 해 주었다. 그들은 내가 그들과 함께 이러한 개념을 발견해 가는 동안 인내심을 보여 주었다.

나의 환자들은 내가 그들과 함께 일하면서 배우고 도움을 얻었다는 것을 이미 알고 있다. 그들 중 일부는 책에 제시된 사례에서 자기의 어떤 면모를 알아보지 않을까 하고 의구심을 가질 수 있다. 그들 한 사람 한 사람이 특정한 처지에 있고 그 자체로서 중요하기 때문에 각각을 개별적으로 서술하지 못해 유감스럽다. 하지만 그들의 사생활을 존중해야 하기에 나는 그렇게 할 수 없었다. 나는 구체적인 내용은 숨긴 채 사례 자료를 조합하고 몇몇 예시를 나누어서 환자의 가족이나 친구가 알아채거나 환자가 자신의 이야기로 확신할 수 없도록 재구성했다. 나는 무엇보다도 나의 환자들이 나에게 그들을 알고, 그들과 함께 일하고, 그들에게서 배울 수 있는 특권을 준 것에 마음속 깊이 감사드린다.

저자 N. Gregory Hamilton

| 차 례 |

제3부 대상관계의 연속선

제4부 치 료

제5부 좀 더 넓은 맥락

제1부
자기와 대상 및 자아

오 밤나무여, 거대한 뿌리로 꽃을 피우는 이여,
그대는 잎사귀인가, 꽃인가 아니면 줄기인가?
오, 음악에 몸이 흔들리고, 오 밝은 빛이여,
우리 어찌 춤과 춤추는 자를 구별할 수 있겠는가?
– William Butler Yeats 〈학동 가운데서〉

●● 서론

사랑과 우정, 경쟁관계와 더불어 우리는 우리 내면에 복잡한 관계를 갖고 있다. 이런 관계는 정적인 이미지가 아니라, 우리 자신에 대한 느낌과 우리가 다른 사람을 대하는 방식에 강력한 영향을 미친다. 주위 사람 또한 우리 내면에서 우리에게 영향을 미친다. 이런 내적 관계와 외적 관계에 대한 탐색은 대상관계이론이라 불리는 지식 체계의 성장을 가져왔다.

발달적 측면에서 보면, 우리는 미분화상태에서 시작하며 우리 자신을 환경에서 분리할 수 없다. 우리는 우리를 돌보는 사람, 즉 부모와의 관계에서 우리가 누구인지 점차 알게 된다. 우리는 처음에 바로 우리의 생존을 위해 의존하고 있는 이들로부터 분리된 개체로서 자신을 인식할 수 없다. 우리 존재의 단독성과 작은 상태가 두렵기 때문에 우리는 양육자에게서 사랑과 돌봄을 받음으로써 용기를 얻는 것이 필요하다. 이런 우리 자신과 부모와의 관계를 보호하기 위해, 우리는 어려움을 이 관계 외부로 돌리기 시작한다. 우리가 필요로 하는 관심을 받은 후에야 우리는 우리의 약점과 갈망을 우리 자신의 것으로 받아들이고 다른 사람을 배려할 수 있을 만큼 충분히 강하다고 느끼며 자신감을 가질 수 있다.

이런 과정은 생애 초기에 시작하여 성인기까지 지속된다. 우리는 우리가 맺는 관계의 측면을 받아들이고 이를 우리 자신의 일부로 만든다. 또한 우리 자신과 축적된 우리 내면의 관계에 속하는 측면을 주위 사람에게 돌린다. 우리가 정신적으로 건강하면 우리는 이 과정을 계속한다.

사람들이 정신적으로 건강하지 못하면, 이런 내면화와 외현화는 반복적이거나 극단적인 유형에 빠지거나 고착된다. 어떤 사람은 다른 사람의 실제 성향과는 상관없이 만나는 모든 사람과의 관계에서 자신의 습득된 내면의 관계를 재현한다. 또 어떤 사람은 철저하게 자신을 격리시켜 어느 누구와도 관계를 맺을 수 없거나 관심을 가지지 못한다. 즉, 그들은 자신의 내면세계에 갇히게 된다. 또 많은 사람은 주변의 영향에 너무나 취약해서 마치 카멜레온처럼 그들이 만나는 사람이 누구든 간에 그 사람의 특성을 받아들인다. 이들은 안정된 정체성 혹은 자기를 확립할 수 없다.

대상관계이론은 건강한 아동과 성인 및 환자의 이러한 내적 관계와 외적 관계에 관한 연구다. 지난 30년 동안 대상관계연구자는 정신분석에 새로운 생명을 불어넣었다. 이 이론의 개념은 즉시성과 유용성의 측면에서 매우 강력하며, 정신분석뿐만 아니라 심리치료와 집단치료, 가족치료, 병원 관리에까지 확산되어 영향을 미치고 있다.

다른 분야와 마찬가지로 정신건강실무자 사이에는 자연스러운 경쟁이 있다. 이런 경쟁심리는 대상관계이론을 새로운 학파 혹은 이단적 이론이라 부르며 주류에서 떼어 놓으려는 경향을 조장한다. 이와 유사한 현상으로 자아심리학(ego psychology)은 한때 이단으로 간주되었고, 자기심리학(self psychology)은 현재 주류에서 벗어나 있는 것으로 흔히 기술되고 있다. 어떤 임상전문가는 대상관계이론은 새로운 이론이 아니고 고전이론의 한 부분을 재구성하고 정교화시킨 것에 불과하다고 주장한다.

지식은 소유하고 통제하고 파생집단으로 귀속시킬 수 있는 것이 아니고 혹은 어떤 학파나 학문 분야의 제한된 테두리 안에 깔끔하게 가둘 수 있는 것이 아니다. 다른 지식체계와 마찬가지로 대상관계이론은 고려할 만한 가치가 있는 일련의 사상이다. 이제 대인 간 기능과 심리내적 기능을 탐색하려는 지적인 시도의 초점을 자기와 대상의 개념에 두려고 한다. 대상관계 연구의 시작은 자기와 대상이라는 이 기본 개념에서 비롯된다. 제1부에서 나는 또한 자아에 대해 논의하고자 한다. 자아는 우리의 내적, 외적 자기경험과 대상경험을 통합하고 변별한다.

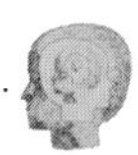

법을 바꾸기도 한다.

내적 혹은 외적이라는 주제는 처음 보기보다 훨씬 더 복잡하다. 이것은 수천년 동안 끌어온 논쟁의 주제, 즉 인식론과 실재의 본질에 대한 주제로 우리를 이끈다. 우리는 우리가 아는 바를 어떻게 아는가? 외부에 세계가 정말 존재하는가? 외부세계는 우리가 지각하는 것과 무슨 관계가 있는가? 여기서는 이런 추상적 개념으로 더 나아가기보다는 내적 대상을 외적 대상과 구별하지 않는 것이 대부분의 대상관계 문헌을 이해하기 어렵게 만든다는 점을 그저 인정하고자 한다. 내적 세계와 외적 세계의 주제는 이후 다시 다룰 것이다.

심리학적 용어인 대상(object)이 문법적 의미로 목적어(object)라는 단어에 상응한다는 것은 우연의 일치가 아니다. 전형적인 문장은 주어와 동사, 목적어의 구조를 가진다. 대상관계 이론도 같은 구조를 갖는다. 주어인 자기가 있고, 동사인 사랑하거나 미워하는 감정상태가 있고, 그리고 그 사랑이나 미움의 대상이 있다. 이 단순화된 문법적 구조는 주어와 목적어 사이의 명확한 구별이 없는 심리적 상태를 연구하는 데 특히 유용하다. 이러한 심리적인 상태는 아동의 언어발달과 경험을 문법적 질서에 맞춰 구성하는 능력에 앞선다. 즉, 이런 상태는 언어 이전의 경험이다. 자기-대상 혼동에 대해서는 이 책 전반에 걸쳐 좀 더 많이 논의할 것이다.

대상은 정서적 에너지, 즉 애정이나 증오 또는 애정과 증오의 좀 더 조절된 결합이 투여된 사람이나 장소, 사물, 개념, 환상 또는 기억이다. 외적 대상은 정서적 에너지가 투여된 사람이나 장소 또는 사물이다. 내적 대상은 사람이나 장소 또는 사물과 관련된 개념이나 환상이나 기억이다.

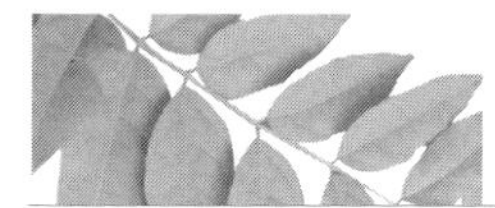

제2장 자 기

정신분석학 문헌에서 우리는 자기(the self)에 대한 풍부한 논의를 찾아볼 수 있다. 몇몇 학술지는 한 호 전체를 이 주제에 할애했다. 심지어 자기심리학(Kohut, 1971, 1977)이라 불리는 대상관계이론의 한 분파가 있기도 하다.

자기라는 단어는 역사적으로 바람, 숨, 그늘, 그림자, 영혼, 마음, 우주적 자기, 초월적인 유일체, 하나, 움직이지 않으며 움직이게 하는 것, 영적인 실체, 선과 악의 소재지, 초월적 동인(agency) 등을 의미해 왔다. 좀 더 일상적으로 자기는 신체, 끊임없이 유동적인 지각의 덩어리, 사람과 사람에 속한 모든 것을 의미해 왔다. 이러한 역사를 가진 단어는 정신주의 대 물질주의, 심신이원론 대 심신일원론의 문제를 갖지 않을 수 없다.

개인의 바로 그 자기, 즉 한 개인에게 세상에서 가장 가까운 이것은 한마디로 정의 내릴 수 없다. 이론적으로나 발달적으로 자기라는 개념은 대상이라는 개념에 뒤처진다. 아기는 어머니에게서 분리된 개체로 자기에 대한 확고한 인식을 발달시키기 전에 어머니를 타인과 구별하는 것을 배운다. 어머니와 타인 간의 구별이 자기와 어머니의 구별보다 앞서 이루어진다. 즉, 대상을 구별하는 능력이 자기를 분리된 개체로 인식하는 능력에 앞선다.

그럼에도 불구하고 그동안 자기라는 개념 이해에 진전이 있었다. 많은 저자가 자기를 어떤 정신적 표상, 즉 어떤 생각이나 느낌 혹은 환상을 의미하는 것으로 개념화한다. 대상과 마찬가지로 이 표상은 사랑하거나 미워하는 어떤 사람이나 사물을 가리킨다. 그러나 대상과는 다르게, 이런 생각이나 느낌 혹은 환상은 근원적이고 생물학적으로 자신이라는 사람에 관한 것이다. Freud(1923, p. 26)가 말한 것처럼 "자아는 무엇보다도 먼저 육체적 자아다."[1)]

자기표상은 사적인 것이지만, 감정과 같은 다른 사적인 경험처럼 묘사될 수 있다.

어느 여름날 저녁 무렵 2세인 한 남자아이가 아버지와 함께 공원에 갔다 돌아오는 길이었다. 그들은 보도 위로 그들 앞에 뻗어 있는 그림자에 대해 얘기하고 있었다.

"저건 내 그림자야, 그리고 저건 아빠 그림자야." 아이가 말했다.

"그래, 그렇구나." 하고 아버지가 대답했다.

잠시 후 아버지가 아들을 목말을 태웠다. 남자아이는 그들의 그림자에 생긴 변화를 보고 웃었다.

"내 그림자 위에 있는 저게 뭐지?" 하고 아버지가 물었다.

"그건 나야." 아이가 깔깔대며 대답했다.

아이는 반복해서 "그건 나야."라고 말했다. 그전에 그는 자기 그림자라고 말했었다. 그런데 이제 "그게 나야."라고만 말했다. 그의 그림자가 자기상이 된 것이다.

---

1) 이 말은 종종 "자아(ego)는 무엇보다도 먼저 육체적 자아다."(Freud, 1923, p. 26)라고 번역된다. 그러나 독일어 원문에서 Freud는 'Ich' 라는 단어를 사용하였는데, 이것은 '나(I)' 를 의미한다. 이 문장에서 Ich는 자기(self)를 의미하는 것이 분명한데도, Strachey가 편집한 『표준판 프로이트 전집』(Freud, 1923, p. 7)에서는 'Ich' 를 보통 'ego' 로 번역하였다. 자아는 다른, 좀 더 구체적인 의미를 가지게 되었는데, 이에 대해서는 제4장에서 논의할 것이다.

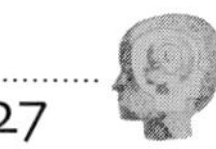

'그게 나야.' 가 대상관계이론에서 자기가 의미하는 것이다. '그게 나야.' 라는 경험은 매우 다양하기 때문에 몇 가지 다른 예를 제시하고자 한다.

B.G.는 30세의 남성인데, 그의 생각과 계획, 종교가 너무도 급격히 변해 그의 삶을 혼란스럽고 어렵게 만들었기 때문에 심리치료를 받기 시작했다. 그는 직업을 갖자 말자 그만두기 일쑤였다. 그는 이단 종교집단에 들어갔고, 자신이 성자라고 생각했다. 얼마 지나지 않아 자신이 악마라고 믿었다. 곧이어 그는 자신이 멀리서 생물적인 힘의 작용을 지켜보는 객관적인 과학자라고 느꼈다.

수개월간의 심리치료를 받은 후, 그의 심각한 자기혼란은 줄어들었다. 일년 후 어느 날, 그가 편안하고 흥미 있어 하는 태도로 치료실에 들어왔다. "어젯밤 이상한 꿈을 꿨어요." 라고 그가 말했다. "꿈에서 나는 다른 사람들과 함께 극장에서 줄을 서서 기다리고 있었어요. 그 줄에는 세상의 모든 부류와 연령대의 사람이 있었고, 남녀가 다 있었어요. 마치 마술처럼 문이 열리더니 바로 내가 걸어 들어오는 게 아니겠어요."

"당신이 어떻게 보이던가요?" 치료자가 물었다.

"나는 줄에 서 있었을 때, 아니 내 말은 지금 내 모습 그대로였어요. 나는 나에게 곧장 걸어갔어요. 내가 나에게 좀 더 가까워졌을 때, 나를 알아보는 기분 좋은 느낌이 들었어요."

"그러고 나서는 어떻게 되었나요?"

"나는 내 안으로 걸어 들어가 사라졌고 그러고 나서 우리는 하나가 되었어요."

환자가 이 꿈에 대한 자신의 생각을 이야기했을 때, 치료자는 유아가 거울에서 자신의 이미지를 탐구하는 것을 지켜보는 장면이 떠올랐다. 생후 7개월에서 10개월 사이에 B.G.는 그 또래 다른 아이처럼 자신의 상이 사라질 때까지 거울로 점점 더 가까이 다가갔을지 모른다. 이것은 대상이미지에 대해서가 아니라 자기이미지에 대해서만 일어나는 현상이다. B.G.는 발달 초기 자기경험의 재작업을 시작하고 있었던 것이다. 근본적인 수준에서 그는 자신이 누구인지 경험하기 시작했다. 이런 상이 바로 자기다.

어느 보험회사 중역이 친구를 방문해서 회사경영상의 세세한 일에서 휴식을 얻고자 했다. 그의 친구인 여성이 그녀의 5층 스튜디오 홀에서 그를 맞았다. 그녀가 문을 열었을 때, 넓고 조명이 멋진 작업공간이 그의 앞에 펼쳐졌다. "들어와." 그녀가 말했다. 그녀는 벽 쪽으로 손을 뻗으면서 "둘러 봐."라고 말했다.

거대하고 대담한 그림들이 벽면을 덮고 있었다. 그림에는 검정색 문양이 흰색과 회색으로 교차하고 있었는데, 역동적이면서도 통합되어 있었다. 모든 그림은 검정색에 변화를 준 것이었다.

"모두 검정색이네." 그가 말했다.

"내가 우울했던 것 같아." 그녀가 말했다. "그렇지만 그게 나야. 그게 내가 작업해야 하는 전부이고, 그래서 그걸 가지고 작업하고 있어." 그녀의 반짝이는 눈과 미소 짓는 얼굴은 그녀가 이전에 우울했거나 우울할 수 있었다고 그에게 말하고 있지만, 이제는 우울하지 않다는 것을 보여 주었다. 그녀는 그에게 자기에 관한 무엇인가를 이야기하고 있었던 것이다.

정신분석학적 의미로 그림은 자기나 자기이미지는 아니었다. 그것은 캔버스와 물감이었다. 그녀의 말도 자기는 아니었다. 그러나 그녀의 그림과 말은 그녀의 내적 자기표상에 관해 어떤 것을 전달해 준다. 이런 내적 이미지가 자기가 의미하는 것이다. 이 사례에서, 그녀는 현재는 우울하다고 느끼지 않지만 한때 우울했던 자기에 대해 말하고 있다.

자기이미지가 반드시 시각적인 것은 아니다. 자기이미지는 또한 깊은 근육 감각과 관련된 근운동 감각이기도 하다.

동네 수영장에서 한 젊은 남성이 지상 9미터 높이의 다이빙대 위에서 자세를 취했다. 그는 위로 뛰어오르더니 창 자세로 몸을 접고, 떨어질 때 한 바퀴 반을 돌고 몸을 펴서 물속으로 떨어졌다. 그의 발목 주위에 물거품이 거의 일지 않았다.

이 다이버는 스스로 의식하지는 않지만, 세심하게 조율된 자각에 의지했다. 그가 공중을 가로지르며 떨어질 때, 균형 잡힌 움직임 하나하나를 의식적

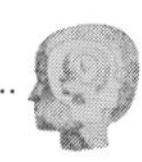

으로 따라갈 수는 없었을 것이다. 그는 통제를 유지하였는데, 그 이유는 그가 선회할 때 근운동감각적으로 시공간에서 자신이 정확히 어디에 있는지 알았기 때문이다. 이런 감각이 자기다.

20년 전 나는 로마의 스페인 계단 부근에서 버지니아 주에서 온 한 남자를 만났다. 그는 돈은 없었지만 기타를 갖고 있었다. 그가 블루스를 연주하며 쓸쓸한 유행가를 부르자, 한 무리의 사람이 그의 주변으로 모여들었다. 슬프고 절망적인 넋두리가 멜로디와 리듬에 의해 바뀌었다. 이 남자의 음악은 구슬픈 자기연민의 말을 인간의 어리석음에 대한 인내와 희망과 기쁨의 표현으로 바꾸었다.

소리가 그의 자기는 아니었지만, 그 소리는 그의 자기에 관한 어떤 것을 나타냈다. 기분, 절망과 뒤섞인 슬픔, 멜로디와 연결된 리듬에 대한 그의 감각은 그의 내적인 자기 감각, 최소한 자신의 일면을 반영했다.

줄을 퉁기는 그의 손놀림이 너무나도 빨라 하나하나 모두 인식할 수는 없었다. 그러나 그는 자신의 손가락이 각각 어디에 있고 어디로 움직일 것인지, 어떤 소리와 음조, 리듬이 각각의 움직임과 연결되고 어떤 단어와 의미와 분위기가 이를 한데 엮어 내는지를 정확하게 감지했다. 그의 노래는 적어도 자기의 어떤 측면들의 내적인 통합을 반영했다.

자기는 나라는 사람과 관련된 의식적이고 무의식적인 정신적 표상을 가리킨다. 이 책에서 대상은 때로는 외적인 사람, 장소 혹은 사물을 뜻하기도 하고 때로는 내적인 이미지를 뜻하는 반면에, 자기는 항상 내적인 이미지를 가리킨다. 이런 용법에 따르면, 외부 관찰자에 의해 보이는 사람은 자기가 아니라 한 개인이다. 자기는 사적인 것이다.

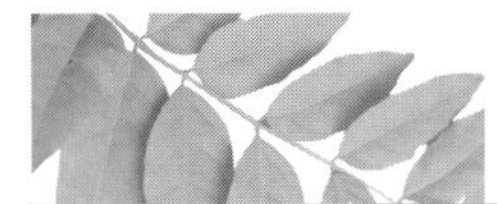

제3장 자기-대상

대상관계는 자기와 내적 혹은 외적 대상과의 상호 작용이다. 환상에 대한 연구에 근거하여 자기표상(self-representations)과 대상표상(object-representations)은 독립적으로 존재하는 것이 아니라, 대상관계 구성단위(object relations units)라고 불리는 관계 안에서 존재한다는 결론이 도출되었다. 이런 구성단위는 자기표상과 내적 대상표상으로 이루어지며, 이 둘은 욕동이나, 사랑이나 미움과 같은 정서, 배고픔이나 포만감에 의해 연결된다(Kernberg, 1976; Rinsley, 1978).

심리치료자는 '전적으로 좋고 전적으로 나쁜(all-good and all-bad)' 대상관계를 가진 경계선 환자에게서 이런 구성단위에 관하여 많은 것을 알게 되었다. 양극화된 자기표상과 대상표상 및 정서는 대상관계 구성단위를 좀 더 명확하게 드러낸다.

S.W.는 32세의 여성으로 전적으로 좋고 전적으로 나쁜 자기-대상 상태에 빠졌다. 어느날 그녀는 분석시간을 시작하면서 자신의 정신과 의사가 항우울제를 재처방해 주는 것을 잊었다고 불평했다. 실제로는 의사가 재처방을 했었

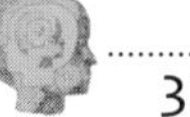

는데 그녀가 그 사실을 간과한 것이었다. 의사는 오해가 풀리기를 기다렸다. 계속해서 그녀는 자신이 주말에 얼마나 힘든 시간을 보냈는지에 대해 말했다. 그녀는 남편에게 토요일에 자신이 친구를 만나는 동안 그가 아이들을 봐 주기 원한다고 말했었다. 남편은 그 전 주 매일 저녁 그가 아이들과 함께 있는 동안 그녀는 댄스 교실에 갔었다고 대꾸했다. 그는 그녀와 아이들과 함께 '가족이 함께하는 시간'을 좀 보내고 싶다고 했다.

그녀는 이어서 말했다. "그 사람은 자기가 아이들과 있을 때마다 내가 나가는 것을 참아 줄 수 없다고 했어요. 그는 그런 행동을 그만두게 하겠다고 했어요. 그 말에 나는 정말 화가 났어요. 그 사람이 누굴 못하게 한다고? 자기가 뭐라고 내게 뭘 하라 마라 하는 거죠? 그리고 이런 말을 그 사람에게 했어요!"

"말다툼이 있었던 것 같이 들리는군요." 의사가 말했다.

"정말로 다툰 것은 아니구요. 내가 일방적으로 그 사람에게 퍼부었어요. 그 사람은 더 이상 말을 하지 않았어요. 나는 내 속에 들어 있던 말을 다 내뱉었어요. 그런데 아침에 일어났을 때 난 여전히 화가 났어요. 나쁜 마음, 정말 나쁜 마음이 들었어요. 그 사람이 자고 있는 모습을 봤어요. 그 사람 목을 조르고 싶은 마음이 들었어요. 자고 있는 동안 그 사람 얼굴을 주먹으로 힘껏 때려 주고 싶었죠. 아이들한테는 내가 일어난 후에 신경질을 냈어요. 아이들을 야단쳤어요. 아이들이 야단맞을 짓을 한 것은 아니었지만, 계속 잔소리를 했어요. 주말 전체가 시간낭비였어요."

이 환자는 계속해서 정신과 의사가 그녀가 항우울제를 다시 받아야 한다는 것을 일깨워 주지 않았기 때문에 그에게 얼마나 낙담했는지에 대해 말했다. 그녀는 부활절 일요일에 얼마나 우울했는지 묘사했다. 그녀는 어머니와 아버지의 묘소를 보러 묘지에 갔었다. 묘지관리인이 부모님의 묘지 관리를 소홀히 했고 그녀는 이에 대해 화가 났다.

S.W.는 전적으로 나쁜 자기-대상 상태에 빠져 있었다. 자기는 나쁘고, 비열하고, 우울했다. 그녀의 대상, 즉 정신과 의사, 남편, 부모, 묘지관리인으로 표상되는 그녀의 대상들은 잘 잊어버리고, 만족을 주지 않고, 곁에 없고, 죽었으며, 소홀했다. 자기와 대상을 연결시키는 정서는 분노였다. 나쁜 자기와 나쁜 대상과 화난 감정은 전적으로 나쁜 대상관계 구성단위를 이루고 있다.

동일한 환자가 그 분석시간 중 얼마 후에는 전적으로 좋은 대상관계를 묘사했다.

치료자는 S.W.에게 어린 시절 부활절은 어떠했는지 물었다. "정말 좋았어요." 그녀는 밝게 웃으며 대답했다. "나는 부활절 새 옷과 예쁜 새 구두를 받았어요. 우리 어머니는 항상 부활절에 나를 위해 정말 특별한 것을 주셨는데, 초콜릿으로 만든 토끼를 주셨어요. 부활절에는 언제나 초콜릿 토끼를 받았어요." 그녀의 목소리와 표정은 따뜻함과 부드러움으로 가득 넘쳤다. "난 그 초콜릿 토끼들을 정말 좋아했어요. 아버지는 성대한 아침상을 차렸어요. 모든 가족이 부활절 옷을 입었죠. 난 새 옷을 입고 구두를 신고 정말 예쁘게 보였어요. 그리고 장갑도. 우리는 장갑도 꼈어요. 우린 교회로 갔어요. 그 후엔 어머니가 부활절 저녁상을 차려 주시곤 했죠. 정말 좋았어요."

S.W.는 이제 전적으로 좋은 자기-대상 상태에 있었다. 좋은 자기는 부활절 옷을 입고 있는 예쁜 소녀로 표상되었다. 좋은 대상은 가족에게 먹을 것을 차려 주는 어머니와 아버지, 그리고 초콜릿 토끼로 표상되었다. 이때의 정서는 사랑이었다. 좋은 자기와 좋은 대상과 사랑하는 감정은 전적으로 좋은 대상관계 구성단위를 이루고 있다.

발달적 관점에서 볼 때 최초의 대상관계 구성단위는 자기와 대상의 구별이 명확하지 않은 공생적 자기-대상이다. 심리학적 의미로 공생(symbiosis)은 자기가 대상과 분리할 수 없게 엉겨 있음을 경험하는 상태를 의미한다. 구성단위라는 말이 공생에 사용되면 이 용어는 분리된 어떤 것을 함축하기 때문에 오해를 불러일으킬 수 있다. 이것은 언어 이전의 경험을 언어로 나타내고자 할 때 부딪치는 문제다. 단어는 분화된 경험을 나타내는 반면에 공생은 미분화된 경험이다.

공생은 가장 미분화된 자기-대상이다. 공생은 전통적으로 기분 좋은 감정, 즉 사랑, 따뜻함, 채워짐, 그리고 심지어 희열의 감정과도 연관되어 왔다. 물론 공생은 불쾌한 경험을 뜻할 수도 있다. 모든 정신생활은 공생에서 비롯된다. 공생은 바로 우리의 자기가 그로부터 출현하는 모체라고 할 수 있다. 그것은 우리의 정서적인 바다, 우리가 돌아가고자 갈망하는 하나됨이다. 공생적 갈망은 정상적인 것이기는 하지만, 심리치료자는 환자에게서 이에 대해 많은 것을 배워 왔다.

D.F.는 26세의 남성인데 5년 동안 정신병을 앓고 있었다. 그는 치료자에게 그가 빛이라는 이름을 가진 위대한 존재에 의해 "깨달음을 얻었다."라고 말했다. 빛은 어느 날 현존으로 그에게 왔다. "그는 내게 내려와 모든 미스터리를 얘기해 주었어요. 선생님은 내 피부가 다 벗겨지면 내가 순수한 흰 빛이라는 것을 아세요? 나는 다른 사람이 윗 저고리를 벗듯이 내 피부를 벗겨 낼 수 있어요. 빛과 나는 같은 것이죠. 내가 이 진실을 느꼈을 때, 모든 것이 평화롭고 따뜻하고 아름다웠어요. 나의 모든 근심이 사라졌죠. 모든 게 조용하고 좋았어요."

"그래서 우리가 만나기로 한 약속을 잊었나요? 당신이 빛과 함께 있었고 모든 게 좋았기 때문에요?"하고 치료자가 물었다.

"그것도 맞아요. 하지만 더 중요한 이유는 시간이란 게 없다는 것이죠."

"약속은 잊었구요?"

환자는 말했다. "약속이란 없어요. 선생님도 아시다시피, 모든 것은 빛의 속도에 따라 상대적이지요. 당신이 빛이고 당신이 빛과 함께 있고 모든 게 빛이라면 거기엔 시간이 존재하지 않아요. 이게 비밀 가운데 하나예요. 모든 게 하나예요. 공간도 없어요. 그래서 나는 빛으로 들어가서 나올 때는 다른 우주에 있을 수 있어요. 모두가 같은 것이죠."

D.F.는 공생경험을 묘사하고 있었던 것이다. 그와 빛은 동일한 존재로서 경계선으로 제한되지 않고 평화롭고 일체가 되어 있었다. 공생에서는 시간과 공간과 현실의 확고한 개념은 사라진다. 공간과 비율도 당연한 것이 아니다. 치료 후반에 그는 그의 치료자와 하나라고 느끼기 시작했다. 그는 치료에 몰입하기 위해 빛에 대한 망상을 버렸다. 그는 치료시간에

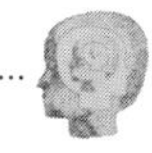

침묵을 지키며 의사와 함께 앉아 있곤 했는데, 의사가 그의 생각을 알고 있기 때문에 그가 어떤 말을 할 필요가 없다고 확신하고 있었다. 이 단계는 오랜 기간 진행되었다. D.F.가 분화되고 분리된 사람으로 되어 가기 시작하는 데는 더 오랜 시간이 걸렸다.

공생경험 혹은 융화경험은 융합(mergers)이라고도 불린다. Federn(1952)은 이런 경험을 자아경계의 흐려짐이라고 불렀다. 그 명칭이 무엇이든 이러한 상태는 공생적 대상관계단위를 형성하는 강렬한 감정을 동반하는, 자기와 대상이 구별되지 않은 감각을 포함한다.

공생경험은 정신병으로 고통받고 있는 사람에게만 고유한 경험은 아니다. 모든 사람은 때때로 자신의 경계를 느슨하게 한다.

시인과 예술가와 신비주의자는 정상적인 융합을 가장 잘 묘사한다. Wordsworth는 그의 송시 〈어린 시절의 회상으로부터 불멸을 깨닫는 노래〉에서 다음과 같이 공생적 경험을 묘사했다.

> 한때 목장과 숲과 시냇물,
> 대지와 모든 평범한 광경은
> 나에게 천상의 빛,
> 꿈의 영광과 신선함의 옷을 입은 듯
> 보였던 시절이 있었다.

E. L. Doctorow(1984)는 '윌리'라는 소년의 다음 이야기에서 공생에 대한 또 다른 묘사를 제공했다. 이 이야기는 이러저리 배회하다 들판으로 들어서게 된 한 작은 소년에 대한 묘사로 시작된다. 들판에서 태양의 따스함과 색조에 대한 찬란한 확신으로 기쁨에 가득 차서 이 소년은 이렇게 말한다. "나는 즉시 황홀한 상태에 빠졌는데, 의식은 믿기 어려울 정도로 또렷했어요. 그래서 눈을 떠서 광경을 바라볼 때마다 나는 단지 눈으로

보는 것이 아니라 그 존재감을 느꼈어요." 이런 상태는 아이들에게 자연스럽게 경험되는 현상이다(p. 7).

Doctorow는 우리 모두가 경험하는 어떤 상태, 즉 자기와 자기가 아닌 것 간의 구별이 무의미해지는 상태를 묘사했다. 그는 자기-대상 경계가 흐려지는 이러한 상태를 윌리의 생각과 감정을 주변 환경에 전가하고 또 환경의 특성을 윌리에게 전가함으로써 잘 묘사했다. "들판의 환희"(p. 27)가 윌리를 감싼다. 색조가 확신을 갖는다. 눈에 보이는 사물이 그의 존재로 느껴진다. 미분화된 경험의 소용돌이에서 자기와 대상의 융합이 있다. Freud는 이를 가리켜 대양감(the oceanic feeling)이라 했다.

Doctorow는 계속해서 일생의 여정이 어떻게 소년의 눈앞에서 스쳐 지나가고 우주의 척도가 얼마나 무의미하게 느껴졌는지를 묘사했다.

여기서 또 한 번 시간과 공간이 혼합된다. 시간과 공간은 유동적으로 확장되고 줄어든다. 융합 경험 동안 크고 작고, 빠르고 느리고가 하나가 된다. 거기에는 이중성이 존재하지 않는다. 왜냐하면 내적 세계의 모든 질서는 주체와 객체의 구별에 의존하는데, 융합경험에는 이런 구별이 없기 때문이다.

모든 사람은 때때로 융합의 따뜻함을 경험하고, 심지어 무아지경에 빠지기도 한다.

두 연인이 손을 잡고 강가를 걷고 있다. 처음 찾아온 따뜻한 봄날 저녁 황혼이 질 무렵, 그들은 서로를 분명하게 구분 짓지 않는다. 그들은 한쌍이다.

허리가 구부정한 백발의 노인이 지팡이에 몸을 의지한 채 〈보트 레이스 선수들의 점심(Rowers' Lunch)〉이라는 Renoir의 그림 앞에 서 있다. 시카고 미술박물관의 흰 벽으로 둘러싸인 차가운 전시장에서 그는 홀로 넋을 잃고 그림을 쳐다보고 있다. 그는 혼자 그 그림을 보면서 젊음과 동료관계와 말 없는 희롱의 즐거움을 즐기고 있다. 와인의 취기, 따뜻한 그

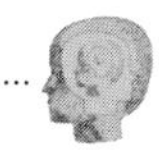

늘, 운동 후의 휴식이 그의 것이다. 오래 전에 죽은 예술가에 의해 그려진 19세기 프랑스 풍경 속에 마치 그가 속해 있는 것처럼 느낀다.

부상을 당해 마취주사를 맞아 본 사람이라면 누구나 약기운이 있는 동안 시간이 느리게 흐르고 공간 지각이 흐려지고, 자신의 내면과 환경에서 따스함과 평화로움이 느껴지는 상태를 이해할 수 있다.

명상하는 사람은 이런 상태로 빠져든다. 어떤 종교에 심취한 사람은 신과 하나됨을 느낀다.

한 임신부가 쇼핑 카트를 밀다가 잠시 걸음을 멈추고 배 속에 있는 새로운 생명의 첫 태동을 느낀다. 슈퍼마켓의 소란함과 밝은 색깔의 깡통들이 놓여진 진열대 가운데 이 여성은 조용히 미소를 지으며, 무심코 새로운 태아와의 공생적 경험을 드러낸다.

오르가슴에서 자기에 대한 감각과 시간과 공간에 대한 감각, 연인으로부터의 분리감, 존재 그 자체에 대한 상실은 아마도 성인이 느낄 수 있는 가장 강력한 융합경험일 것이다.

오르가슴에 비해 생리적으로는 덜 강력하지만 이와 유사하게 친밀한 것은 공감적으로 이해받는 느낌이 주는 따뜻함과 쾌감이다. 다른 사람이 우리가 느끼는 것을 알고 온 마음을 다해 귀 기울이고 이해하고 있다는 확신이 들면 자기-대상 경계가 흐려진다. 역으로 다른 사람을 공감적으로 이해하는 행위 또한 자기-대상 경계의 흐려짐을 수반한다. 비록 공감 후에 되돌아보면서 공감을 요소로 나누고 일상적인 표현으로 옮길 수 있다 해도(Hamilton, 1981), 우리가 분명한 자기-대상의 경계를 유지하는 가운데 공감할 수는 없다. 공감이란 개념 정의 자체가 이런 객관성의 부재를 요구한다.

만약 공생이 따뜻하거나 충만하거나 사랑스럽거나 황홀한 감정 상태에서 자기와 대상이 융합된 상태라면, 정반대의 상태가 되면 무슨 일이 일어날까? 만일 우리가 어떤 사람이 그 자체로 어떤 존재인가를 알아보기

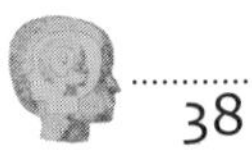

위해 그 사람을 주위 환경에서 격리시킨다면 어떤 일이 일어날까? 어떤 사람을 외적 대상으로부터 격리시키면 그의 내적 자기경험과 대상경험에 변화가 있을까?

제2차 세계대전이 끝나고 일부 과학자는 전쟁 중 세뇌교육에서 사용되었던 격리의 효과에 대해 관심을 가졌다. 그들은 30년에 걸쳐 수천 번의 실험을 실시했다(Solomon & Kleeman, 1975). 이 작업의 결과로 정교한 감각박탈실이 만들어졌다. 이 실험에서 지원자들은 미온의 물속에서 차단벽으로 둘러싸인 공간에서 지냈다. 그들의 머리 위로는 후드가 연결되어 있어 그들이 숨을 쉴 수 있도록 했다. 두꺼운 콘크리트와 코르크로 된 벽면은 모든 소리를 차단했다. 물 표면에 기구를 띄워 실험 참가자 스스로 생성할지도 모르는 물결조차도 무디게 했다.

외부세계로부터 격리된 상태에서 지원자는 심각한 심리적 변화를 경험했다. 이들은 자신의 생각을 조직화하고 집중하는 능력을 상실했다. 생생한 이미지가 떠오르고 신체적 환상이 일어났다. 일부는 환각상태에 빠졌다. 대부분은 암시에 취약한 상태가 되었다. 이들의 정체감은 사라졌다. 시간과 공간 감각은 안정되게 유지되지 않았다.

대상관계 관점에서 볼 때, 신체적 환상은 자기 감각의 변화를 뜻한다. 환각은 자기와 대상 간의 혼동을 뜻한다. 환각상태에서는 내적인 생각이나 환상이 외부 사건으로 경험된다. 환각에서는 내적인 것과 외적인 것, 자기와 대상 간에 혼동이 일어난다. 감각박탈상태에서 경험되고 세뇌교육에서 사용되는 피암시성 또한 경계선의 혼동에서 비롯된다. 그것은 다른 사람의 생각과 의견이 자기 자신의 것이라고 생각하는 결과다. 공생의 자기-대상 혼동상태에서 그렇듯이 시간과 공간은 무의미해진다.

그렇다면 놀랍게도 외적 대상으로부터 한 사람을 고립시키는 시도는 주변의 영향을 받지 않는 순수한 자기 감각을 가져오는 것이 아니라, 이와 정반대로 공생과 유사한 상태, 즉 자신을 다른 것과 구별할 수 없을 정

도로 다른 사람이나 사물에 가깝게 느끼는 상태를 유발한다. 만약 자기 자신을 비교할 수 있는 외부 대상이 없다면, 자기도 없고 안정된 현실감각도 없다. 이런 실험이 시사하듯이 우리 자신도 내적 대상뿐만 아니라 외적 대상이 없다면 우리의 자기는 해체될 것이다. 왜냐하면 자기는 자기-대상이라는 이원성의 절반에 불과하기 때문이다.

많은 사람이 '확고한 개인주의자'로서 자신이 어떤 사람인지, 무엇을 위해 살고 있는지를 확실하게 느끼고 싶어 한다. 따라서 사적인 자기가 외부 환경, 특히 다른 사람과의 관계에 의존한다고 생각하면 마음이 편치 않다. 그러나 심지어 강인함과 목적의식과 지능의 탁월함으로 선발된 우주비행사조차도 이 사실을 받아들여야만 한다. 공간의 고립 속에서, 그들이 자신의 지남력을 유지하고, 융합과 해체와 자기 상실의 힘에 저항하기 위해서는 반복적인 일상과 과업 그리고 지상의 지휘센터에서 오는 명령에 의존해야만 한다. 수중 잠수부도 이와 유사하게 주의해야 한다.

만약 우리가 모두 환경에서 분리된 자기에 대한 감각을 상실할 수 있다면, 정신병으로 고통받는 사람과 우리를 구별하는 것은 무엇인가? 정신병의 특징은 자기-대상의 혼동이고, 모든 사람은 그런 혼동을 경험할 수 있다. 그렇지만 모든 사람이 정신병 환자는 아니다. 많은 임상가는 정신병 환자가 아닌 사람은 그들의 경계가 느슨해지는 상태를 필요에 따라 조절할 수 있지만, 정신병 환자는 그렇게 할 수 없는 것이 차이점이라고 생각한다. Rinsley(1982)는 경계선 성격장애자의 대상관계를 연구한 정신과 의사인데, 정신병과 정신병이 아닌 상태를 다음과 같이 설명했다.

한 무리의 정신과 수련의가 주위에 모이자 Rinsley 교수는 토피카 주립병원에 입원해 있던 12세의 조쉬라는 소년에 대한 이야기를 들려주었다. 그 소년은 자기 머릿속에 라디오가 있다고 생각했다. 그 라디오는 외계로부터 전쟁과 침략과 우주선의 전투 메시지를 받았다.

교수는 학생들에게 손으로 입을 가리며 속삭이듯 비밀을 털어놓았다. "여러분은 내가 그 아이에게 뭐라고 했는지 아는가?"

그는 윙크를 했다.

"난 이렇게 말했네. '너한테 비밀을 하나 말해 줄게. 단 이 방 밖에서는 절대 말하지 않겠다고 약속한다면 말해 주지.'"

Rinsley 박사는 잠시 말을 멈추었다.

그리고 그는 계속해서 말했다. "조쉬는 비밀을 지키겠다고 약속했고 내 비밀이 뭐냐고 물었지. 그래서 나는 어떤 일을 공모할 때 내는 목소리로 그에게 말했지. '내 머릿속에도 라디오가 들어 있단다.' '선생님도 그래요?' 조쉬가 그러더군."

교수는 고개를 끄덕이며 수련의들이 그의 말을 어떻게 받아들이는지 보려고 주위를 둘러보았다.

"'응. 그래.' 나는 속삭이는 목소리로 답했지. 그러자 그 애가 내게 뭐라 했는지 아는가? 그가 물었지, '그런데 선생님은 어째서 나처럼 안 미쳤어요?'"

교수는 등을 똑바로 세우고 앉으며 수련의들을 향해 씩 웃었다. 그는 마치 라디오의 스위치를 돌리는 것처럼 귀에 손을 갖다 댔다. "'그 이유는' 난 말했지. '난 라디오를 끌 수 있거든.'" 그는 라디오 스위치를 돌리듯 째깍 소리를 내며 그의 귀를 돌리고 다시 의자에서 몸을 뒤로 기댔다.

처음에는 그 교수가 고통받고 있는 이 소년을 놀리는 것처럼 보였다. 하지만 그러고 나서 그는 연민과 따뜻함과 이해심으로 가득 찬 목소리로 다시 한 번 반복해서 말했다. "조쉬야, 난 그걸 끌 수 있기 때문이야. 그런데 넌 네 것을 아직 끌 수 없지 않니. 내가 그걸 어떻게 끄는지 네게 가르쳐 주면 좋겠니?"

Rinsley 교수가 이후 조쉬에게 그가 듣고 있었던 라디오를 끄는 방법을 과연 가르쳐 주었는지 어떤지는 나는 알지 못한다. 하지만 나는 그가 재능 있고 연민의 정을 가진 치료자로서 자기와 대상의 혼동을 경험하는 많은 환자에게 도움을 주었다는 사실을 알고 있다. 또한 내가 알기로, 그의 의도는 그가 머릿속에서 라디오 소리를 듣는 환각을 갖고 있었음을 암시하려는 것이 아니라, 그가 이 소년의 경험과 생생하고 공감적으로 동일시했다는 것, 그리고 그는 의지적으로 이러한 동일시를 켜고 끌 수 있다는

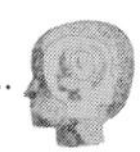

것을 암시하려는 것이었다. 그는 모든 사람이 정신병을 이해할 수 있다는 점을 반복해서 학생들에게 일깨워 주었다.[1)]

사람들은 때때로 자기-대상 구별을 포기할 수 있고 또 실제로 그렇게 하기 때문에, 많은 대상관계이론가는 모든 사람 안에는 비정신병적 자기뿐만 아니라 정신병적 자기가 함께 있다고 주장한다. 이런 생각은 불편함과 비판과 또한 이론적으로 정신병적 성격구조를 비정신병적 성격구조와 구별하려는, 때로는 과도한 시도를 가져왔다. 이런 반응보다는 불편함을 느끼며 가만히 앉아서, 이런 생각을 수긍하지도 부정하지도 않으면서 증거만을 지켜보는 것이 더 나을 듯하다.

대상관계단위는 자기표상과 내적 대상이 어떤 욕동이나 정서로 연결된 것이다. 대상관계단위에서 자기와 대상 간의 구별이 모호해질 때, 이것을 자기-대상이라 부른다. 공생은 가장 철저하게 미분화된 자기-대상이며, 이로부터 다른 대상관계가 발달한다. 공생은 전통적으로 사랑이나 황홀감 같은 유쾌한 정서와 연합된다고 묘사되는데, 이에 비해 다른 융합상태는 혼란스럽거나 두렵게 느껴질 수 있다.

1) Rinsley(1987)는 이 내용을 읽고 나서, 조쉬는 상당 기간 입원치료를 받은 후에 '라디오'를 끌 수 있게 되었고, 이후 병을 잘 극복하여 자신의 가족을 이루고 자신의 사업도 잘 꾸려 나가고 있다고 알려 주었다.

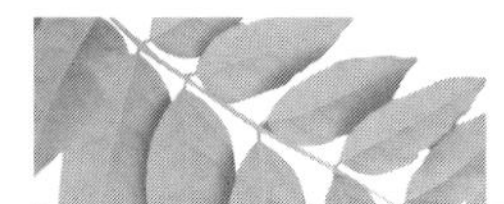

제4장 자 아

자아(the ego)는 주관적으로 경험할 수 없다. 자아는 지각하고 통합하고 사고하고 행동한다. 그것은 우리 성격의 중심에 위치하지만 우리가 알 수는 없다. 그것의 기능은 측정할 수 있고 외부에서 관찰할 수 있지만, 결코 직접 알 수 없다. 내적인 성찰을 하는 가운데, 자아는 관찰되는 현상(the observed) 가운데 관찰하는 주체(the observer)로 남아 있다.

우리가 자아의 주관적 경험에 대해 숙고할 때 우리는 자기표상이나 자기이미지를 떠올리게 되고 이것을 자아와 같은 것으로 여기지만, 이것은 자아가 아니다. 어떤 이는 자아기능의 한 가지 측면, 예컨대 합리적 사고 능력과 자신을 동일시하고 싶어 한다. 그러나 이런 정체성이 자아는 아니다. 그것은 자기표상이다. 자아는 결코 주관적으로 알 수 없는데, 그 이유는 그것이 사람이나 장소, 사물, 생각 혹은 환상이 아니기 때문이다. 자아는 일련의 기능을 내포하는 하나의 추상적 개념이다.

많은 대상관계 문헌은 혼란을 초래하는데, 그 부분적인 이유는 저자가 자아라는 용어를 다양한 많은 의미로 사용하면서 독자에게는 의미의 변화에 대해 알려 주지 않기 때문이다. 많은 문헌에서 자아의 개념은 자기

(self)와 조직체(organization), 조직하는 기능(organizer)을 의미하는 것으로 혼용되고 있다. 이 책에서 자아는 성격의 조직체나 자기가 아닌 조직하는 기능의 의미로 쓰인다. 이것은 자아의 좀 더 광범위한 개념 가운데 한 가지 측면이다. 최근에 이러한 구체성을 지향하는 움직임이 있다(McIntosh, 1986). 자아라는 용어는 대상관계 문헌에서 핵심적이므로 이 개념의 역사에 대해 논의하는 것이 유용할 듯하다.

Freud는 자신의 연구가 발전하는 가운데 'Ich' 혹은 자아를 다양한 방식으로 정의했으나, 단 한 번도 그의 정의가 아주 명료한 적은 없었다.[1] 『자아와 이드(*The Ego and The Id*)』(1923)에서 Freud는 성격의 세 가지 구조, 즉 자아, 원초아, 초자아를 묘사했다. 자아는 몇 가지 특성과 기능을 가지고 있으나 다음 두 가지는 기본적이다. 첫째, 자아는 자기에 상응한다. 둘째, 그것은 응집되어 있는 조직체이고 조직자다. Freud는 분리되어 있으나 겹쳐 있는 이 두 개의 개념을 자아라는 하나의 개념으로 압축했다.

자기로서의 자아는 자기 존재의 다양한 측면, 주로 신체상과 자기의 주관적인 감각에 대해 의식적으로 그리고 무의식적으로 자각하는 것을 나타냈다. 자기에 대한 이런 개념은 제2장에서 제시한 것과 유사하다.

체제(system)로서의 자아는 종합하고 조직하는 기능을 가졌다. 그것은 지각과 충동, 감정, 양심의 요구를 균형잡고 통합하고 안정시켰다. 충동은 원초아라고 불렀고 양심의 요구를 초자아라 불렀다. 그래서 자아는 원초아와 초자아 간의 균형을 유지했다. Freud는 자기로서의 자아와 조직자와 체제로서의 자아 간의 구별을 명확하게 하지 않았다. 이보다는 자아를 두 가지 방식으로 바꾸어 가며 사용했다.

자기로서의 자아와 조직자와 체제로서의 자아를 좀 더 명확히 구별한 이는 자아심리학자인 Hartmann(1952, 1959)이었다. 그는 체제 자아를

---

1) 이런 주제를 구체적으로 논의하는 데 도움을 준 Robert B. Frick 박사에게 감사를 표한다.

집중된 기능적 통제의 행위자(agent)로 기술하였다(1959). 그는 지각과 인지, 충동통제 및 운동기능 영역에서 변별하고 종합하고 통합하고 균형을 이루는 기능을 강조하였다. Hartmann(1952)은 이러한 통합적 자아기능이 궁극적으로 심리학과 생물학, 몸과 마음을 연결해 줄 것이라고 예측했다.

Hartmann은 체제와 조직자로서 자아의 개념을 분명히 하였으나, 조직자와 조직체 개념은 구별하지 않았다. 그가 이런 개념을 구별하지 않은 까닭은 아마도 구조와 기능 간에는 항상 어떤 관계가 있기 때문일 것이다. Hartmann의 개념과는 달리 이 책에서 자아는 행위자로서의 자아, 즉 조직하는 기능(organizer), 균형을 유지하는 기능(balancer) 그리고 중추적 제어기능(central regulator)만을 의미한다. 이 책에서는 자아는 어떤 구조나 조직체를 의미하는 것이 아니라 "조직하는 과정 자체"를 의미한다(Blanck & Blanck, 1979, p. 9). 이런 구별을 명확히 하기 위하여 이 책에서는 자아라는 용어 대신 때로는 통합적 자아기능이라는 용어를 사용할 것이다.

Jacobson(1964)은 『자기와 대상 세계(*The Self and the Object World*)』라는 저서에서 자기표상의 형성을 묘사하면서 Hartmann의 생각을 더 발전시켰다. 그녀는 안정된 정체성을 형성하기 위해 여러 개의 원초적인 자기표상과 대상표상이 점진적으로 변별되고 통합되는 과정을 설명했다. 자아는 이런 과정의 행위자였다.

자아와 관련된 모든 이론적 문제를 전부 설명할 필요는 없지만, 대상관계문헌에서 다루어지고 있는 몇 가지 논쟁을 짚고 넘어가는 것은 유익할 것이다. Klein(Segal, 1964)은 자아를 자기와 동의어로 사용했다. Fairbairn(1954)은 자아개념을 완전히 바꾸어 세 개의 자아, 즉 중심적 자아, 리비도적 자아, 반리비도적 자아로 규정했다. 이런 개념은 그의 대상관계이론의 주요 요소다. Fairbairn과는 달리 Federn(1952)은 조직된 것(the organized)과 조직하는 자기(organizing self)로서 자아에 대해 Freud

가 기술한 내용을 대체로 따랐으나, 자아경계와 같은 좀 더 정교화된 내용을 추가했다. 이 책에서는 Federn이 제시한 이 유용한 개념을 자아경계로 부르지 않고 자기-타자 혹은 자기-대상 경계로 부를 것이다. 자아감정과 자신의 자아에 관한 주관적 자각에 대한 그의 개념(Rinsely, 1982)은 이 책에서 자각(self-awareness)이라고 부르는 것을 가리킨다.

Kohut(1971)은 유용한 요소로서 자아를 제외하고 자기심리학을 발달시켰다. 변형적 내면화(transmuting internalization)에 대한 그의 개념은 통합적 자아기능과 유사하다. Kernberg(1976)는 처음에는 자아와 자기를 구별하는 듯이 보였다. 그러나 최근에는 자기로서의 자아와 조직체로서의 자아에 대해 Freud가 보여 준 모호함은 실제 현상을 반영한다고 주장했다(Kernberg, 1982).

이렇게 많은 정의가 존재하기 때문에 대상관계 문헌을 읽는 독자는 종종 자아라는 용어가 쓰인 경우에, 때로는 동일한 문헌 내에서도 자아가 자기인지, 조직체-구조인지 혹은 조직하는 기능인지를 고려해 보는 것이 유익하다는 것을 발견한다. 자기와 자아를 구별하는 예시로, 나는 자기와 통합적 자아기능에 장애가 있는 심각한 정신장애 사례를 각각 제시하고자 한다.

E.J.[2]는 17세 소녀인데, 의뢰한 의사의 말로는 환시와 편집증적 사고, 부적절한 정서를 경험했고 1년 동안 학교과제를 수행하는 데 어려움을 겪었다. 좀 더 상세히 과거사를 살펴본 결과 그녀의 증상은 그녀가 속한 고등학교 무용팀과 장기간의 여행을 떠나기 전날 시작된 것으로 드러났다. 그녀는 이웃집에 가서 이웃 소년의 침실에서 소년과 함께 대마초를 피웠다. 그때 갑자기 그녀의 눈에서 불이 나오는 환시가 나타났고 사람들이 그녀를 죽이려고 할지도 모

2) 이 예시의 어떤 부분은 원래 『메닝거 병원 회보(*The Bulletin of the Menninger Clinic*)』에 게재된 것이다(Hamilton & Allsbrook, 1986).

른다고 그녀에게 경고하는 동물 인형의 소리를 들었다. 그녀가 입원하고 신경안정제를 복용했을 때 환각은 즉각 멈추었다. 그 다음 해까지 그녀는 처방된 신경안정제를 이따금 복용했고, 정기적으로 대마초를 피웠다.

검사 때 대면해 보니, 그녀는 패션잡지 표지에 나오는 모델같이 옷을 차려입은 검은 머리의 매력적인 소녀였다. 그녀는 말하면서 교태를 부리듯 뿌루퉁하거나 킥킥거리며 웃는 모습을 번갈아가며 보였다. 그녀는 주변에 대한 주의력과 지남력이 있었고 최근이나 당시에 어떤 환각도 없다고 보고했다. 주의집중력과 기억 및 일반 지능은 보통 이상이었다. 추상화할 수 있는 능력도 온전했다. 그녀의 교육수준을 넘는 자료를 제시했을 때 그녀는 극적이면서 이야기를 꾸며 내는 방식으로 반응했다. 웩슬러 지능검사의 모든 하위척도 점수가 보통 수준보다 약간 높게 나왔다.

그녀의 기분상태는 평가하기 어려웠는데 그 이유는 우울을 숨기고 있다는 것을 인정하면서도 미소를 지으며 표면적으로는 행복한 듯이 행동했기 때문이다. 그녀의 불행한 느낌에 대해 더 질문하자 그녀는 가식적으로 울면서 그런 감정을 표현했는데, 이런 행동은 감정의 진실한 표현을 감추었다.

E.J.는 자기파편화(self-fragmentation)를 보였던 것이다. 그녀는 불의 환상을 어떤 외부적인 것에 대한 지각으로 경험했는데, 이것이 실제로 자신의 눈에서 나오는 것으로 경험했다. 또한 그녀는 사람들이 자신을 해칠지도 모른다는 경고를 동물 인형이 주는 메시지로 지각했다. 자기의 어떤 측면이 외부환경에 전가된 것이었다.

이런 자기-타자 혼동은 집으로부터의 분리에 직면했고, 친밀한 분위기에서 소년과 함께 있으면서 대마초를 피운 상태에서 일어났다. 강렬한 감정과 대마초가 원래라면 건강해야 할 그녀의 통합적 자아기능을 손상시켰다. 신경안정제와 대마초 그리고 고등학교를 졸업하고 성인의 삶을 시작하는 데 대한 내적인 갈등이 복합적으로 작용하여 그 다음 한 해 동안 자기-타자 혼동이 지속되는 데 영향을 주었다.

대마초를 구할 수 없고 신경안정제를 복용하지 않는 차분하고 건강한 생활환경에서 그녀의 증상은 완전히 사라졌다. 이런 환경에서 기질적으로 온전한 그녀의 통합적 자아기능이 심리치료를 통해 그녀의 어려움을 정리해 볼 수 있게 해 주었다. 자기-타자 혼동은 3년 후에도 재발하지 않았다.

F.Y.는 통합적 자아기능이 평상시에는 정상적인 환자에게 한시적으로 나타나는 자기-타자 혼동의 또 다른 예를 보여 주었다.

이 34세의 여성은 정신과 의사와의 첫 면담에서 자신이 미쳐 버릴까 봐 두렵다고 했다. 그녀의 어머니는 최근에 사망했고, 그녀의 결혼생활은 위태로웠으며, 직장에서는 비판적인 지도감독하에 일해야 하는 압박감을 느꼈다. 울음을 통제할 수 없는 증상과 수면장애가 나타나기 시작했다.

그녀는 10년 전에도 이와 유사한 어려움을 경험한 적이 있었는데, 그때는 일시적인 정신병적 장애로 발전했다. 그때는 그녀가 평화사절단의 일원으로 출국을 앞둔 시점이었다. 이 시점에 앞서 그녀는 남자친구와 헤어졌었고 가장 친한 여자친구는 병에 걸렸었다. 당시 갑자기 울음이 나오는 증상과 수면장애가 나타났고, 누군가 악의적인 목적으로 자신을 해외로 보낸다는 의심이 들었다. 그녀에게 자살하라고 말하는 목소리가 들리는 환청이 나타났다. 그녀는 잠시 입원하여 몇 달간 항우울제와 신경안정제 처방을 받았다. 그녀는 완전히 회복하여 공장의 생산라인에서 일하고, 결혼해서 두 명의 아이를 두었다.

이제 그녀는 또다시 정신병 증상이 나타날까 봐 두려워했다. 치료자는 그녀에게 이런 가능성에 대하여 더 물어보았다. 그녀는 "내가 정리가 안 돼요." 라고 말했다. "내 지갑이요. 지갑을 보면 알 수 있어요. 모든 게 정리가 안 돼 있어요. 지갑을 다 비우고 다시 정리하려고 하는데, 정리하려고 애를 쓸수록 더 뒤죽박죽되는 것 같아요."

정신과 의사는 그녀가 구조화되지 않은 상황에서 이런 불안을 어떻게 다룰 것인지를 보고 싶었다. 그래서 환자가 분명히 불안해하는데도 그는 조용히 있었다.

그녀는 말을 이어 갔다. "여자의 지갑은 여자의 일부예요. 지갑이 정말 여자라는 말이죠. 선생님이 이해하실지 모르겠어요. 남자의 지갑하고는 달라요. 남자도 지갑을 가지고 다니고 지갑에 신경을 쓰겠죠. 그렇지만 여자의 지갑은 실제로 그 여자 자신이에요." 그녀는 머리를 흔들면서 잠시 말을 멈추었다. 그녀는 혼란스러운 듯이 보였다. "내 지갑이 나를 혼란스럽게 만들어요. 내 말은 …….”

환자는 겁에 질린 것처럼 보였다. 정신과 의사는 개입하기로 결정했다. “당신의 지갑이 당신에게 중요한 것 같군요. 당신을 나타내는 상징으로서 말입니다. 당신이 기분이 언짢고 정리가 안 된 느낌이 들 때 당신 지갑이 정리가 안 돼 있다고 느끼는군요. 그래서 당신은 지갑을 정리하려고 애쓰지만 뒤죽박죽되는 것은 당신의 생각이네요.”

“맞아요.” 그녀는 의자에서 뒤로 물러나 앉으면서 말했다. 그녀가 안도감을 느끼는 것이 확실했다.

“최근에 당신은 여러 번의 상실을 겪었어요. 어머니가 돌아가셨고 그리고 지금은 결혼생활과 직장과 심지어 당신의 온전한 정신까지도 잃을까 봐 두려워하고 있어요. 이런 문제를 정리할 수 있도록 당신은 대화할 상대가 필요한 것 같군요.”

“네, 그러면 좋겠어요.”라고 그녀가 말했다. 그녀는 평정을 되찾았고 그때의 면담과 그 이후 면담에서 정상적인 정신상태를 유지했다.

F.Y.가 자기와 타인에 대해 극도로 혼란스럽게 되었을 때 단기간의 정신병 삽화가 발생했다. 최초로 발병한 정신병적 우울증 상태에서 그녀는 자살하라고 말하는 목소리를 들었다. 즉, 그녀는 자신의 자살 생각이 마치 외부에서 오는 것으로 경험했던 것이었다. 그녀는 이런 정신병적 삽화에서 완전히 회복했는데, 그 뒤 또다시 몇 가지 심각한 상실 경험을 하게 되었다. 자기에 대한 비유로서 지갑과 하나의 의지적 존재로서 지갑 간의 구별이 모호해졌다. 그녀는 “내 지갑이 나를 혼란스럽게 만들고 있어요.”라고 말했다. 평소에 온전하던 통합적 자아기능이 최근의 상실로 인한 압박감으로 무너졌기 때문에 그녀는 자기 내부의 것과 외부의 것을 명확히 구별할 수 있을 만큼 이런 경험을 충분히 비교하고 대조할 수 없었다. 어쩌면 어머니의 상실이 친밀함에 대한 너무도 강렬한 갈망을 불러일으켜 그녀가 자기-타자의 구별을 중단한 것이었는지도 모른다. 정신과 의사가 그녀와 의미 있는 접촉을 하는 순간 그녀가 곧바로 균형을 회복할 수 있었던 것은 그녀에게 양호한 자아기능이 잠재적으로 활용 가능한 것이었

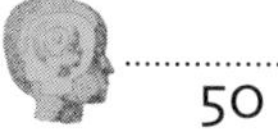

음을 말해 준다. 그녀의 문제는 주로 자기와 대상 관계 영역에 있었던 것이다.

F.Y.와는 대조적으로 어떤 환자는 좀 더 분명하게 통합적 자아기능 영역에서 병리의 증거를 보인다.

K.A.는 19세 남성으로 태어나서 바로 입양됐다. 그는 신생아 때부터 두드러지게 운동반응이 지나치게 활발했고 자극에 과도한 반응을 보였다. 초등학교 때는 가만히 앉아 있기 힘들어했고 경증의 학습장애 진단을 받았다. 철자쓰기와 산수가 그에게 특별히 힘들었다.

K.A.의 양부모는 인내심이 많고 자기조절을 잘하는 사람이었다. 그들 자신이 활발하게 스포츠에 참여했기에 아들도 여러 활동에 바쁘게 참여하도록 했다. 야구와 하키 실력이 그의 자존심을 상당히 높여 주었다. 그의 부모는 긍정적 강화의 효과를 믿고 그의 운동 실력을 칭찬했지만, 그의 사회기술적, 학업적 결손은 간과했다.

10대 청소년으로서 K.A.는 사회적 능력이 떨어졌고, 비교하고 대조하고 추상화하는 인지적 능력이 부족했다. 이런 문제영역으로 그의 중고등학교 생활에서 사건이 끊이지 않았다. 사회기술 면에서 그는 미숙하고 충동적이었다. 그는 날마다 사랑에 빠졌다 나왔다 했고, 자신의 운동실력을 심하게 과대평가했다. 다른 남자 아이들은 그가 자신이 생각하는 스타가 아니라는 것을 보여주면서 무척 재미있어 했다. 곧 그는 따돌림당하는 다른 아이들과 어울리기 시작했다. 그는 또 대마초와 술과 환각제에 의존했다. 17세에 그는 살해음모에 대해 자신이 특별한 지식을 갖고 있다는 망상을 갖기 시작했다. 그가 약을 거부했기 때문에 통원치료가 어려웠고, 19세 때 부모를 공격하여 장기입원을 하게 되었다.

입원하자마자 K.A.는 히죽히죽 웃으며 발꿈치를 들고 걸어다니면서 만나는 모든 사람에게 인사를 했다. 그는 밝은 색깔의 멜빵을 메고 청바지를 입었는데, 바지는 그의 깡마른 다리에 너무 짧았다. 그는 당시 항정신성 약물을 복용하고 있었고 환각은 없었다. 그는 고정된 편집증적 사고체계를 갖고 있었다. 주의력과 추상화능력은 빈약했다. 그는 복잡한 자극을 통합하지 못했고 사고가 이 생각 저 생각으로 비약했다. 기분도 순간순간 달라졌다. 게다가 신

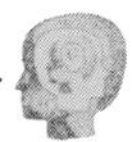

체 활동을 하고 나면 밤에 공항발작이 일어났다. 때때로 그는 극심한 분노상태에 빠져 간호사를 공격했다.

심리검사와 신경정신검사 결과 경미하고 확산된 뇌기능장애가 있는 것으로 나타났다. 약물복용을 중단한 후 실시한 신경검사(컴퓨터 뇌파검사)에서는 전반적인 대뇌피질의 결함이 발견됐다.

이런 통합적 자아기능에서의 손상은 병원생활에도 문제를 일으켰다. 예를 들어 배구코트에서 각 선수는 서브에 따라 위치가 바뀌는 모호하게 정해진 영역을 책임진다. 그는 이런 경계 변화를 따라가지 못했고, 넓은 원을 그리며 코트를 이리저리 빠르게 움직이며, 점점 더 불안해지곤 했다. 배구경기를 마치면 병동에서 천천히 걸어다니면서 고통스러운 표정으로 얼굴을 찡그린 채 자신을 압도하는 불안에 대해 하소연하곤 했다. 전원 남자선수로 된 배구팀에 배정이 되고 팀에서 맨투맨으로 경기를 하는 동안에 그는 더 이상 과도하게 흥분하고 혼란스러워하지는 않았다. 팀이 지역수비로 경기를 했을 때 그는 불분명하게 정해진 자기 영역 내에 있지 못하고 여기저기 뛰어다니며 다른 사람의 경기를 방해하고 자기가 맡아야 할 영역은 방치했다. 이러한 변별의 실패는 손상된 통합적 자아기능의 한 가지 측면에 불과하다.

K.A.는 전담간호사와의 관계에서도 어려움이 있었다. 40세의 이 여성은 전문적이면서도 그를 아껴 주는 자세로 그녀의 환자에게 다가갔다. 그녀의 매력적인 외모와 남을 배려할 수 있는 능력은 이 환자를 혼란스럽게 하고 과도하게 자극했다. 그녀가 병동 한쪽 끝에 그와 단둘이 남게 되면 그는 갑자기 물리적 폭력을 행사하곤 했다. 한 번은 그녀의 머리 근처 벽을 향해 화분을 던졌다. 또 한 번은 주먹으로 그녀의 얼굴을 쳤다. 그러고 나서 그는 비통한 심정으로 눈물을 흘리며 때린 이유를 설명했다. "이분은 내가 가장 좋아하는 간호사이고 너무도 섹시해서 참을 수가 없었어요." 그는 성적인 감정과 공격적인 감정을 구별하지 못했던 것이다. 그리고 자기 감정과 행동을 조절하고 통합하지도 못했다. 이러한 통합적인 자아기능의 실패로 갑자기 혼란스러운 행동으로 빠져들었다.

K.A.는 병동담당자가 그의 주변 자극을 조절하고 그가 자신의 병과 강점과 약점에 대한 통찰을 하도록 했을 때 마침내 호전됐다. 그의 폭력은 치료진이 물리적으로 억제했다. 몇 개월간의 차분하고 신중한 치료로 그는 병원 마당에서 일할 수 있게 됐으나 주어진 일을 계속 수행하기 위해서는 주위에서 일깨워 주는 사람이 계속해서 필요했다. 5년 후 그는 전화를 해서 도와준 사람에게 고맙다고 하면서, 자신이 안정되었지만 약간의 신경안정제와 구조화된 주

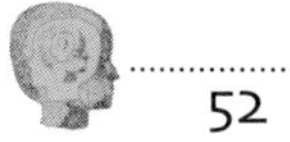

거환경이 필요한 상태라고 알려 주었다. 그는 최근에 아파트에서 혼자 생활해 보려고 거주하던 사회복귀훈련시설에서 나왔는데, 무질서해지고 또다시 혼란한 행동을 보여 보호시설로 복귀한 상태였다. 그는 자신의 경험을 충분히 조직할 수 없기 때문에 구조화된 환경이 늘 필요할지도 모른다는 것을 깨달았다.

K.A.는 손상된 통합적 자아기능을 갖고 있었고 이로 인해 자기-대상 병리가 있었다. 살해음모에 대한 그의 망상은 내적 환상을 일상적인 외부 사건으로 혼동한 데서 비롯된 것이었다. 자아가 자기이미지와 대상이미지를 조직하기 때문에 자아결손은 거의 예외 없이 자기병리로 이어진다. 자아와 자기 간의 이런 상호관계 때문에 많은 정신분석 문헌에서 이 두 개념이 분명하게 구별되지 않고 모호하게 사용되었다.

자기와 자아 개념의 분리는 명료함을 제공하는 한편 특정 용법이 갖는 풍부한 의미를 제한하기도 한다. 예를 들어 관찰하는 자아는 객체로서의 자아를 성찰하는 주체로서의 자아를 가리키는 의미를 갖게 되었다. 성찰의 의미로 사용되는 관찰하는 자아에 대한 묘사는 개인이 거의 느낄 수 있는 숙고하는 마음 상태를 나타낸다. 자기와 자아를 개념적으로 분명하게 분리하면 관찰하는 자아라는 용어에 내포된 이런 성찰적 의미가 허용되지 않는다. 자아는 늘 주체며 스스로를 관찰하지 않는다. 자아는 자기이미지와 대상이미지 및 이런 이미지와 연관된 감정을 관찰할 뿐이다. 자기를 관찰한다는 것은 행동하고, 사고하고, 느끼고, 통합하고, 조직하는 것과 같이 그저 또 하나의 자아기능이 된다. 자아와 자기 개념의 구별로 의미의 풍부함을 일부 잃지만, 이로 인해 얻을 수 있는 명확성은 점점 더 복잡하고 모호한 마음 상태에 대해 좀 더 납득할 수 있는 논의를 가능하게 함으로써 그 나름의 풍부함을 제공한다.

자아는 지각과 기억, 인지, 정서, 행동과 양심의 요구 영역에서 분별하고 통합하고 균형잡고 조직하는 정신기능을 내포하는 추상화된 개념이다. 자아는 비교하고 대조하고 결정한다. 자아는 지각하는 것 내부에 있는 지각하는 것(the perceiver within the perceiver)이지만, 이에 대해 우리는 결코 알 수 없다. 사람들은 종종 마치 자아가 자기이거나 사람인 것처럼 자아기능과 동일시하지만, 우리는 우리의 자아보다는 훨씬 더 복잡하다. 자아는 열정이 없는 어떤 것으로, 유용하지만 그 자체로서는 정서적으로 의미가 없다. 자아는 일련의 정신과정을 지칭하는 추상화된 개념이다.

제2부
대상관계의 발달

끝없이 흔드는 요람으로부터
지빠귀의 목구멍, 음악적인 소음으로부터
아홉째 달 한밤중으로부터…

– Walt Whitman 〈끝없이 흔들리는 요람 밖으로〉

●● 서론

타인과의 관계 속에서 우리가 어떤 사람인가에 대한 느낌은 유아기에 시작되며, 주요 타자에게 가까이 다가갔다 멀어졌다 하는 방식으로 발전된다. 우리는 분화(differentiation)와 통합(integration)을 통해 자기이미지와 대상이미지를 형성한다. 두 가지 정보원, 즉 심리치료에서 변화하고 성장하는 내담자에 대한 관찰과 어머니와의 관계에서 유아에 대한 관찰이 한데 모여 이러한 과정이 어떻게 일어나는지를 보여 준다.

미국 대상관계 문헌에서 가장 영향력 있는 발달연구는 Mahler와 동료들(1975)이 수행한 연구다. Spitz(1965)와 Bowlby(1969, 1973)의 연구와 같은 다른 연구물도 동일한 과정의 다소 다른 측면을 강조하기는 하지만, 자기와 타자에 대한 감각에서 어머니와 유아의 초기관계의 중요성을 보여 준다. 인지발달에 대한 Piaget(1936, 1937)의 상세한 기술은 Spitz(Cobliner, 1965)와 Mahler(Fraiberg, 1969; Lester, 1983)의 연구결과와 일맥상통한다.

초기 정신분석적 연구는 Kernberg(1976, 1980)에 의해 통합되었다. 그는 여러 사람 중에서 Hartmann(1964), Jacobson(1964), Klein(Segal, 1964) 등의 선행연구에 의존했다. 그가 경계선 성격장애환자에게서 관찰한 정신과정은 특정 발달단계에 있는 아동의 행동과 상당한 유사점이 있다. Mahler와 Kernberg의 연구에서 제시된 두 가지 경로의 탐색이 한데 모아져 현대 대상관계이론을 형성하기에 이르렀다.

이렇게 Mahler와 Kernberg의 연구에 강조점을 두는 것은 물론 과도한 단순화다. 제19장에서 나는 다른 이론가들이 기여한 부분에 대해 논의할 것이다. 그 외에도 자아심리학자, 대인관계적 정신과 의사, 자기심리학자를 포함하여 자신의 발견을 기록으로 남기지는 않았지만 여러 동료와 비공식적인 자리에서 논의한 사람 모두 다 기여했다. 그러나 명확한 개념화를 위해 이 글에서는 이 두 특출한 이론가에게 초점을 맞출 것이다.

정신분석이나 심리치료를 받고 있는 환자에게서 볼 수 있는 다양한 정신역동은 제6장에서 다룰 것이다. 제5장에서 기술될 발달에 관한 내용과 함께 이 개념들은 대상관계이론의 핵심을 이룬다.

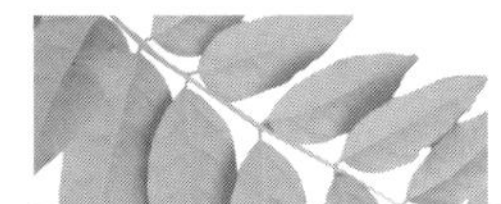

제5장 분리와 개별화

심각한 문제를 가진 유아를 연구한 후, Mahler와 그의 동료는 38명의 정상유아와 22명의 어머니를 10년간 관찰했다. 이 아동들은 생후 첫 몇 개월부터 연구에 참여했다. 정신분석에 관한 지식을 갖고 있는 연구자가 유아가 만 3세가 될 때까지 이들이 혼자 있을 때와 어머니와 상호 작용할 때를 관찰했다. 이와 같은 일련의 상세하고 공감적인 관찰내용은 그들이 유아의 심리적 탄생(Mahler et al., 1975)이라고 부른 과정을 서술하는 데 사용되었다. 이 성장 과정의 단계와 하위단계는 다음과 같다.

- 자폐 0~2 개월
- 공생 2~6 개월
- 분리-개별화 6~24 개월
  - 부화단계 6~10 개월
  - 연습단계 10~16 개월
  - 재접근단계 16~24 개월
- 대상항상성의 발달 24~36+ 개월

자폐(0~2개월)

일부 대상관계이론가(Fairbairn, 1943; Issac, 1943; Klein, 1959)는 유아가 출생 때부터, 심지어 태내에서부터 대상과 관계를 맺는다고 주장해 왔다. 그러나 Mahler는 대부분의 미국 이론가와 마찬가지로 관계를 맺는 능력에 선행하는 자폐적 단계를 제안했다. 이 단계에서 신생아는 어느 정도 폐쇄된 심리적 체계를 형성하고, 수면상태와 같은 공상에 잠겨 있다. 신생아의 심리적 철회는 격리된 태내에서의 삶과 유사하다. 이런 망각상태는 태내와 태외 삶의 중간지대를 제공한다.

『생의 첫해(*The First Year of Life*)』라는 저서로 가장 잘 알려진 Spitz(1965)는 신생아는 아직 자기와 대상을 분별할 수 있는 신경생리학적 정교함이 없다는 유사한 결론을 내렸다. 대상관계를 유지하려면 신생아는 외적인 것과 내적인 것을 구별할 수 있어야 한다. 또한 지각을 일관된 내적인 상으로 조직할 수 있어야 하는데, 신생아는 아직 그런 능력이 없다. Spitz는 이런 요인에 근거하여 아기는 무대상(objectless) 단계에서 삶을 시작한다고 주장했다. 먹이기, 안아 주기, 껴안기와 같은 경험의 축적뿐만 아니라 신경생리적인 능력의 성숙이 이루어져야 관계를 시작할 수 있는 능력이 생긴다.

신생아는 뺨을 건드리면 그쪽 방향으로 고개를 돌리고 앞뒤로 움직이면서 빨기 시작하는데, 이런 반응을 젖찾기 반사(the rooting reflex)라고 한다. 그들은 어머니 젖가슴을 찾는 것과 마찬가지의 활기를 보이며 손가락이나 블록에 대해서도 반사반응을 나타낸다. 그들은 아직 어머니나 다른 이에 대해 특별한 관심을 보이지는 않는다. 이런 발견에 근거하여 Mahler와 Spitz는 신생아는 움켜쥐기, 젖찾기 반사, 모로 반사(startle reflexes)와 같이 환경과의 상호작용의 통로 역할을 하는 반사반응만을 보인다는 견해를 갖게 되었다. 환경에 대한 이런 원시적인 반응성이 관계로 진화한다.

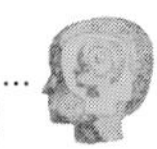

생후 1개월 미만의 신생아는 하루 대부분의 시간을 반쯤 자고 반쯤 깨어 있는 상태에서 보낸다. 이들은 일인 시스템(a monadic system)을 형성한 것 같다. Freud(1914a)는 이런 상태를 원초적 자기애(primary narcissism)라 불렀는데, 이 상태에서는 모든 정서적 에너지가 신생아의 몸 안에 머물거나 몸과 연관되어 있다. 정서적 에너지가 아직 바깥으로 외적 대상을 향해 있거나 내적인 자기표상과 타인표상을 향하지 않는다는 것이다. Freud의 용어로는 신생아는 리비도를 자신에게 부착시키는 것이고, 일상적 용어로는 자신에게 정서적 에너지를 투자하는 것이다. Freud가 성과 공격성의 이중 욕동이론을 발전시키기 전에는 성적 에너지가 일차적인 것이라고 보았기 때문에, 이 단계를 자가성애적(autoerotic)이라고도 했다.

Freud의 원초적 자기애에 대한 언급을 둘러싸고 많은 논란이 있었는데, 그 이유는 이것이 자기와 사람의 개념을 혼용하기 때문이다. 만약 신생아가 실재로서의 육체적 자기에 대한 경험이 없다면 어떻게 자기 몸에 정서적 에너지를 투자할 수 있을까? 신생아는 자기의 다른 부분에 에너지를 투자할 만큼 구별된 자기를 가지고 있지 않은 것으로 보인다. 물론 외부에서 보면 신생아는 온전한 사람으로서 정서적 에너지를 안으로 쏟고 있는 것처럼 보인다. Freud의 이런 개념은 용어의 불명확성 때문에 논쟁거리로 남아 있다.

Fairbairn(1941)은 생애 초 몇 주 동안 신생아는 출생전과 같은 정신상태를 유지한다고 언급했다. 신생아는 어머니와 완전한 융합상태에 머물러 있으므로, "모체로부터의 분화에 대한 어떤 생각도 품지 않으며, 여기서 모체는 신생아의 환경 전체와 신생아의 경험 세계 전체"를 이룬다(Fairbairn, 1943, p. 275). Fairbairn이 제기한 문제는 고착이나 혹은 욕동이 어디로 향하는가가 아니라, 신생아가 어떻게 자신을 어머니의 일부로 경험하는가다. 나는 Fairbairn의 입장과는 달리 신생아는 아직 어떤 일관된 생각을 갖지 못한다는 Mahler와 Spitz의 주장에 동의한다. Fairbairn이 묘사하는 융합은 이후 공생단계 동안에 시작된다.

신생아는 빛과 색깔(Oster, 1975), 움직임(Bower, 1965), 소리(Wertheheimer, 1961), 맛(Jensen, 1932), 냄새(Engen & Lipsitt, 1965), 접촉(Lipsitt & Levy, 1959)에 반응을 보인다는 증거가 있다. 그러나 신생아는 인간 자극과 비인간 자극을 구별하지는 못하는 것 같다. 아울러 그들은 자신의 신체에 대해 마치 자신의 침대나 담요 혹은 어머니에게 반응하는 것처럼 반응한다. 신생아는 빛과 색깔, 따뜻함과 차가움, 고통과 즐거움, 시끄러움과 조용함, 정지한 상태와 움직이는 상태의 세계에서 사는 것처럼 보인다. 이 세계는 이런 묘사와 같이 양 극단으로 나누어지지 않은 것 같다. 단지 언어의 속성으로 인해 이렇게 나누어진 것이다. 언어사용이전 신생아기 동안에는 아마도 지각이 공감각적일 것이다. 촉촉한 단맛, 따뜻한 색깔, 느껴지는 시각이 우세할 것이다. 신생아의 지각은 또한 서로 연결되지 않은 빛과 소리, 촉감, 냄새와 맛의 단편으로 분해될 수 있다.

비록 잘 조직되지 못한 지각이라도 환경과 어느 정도 연결을 가능하게 한다. 이런 초기 연결은 궁극적으로 이후 복잡한 관계로 발전하게 된다. Mahler는 각 발달단계는 그 다음 단계와 섞여 들어간다는 유명한 말을 남겼다(Mahler et al., 1975). 즉, 이후 단계가 이전 단계의 흔적을 담고 있듯, 이전 단계는 이후 단계의 발아를 포함하고 있다. 자폐적 단계에서는 외부 세계에 대한 아주 약간의 정서적 투자가 있을 뿐이다. 그러나 자극에 대한 약간의 반응은 있다. "외부 자극에 대한 이러한 짧은 순간의 반응이 정상적인 자폐적 단계와 이후 단계 사이의 연속성을 가능하게 한다." (Mahler et al., 1975, p. 43)

성인이 신생아의 심리적 고립상태를 개념화하기 어려운 한 가지 이유는 아마도 성인 자신이 아기에게 강하게 애착되거나 유대를 느끼고 있기 때문일 것이다(Klaus et al., 1972). 아기를 낳고, 아기의 빛나는 눈을 보고 목소리를 들으며, 자기 배 위에서 아기가 꼼지락거리고 따뜻한 것을 느끼는 여

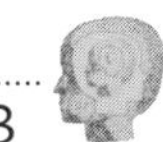

성이라면 유대가 무엇인지 알 것이다. 분만실에서 녹색 가운을 입고 신생아가 젖은 상태로 소리를 지르며 어머니에게서 나오는 것을 보고 들은 뒤에 자신의 가슴에 그 아기를 안아 본 남성이라면 아기와 하나가 된 듯한 상태가 어떤 것인지 알 것이다. 이런 상황에서 성인은 부분적인 융합상태에 들어가게 되며, 자기 애착의 감정이 아기 때문이라고 생각한다. 아기에 대한 정서적 개입 정도가 부모보다 덜한 과학자가 밀접하게 관찰한 결과, 아기도 어느 정도 반응하기는 하지만 애착은 대부분 일방향적, 즉 부모로부터 아기에게 가는 것이라고 한다. 일방향적이라 해도 부모와 아기 사이의 유대의 중요성이 줄어드는 것은 아니다. 왜냐하면 이런 연결이 유아가 이후에 궁극적으로 그것으로부터 그 자신의 관계성(relatedness)을 형성하는 모체를 제공하기 때문이다.

공생(2~6개월)

제3장에서 임상실제와 예술작품 및 일상생활의 예에서 성인기의 공생적 경험을 설명했다. Mahler는 이와 같은 공생경험을 생후 2개월부터 5개월 내지 6개월까지의 삶의 중추적인 부분으로 기술했다.

유아는 공생단계 초기에 "필요를 충족시켜 주는 대상에 대한 희미한 인식"을 발전시킨다(Mahler et al., 1975, p. 44). 유아는 마치 어머니와 자신이 동일한 "전능한 시스템", 즉 같은 하나의 경계선 안에 있는 "이중적 합일체"(p. 44)의 일부인 것처럼 행동하기 시작한다. Freud(1930, p. 64)는 이런 상태를 "대양적 감정"이라고 불렀다.

양자관계에 대한 인식의 조짐은 경험이 축적되고 신경계가 성숙하는 데서 비롯된다. 신경생리학적으로 이 시기에 기억과 인지 및 운동협응의 자아 기능이 발달한다. 이런 기능을 통해 유아는 배고프고 젖이 먹여지고, 안기고 바닥에 내려지고, 어머니의 몸과 자신의 몸을 보고 듣고 냄새 맡는 경험을 기억하고 조직할 수 있게 된다. 이런 경험이 대상과의 관계에서 자기에 대한 인식을 싹트게 한다. 유아는 자폐라는 일인 시스템(one person monadic system)에서 공생이라는 양 극의 자기-타자 시스템(a bipolar self-other system)으로 이동한다. 하지만 진정한 양자관계로 발전하기에는 분화가 아직 완전하지 못하다.

자아기능이 관계의 발아를 가능하게 할 뿐 아니라, 사랑하는 부모와의 관계가 자아기능의 발달을 촉진시킨다(Ritvo & Solnit, 1958; Bell, 1970; Mahler et al., 1975). 만일 아기가 이런 관계를 갖지 못하거나, 유아가 자신의 요구를 알리는 단서를 어머니가 적절히 받아들여 반응하지 않으면, 유전적으로 입력된 유아의 자아기능이 제대로 발달하지 못한다. 극단적인 사례로, Spitz(1965)는 고아원에서 자란 아이들이 관계하지 않거나 자폐적인 상태로 되돌아가는 현상을 보여 주었다. 이들은 어머니를 여의고 고아원에 맡겨져 침대에 뉜 상태에서 기계장치로 고정된 우유병에서 나오는 우유를 먹으며 자랐다. 아무도 이들을 안아 주거나 흔들어 주거나 어루만져 주지 않았다. 이렇게 상호작용이 부족한 가운데, 아기는 꼼짝하지 않고 누운 채 시선을 한곳에 고정시키고, 주위 환경에 무관심하게 되었다. 이들 가운데 일부는 쇠약해져서 소모증(marasmus)으로 죽게 되었다. 반대로 최적의 상호작용을 경험한 아기는 자극을 지각하고 처리하며 기억하고 반응하는 능력을 점차 발달시키는 것으로 보였다. 어머니와 유아 관계의 발달과 자아기능의 성숙 사이에는 중요한 순환적인 상호작용이 존재한다.

공생관계는 미소반응을 통해 예고된다. Spitz(1946)는 수직으로 움직이는 인간의 얼굴이나 심지어 가면조차도 신생아의 미소 반응을 유발한다고 언급하였다. 이런 사회적인 미소는 진정한 관계를 알리는 첫 번째 신호 중 하나다. Mahler는 사회적 미소의 중요성을 인정하면서, 어머니가 유아를 안아 주는 것이 좀 더 중요한 "심리적 탄생의 공생적 조직자(symbiotic

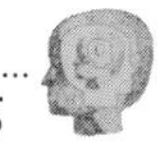

organizers)" 중 하나라고 강조했다(Mahler et al., 1975, p. 49).

Mahler는 적절한 안아 주기와 부적절한 안아 주기를 강조하지는 않았으나, Winnicott(1953)처럼 "이만하면 좋은 양육(good enough mothering)"이 특정 유아에게 적합한 "보듬어 주는 환경(holding environment)"(Winnicott, 1960)을 제공한다는 점에 초점을 맞췄다. 심리생리적 평형상태는 Brazelton(1969)도 보여 주었듯이 어머니와 유아 간의 상호작용이 잘 맞아떨어짐으로써 유지된다. 이런 패턴은 "상호적 신호 주고받기(mutual cuing)"라고 부른다(Spitz, 1965). Mahler는 관찰연구에서 어머니와 유아 사이에서 일어나는 이런 신호 주고받기와 맞추기(molding)를 촬영했다. Mahler는 유아가 무생물 대상에 비해 어머니 신체의 압박과 온기에 어떻게 다르게 반응하는지를 묘사했다(Mahler, 1971). 또한 어머니가 자기를 안는 방식에 유아가 어떻게 적응하거나 받아들이는지 보여 주었다. Mahler가 관찰한 한 유아는 흡족하게 모유로 수유된 시기를 보내고 이유과정에 있었는데, 이 아기가 어머니의 블라우스를 할퀴고 뜯기 시작했다. 어머니는 아이를 달래면서 한편으로는 자신을 보호하기 위해 아기를 무릎 위에서 아래위로 튕기듯이 움직여 주었다(Mahler et al., 1975, p. 49). 그러자 이 남아는 자기 자신을 진정시키는 법을 배우고, 이후에는 심지어 같은 동작 패턴으로 깍꿍놀이를 하는 법을 배웠다. 어머니와 부분적으로만 분화되어 있을 때 아기가 받아들인 보듬어 주는 패턴(the holding pattern)이 이후 좀 더 건설적이고 적응적이며 좀 더 분화된 관계패턴을 위한 기반이 되었다.

공생단계에서도 모든 것이 완벽한 것은 아니다. 유아는 추위와 배고픔, 쥐어짜는 듯한 복통, 핀에 찔리기, 넘어짐, 이 밖에 다른 수많은 힘든 사태를 경험한다. 자기-타자 분화능력이 아직 미흡한 탓에 유아는 이런 불쾌한 사건이 마치 자기 전체와 자기 세계를 온통 에워싸고 있는 것으로 경험한다. 유아가 울부짖고 비명을 지르면 온 세상이 그들의 비탄으로 삼켜질 것처럼 보인다.

이런 불쾌한 경험 또한 발달에 기여하는 측면을 갖고 있다. Mahler와 Gosliner(1955)는 만족스러운(좋은) 경험이 우세한 가운데, 이런 경험과 대비되는 불쾌한(나쁜) 정서적 경험에 대한 기억이 증가하는 것은 공생단계와 그 이후에 발달하는 자기 이미지와 대상 이미지를 규정하는 데 유익하다고 하였다. 즐거움과 고통, 좋은 것과 나쁜 것은 자기-타자의 양극성과 더불어 유아가 세상을 구성하는 두 번째 양극성을 이룬다.

유아는 외부의 어떤 것, 즉 자신을 소홀히 하거나 홀로 내버려 두는 대신 자신을 안아 주고 어루만져 주며 먹여 주는 어떤 존재에 대한 인식을 서서히 갖게 된다. 유아는 동시에 자기가 바로 자기 자신을 어루만져 주고 먹여 준다고 느낄 수 있다. 이런 혼동은 유아의 자기-타자 분화가 아직 부족하기 때문이다. 유아는 자기가 눈을 움직이고 어머니를 찾으면 어머니가 마술처럼 나타나는 것을 쉽게 느낄 수 있다. 또한 유아가 어머니 젖가슴을 향해 움직이면 가슴이 저절로 다가온다. 공생단계에서 어머니가 유아와 충분히 심리적으로 함께하면, 유아는 마치 소망과 성취가 하나인 것처럼 자신의 요구와 바람, 배고픔이 어머니의 존재로 충족된다고 연결 지을 수 있다. 전능감이 유아의 공생적 세계를 가득 채운다. 유아가 움직이면 세상도 움직이고, 유아가 느끼면 세상도 느끼고, 유아가 숨 쉬면 세상도 숨 쉰다.

부모 입장에서 유아의 공생은 충만한 기쁨을 준다. 유아의 공생적 단계에서 어머니와 아버지는 아마도 자신의 유아기 경험을 회상하면서 아기와의 따뜻한 친밀감에서 기쁨을 누린다. 그러나 수유문제, 수면장애, 24시간 아기 곁에 있어야 하는 상황이 젊은 부모를 지치게 한다. 때로는 자신의 기질 때문에 어떤 부모는 공생기 아기와의 관계에서 느끼는 친밀감이 자신의 자율성을 위협한다고 느끼기도 한다. 이런 경우 부모는 심리적으로 뒤로 물러날 수도 있다. 거리를 두려는 이런 노력은 아기의 수유와 수면을 지나치게 고정된 일정에 맞추려는 형태로 나타나기도 한다. 하지만 대다수 부모는 아기와의 친밀감이 커지는 것을 기쁘게 받아들인다.

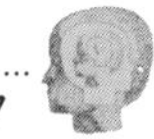

어머니는 흔히 아기의 반응을 통해 자신의 부모 역할을 확인받지만, 갓 아버지가 된 남성은 때때로 어머니와 아기 간의 강렬한 양자관계에서 자신이 동떨어져 있다고 느낀다. 어떤 아버지는 새로운 역할 속에서 아내를 보살펴 주고 지지해 줌으로써 공생관계에 간접적으로 참여한다. 그리고 일부 어머니는 이런 방식으로 공생을 나눌 수 있다. 또 다른 경우 아버지가 직접 육아에 동참하여, 아기를 먹이고, 돌보고 안아 줌으로써 그들 자신만의 강렬한 공생관계를 발전시키기도 한다. 이런 경우 유아는 부모를 하나의 실체로 경험할 수 있다. 비록 유아가 아주 초기부터 서로 다른 양육자에게 다소 다르게 반응한다는 증거가 있기는 하지만, 어머니와 아버지는 공생적 양자관계의 부분적으로 미분화된 한쪽 극이 될 수 있다. Mahler는 어머니와 아버지가 동참하는 육아상황을 연구하지 않았고, 대신 중류층 미국인의 전통적 가족구도만 탐구했다.

분리와 개별화(6~24개월)

첫 번째 하위단계: 부화(6~10개월)

유아가 생후 5개월이나 6개월이 될 무렵 공생은 분리-개별화 단계의 시작과 혼합된다. 분리-개별화 단계의 첫 번째 하위단계를 부화(hatching) 혹은 좀 더 전문적으로 분화(differentiation)라 한다.

이전에 유아는 수면과 같은 상태로 들어갔다 나왔다 하면서 자신의 내면이나 나-어머니 단위에만 주의를 기울였지만, 이제 '깨어 있음과 집요함과 목표지향성' 의 모습을 보인다(Mahler et al., 1975, p. 54). Mahler의 연구진은 주의력을 보이는 유아의 이런 모습을 일관성 있게 찾아낼 수 있었고, 이런 아기를 '부화했다' 고 묘사하곤 했다.

유아는 이제 어머니 품에 안겨 있는 동안 어머니를 좀 더 잘 보려는 듯 어머니 몸에서 떨어지려고 애쓰는 것처럼 보인다. 이런 분화의 신호는 어머니 품에 몸을 맡기던 이전 모습과는 대조적이다. 분화가 진전되면서 유아는 어머니 신체의 부분 부분을 탐색하는 것을 점점 더 즐기게 되어 "어머니 머리카락이나 귀나 코를 잡아당기고, 어머니 입에 음식을 집어넣으려고 한다." (Mahler et al., 1975, p. 54)

유아가 특별한 담요나 곰인형 혹은 다른 부드럽고 유연한 물건에서 쾌감을 느끼기 시작하는 시기가 이때다. Winnicott(1953)은 이렇게 유아가 각별하게 여기는 소유물을 중간 대상(transitional objects)이라고 불렀다. Winnicott은 중간 대상이 자기와 어머니 둘 다를 나타낸다고 여겼고, 이런 점에서 공생의 전능한 양자관계의 잔유물로 생각했다. 그러나 유아는 이 특별한 소유물이 자기도 아니고 타자도 아니라는 것을 어느 정도는 인식하고 있는 것으로 보인다. 중간 대상에 대해서는 제6장에서 좀 더 자세하게 논의할 것이다.

'부화하고 있는' 유아는 부모와는 다른 타인의 모습에 대해 점점 더 높은 관심을 보인다. 유아는 어머니에 대해 형성되는 자신의 정신적 이미지를 주위에 있는 모든 사람과 비교하고 대조해 보는 것 같다. 육아에 밀접하게 관여하는 아버지는 이런 특별한 지위를 어머니와 공유한다.

식료품점에서 젊은 아빠가 7개월 된 딸을 팔에 안고 다녔다. 푸른색 고르덴 옷을 입고 강아지가 수놓인 하얀 턱받이를 한 아기는, 아빠 어깨에서 몸을 뒤로 뺀 채 아빠 얼굴을 보고, 또 지나가는 사람의 얼굴을 빤히 쳐다보고 있었다. 신기해하는 유아의 모습을 보고 머리가 희끗하고 인상이 우호적인 한 부인이 미소를 지으며 유아에게 다가갔다. 하지만 공생단계의 유아처럼 낯을 가리지 않고 친절한 부인에게 미소 짓지 않고 아기는 조용해지더니 아빠 가슴에 더 가까이 달라붙었다. 아기는 아빠 목 주위로 부인을 흘깃 보았는데, 부인에게 관심이 가지만 이 사람이 자신의 애착대상이 아님을 확신하는 듯했다. 유아는 다시 아빠 품에 꼭 안기며 달라붙으면서 마치 부모와의 공생적 합일체

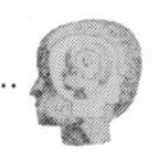

로 다시 들어가는 것처럼 보였다.

많은 정신분석가는 부모가 아닌 다른 사람에 대한 이런 차별화된 반응을 낯선 사람에 대한 불안(stranger anxiety)이라 명명했다. Brody와 Axelrad(1970)는 이 반응의 다양성을 연구했다. Mahler는 불안이란 단어는 어감이 너무 강하다고 여겨 낯선 사람에 대한 반응(stranger reaction)이라는 용어를 선호했다. 그녀는 유아의 공생적 애착이 안정될수록, 낯선 사람에 대한 반응에서 불안이 더 적게 나타나고 관심이 더 크게 나타난다는 점을 강조했다. 반응의 강도와는 별개로, 대부분의 저자는 낯선 사람에 대한 반응이 어머니와 자기의 분화가 증가되고 있는 것을 보여 줄 뿐만 아니라, 어머니와 다른 사람을 구별할 수 있는 능력도 보여 준다는 데 동의한다. 어머니는 이전의 공생적 관계의 자기-대상의 잠재성을 유지하고 있으므로 유아는 어머니에게 매달린다. 이와 동시에 유아는 이런 양자체제를 위협할 수도 있는 낯선 사람을 공격적으로 밀어내고 그에게서 떨어지려 한다.

이 하위단계가 진행되는 가운데 아기의 운동기술이 증가한다. 근육골격과 신경계의 성숙으로 기동성이 높아진다. 운동협응의 이런 자아기능으로 아기는 마침내 어머니 팔에서 몸을 뒤로 빼는 것 이상의 것을 할 수 있게 되므로, 이런 자아기능은 자기-대상 분화 과정에 기여한다. 마침내 유아는 어머니 무릎에서 미끄러져 내려와 어머니 발치에서 놀 수 있게 된다. 바닥에서 구르거나, 배로 밀면서 기어 다니는 것을 배웠다 하더라도 유아는 어머니 발 밑에서 머무르는 경향이 있다. 어머니와 유아의 정서적 친밀감과 거리는 이 둘 간의 물리적인 거리를 통해 가시적으로 드러난다.

대부분의 부모는 유아의 분화가 시작되는 것을 기뻐한다. 어머니는 유아 내면에서 점차 드러나는 진짜 사람의 존재를 기뻐할 수 있고, 유아와 함께 있을 때 덜 외롭고 덜 융합된 상태가 된다. 어머니는 유아가 자기 얼굴과 옷을 탐색하고 귀와 머리카락을 잡아당기는 행동이 자신을 특별한 사람으로 대하는 것으로 여기고 즐길 수 있다. 어머니-유아 양자관계 속으로 끼어들기를 주저하던 아버지도 이제 좀 더 자유롭게 유아를 무릎 위에 올려놓고 어른다. 아버지는 유아를 머리 위로 들어올려 유아와 함께 놀면서 웃고, 유아가 자신을 잡아당기고 자신에게 무엇을 먹이려고 하는 행동을 즐기게 된다.

변화가 있으면 새로운 문제가 생기기 마련이다. 정상적인 유아라 할지라도 침범하듯 밀고 들어오는 탐색과 요구로 그들의 좋은 어머니를 때로는 짜증나게 만들 수 있다. 이런 짜증스러움과 함께 어머니는 공생단계가 지나간 것에 대해 다소 슬픔을 느끼는 경향이 있다. 이에 비해 어떤 어머니는 친밀감의 부담에서 벗어나 안도할 수도 있다. 이런 어머니는 이 시기에 이유(離乳)하거나 직장으로 복귀하기도 한다. 또 어떤 어머니는 다시 임신을 하고 싶다는 욕구를 느낀다. 덜 건강한 관계에서는 이런 어머니는 외로움을 심하게 느끼고 자신의 욕구가 너무 커져서, 분화를 위한 유아의 노력을 받아 주지 못한다. 이런 경우 어머니는 어떤 때는 숨막힐 정도로 유아에게 애정을 쏟아 붓다가, 유아가 어머니 자신의 융합에 대한 욕구를 충족시키지 못하면 장시간 유아를 아기침대에 방치해 두면서 유아를 거부하는 행동을 번갈아 보일 수도 있다. 그러나 대부분의 경우 부화과정은 부모와 유아 서로가 만족하는 방식으로 이루어진다. 부화단계에서는 가까움과 거리두기의 다가갔다 멀어졌다 하는 움직임(a to-and-fro movement), 즉 분리와 개별화의 춤이 시작된 것이다.

두 번째 하위단계: 연습(10～16개월)

연습은 분화에서부터 점차 나타난다. 10～16개월 사이의 유아는 마치 새로운 기술을 익히려는 듯 자율적인 자아기능을 반복해서 실행하기를 즐기는 것처럼 보이기 때문에, Mahler는 이 시기를 연습 하위단계라고 불렀다. 볼이 튼 10개월 된 아기가 노래 부르며 손뼉 치는 놀이를 계속하면서 매번 즐거움에 겨워 소리를 지를지도 모른다. 자라나는 아기가 무릎에서 노는 게임을 즐긴다 하더라도, 그는 배로 기어 다니고, 엎드려 기어 다니고, 마침내 걷는 것에 가장 매료될 것이다.

처음에 이런 연습은 다소 은밀하게 이루어질 수 있다. 유아가 심리적으로 부화하면서 생긴 어머니에 대한 관심은 어머니가 제공하는 대상으로 확산된다. 연습 초기에 유아는 담요와 잠옷, 우유병, 장난감을 좋아하고 탐색한다. 경이에 가득 찬 눈으로 블록 하나를 손에 넣고 반복해서 돌려볼 지도 모른다. 이런 물건 가운데 하나인 담요나 곰인형 같은 것이 유아에게 특별한 대상, 즉 중간 대상이 될 수 있다.

점차 발달하는 운동기능은 아기가 세상의 모든 측면을 탐색하도록 하는 원동력이 된다. 곧 아기는 기어서 어머니에게서 떨어질 수 있게 되는데, 처음에는 적어도 눈으로는 항상 어머니를 되돌아보며 점검한다. 유아는 어머니 주위를 맴도는 것 같은데, 어머니는 "안전기지(a home base)" (Mahler et al., 1975, p. 69)로 남아 있고, 아기는 탐험을 다시 시도하기 전에 마치 "정서적 재충전(emotional refueling)"을 하려는 듯 때때로 어머니에게 되돌아온다.

서는 자세가 확립되면 유아는 세상을 다른 조망으로 보게 되며, 보행은 그의 앞에 새로운 전경을 열어 준다. 유아는 "자기 세계의 위대성과 자기 능력에 도취된다. 자기애가 최고조에 이른다." (p. 71) 눈을 반짝이는 유아는 자신감에 넘치며 여기저기를 아장아장 걸어 다니면서 탐색하고 개구쟁이 짓을 한다. 새로운 것을 발견할 때마다 유아의 표정에서 기쁨을 읽을 수 있다. 이런 상태를 일컬어 Greenacre(1957)는 "세상과 사랑에 빠진 상태" (p. 57)라 하였다. 위대성과 전능감이 이 시기의 주된 상태가 된다.

가까이 다가갔다 멀어졌다 하는 연습 게임은 까꿍놀이로 발전된다. 유아가 눈을 가리면 어머니가 사라지지만 다시 뜨면 어머니가 나타난다. 환희에 넘쳐 소리 지르며 유아는 어머니도 같이 즐거워하는 것을 기뻐한다. 유아는 반복해서 눈을 감았다 떴다 하는데, 전능하게도 어머니를 사라지게 했다 다시 나타나게 했다 할 수 있다.

뒤쫓아 가서 잡기놀이를 하면서 유아는 어머니의 관심을 끌고는 잽싸게 달아난다. 유아는 어머니가 자기를 뒤따라와서 안아서 들어올렸다 놓아 줄 것을 확신하면서 달아난다. Mahler는 이런 게임은 자기주도와 뛰기라는 새로운 자아기능을 실행하는 데서 얻는 유아의 기쁨을 나타낼 뿐만 아니라 "어머니의 삼킴과 어머니와의 융합으로부터의 의기양양한 탈출"을 반영한다고 보았다(Mahler et al., 1975, p. 71[1]). 유명한 동화 『생강빵맨(*The Gingerbread Man*)』처럼 연습기의 아기는 "달려, 네가 할 수 있는 만큼 빨리 달려 봐. 너는 날 잡을 수 없어. 나는 생강빵맨이야."라고 놀리는 듯 보인다. 하지만 유아는 어머니가 자기를 잡기를 원할 것이고 그런 뒤 자기를 다시 놓아 줄 것이라는 것에 대해 안심하는 것으로 보인다.

유아가 이렇게 더 멀어지는 것을 대개의 어머니는 받아들인다. 어머니는 유아의 정서적 재충전을 위해 곁에 있어 주며, 두 사람 관계 밖의 세계에 대한 유아의 관심을 즐겁게 받아들인다. 유아를 지켜보고, 세계에 대한 유아의 환희에 함께 기뻐하면서 흔히 어머니는 유아의 경험세계에 대한 참여를 유지한다. 유아가 더 넓은 환경에 대한 탐색을 잘해 낼 수 있다는 데 대한 어머니의 확신과 즐거움은 유아가 안전함을 느끼게 하는 촉매제 역할을 하는 것 같다. 대부분의 부모는 유아가 의기양양한 상태로 주변을 염두에 두지 않는 상태에 대해 약간의 불안감을 갖는다. 유아는 계단 아래로 떨어질 수 있고, 무작정 도로로 뛰어들거나, 날카로운 물건을 갖고 노는 것과 같은 매우 위험한 행동을 할 수 있기 때문이다.

대부분의 부모는 이런 어려움을 약간의 노력으로 극복하지만, 어떤 부모는 이 발달단계에서 심한 어려움을 겪는데, 특히 공생관계에 대해 과도한

1) 삼켜짐에 대한 두려움과 탈출의 주제는 작은 짐승이 포식자에게 삼켜졌다가 도망가는 많은 이야기에서 제시되어 왔다. 이런 민담의 주제와 연습기 하위단계의 주제 간의 상관에 대해 임상적 예시를 사용하여 논의한 연구도 있다(Hamilton, 1980).

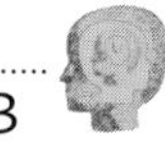

욕구를 가진 어머니가 그런 경우다. Mahler의 연구에 따르면, 어떤 어머니는 점진적인 분리의 고통을 피하려는 듯 이 기간에 아이를 밀어냈다(Mahler et al., 1975). 이런 어머니는 때로는 아이가 필요로 하는 때가 아니라 자기가 친밀감이 필요할 때 아이를 들어올려 안음으로써 기쁨에 찬 아이의 연습 행위를 방해하기도 했다. 소수의 사례에서 어머니는 다가왔다 멀어졌다 하는 아이의 행동에 맞춰 반응하는 것이 아니라, 분리에 대한 어머니 자신의 내적인 갈등에 따라 어머니가 연습과 재충전을 하고 있는 것처럼 보였다.

Mahler는 부모가 유아와의 정서적인 접촉은 유지하면서 유아의 분리노력을 조심스럽게 촉구하는 방식이 가장 적절하다고 제안했다. 이를 통해 부모는 유아가 점점 더 확대되는 세상에서 새로운 기술을 숙달할 수 있다는 확신에 찬 기대를 보여 줄 수 있다.

세 번째 하위단계: 재접근(16~24개월)

유아의 운동기술이 증가함에 따라 인지적 능력 역시 발달한다. 유아는 연습기가 끝나고 재접근단계가 시작하는 시점에서 자신의 분리를 점차 인식할 수 있게 된다. 아마도 자기가 혼자라는 것에 대한 인식의 향상이 어머니 사랑에 대한 요구가 새롭게 증가하게 되는 요인으로 작용하는 것 같다. 이 시기에는 연습기 때 유아가 보였던 좌절에 대한 둔감성과 어머니 존재에 대한 무관심이 줄어든다. 즉흥적인 재충전과 달아나는 행동은 이제 좀 더 의도적으로 신체적인 접촉을 원하거나 회피하는 형태로 발전하게 된다. 이런 행동과 연습단계 유아의 행동과의 차이점은 방향성보다는 정도의 차이로 볼 수 있다. 두 단계에서 모두 유아는 다가갔다 멀어지는 행동을 보이지만, 재접근단계 유아는 자신의 취약성과 어머니에 대한 의존을 새롭게 인식하는 것 같다.

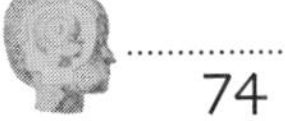

G.B.라는 20개월 된 남아는 반복적으로 엄마를 찾고, 엄마가 책을 읽거나 옷가지를 접거나 책상에서 일을 하면 방해를 했다. 그는 모든 장애물을 넘어 엄마 무릎으로 기어 올라가 엄마의 주의를 끌고 무릎으로 파고들곤 했다. 그런데 엄마가 안아 주려 하면 밀치고 무릎에서 내려가곤 했다. 그렇지만 엄마 주변에서 머뭇거리고 마음을 정하지 못하는 것처럼 보이곤 했다. 연습단계에서는 엄마 발치에서 잠시 놀다가 도망가는 것에 만족하고, 즐거움과 열성을 보였었다. 그런데 지금은 친밀감이 좀 더 필요한 것 같은데도 친밀감에 대해 통제하려고 하는 것처럼 보였다.

재접근 단계에서 유아는 어머니를 그림자처럼 따라다닐 수도 있다. 연습단계의 짧은 '재충전' 보다 훨씬 긴 기간 동안 어머니를 눈으로 좇거나 실제로 어머니 뒤를 따라다닐 수도 있다. 그림자처럼 따라다니는 이런 행동은 피하는 행동과 번갈아 나타나는데, 이 두 행동 모두 연습단계의 달아나기에 비해 더 능동적이고 더 갈등적이다. 이전 단계에서 유아는 더 가까이 다가오거나 좀 더 흥미로운 대상을 쫓아 달아나는 것을 즐겼다. 그러나 이제 가까움이나 거리두기는 갈등을 불러일으키게 된다. 유아는 의존과 독립에 대한 욕구를 동시에 표현한다.

신체동작으로 나타나는 이런 접근과 회피는 다른 형태의 의사소통과 결합된다. 유아는 '싫어!(No!)' 라고 말하는 것을 배우게 된다. 유아는 흔히 실제로 상당히 부정적인 태도를 보인다. 이런 부정적인 태도는 신체적으로 밀어내는 행동에 대한 언어적 대응이다. 유아는 언어라는 새롭고 좀 더 조율된 기술을 갖게 되었다. 유아는 가만히 서 있거나, 복종하지 않거나, 불러도 가지 않거나, 음식을 먹지 않거나 '싫어!' 라고 말함으로써 분리를 유지할 수 있다.

유아는 또한 어머니의 환심을 사려고 말과 표정을 이용한다. 상실하는 것에 대한 유아의 두려움이 점점 더 분명하게 나타난다. 이제 남아든 여아든

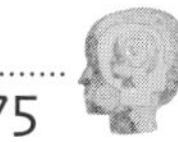

의존하려 하면서도 까다롭게 굴 수도 있다. 어머니가 먼저 따뜻하게 안아 주고 먹여 주고 도와주려 하면 이를 받아들이기보다, 어머니가 도움을 주도록 유도하고는 어머니의 자발적인 노력을 거부한다. 새롭게 나타나는 자기주장적 힘과 의존의 이런 기묘한 조합은 자기됨(selfhood)의 계속적인 성장과 공생적 융합이라는 더 없이 행복한 상태로 되돌아가려는 갈망 간의 갈등에 대한 서툰 해결책으로 보인다.

24개월 된 여아인 M.S.는 엄마를 매우 관여시키는 방식으로 몹시 성가시게 했다. 엄마가 사업상 회계 업무를 보고 있으면 아이는 엄마 무릎 위에 곰인형을 올려놓고, 자기 방으로 돌아가 토끼와 거북이, 개구리, 또 다른 곰인형, 잠옷과 뚜껑을 열면 튀어나오는 새로운 장난감을 가지러 갔다. 엄마가 장난감 하나를 내려놓거나 장난감 하나가 떨어지면 재빨리 다른 것으로 빈자리를 채웠다. 엄마가 아이를 쓰다듬으면 아이는 등을 돌리고 장난감을 더 가지러 갔다. 엄마가 일을 하느라 아이를 무시하면, 엄마 팔을 밀치면서 무릎 위에 가득 찬 장난감을 재배열했다. 엄마가 장부를 밀어놓고 아이를 안으려 하면 아이는 엄마 품에 안기지 않으려고 했다. 이 아이의 엄마는 때로는 인내심이 한계에 달하는 것처럼 느꼈다.

어머니에게 영향을 미치고 어머니를 찾고 어머니의 관심을 끌고 어머니의 환심을 얻고 어머니를 떠나는 능력이 증가하는 가운데, 유아는 자기 능력의 한계를 분명하게 인식하게 된다. 유아는 마술적 힘의 상실을 경험하고 그 결과 과대성이 잠식된다. 다른 영역에서 유아의 능력이 성장하면서 유아가 실패를 인식하고 기억하는 인지 능력 또한 발달하므로 전능감의 붕괴는 피할 수 없다.

재접근 단계의 유아는 자기가 원하는 것을 어머니가 항상 원하는 것은 아니라는 사실을 곧 알게 된다. 유아는 더 이상 어머니를 안전기지 혹은 자기 요구를 충족시켜 줄 목적으로만 만들어진 재충전기지로 대할 수 없게 된 것 같다. 유아는 이제 점차 어머니를 독립적인 개인으로 대해야 한다. 이전처럼 어머니에게 달려가 몇 분 동안 어머니 다리를 잡아당겨 보고 달아나는 대신, 유아는 이제 좀 더 조심스럽고, 자기가 받아들여지는 여부가 어느 정도는 어머니 기분에 달려 있음을 인식하는 것처럼 보인다. 어머니는 때에 따라 따뜻할 수도, 멀게 느껴질 수도, 바쁠 수도 혹은 생각에 잠겨 있을 수도 있다. 어머니의 행동이 유아에 의해 마술처럼 통제되지 않는다.

분리와 존재의 작음, 전능한 과대성의 상실에 대한 자각이 증가함에 따라 유아는 무력한 분노와 무력감의 폭발을 쉽게 경험한다. 유아는 좌절하면 심한 투정을 부릴 수도 있다.

E.F.는 23개월 된 남아인데 자기 방에서 저녁 식사 전에 혼자서 잘 놀았다. 그러다 저녁 식탁에서 갑자기 엄마의 관심을 독차지하고 싶어 했다. 부모가 그날 하루 일어난 일에 대해 서로 논의하는 동안, 그는 스푼으로 접시를 탁탁 치고 음식물로 난장판을 만들었다. 부모가 그에게 관심을 보이자 그는 자기 음식을 먹지 않겠다고 하며 엄마 접시에 담긴 음식을 먹으려고 했다. 엄마가 흔쾌히 음식을 조금 덜어 주려 하니 접시 전체를 달라고 요구했다. E.F.는 자기 의자에서 내려와 엄마 무릎으로 기어 올라갔다. 엄마가 잠시 그를 안아주고 다시 그의 의자에 앉혔다. E.F.는 엄마 접시를 잡고 뒤집으려 했다. 엄마가 제때 접시를 잡아당겼다. 이후 이런 상호작용이 두 번 더 반복됐다. 엄마가 드디어 인내심을 잃고 단호하게 그를 그의 의자에 앉히면서 "안 돼!" 라고 했다. E.F.는 무력한 분노의 감정을 폭발했다. 바닥에 뒹굴고 발길질을 하고 소리를 질렀다. 그를 달랠 수 없는 상태가 5분 동안 지속되었고, 그 후 그는 진정하고 음식을 다 먹었다.

전통적인 가족에서 투정은 아버지와 있을 때보다 어머니와 있을 때 더 빈번하게 나타나는데, 아마도 예전의 공생 파트너의 거부가 훨씬 더 상처를 줄 수 있기 때문일 것이다. 아버지는 가끔 이런 상황을 오해해서 그들이 아내보다 아이를 더 잘 다룰 수 있다고 생각한다. 이런 오해는 부모간의 불화

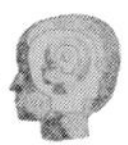

를 낳을 수 있다.

재접근단계 동안 유아의 정서적인 동요는 분열(splitting)이라 불리는 특징적인 패턴을 취할 수 있다. 어머니와 타인이 번갈아 전적으로 좋거나 전적으로 나쁜 사람으로 취급될 수 있다.

J.S.의 엄마가 매일 아침 애 봐 주는 사람 집에 그를 두고 가면 그는 울면서 엄마한테 매달리고 애 보는 사람이 마치 나쁜 사람인 양 떨어져 있으려 했다. 그때 엄마는 좋은 대상이고 애 보는 사람은 나쁜 대상이었다. 그러다가 엄마가 문을 닫고 나가자마자 그는 떼쓰기를 멈추고 애 봐 주는 사람의 무릎으로 기어들었다. 잠시 애 보는 사람에게 머리를 기대고 있다가 빠져나와 놀이방으로 들어가 다른 아이와 뛰어놀았다.

저녁에는 이 과정이 뒤바뀌었다. 엄마가 돌아오면, J.S.는 처음에는 엄마를 무시하고 그러다가 떠나는 것에 양가감정을 느끼는 듯 문간에서 머뭇거리곤 했다. 가끔 엄마를 때리면서 "엄마, 나빠(Bad Ma)!"라고 말하곤 했다. 이제 엄마는 나쁜 대상이고, 애 보는 사람은 좋은 대상이었다. 그러나 일단 밖을 나와 문이 닫히면 J.S.는 엄마를 쳐다보면서 "안아 줘(Up, up)!"라고 소리쳤다. 엄마가 안아서 들어올리면 그는 엄마 차의 유아석에 다시 안전하게 앉혀져 자신의 좋은 엄마와 함께 있으면서 안전함을 느낄 때까지 엄마 품에서 미소를 짓고, 엄마를 안고 어머니 머리카락을 가지고 장난을 치곤 했다.

이 남아는 자기를 안아 주고 만족시키는 좋은 대상의 이미지와 자기를 버리고 떠나는 나쁜 대상의 이미지를 분명하게 발전시켰다. 어머니나 대리모가 좋은 대상인지 나쁜 대상인지는 특정 순간 자신과 어떻게 상호 작용하는가에 달려 있다. 이렇게 대상세계를 '전적으로 좋은'과 '전적으로 나쁜'으로 구별하는 것이 분열이다. 분열된 대상관계(split object relations)에서 누가 좋은 사람인지 그리고 누가 나쁜 사람인지는 유아의 기분과 상황에 따라 급변한다. 심리내적 분열과 대인관계에서의 분열 모두 다음 장에서 논의할 것이다.

재접근 위기(rapprochement crisis)의 또 다른 측면은 중간 대상에 대한 애착의 증가다. 이때 유아는 자기가 아끼는 곰인형이나 담요를 대부분의 시간 동안 갖고 있겠다고 고집을 부릴 수도 있다. 부화와 연습 단계에서 담요는 중간적 자기-대상으로 잠시 기능했는데, 이제는 유아의 유일한 소유물이 된다. 유아는 자기 담요에 집착하고 욕심스럽게 '내 거야!' 라고 말하며 다른 사람이 그것을 집으면 빼앗는다. 어머니는 곧 자동차가 유아에게 중간 대상이 특히 필요한 하나의 공간임을 알게 된다. 중간 활동(transitional activities)과 의례(rituals)도 나타난다. 부모와 유아는 유아의 취침 시간에 이루어지는 분리에 관한 의례를 발달시킨다. 책을 같이 보거나 마음을 달래주는 노래를 부르는 등의 활동을 같이 하는 것은 유아가 어머니의 존재로부터 떨어져 잠자리에 들기 전에 안전감을 발달시키는 데 도움이 된다.

재접근이 해소됨에 따라 친밀성과 자율성 간의 갈등은 점차 줄어든다. 유아는 최적의 거리를 발견한다. 투정의 강도와 지속 시간도 감소한다. 감정도 좀 더 조절되고 새로운 종류의 감정도 나타난다. 연습단계의 유아는 고양되어 있고 과도하게 활동적이고, 재접근 초기의 유아는 약간의 정서적 불안정을 보이는 데 반해, 재접근 후기의 유아는 슬픔과 실망을 나타내며 때때로 걱정도 드러낸다. 또한 어머니의 기분을 공감하는 능력도 나타난다.

이 시기에 유아는 옆 방에서 다른 아이와 놀기 시작할 수 있다. 더 이상 어머니의 존재를 눈으로 확인하지 않아도 되기 때문이다. 상징적인 활동이 놀이에서 좀 더 많은 시간을 차지하게 된다.

언어 기술이 급격히 발달해서 유아의 전능감과 통제감이 다시 한 번 증가한다. 유아는 몇 개의 단어로 부모에게서 어떤 특정한 반응을 이끌어 낼 수 있다. 유아는 '나를(me)' 이라는 단어뿐만 아니라 '내가(I)' 라는 말을 쓸 수 있고, "나는 토스터가 먹고 싶어요(I would like some toast, please)." 라고 말하는 대신 "나 타 줘(I want ta')." 라는 단순한 문장을 사용할 수 있다. 문장의 주어로 자신을 가리키기 위해 목적어 형태의 일인칭 대명사 '나를' 또는 삼인칭 '아이' 라는 단어 대신 '내가' 라는 단어를 쓴다는 것은 유아의 증가된 자기-대상 분화능력을 암시한다. 문법에 따른 간단한 문장의 사용도 유아가 이제 어떻게 자기 세계를 주어, 동사, 목적어의 요소로 조직하는지를 보여 준다. 이러한 문법적 구성은 다음과 같이 대상관계 단위의 구성에 상응한다.

대상관계 단위	자기 —	정서 —	대상
	I	Love	Mother
문법에 따른 문장	주어 —	동사 —	목적어
	I	Want	Toast

언어 행동은 유아가 세상과의 관계에서 고유한 존재로서 자기에 대한 감각을 발달시키고 있음을 확인시킨다. 이렇게 자기와 타인을 개념화하는 능력은 유아가 사진첩에서 친숙한 사람과 자기 자신을 알아보고 이름을 부르는 행동에서도 확인된다.

이 연령대의 유아는 인형이나 다른 놀이인물에 대한 흥미가 급격히 높아진다. 가장 좋아하는 인형들을 방에서 행진시키거나, 걷게 하거나, 목욕시킨다. 인형을 가지고 까꿍놀이를 하거나 상자에 넣다 꺼냈다 하는 놀이를 한다. 장난감을 넣다 꺼냈다 하는 데 흥미를 갖는 것은, 융합의 삼켜짐에서 유아가 탈출하려는 것과 융합상태로 돌아가고자 하는 유아의 열망과 유사한 측면이 있다. 인형을 갖고 노는 행위는 내적 환상이 풍부해지고 있음을 시사한다. 이런 놀이는 자기와 내적 대상 표상을 개념화하고 이를 인형이나 다른 장난감 같은 외적 대상에 투사하는 능력이 필요하다. 또한 놀이는 경계선에 대한 감각을 잃지 않으면서 내적인 것을 외적인 것처럼 생각하는 '마치 ~인 것처럼(as-if)' 혹은 '중간적(transitional)' 인 감각을 유지할 수 있는 능력을 요구한다. 이때 외적인 상징물은 신체의 온전함에 대한 감각이 상실되지 않은 채 마치 내적인 자기표상 또는 대상표상인 것처럼 사용된다.

재접근 단계가 끝나갈 무렵 분리에 대한 유아의 감각이 자라고 대상항상성이 형성되면서, 유아는 주변 사람의 측면을 새로운 방식으로 받아들인다. 부모가 제시하는 규칙은 유아가 부모의 여러 가지 측면 가운데 내면화하는 좀 더 분명한 측면이다.

M.W.는 전기 소켓에 스푼의 몸체 부분을 꽂으려 했다. 엄마가 겁에 질려, 평상시엔 그러지 않지만 "안 돼!" 라고 소리치면서 이 작은 여아의 손을 찰싹 때렸다. 그날 아빠가 소켓에 어린이 보호용 캡을 씌우면서 "안 돼. 안 돼, 아야 해." 라고 말했다. 다음날 아침 유아는 스푼을 갖고 시리얼을 먹다가 토스터에 연결된 소켓을 보고 스푼 몸체로 그것을 가리키고는 "안 돼, 안 돼." 라고 말했다. 그리고 자기 손을 찰싹 때리면서 "안 돼. 아야 해." 를 말하는 행동을 반복했다.

이 여아는 부모의 훈계를 지각했던 것이다. 이전 단계에서 나타났던 막연한 친밀함이 이제 분리감을 잃지 않은 채 대상의 어떤 특성을 받아들일 수 있는 새롭고 좀 더 구체적인 능력으로 발전하게 된 것이다.

유아의 이런 자기감의 발달에는 성정체감의 발달이 포함된다. 유아는 일찍 자신의 성기를 발견한다. 연습단계에는 자기 성기를 만지는 데서 쾌감을 누릴 수 있다. 재접근단계에 유아는 점차 성차를 깨닫게 된다. 즉, 어떤 사람은 남근과 고환을 가졌고, 어떤 사람은 질과 음순과 음핵을 가지고 있음을 알게 된다. 그들은 자신과 다른 사람을 남자와 여자로 범주화하기 시작한다. 이런 범주화의 확실한 표현은 어머니와의 관계에서 볼 수 있다. 유아가 자기 성기가 어머니의 성기와 유사한지 아닌지를 발견하고 이에 대해 흥미를 보일 때, 남아는 더 많이 분화하는, 즉 거리를 좀 더 두고 활동성을 더 많이 보이는 방향으로 나아가는 것 같다. 반면에 여아는 어머니에게 좀

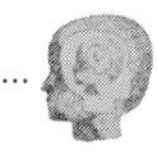

더 가깝게 다가가는 것 같다. 때때로 여아에게 여전히 남아 있는 이런 가까움은 매우 양가적이다. 정신분석학적 배경을 가진 다른 관찰자(Tyson, 1982)처럼 Mahler와 동료들(1975)은 어떤 여아는 어머니에게 달라붙지만 어머니가 자기에게 남근을 주지 않았다는 것을 발견하게 되면 분노와 실망을 표현한다고 언급했다.

남근 선망(penis envy)의 주제는 뜨거운 논쟁거리다. 어떤 저자는 남근이나 남근의 결여가 중요한 역할을 하는 것이 아니라, 어머니와 얼마나 유사한가 혹은 다른가가 중요한 역할을 한다고 강조했다(Chodorow, 1974). 여아는 민감한 해부학적 영역에 이르기까지 깊숙이 그리고 근본적으로 자기가 어머니와 유사하다고 경험하기 때문에 어머니와 더 가까운 유대를 유지할 수 있다는 것이다. 반면에 남아는 어머니와 다르기 때문에 좀 더 철저하게 분화할 수밖에 없다. 이런 점에서 남아는 최적의 발달을 이루기에는 너무 일찍 분화하는지도 모른다(Chodorow, 1974). 남아나 여아 중 어느 쪽이 최적으로 발달하는가에 대한 논쟁은 대상관계이론의 범위를 넘어서는 것이고, 흔히 유익하기보다 해로운 전문적 논쟁에 이르게 한다.

부모, 특히 어머니에게 재접근단계는 만족을 많이 주지만 어쩌면 좌절을 더 많이 줄 수 있다. 유아는 도움을 요구하는 동시에 거절할지도 모른다. 또한 어머니가 자신의 연장인 것처럼 어머니에게 강요하고 조정하려 든다. 부정적이고 고집을 내세우고 심한 투정을 부리기도 한다. 어머니에 대한 요구가 매우 많다. 어머니는 필요할 때 자기 곁에 있어야 하지만 통제해서는 안 된다. 또한 유아를 침해하지 않으면서 유아가 실제로 위험한 행동을 하지 않도록 억제해야 하며, 거부하지 않으면서 분리를 지지해야 한다. 특히 유아가 상반되는 요구를 할 때, 예컨대 자기 신발이 쉽게 발에 신겨져야 하는 것과 동시에 그것을 혼자 힘으로 하도록 내버려 두는 것과 같은 사소한 요구일지라도, 이에 대해 좌절감을 느끼지 않고 적절하게 가까우면서도 거리를 유지하면서 항상 일정한 마음상태를 유지할 수 있는 어머니는 거의 없다.

어머니 자신이 이 시기 동안 정서적으로 어려운 과정을 겪을 수도 있다. 어머니는 아기를 가지는 것에 대한 환상을 가진 후에 실제로 9개월 동안 자기 몸의 일부로 아기를 배 속에 가졌다. 아기가 배 속에서 나오면서 이런 신체적 합일은 공생이라는 심리적 합일로 대치된다. 유아의 심리적 탄생이 진행되면서, 어머니는 흔히 친밀함과 거리에 대한 자신의 욕구와는 상관없이 유아의 속도와 유아의 요구에 따라 밀고 당기는 분리의 긴 과정을 겪어야 한다. 서서히 발달하는 어머니에 대한 유아의 배려와 공감능력은 어머니에게 부과된 요구에 비해 별로 보상이 되지 못할 수 있다.

충분히 분화되지 않은 어머니는 종종 유아발달의 이 단계에서 가장 큰 문제를 겪는다. 분리에 대한 자기 자신의 불안 때문에 이런 어머니는 친밀함에 대한 자신의 욕구를 충족시켜 주는 공생단계의 유아에게 아주 잘할 수 있다. 연습단계에서도 유아의 과대성을 자기애적으로 즐길 수 있다. 그러나 재접근 동안 유아가 분화해 가게 되면 이런 어머니는 불안을 경험할 수 있다. 유아가 분리하려는 약간의 욕구만 보여도 어머니는 유아에게 매달리며, 유아가 요구할 때보다는 어머니 자신이 원할 때 유아를 안아 준다. 어머니가 안정감을 느끼면 아기를 내려놓는다. 어떤 어머니는 실제로 유아가 자기에게 다가오면 보상해 주고 분리하려 하면 내쳐 버림으로써 처벌한다(Masterson & Rinsley, 1975). 즉, 만약 유아가 약간의 독립성이라도 보이면 이런 어머니는 유아를 남겨 두고 가 버리겠다고 위협한다. 이들은 거리를 둘 수도 있고, 종종 유아를 장시간 혼자 남겨 둘지도 모른다. 반대로 유아가 유순하게 어머니에게 다가오면 융합의 따듯한 포옹으로 그를 감싸 줄 것이다. 이런 패턴은 제10장에서 논의될 경계선 성격장애의 보상적-처벌적 대상관계 단위에서 찾아볼 수 있다.

그러나 버리겠다는 모든 위협이 심리적인 문제를 야기하는 것은 아니다. '이만하면 좋은' 어머니조차도 때로는 아이를 두고 가 버리겠다고 위

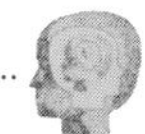

협한다.

한 젊은 엄마가 물건을 한 아름 안고 아이를 마주보며 뒷걸음질로 자동차쪽으로 가고 있었다. 2세인 고집쟁이 여아는 쇼핑카트에 매달렸다. 아이는 차 안으로 들어가라는 엄마 말을 듣지 않았다. 엄마가 "그럼, 엄마 간다, 잘 있어."라고 하면서 짐에서 자유로운 손가락 하나를 흔들면서 말했다. 어린 여아는 놀이를 멈추고 조용해지더니 엄마 표정을 살폈다. "안녕, 잘 있어."라고 엄마가 또 한 번 말하고 힘겹게 차 문을 열었다. 엄마의 목소리는 거부적이지 않고 따뜻한 톤이었다. 아이는 한 번 더 어머니를 쳐다보고는 무시하고 쇼핑카트에 올라타려 했다. 어머니가 서서 한숨을 내쉬고는, 차 앞 좌석에 짐을 내려놓고 "그래, 네 맘대로 해라."라고 말했다. 그러고 나서는 딸애한테 걸어가, 초콜릿으로 뒤범벅이 된 손가락을 반짝거리는 카트에서 빼내고, 발길질을 하고 소리 지르는 아이를 차로 데려갔다. 일단 차에 들어가 유아석에 앉게 되자, 어린 여아는 엄마가 건네주는 때 묻은 담요를 받아들었다.

이 어머니는 아이가 말을 듣도록 하기 위해 아이를 버리겠다고 위협하는 것처럼 보이지만, 실제로는 그렇게 하지 않았다. 그녀의 목소리 톤이 그녀의 진심을 말해 주었다. 이 어머니는 전체적으로 따뜻했고 아이에게 가까이 오라고 손짓했다. 아이는 어머니와의 애착에 대해 확신하고 있었다.

Winnicott(1960)은 유아가 환경에서 자신에게 필요한 많은 것을 얻어 내면서 자신의 발달 과정에 기여한다고 언급했다. 유아는 최적의 양육을 필요로 하는 것이 아니라, 단지 이만 하면 좋은 양육을 필요로 한다. 어떤 아이는 다른 아이에 비해 키우기가 더 어렵다. 이는 어떤 어머니가 적절하게 거리두기와 친밀함을 허용하는 데 어려움이 있는 것과 마찬가지다. 어떤 아이와 어머니는 서로 다른 사람을 만났더라면 발달과제에 적절히 대처했을 수도 있는데, 그저 서로에게 맞는 짝이 아니다(Brazelton, 1969). 자율성과 자기주도성을 중시하는 정력적이고 야심 많은 어머니는 자기 속도대로 움직이는 침착한 남아보다는 능동적이고 다소 욕심이 많은 남아와 더 잘 맞을 수 있다.

재접근 단계 동안 어머니와 유아 사이에 밀고 당기는 알력 때문에 유아에게 아버지의 중요성이 새로운 의미를 갖는다. 공생이나 부화 단계에서 아버지는 어머니와 아이 사이의 친밀함을 함께 나누었을 수도 있다. 재접근단계에서 아버지 역할은 대개 제3자로서의 구별된 역할로 옮겨진다. 아버지는 이제 외부에 있으면서 동시에 특별한 사람으로서 어머니와 유아가 공생적 양자관계로부터, 그리고 이어지는 자율성과 통제 간의 갈등에서 벗어나는 데 도움을 줄 수 있다. 아버지는 각자 별개의 존재로서 어머니와 아이 둘 다로부터 관심과 정서적 개입을 요구함으로써 이들의 분리과정을 촉진할 수 있다.

대상항상성(24~36개월과 이후)

재접근단계의 분리와 다가갔다 멀어졌다 하는 움직임이 줄어들면서 개별성(individuality)과 대상항상성(object constancy)의 단서가 나타난다. 개별성은 다양한 상황과 기분상태에서 자신이 어떤 사람인지에 대한 더욱더 안정된 감각을 수반한다. 대상항상성은 대상, 특히 어머니가 곁에 있거나 부재하거나 간에, 또 욕구를 충족시키거나 좌절시키거나 간에 어머니에 대한 일관된 상을 유지할 수 있는 능력을 의미한다. 재접근단계 동안 개별성과 대상항상성이 발달한다는 증거는 상당히 많다. 이 시기는 다른 시기보다 직전의 단계, 즉 재접근단계와 훨씬 더 많이 겹쳐진다. 대상항상성과 개별성의 발달은 평생 동안 지속된다. 이 단계의 끝은 없다.

재접근단계 유아의 매달리면서 거부하고 떼를 쓰면서 의존하는 행동은 이제 줄어든다. 유아는 좀 더 안정되고 자기 일에 좀 더 집중할 수 있으며, 오랜 기간 동안 어머니를 어느 정도 무시할 수 있다. 유아에게 새롭게 생겨

나는 이런 안정감을 보여 주기 위해 Mahler와 동료들(1975)은 아이에게 알리지 않고 어머니가 자리를 비웠다 돌아오는 분리상황에 아이가 어떻게 반응하는지를 알아보려고 어머니에게 놀이방에서 놀고 있는 아이 곁을 조용히 떠나라고 요청했다. 26개월 된 여아의 예가 한 가지 있다. 이 아이는 초기 몇 달 동안 자신에게 가장 알맞게 함께해 준 어머니와 친밀한 관계를 가졌었다. 어머니가 놀이방을 떠났을 때, 이 여아는 어머니가 어디 있는지 걱정하지 않고 조용히 놀았다. 자기가 그린 그림이 아주 마음에 들자 비로소 어머니의 부재를 인식하게 되었다. 이때 고개를 들고 쳐다보면서 어머니가 어디 있는지 몇 차례 물어보았다. 아이의 행동을 관찰한 연구자는 아이가 자신이 그린 그림을 어머니에게 보여 주기를 원한 것으로 믿었다고 Mahler는 언급했다. 그러나 아무도 대답하지 않자 아이는 다시 그림 그리기로 돌아가 즐겁게 그 일에 몰두했다.

Mahler와 그 연구진에게 이런 행동은 어머니에 대한 긍정적인 상을 유지할 수 있는 능력을 시사했다. 이 어린 여아는 자신의 즐거움을 어머니와 나누기를 원할 때 어머니를 찾았다. 그러나 어머니를 찾지 못하자 어머니가 지속적인 관심을 보여 줄 것과 필요할 때 곁에 있어 줄 것을 충분히 확신하면서 자신의 놀이에 계속해서 집중할 수 있었다. 여아가 단지 무관심한 것이 아니었다는 사실은 자신의 좋은 작품을 보여 주려고 어머니를 찾았던 행동으로 입증된다. 어머니에 대한 관심은 어머니가 놀이방으로 돌아왔을 때 아이가 미소 지으며 어머니를 맞이했고 갖고 있던 장난감을 보여 주려고 가져왔다는 데서도 계속 확인할 수 있었다. 아이에게서 떼를 쓰거나 달아나는 행동은 거의 나타나지 않았고 좀 더 조절되고 안정된 반응이 나타났다. 여아는 자신이 어머니를 원하거나 필요로 하면 어머니가 거기 있을 거라고 확신하는 듯이 보였다.

충분히 좋은 어머니상을 항상 마음속에 유지하는 이런 능력은 신경생리학적 발달과 대인관계 경험 둘 다에 달려 있다. Piaget(1937)가 제시한 대상영속성(object permanence)은 정신분석적 또는 정서적 대상항상성(emotional object constancy)과는 다소 다르다(Hartmann, 1952). 대상영속성은 일정한 시간 후에 숨겨진 사물을 찾아 나서는 능력이다. 이렇게 찾는 행동은 유아가 보이지 않는 사물에 대한 정신적 상을 떠올리고 그것을 찾아볼 수 있다는 것을 암시한다. 정신분석적 입장을 가진 몇몇 연구자(Cobliner, 1965; Fraiberg, 1969; Lester, 1983)는 대상영속성과 대상항상성의 관계를 논의했다. 대상영속성은 찾아질 것이라는 확신을 갖고 숨겨진 사물을 찾는 능력이므로, 이는 항상성의 전제조건이다.

정서적 대상항상성은 다른 사람에 대한 감정으로 인해 복잡해진다. 사랑과 미움, 배고픔과 포만감은 유아를 압도할 수 있기 때문에 이런 감정이 경험에 영향을 준다. 차분한 상태에서 숨겨놓은 장난감을 기억해 내는 것보다 화가 나거나 좌절했을 때 어머니가 여전히 좋은 사람이라는 것을 기억해 내기가 더 어려울 수 있다. 강한 감정은 이전의 감정의 질에 대한 기억을 압도할 수 있다. 그러므로 눈에 보이지 않는 장난감이 여전히 존재한다는 지식의 단순한 발달보다 감정이 부가된 대상에 대한 안정된 내적 이미지를 유지하는 것은 훨씬 더 시간이 오래 걸린다.

Bell(1970)의 연구는 부모와의 관계가 긍정적인 유아는 '대상영속성' 이 발달하기 전에 '사람영속성(person permanence)' 이 먼저 발달한다는 사실을 보여 준다. 이 연구는 대상영속성이 대상항상성보다 먼저 발달한다는 결과와 상반되지 않는다. 이 연구는 단지 인지적인 능력이 최적으로 발달하기 위해서는 안정되고 따뜻한 환경이 중요하다는 것을 보여 준다. 유아가 좋은 관계를 경험한다면 환경에서 사물을 기억하고 찾기 전에 부모를 기억하고 찾을 수 있을지도 모른다. 그러나 이런 능력이 정서적 대상항상성은 아니다. 정서적 대상항상성은 물리적인 사람을 기억하고 찾는 인지적 과제보다 좀 더 복잡하다. 이는 부모에게 몹시 실망했을 때에도 부모에 대한 좋은 감정을 떠올릴 수 있는 능력을 말한다. 이런 방식으로 감정을 통합하는 능력

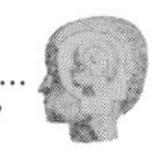

의 발달은 더 오랜 시간이 걸린다.

대상영속성 이전에 유아에게 최대의 정서적 위험은 대상의 상실이었다. 이제는 대상의 애정 상실이다. 사랑하는 대상에 대해 중요한 것은 정서적 일관성이지 양육자의 단순한 존재가 아니다.

대상영속성과 대상항상성에 대한 관찰은 많은 정신분석 이론가로 하여금 내적인 이미지를 기억하고 형성하는 신경생리적으로 결정되는 능력이 대상항상성의 한 가지 선행조건이라고 확신하게 만들었다. 또 한 가지 필요한 능력은 동일한 사람과의 관계에서 경험하는 유쾌한 감정과 불쾌한 감정을 통합하는 것이다. 현재 곁에 없어서 좌절시키는 어머니가 칭찬해 주고 사랑해 주는 사람과 동일한 인물이라는 확신을 유지할 수 있는 능력은 지적인 차원에서 양극단을 연합할 수 있는 능력뿐만 아니라 충분히 많은 좋은 경험의 축적에 달려 있다. 유아에게 충분히 따뜻한 경험이 있어야 사소한 분리경험으로 인해 유아가 그런 따뜻한 경험을 떠올릴 수 없게 될 정도로 완전히 압도되지 않는다. 이런 긍정적인 상호작용이 적절하게 주어지지 않으면, 극심한 양가감정이 생긴다. 심한 양가감정을 경험하는 유아는 어머니가 떠나면 강한 분노와 갈망을 보인다. 이는 아마도 어머니가 적극적으로든 수동적으로든 유아를 좌절시킬 때 유아가 어머니에 대한 긍정적인 상을 유지할 수 없기 때문인 것 같다(Mahler et al., 1975).

개별성의 성취는 대체로 대상에 대해 어느 정도 항상적인 상을 형성하는 능력과 함께 이루어진다. 자기항상성(self constancy)도 생겨나기 시작한다. 점차 안정되어 가는 자기에 대한 감각은 좀 더 목표 지향적인 활동을 가능하게 한다. 유아는 자기가 누구인지, 자기가 무엇을 원하는지 알기 때문에 좌절감을 약간 느끼는 경우에도 이제 과제를 지속할 수 있다.

시간에 대한 감각과 만족을 지연시키는 능력은 좌절에 직면해서도 좋은 것을 기억해 낼 수 있는 능력과 함께 성숙한다. 유아는 이제 이모나 삼촌 혹은 다른 좋아하는 사람을 내일 혹은 얼마 후에 만날 것이라고 말할 수 있게 된다. 이처럼 시간과 공간 속에 존재하는 사람이라는 인식이 높아지는 것은 개별화, 즉 자신이 시간과 공간과 대인관계적 맥락에 걸쳐 계속성을 갖는 한 응집된 개인이라는 인식이 발달하고 있다는 증거다.

삶의 모든 발달단계에서와 마찬가지로, 유아는 이 시기에 이전 단계에서 겪은 어려움에서 완전히 벗어나는 것은 아니다. 유아는 흔히 자기 능력을 넘어서는 영역에서 극단적으로 자율성을 요구함으로써 자신의 개별성에 대한 의심을 드러내기도 한다. 예를 들어 한 남아는 자기가 들지도 못하면서 자기 여행가방을 혼자 차로 가져가도록 해 달라고 떼를 썼다. 또한 부정주의(negativism)나 투정부림도 어느 정도 지속적으로 나타난다. 배변 조절의 어려움은 때로 신체적 분리를 재확인하고자 하는 욕구를 암시한다.

이 시기에 부모의 중요성은 약간 줄어들기 시작한다. 이제 아동은 어머니에 대한 감각이나 개별성에 대한 감각을 심각하게 상실하는 일 없이 꽤 안정감을 느끼며 유아원에 다닐 수 있다. 아버지는 이제 더욱 중요해지고 유아와 구조화된 놀이에 더 많이 참여할 수 있다.

대상항상성과 개별성이 발달하는 과정은 생애 초기에 끝나지 않는다. 다른 사람과의 관계에서 독립적인 개인으로서 우리가 누구인가를 배우는 과제는 이후 중요한 오이디푸스 갈등이라는 측면에서 반드시 다루어져야 한다. 잠복기와 청소년기 그리고 특히 성인기 초기 집을 떠나 독립할 때도 이런 과제는 재작업이 필요하다. 우리가 결혼할 때, 자녀를 가질 때, 우리의 자녀가 발달 단계를 밟아 갈 때, 옛 직장을 떠나 새로운 직장으로 옮길 때, 다른 도시로 이사할 때, 자녀가 취업해서 집을 떠날 때, 우리가 병들었을 때, 퇴직을 준비할 때, 배우자나 다른 사랑하는 이의 상실에 직면했을 때, 우리 자신의 죽음을 준비할 때 분리와 정체성의 문제는 우리를 되찾아와서 지속적인 해결을 요구한다. 운이 좋다면 우리는 평생 동안 다른 사람과의 관계에서 우리 자신에 대해 점점 더 복잡하고 통합된 감각을 발달시킬 수 있을 것이다. 이런 정체감은 우리의 기분이나 우리가 처한 상황으로 인한 심한 동요

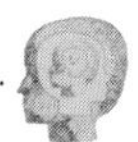

에서 좀 더 벗어나게 된다.

⁂

이 장에서 나는 유아가 어떻게 점차 분리감과 개별적 통합성을 발달시켜 나가는지를 기술했다. 다른 학자의 중요한 연구를 인정하지만, 이 장에서 내가 주로 초점을 둔 부분은 『유아의 심리적 탄생(*The Psychological Birth of the Human Infant*)』(1975)에서 제시된 Mahler와 동료들의 관찰결과다. Mahler의 연구는 미국의 거의 모든 대상관계이론에 있어 매우 중요한 비중을 차지한다. Kaplan의 저서 『합일과 분리(*Oneness and Separateness*)』(1978)는 주로 Mahler의 연구에 의해 크게 영향을 받은 성격발달에 관한 또 하나의 설명이다.

대상은 자폐단계(0~2개월) 동안 관련성이 없으며 이때 신생아는 심리적 껍질 속에 남아 있는 것처럼 보인다. 자기와 대상에 대한 아이의 인식이 싹트면서 어머니와 아이는 공생단계(2~6개월)의 양자단위의 두 극을 형성하기 시작한다. 점차 어머니로부터 분화하면서 아이는 분리-개별화 단계와 이 단계의 하위단계인 분화, 연습, 재접근으로 들어간다. 아이는 분화 혹은 부화단계(6~10개월) 동안 점차 어머니를 분리된 개체로 인식하게 된다. 운동기술과 인지적 기술의 점진적인 향상으로 아이는 곧 자기 능력에 도취되어 마치 온 세상이 자기 것인 양 어머니에게서 달아난다. 이 하위단계를 연습단계(10~16개월)라 부른다. 아이가 자신의 분리와 무력감에 대해 점차 인식하게 되면서 재접근단계가 시작된다(16~24개월). 아이는 다가왔다 멀어졌다 하면서 분리하기와 되돌아오기, 요구하면서도 의존하는 행동을 동시에 보인다. 재접근이 해결되어 가면서 아이는 어머니가 때때로 부재하더라도 자신을 사랑하는 어머니의 존재가 계속된다는 확신이 커 가고 있음을 보여 준다. 어머니가 근본적으로 만족을 주지만 때로는 좌절을 주는 존재라는 상을 유지할 수 있는 이런 능력을 정서적 대상항상성(24~36개월)이라 한다. 아이는 대상에 대해 점차 안정된 감각을 갖게 되면서 자신의 개별성에 대해 좀 더 안정되고 복잡한 감각을 발달시켜 나간다.

유아의 발달단계와 하위단계에 대한 이런 관찰은 정신분석과 심리치료를 통해 사람들이 성장하고 변화하는 과정에서 관찰되는 일련의 개인내적, 대인간 기제와 유사성이 있다. 이런 심리적 기제가 다음 장에서 다룰 주제다.

제6장 심리적 기제

정신분석과 심리치료에서 볼 수 있는 많은 심리적 과정은 Mahler와 동료들이 어린 아이에 관해 기술한 행동과 두드러지게 유사하다. Mahler(1971), Masterson과 Rinsley(1975), Kernberg(1980), Horner(1984), Adler(1985)는 이런 두 부류의 증거가 서로 수렴되는 측면에 대해 논의했다. Kernberg는 유아 발달단계의 시간적 순서에 관한 Mahler의 발견은 환자를 대상으로 하는 정신분석적 연구에만 근거하여 결정하기는 어려운 고착과 퇴행 시점에 대한 증거를 제공했다고 언급했다. 그리고 Kernberg의 연구는 "초기 아동기에서 이루어지는 발달에 대한 관찰의 심리내적인 측면에 대한 Mahler의 가정을 뒷받침하는 성인기의 정신분석적인 차원을 제공" 할 수 있다(Kernberg, 1980, p. 6).

심리적 발달에 대해 한편에서는 심리치료에서, 또 한편에서는 유아관찰연구에서 두 부류의 증거를 갖는 것은 중요하다. 유아는 자기 내면의 삶을 언어로 전달할 수 없다. 우리가 할 수 있는 것은 단지 이들이 어떤 것을 경험하리라고 추정하는 것이다. 반면 심리치료를 받는 환자의 기억과 내면 경험은 압축되고 사건 발생순서가 뒤바뀌어 근거 없는 결론으로 이어질 수 있다. 특히 Klein(1932)은 좀 더 연령대가 높고, 정신병을 앓고 있는 아동과 성인에게서 볼 수 있는 심리적 과정이 유아에게도 있다고 보았는데, 이런 추정을 지지할 만한 자료를 제시하지 않았다(Kernberg, 1969). 두 부류의 증거가 있으면 한 분야의 이론적인 예측은 다른 분야에서 얻을 수 있는 상보적인 정보에 의해 확인되거나 반증될 수 있다.

환자에게서 발견되는 초기 발달과 관련된 정신적 과정은 분화와 통합, 투사와 내사, 분열, 이상화와 평가 절하, 투사적 동일시, 중간 대상 형성, 대상항상성 발달, 동일시다. 대상관계 문헌에서 이런 개념이 반복적으로 언급된다. 그리고 저자마다 이런 개념을 다르게 사용한다. 이 장에서는 어떤 것이 가장 보편적으로 받아들여지는지, 또한 치료에서 유용한지, 그리고 앞서 제1부에서 서술한 대상과 자기 및 통합적인 자아기능에 대한 개념정의와 일치하는지에 따라 이런 개념을 분류하여 기술하고자 한다.

통합과 분화

통합(integration)과 분화 혹은 변별(differentiation)은 상호 보완적인 자아기능이다. 이런 기능은 생애 초기부터 발달해 일생에 걸쳐 지속된다. 통합이란 두 개의 정신적인 요소를 의미 있게 합치는 것으로 지각이나 기억, 표상, 정서, 생각 혹은 움직임이 이런 요소가 될 수 있다. 분화란 두 개의 정신적인 요소를 따로 떼어놓는 것을 의미한다.

이런 기본적인 심리적 기능의 동기가 무엇인가에 대한 의문은 현재 많은 이론적인 논쟁의 중점이 되고 있는데(Greenberg & Mitchell, 1983), 여기서 해결되지는 않을 것이다. Freud(1940)는 이런 기능을 리비도와 공격성의 욕동 및 이와 연관된 느낌인 사랑과 증오와 연결시켰다. 말년에 그는 에로스를 '합일체' 를 이루고 '함께 묶는' 본능으로 기술하였다. 대조

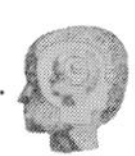

적으로 공격성은 "연결을 해체하려고" 시도한다(p. 148). 미국의 자아심리학자인 Gertrude Blanck와 Rubin Blanck(1979)는 이런 설명에 동의하면서, 리비도는 결합시키거나 통합하는 욕동으로 간주하고, 공격성은 분리하거나 분화하는 욕동으로 간주하는 것이 가장 유익하다고 시사했다. 다른 학자는 욕동보다는 욕구가 성장과 통합에 좀 더 중요하다고 여기고 통합과 분화를 분열과 투사적 동일시와 연관시킨다(Grotstein, 1981a, p. 3). 그러나 우리는 이런 기능의 원인이 무엇인지에 대한 명확한 입장을 취하지 않고 이런 정신과정에 대해 알려진 것을 탐구할 수 있다.

정신병적 장애에는 통합과 분화에서 기본적인 결함이 있음을 알 수 있다.

D.R.은 정신분열증이 있는 28세 남성으로 지난 2년 동안 샌프란시스코의 거리에서 노숙했다. 그는 골목길과 차고 앞길, 구세군 쉼터에서 잠을 잤다. 운이 좋으면 무료급식소에서 음식을 얻었다. 그렇지 않으면 쓰레기통을 뒤져 버려진 음식을 먹었다. 가족들은 D.R.을 찾으려고 애를 쓰다 마침내 그를 찾았고, 숙소와 음식과 교육문제를 해결해 줄 테니 가족이 사는 Tucson의 집으로 돌아오라고 그를 달랬다. 그는 집으로 돌아갔는데, 집에서의 일상생활에서 너무 많은 자극을 받아 그는 머리가 폭발할 것 같이 느꼈다. 가족은 그가 다시 노숙자 생활로 달아나도록 내버려 두는 대신, 병원 치료를 받도록 그를 설득했다.

그의 의지에 반해 입원하도록 할 수는 없었기 때문에 병원실무자는 그가 병원에 남아 있도록 하기 위해 묘책을 강구해야 했다. 그의 일상을 돌보는 심리학자와 간호사는 그가 자극에 민감하다는 것을 알게 되었다. 그는 기본적인 청각적 자극과 시각적 자극조차도 통합하고 변별할 수 없었다. 보통의 병원환경에 내버려 두면 그는 곧 혼란스러운 감각적 침해로 공격받는 것처럼 느꼈다. 결과적으로 담당 정신과 의사는 한 번에 최대 5시간까지 그가 혼자 방에 있도록 허용했다. 그는 몇 시간에 한 번씩 낮은 목소리로 대화하는 데 참여했고, 식사하기 위해 그리고 차분하고 잘 구조화된 집단 모임을 위해 방 밖으로 나왔다. 이런 처방에 따라 그는 주변 세상을 견뎌 내는 힘을 서서히 길러 나갔다. 병원에 온 지 몇 주가 지나서야 그가 항정신성 약물을 복용할 수 있도록 치료진이 자신에게 영향을 미치도록 허용할 수 있었다.

그는 점차 계속해서 나아졌다. 3개월 후에는 시를 쓰는 수업에도 참여할 수 있었고 거기에서 자신의 경험을 짧은 시로 구성할 수 있었는데, 그의 시는 점점 더 다른 사람이 이해할 수 있게 되었다. 그러나 18개월이 지난 후에도 여전히 병동에서 어떤 일이 발생하여 사람들의 감정이 고조되면, 색깔 있는 빛의 조각이 보이고 굉음과 윙윙거리는 소리를 듣는다고 그는 보고했다. 그는 기본적인 감각적 차원에서 자기 경험을 통합하고 변별하는 데 여전히 어려움이 있었다. 그는 자신의 지각을 의미 있는 경험으로 통합할 수 없었다. 즉, 자기 세계의 질서를 정립할 수 없었다. "도대체 무슨 일이 일어나고 있는지 모르겠어요. 그저 이상한 색깔이 보이고 소음이 들려요. 도대체 이것들이 뭔지 모르겠어요. 이런 것이 어디서 오는지 혹은 이것이 무엇인지 모르겠어요. 도대체 무슨 뜻인지 모르겠어요."

그는 또한 자신과 주변 환경을 변별할 수 없었다. 어느 날 그는 병동의 공동체 모임 도중에 갑자기 밖으로 나갔다. 정신과 의사가 나중에 그 행동에 대해 물어보니 "소음 때문이에요. 뒤죽박죽이었어요. 소란스러움이 너무 혼란스러웠어요. 자리를 떠날 수밖에 없었어요." 다소 혼란스러운 집단토의를 듣고 있다 보니 그 자신이 너무 혼란스럽게 느껴지게 되었던 것이었다. 그는 물리적으로 자리를 떠나지 않고는 집단에서 일어나는 혼란과 자기 내면에서 일어나고 있는 반응을 구별할 수 없었다.

정신분열증 환자를 치료하는 특수한 기술이 있는 가족치료사와 연구자가, 그의 가족이 그가 있을 때 그들이 표현하는 감정의 수위를 낮추도록 도와주었다(Brown et al., 1962; Vaughn & Leff, 1976; Goldstein et al., 1978; Falloon et al., 1982). 환경의 이런 변화로 인해, 이 환자는 자기 경험을 좀 더 잘 처리하기 시작할 수 있었다. 주변 사람은 그를 대신하여 통합하고 변별하는 일을 일부 수행하여 그를 도와줌으로써 그를 위한 보조자아로 기능했다.

흔하지는 않지만, 통합하고 분화하는 능력을 보유하고 있는 사람이 심리적인 이유로 이런 능력을 보류하는 것이 가능하다. 비록 이들에게 통합적 자아기능을 방해하는 뇌질환이 없다 하더라도, 경험의 파편화와 함께 정신분열증과 유사한 증상이 발병할 수 있다(Hamilton & Allsbrook,

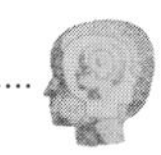

1986). Searles(1959)는 이런 사례를 많이 보고했다. Bion(1959)은 이런 과정을 연결에 대한 공격(attacks on linking)이라고 불렀다. 그는 이런 환자는 현실이 주는 좌절, 특히 초기 대상관계에서 너무도 깊이 실망한 나머지 주변 세상과의 모든 논리적 연결고리를 정신적으로 공격했고, 자신의 통합적인 사고 과정조차도 파괴하기에 이르렀다고 생각했다.

초기발달에서 심리적인 분화와 통합은 정신질환에서 회복하고 있는 환자에게서 볼 수 있는 정신적인 과정과 유사하다. 유아는 소리와 색깔, 촉각과 냄새, 위와 아래, 많은 것과 적은 것을 구별하는 것을 배운다. 이들은 어떤 소리와 눈에 보이는 것, 촉감, 냄새와 맛이 하나의 사물에 속하는 것으로 통합하는 것을 배운다. 젖을 주는 엄마의 젖가슴에는 특정한 냄새와 맛과 촉감과 모양이 있으며, 이런 것이 제각기 다른 어떤 것이 아니라 젖가슴과 관련된다는 것을 인식하기 시작한다. 마침내 유아는 젖을 주는 가슴과 엄마의 얼굴을 연관시키고 엄마에 대한 시각과 촉각, 후각, 미각, 청각적 상을 형성할 수 있게 된다. 이후 이들은 또한 엄마와 구별되는 자신에 대한 통합된 상을 형성할 수 있게 된다. 변별과 통합은 상호 보완적이다. 하나의 사물에 속하는 특정한 요소를 다른 사물에 속하는 요소와 변별하지 않고는 이들을 통합할 수 없다.

지각과 인지적 기능 및 운동기능으로서의 변별과 통합의 순조로운 발달은 성인환자의 경우와 마찬가지로 유아의 경우에도 강한 정서에 의해 방해받을 수 있다. 갈망과 좌절, 흥분, 만족은 통합적인 자아기능을 방해하고 바꾸어 놓을 수도 있어서 투사와 내사, 분열, 투사적 동일시로 이어질 수 있다. 이후 발달하는 이런 정신적 과정은 때때로 방어기제라고 불리는데, 그 이유는 이런 과정이 압도적인 좌절의 직면으로 인한 안녕감의 엄청난 상실에서 자기상을 보호하기 때문이다. 정신적 방어기제는 자기감을 보존하려고 하며, 흔히 삶에 정서적인 풍요로움과 복잡성을 부여한다. 만일 방어가 없다면 우리는 변별하고 통합하는 기능이 기계처럼 조합된 것, 즉 자기가 없고 온통 자아뿐인 존재일 것이다.

합치고 나누는 경향은 심리적인 과정일 뿐만 아니라 기본적인 생리적 과정이다. 싹은 깍지에서 나온다. 생식세포는 수많은 세포로 분열된다. 이 새로운 세포는 다시 분열된다. 즉, 분화된다. 이 세포 중 일부가 모여 기능적 단위를 형성한다. 뿌리와 줄기, 잎, 영양분을 전달하는 수맥은 분화와 통합을 통해 하나의 세포에서 진화한다. 모든 다중세포 유기체는 유사한 성장과정을 거친다.

분화와 통합은 비록 아주 어린 유아와 심각한 심리적 혼란에서 회복하려는 성인환자의 초기 노력에서 그리고 실제로 모든 유기체에서 발견된다 하더라도, 그저 원시적인 기제에 불과한 것은 아니다. 우리는 전 생애에 걸쳐 이런 기능에 의존한다. 예를 들어 심리학적 용어에 대한 논쟁은 경험을 변별하고 통합하려는 노력이다.

투사

원하는 것과 원치 않는 것, 좋은 것과 나쁜 것을 변별하려는 시도는 때로는 자기와 대상의 변별을 방해한다. 한 사람이 자기의 원하지 않는 측면을 다른 사람에게 전가하는 것을 투사라 한다. 투사는 외부 대상에게 나타날 때 가장 분명하지만, 몇몇 이론가는 자기로부터 내적 대상에게 향하는 투사에 대해서도 언급한다.

투사는 영사기와 유사함을 암시하는 적절한 용어다. 필름과 조명 그리고 렌즈라는 핵심적인 요소는 영사기 안에 있으나, 영상은 외부 스크린에 투영되어 외적인 실체의 형상을 만들어 낸다. 우리의 심리적 생활에서 우리는 우리 안에 있는 어떤 것을 다른 사람에게서 볼 수 있다.

투사는 임상실제에서 쉽게 관찰된다.

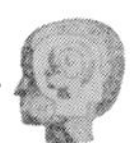

A.B.는 31세의 변호사인데, 명성 있는 법률회사에서 신참으로 일하고 있었다. 그는 지나친 질투심 때문에 심리치료를 시작했다. 그 자신도 자기의 두려움이 근거 없다고 믿고 있었지만, 그의 두려움은 계속하여 아내와의 관계를 방해했다. 그는 또한 회사에서 그의 선임 파트너와도 어려움을 겪고 있었다.

어느 날 밤 그는 상사가 자기를 감옥에 보내는 꿈을 꾸었다. "그가 나에게 덫을 놓아 걸리게 했어요. 그저 꿈이었다는 걸 알고 있지만, 나는 이 사람이 나를 해코지하려고 작정하고 있다고 생각해요. M 소송사건 때문에 그는 지금 나한테 화가 나 있어요. 그렇지만 그는 항상 나에게 앙심을 품고 있는 것 같아요." 환자는 상사가 앙심을 품고 있다는 모든 증거를 아주 상세하게 묘사했다.

몇 분 동안 듣고 나서 정신과 의사는 다음과 같이 말했다. "당신이 만일 상사의 변호사라면, 그의 결백을 지지할 만한 것이 무엇일까요? 나는 당신의 상사가 결백하다 결백하지 않다고 말하려는 것이 아닙니다. 당신이 제기하고 있는 질문의 다른 측면에 대한 당신의 입장이 무엇인지 궁금할 따름입니다."

환자는 그 선임 파트너가 선의의 권위인물로서 야심만만한 젊은 동료가 진정으로 최고의 변호사가 되는 데 필요한 기술을 개발할 수 있도록 그 동료를 지도하고 자제시키고 있다는 증거를 열거했다. "만일 그의 동기가 이기적이라고 가정해도 아마도 개인적인 것은 아닐 것입니다. 그는 보수를 받기 위해 자신의 권력과 특권을 옹호할 권리가 있습니다. 몇 년이 지나면 나도 그렇게 할 수 있는 차례가 될 거예요." 그러고는 잠시 몇 분간 말을 멈추고 다시 말했다. "어쩌면 내가 이 사람을 감옥에 보내고 싶어 하는지도 모르겠어요. 내가 좋은 사건을 죄다 차지할 수 있도록 말입니다." 그는 웃음을 터트렸다. "상사에 대해 정말 화가 극도로 치밀었어요. 왜냐하면 가능한 한 빨리 승진하고 싶은데 그가 나에게 사건을 충분히 주지 않았기 때문이에요."

"네, 당신은 야심이 많은 사람입니다. 그러니까 당신은 당신의 야심을 주위 사람에게서 보는군요."라고 치료자가 말했다.

"그런데 야심이 뭐가 문제죠?" A.B.가 반박했다.

"지금 당신은 당신을 여기까지 올 수 있게 했고 많은 성공을 가져다준 바로 그 특성을 내가 비판하고 있다고 염려하고 있군요."

"선생님이 다음에 무슨 말을 하실지 알겠어요. 내가 비판적인 사람이어서 비판적인 나의 특성을 주위 사람에게서 본다는 말씀이시죠?"

"정말 그렇게 생각하나요?" 치료자가 말했다.

"그런 특성이 부끄럽습니다. 좋은 게 아니에요."

"이제는 당신은 자신을 비판하고 있군요. 당신이 어떻게 해서 자신에게 그렇게 가혹하게 되었는지 같이 알아본다면 흥미로울 것 같군요."

A.B.는 자신의 공격적인 경쟁심을 상사에게 투사했다. 그가 발견한 것처럼 그는 자신이 좀 더 쉽게 성공하도록 해 주지 않는 것 때문에 상사에게 화가 났고, 상사가 그를 '해코지하려고 작정했다.' 고 생각했다. 치료회기 후반에 실제로 그가 자신에 대해 비판적일 때 치료자가 가혹하게 비판적이라고 생각했다. 이 환자는 자신의 내적인 감정과 태도를 주위 사람에게 돌렸다. 이런 경우 외부 대상은 그가 전가하는 그런 자질을 실제로 가지고 있었을 수도 있고, 가지고 있지 않았을 수도 있다. 그의 상사가 실제로 '그를 해코지하려' 했고 치료자가 가혹하게 비판적이었다 할지라도, 환자는 여전히 자기의 특성을 이들에게 돌렸을 것이다. 그는 여전히 투사했을 것이다.

편집증적 정신병이나 정신분열증을 가진 사람은 적대적인 충동을 극단적으로 투사하는 경향을 보인다. 그들은 극심한 정도로 자신의 공격적 충동을 주변 세상에서 보기 때문에 그들을 해치고자 하는 사악한 음모가 있다고 확신한다. 그런 음모는 없다고 주장하는 사람은 공모자로 의심받는다.

공격적 충동이 자기 특성 가운데 투사되는 유일한 측면은 아니다. 욕구와 자기상도 유사하게 외현화될 수 있다. 다른 임상적 예시를 통해 리비도적 욕구, 즉 돌봄과 친밀감에 대한 욕구의 투사를 볼 수 있다.

춥고 비가 오는 어느 날, 머리가 엉크러지고 찢긴 코트를 입고 짝이 맞지 않은 신발을 신은 한 남자가 웨스트사이드 지역정신건강클리닉으로 들어왔다. 정신과 수련의가 그를 면담했다. 수련의는 이 사람은 정신병을 가지고 있고, 혼란스러운 상태며, 자신을 돌보지 않고, 통원치료를 하기 전에 몇 주간 입원

해서 병원에서 돌봄을 받아야 한다고 결론을 내렸다. 그런데 이 환자는 지난 3년 동안 그랬듯이 입원과 약물복용을 거부했다. 그는 자기 자신이나 다른 사람에게 위험해 보이지는 않았으므로, 의사는 당사자의 동의 없이 그를 입원시킬 수가 없었다.

"그렇다면 좋아요. 내일 다시 오시면 좋겠어요. 그러면 당신이 묵을 수 있는 더 나은 숙소를 찾고 먹을 것도 좀 더 구할 수 있도록 우리가 도와드릴 수 있는지 알아보겠어요. 난 그렇게 했으면 좋겠는데, 당신은 어떻습니까?"

이전에도 의사가 이런 유사한 제안을 했었지만 많은 경우 환자가 거부했는데, 이번에는 이 의사가 도움을 제공하는 방식이 뭔가 다른 것 같았다. 그는 명령하거나 처방을 내리거나 주장하지 않고 대신 개인적인 바람을 표현했다. 이 노숙자는, "좋아요. 그렇게 해서 선생님 기분이 좋아진다면 내일 오지요. 선생님을 돕는 일이라면 괜찮아요."라고 반응했다. 그리고 그는 약속을 지켰다. 다음날 그는 나타났고 그에게 필요했지만 지난 수개월 동안 거부했던 음식과 쉼터를 받아들였다.

이 환자는 자기 자신이 기분이 좋아지기를 원한다는 사실을 망각한 것처럼 보였다. 그가 음식과 쉼터를 받아들이면 기분이 더 좋아지는 사람은 의사라고 생각했다. '그렇게 해서 선생님 기분이 좋아진다면' 이라는 말을 다소 생색내는 듯한 뉘앙스로 본다면 단순한 우연의 일치라고 여길 수 있겠지만, '선생님을 돕는 일이라면 괜찮아요.' 라는 말을 보면 이 환자가 자기 욕구를 투사하고 있다는 데 의심의 여지가 없다. 그는 배려와 보살핌에 대한 자신의 소망을 의사에게 투사했다.

일부 이론가는 이런 투사가 원치 않는 욕구와 자기상을 외현화하려는 갈망뿐 아니라 적개심에 의해 동기화된다고 주장할 것이다. 이 환자는 안정되고 스스로 만족해하는 의사의 상을 질투심 때문에 파괴하기를 원하고, 그러고 나서 그에게 도움을 제공함으로써 손상을 회복하기를 원한다고 추정해 볼 수 있다(Klein & Riviere, 1964). 이런 설명은 정신병 환자는 무한정한 공격적 충동에 의해 압도된다는 이론에 지나치게 강조점을 둔 것으로 보인다(Bion, 1956). 이런 설명은 정신병 환자가 관심을 가질 수 있는 능력과 다른 사람도 자신에게 관심을 보여 주기를 바라는 소망을 간과한다(Hamilton, 1986). 또한 이런 설명은 상호작용 그 자체를 이해하는 데는 필요하지 않지만, 공격성이 투사를 동기화한다는 가정에 끼워 맞추기 위해 어떤 부가적인 요소를 도입한다. 이 환자의 욕구가 너무 크고 불편하게 느껴져서 그는 이런 욕구를 다른 사람에게서 보기를 선호하게 되었다고 결론 내리는 것이 더 단순하고 자료와 일치한다. 심지어 투사가 그로 하여금 다른 사람에게 좀 더 가깝게 느끼도록 도와주었다고 추정해 볼 수도 있다.

노숙자의 말은 그 자신의 소망을 정신과 의사에게 투사하는 경향을 반영하기만 하는 것은 아니다. 그는 오히려 정신병을 앓는 사람이 흔히 그렇듯이, 실제 상황을 정확하게 그리고 상당히 날카롭게 묘사했다. 수련의는 그 환자가 돌아오기를 실제로 원했다. 대부분의 치료자는 의사와 조력자로서 자신에 대해 좋은 느낌을 갖기 위해 환자를 돕는 데 성공할 필요가 있다. 의사가 "내일 다시 오시면 좋겠어요."라고 말했을 때 그는 환자의 욕구보다 자신의 욕구를 강조했던 것이다. 이 혼란스러운 남성은 자신의 투사를 받아들일 수 있는 적임자를 발견했다.

투사는 흔히 실제 대상에게 귀속되어 카멜레온처럼 그들과 뒤섞이게 된다. 항상 그런 것은 아니지만 일반적으로 투사하는 사람은 그들의 투사와 유사성이 있는 사람이나 사물을 발견한다. 그들은 자신의 원치 않는 자질을 사람이나 사물에 전가하는데, 유사한 자질을 과장하고 왜곡시킨다. 행정적인 의사결정, 인사관리, 법률적 절차와 같은 비임상적 상황에서는 투사와 외적 사건을 구별하는 것이 중요하다. 그러나 치료 장면에서는 흔히 초반에는 이를 구별하는 것이 크게 중요하지 않다. 환자가 "그렇게 해서 선생님 기분이 좋아진다면 내일 오지요."라고 말했을 때, 의사는 누가 누구를 필요로 하는지를 놓고 논쟁하지 않았다. 단지 "네, 그랬으면

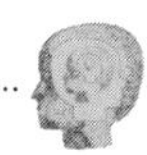

좋겠어요. 수납창구로 같이 가서 약속을 정하도록 해요."라고 응답했다. 의사는 환자가 그를 알 수 있는 기회를 갖기 전에 투사하려는 환자의 욕구를 문제 삼아 다루지 않았다.

임상적 상황에서의 투사와 아기의 다양한 행동 간에는 유사성이 있다. 얼굴을 찡그리며 시금치를 갈아서 만든 죽처럼 입에 맞지 않는 음식을 내뱉는 유아의 행동은 나쁜 것을 자기 밖으로 내보내는 투사에 상응하는 초기 행동이라 할 수 있다. 행색이 남루한 노숙자가 정신과 수련의에게 자신의 욕구를 투사했듯이, 유아는 자기 배고픔을 대상에게 투사한다고 추정해 볼 수 있다. 유아는 마치 자신의 배고픔의 고통을 양육하는 대상에게 투사하고 그 대상을 벌하려는 듯, 젖가슴이나 젖병을 공격적으로 물 수 있다(Klein, 1957a). 대상관계 관점에서 보면, 유아는 자신의 원치 않는 배고픔과 공허하고 삼키고 싶은 감정을 젖가슴이나 어머니에게 투사하고, 그런 다음 자기와 대상 간의 혼동 때문에 어머니에 의한 함입(incorporation)을 두려워한다. 비록 우리는 유아의 정신과정에 대해 확신할 수 없지만, 공생단계 후기의 자기와 대상 간의 혼동과 초기 변별은 이러한 투사를 가능하게 할 것이다.

공생단계 후기와 부화단계 초기 동안 어머니와 구별된 자기에 대한 유아의 감각은 분명해지기 시작한다고 생각된다. 자기와 타자를 구별할 수 있는 능력이 증가함에 따라 쾌감과 고통을 구별하는 능력도 생겨난다. 경험을 분화하고 통합하는 이런 능력은 앞서 언급했듯이 물리적으로나 정서적으로 박탈되거나 압도적이지 않은 환경에서 자아기능이 순차적으로 신경생리학적으로 발달하는 정도에 달려 있다. 이런 '이만하면 좋은' 환경(Winnicott, 1953)이 주어지면, 자기와 타자 그리고 쾌감과 고통이 선별된다. 즐거움은 자기로, 고통은 타자로 경험하는 것을 선호하는 자연스러운 경향이 있다. 좋은 것은 자기와 어머니의 양자관계단위에 보존되고, 나쁜 것은 외부로 투사된다. 투사는 변별하는 자아기능에 기초한, 적극적이고 선택적인 형태의 자기-대상 혼동이다.

연령이 좀 더 높은 유아는 원하지 않는 감정을 어머니-유아 양자관계 밖으로 투사한다. 투사는 낯선 사람에 대한 불안에서 어떤 역할을 할 수 있는데, 원치 않는 공격적인 감정이 어머니와 유아 관계의 외부에서 경험된다. 걸어 다닐 수 있는 연령대의 유아는 자기 감정을 동물 인형에게 투사한다. 이후 이들은 자기가 저지른 일을 다른 사람 탓으로 돌린다. '빌리가 그랬어요.' 라고 말한다. 심지어 건강한 성인도 자기 문제를 인정하기보다는 원치 않는 자기 감정을 투사하고 자기 문제를 남에게 전가하거나 남을 탓하거나 무시함으로써 문제를 외현화하려고 시도한다. 나쁜 것만큼 좋은 것도 투사될 수 있으나, 나쁜 것만큼 빈번하지는 않다. "아름다움은 보는 사람의 눈에 달려 있다."는 말은 자기가 바라는 특성을 다른 사람에게 투사하는 것을 가리킨다.

함입, 내사, 동일시

내사(introjection)는 투사와 관련시키면 아주 쉽게 이해할 수 있다. 투사는 변별하는 과정이다. 이것은 아이가 내가 아닌 것에 대한 감각을 갖고 불쾌감을 외부 세계나 내적인 대상으로 옮김으로써 자기 자신을 정화시킬 때 시작된다. 반면에 내사는 통합하는 과정이다. 비록 그 근원은 자기와 대상의 변별에 선행하지만, 내사 혹은 안으로 받아들이는 과정(taking in processes)은 최소한 무엇인가를 안으로 받아들일, 형성되기 시작하는 자기와 그로부터 받아들일 수 있는 대상이 있어야만 시작된다.

대상관계 문헌에서 안으로 받아들이는 과정이라는 용어는 혼란스럽게 사용되어 왔다(Sadler & Rosenblatt, 1962; Schafer, 1968; Meissner, 1981; Boesky, 1983). 일반적으로 안으로 받아들이는 과정에 대한 논의에서 주

요한 비중을 차지하게 된 네 개의 용어가 있다. 내면화(internalization)는 어떤 새로운 것을 개인의 내면에 포함시키는 모든 기제에 해당하는 용어다. 내면화 범주에 함입(incorporation)과 내사(introjection) 및 동일시가 있는데, 제시된 순서대로 복잡성과 성숙도가 높다. 여기에서는 투사의 상보적 과정으로 내사에 초점을 둘 것이다. 좀 더 원시적인 함입 또한 여기서 간략하게 논의하고자 한다. 동일시는 개념정의만 하고, 이 장 후반부에서 논의할 것이다.

함입이란 자기-타자 간의 분명한 경계가 발달하기 전 심리적으로 '먹는 것'을 암시한다. 대상이 내부로 받아들여져 분화되지 않은 자기-타자 모체 안에서 사라진다. 생리적으로 비유하자면, 어머니 젖가슴에서 따뜻하고 달콤한 젖을 빨아먹고 있는 유아를 떠올려 볼 수 있다. 젖은 들어와서 아기와 어머니의 공생적 합일체 속으로 사라진다. 『토템과 터부』(1913a)에서 Freud가 묘사한 식인 환상의 일부도 이런 함입을 가리킨다. 나는 심리치료에서 나타난 함입에 상응하는 시각적인 현상을 묘사했고, 이런 현상을 아동에 대한 관찰과 비교했다(Hamilton, 1981).

심리치료에서 한 정신병 환자가 어떤 어린 소년이 아버지와 함께 걸으면서 아버지의 자세와 걸음걸이를 정확하게 따라하는 것을 보았다고 말했다. "남자애는 그런 식으로 배우죠."라고 환자가 말했다. "아빠가 아들에게 삼투작용처럼 스며들어 그들은 하나가 되죠." 이 환자는 함입의 관점에서 이 부자의 상호작용을 보았다. 실제로 그 소년은 아마도 아버지와 동일시, 즉 아버지가 되려고 하기보다 아버지처럼 되려고 했을 것이다. 그러나 환자는 이 상호작용을 좀 더 원시적인 상태로 보았던 것이다. 그가 볼 때 그 소년은 아버지처럼 행동한 것이 아니라 실제로 그와 융합된 것이었다. 자기와 대상 간에는 어떤 구별도 없었다. 임상적으로 이런 예는 함입을 나타내며, 젖을 빠는 유아에게 일어날 수 있는 심리적 과정과 유사한 면이 있다고 간주된다. Greenberg와 Mitchell(1983)은 "만족 경험은 융합의 환상을 불러일으키고, 좌절 경험은 방출하고 분리하고자 하는 소망을 불러일으킨다. '완전한 함입', 바로 어떤 대상이 되어 버리는 생각을 포함하는 융합 환상은 이후 모든 대상관계의 기반이 된다." (p. 315) Fairbairn(1941)은 이를 "일차적 동일시(primary identification)"라고 불렀는데, 나는 동일시라는 용어를 Fairbairn이 "이차적 동일시"라고 부르는 좀 더 성숙한 과정을 위해 쓰고자 남겨 두고 싶다.

다른 심리적 과정과 마찬가지로 함입은 유아기에서 그저 사라지고, 고통 받는 정신과 환자에게서만 다시 출현하는 것이 아니다. 심리적으로 온전한 수백만의 기독교인은 영성체의식에 참여할 때 함입을 보여 준다. 성서에서 함입은 다음과 같이 표현된다.

> 내 살은 참된 양식이요 내 피는 참된 음료로다
> 내 살을 먹고 내 피를 마시는 자는 내 안에 거하고 나도 그 안에 거하나니
>
> -요한복음 6장 55-56절

내사가 함입을 대체하면, 자기와 대상이 다소 내적으로 분화되어, 내면화된 대상은 자기이미지와 융화되는 것이 아니고 하나의 대상이미지로 보존될 수 있다. Sandler와 Rosenblatt(1962)이 내사를 실제로 외부에 존재하는 부모가 가진 실제적 그리고 상상속의 힘과 권위를 대상표상에 부여하는 것으로 정의했을 때, 그들은 최소한 이 정도의 분화가 있을 것으로 가정했다. 내사된 대상(an introject)은 내면세계에서 정서적인 힘을 발휘할 만큼 충분히 생생한 내적인 대상이미지를 말한다. 이것은 삼켜지기보다 내면에 받아들여지고 수용되고 있는 그대로 보존되는 대상이미지다.

내사를 좀 더 분명하게 이해하기 위해, 발달적으로 이후에 나타나는 동일시에 대해 간략히 설명하는 것이 유용할 수 있다. 동일시에서는 이전에 내사된 대상이미지 가운데 가치 있게 여겨지는 특성이 자기이미지로 귀속

된다. 함입과 달리 자기이미지와 대상이미지는 각각 별개로 온전히 남아 있고, 서로 비교되고 대조된다. Boesky(1983)는 "Sandler와 Jacobson 그리고 Kernberg는 동일시를 자기표상과 이미지와 대상표상과 이미지의 융합으로 보는 것에 대해 의견이 근접했다."(pp. 579-580)라고 말했다. Boesky가 여기서 말하는 '융합'은 함입의 원시적 융합을 의미하는 것이 아니라, 자기이미지와 대상이미지가 유사하나 분리되어 있는 방식으로 서로 합해지는 것을 의미하는데, 이런 해석에 대해 그도 동의할 것이다.

Kohut(1971)의 변형적 내면화에 대한 논의와 Giovacchini(1979)의 모성적 기능이 자기 안으로 동화되기에 대한 논의에서 이와 관련된 개념을 찾을 수 있다(Tolpin, 1971도 참조).

내사는 외부보다 내부로 향하기 때문에, 심리치료에서 내사는 때로는 투사만큼 분명하지 않다. 게다가 내사된 대상은 좀 더 정교한 동일시로 통합되고 분화될 때까지는 명백하지 않다. 비록 내사의 증거가 특히 분화가 덜 된 환자에게서 관찰될 수 있지만, 이런 환자는 절제되지 못한 방식으로 자신의 내사된 대상을 왜곡한다는 점을 명심해야 한다. 내사된 내적 대상은 외적 대상과 정확하게 일치하지 않고, 대상이 내사되기 전에 외부 대상에게 전가된 투사에 의해 채색된다.

Cameron(1961)은 내사와 재투사(reprojection)에 관한 논문에서 25세의 교사면서 오랫동안 극심한 자기 비난으로 힘들어해 온 어떤 환자에 대해 기술했다. 이 여성은 수년 동안 치료를 받아오면서 치료자를 알게 되었고, 그의 좀 더 호의적인 태도를 서서히 내사했으며, 이런 태도는 마침내 그녀가 자신의 모든 행동과 감정 및 생각에 대한 자기비판적 공격을 조절하는 데 도움이 됐다. 이 여성은 이 과정을 다음과 같은 말로 보고하였다. "선생님을 내 안에 받아들였어요. … 무슨 환청을 듣거나 그런 건 아니고 하지만 … 선생님이 때때로 긍정적인 말을 하거나 긍정적인 태도를 갖고 계신 것 같아요."(p. 91) 치료자가 물리적으로 함께하지 않을 때도, 이 여성은 내면에서 그의 존재를 경험했다. 그는 그녀의 좋은 측면을 상기시켜 주었다. 그녀는 치료자의 목소리를 환청으로 듣지 않을 정도로 충분히 잘 분화되었지만, 자기 내면에서 그러나 자기와는 분리된 내적 대상으로 치료자의 존재를 경험했다. 이 여성은 아직 이 내사된 대상을, 추상화되고 내적인 가치체계 혹은 자기 자신의 태도로 통합하지는 않았고 여전히 하나의 대상, 자기가 아닌 것(nonself)으로 경험했다.

20세 여성인 B.J.는 자신을 압도하는 공포심 때문에 메닝거 병원 장기입원 병동에 오게 되었다. 그녀는 불안이 너무 심해서 부모와 떨어져서는 잘 수 없었고, 부모방에 몰래 들어가 그들 침대의 발치에서 잠들기 위해 수단과 방법을 가리지 않았다. 부모가 화가 나서 침실문을 잠가 버렸는데, 나중에 딸이 침실문 앞바닥에서 웅크리고 누워 있는 모습을 발견했다. 친밀함에 대한 이 여성의 욕구가 너무도 강렬해서 심리치료나 가족치료, 약물치료, 단기입원 그 어떤 것도 소용이 없었다. 그래서 장기입원 정신병동으로 의뢰되었다.

병원에서 그녀의 병동 정신과 의사는 그녀를 매일 만났고 그녀의 말을 주의 깊게 들어주었다. 그는 그녀의 외로움과 갈망을 이해하는 것처럼 보였다. 간호사들이 그녀를 보살펴 주었고 그녀가 외모를 가꾸는 것도 도와주었다. 그리고 그녀가 생산적인 활동으로 바쁘게 시간을 보내도록 했다. 환자는 자신의 병원 정신과 의사에 대해 깊은 존경과 애정을 갖게 되었다. 그녀가 그를 기쁘게 해 주기를 바란다는 것이 분명해 보였다. 그녀는 그의 지시를 따랐고 그녀가 하는 모든 활동을 그에게 보고했다. 그리고 그의 충고를 곧이곧대로 따랐다. 그녀는 아직 그의 제안을 내면화하고 자신에게 맞게 처리하지 않고, 그 제안을 안으로 받아들여 마치 그가 그녀 안에 존재하면서 그녀에게 지시를 내리는 것처럼 그 제안을 무비판적으로 채택했다. 이러한 현상이 내사다.

정신과 의사가 다른 병동의 새로운 자리로 옮기게 되었을 때, B.J.는 그녀의 내사를 통렬하게 상징화했다. 며칠 동안 그녀는 자기 방에 칩거하면서 꼼짝 않고 누워 있었다. 그녀가 새로운 치료자와 한 면담약속을 지키지 않아서 이 치료자는 그녀와 친숙한 간호사와 함께 그녀의 방을 찾았다. 그는 이전 선생님이 그립냐고 물었고, 그녀가 새 의사를 보고 싶어 하지 않는 이유는 그의 존재가 이전 의사가 더 이상 거기에 없다는 것을 기억하게 하기 때문이라는

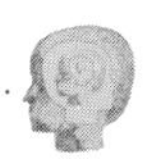

내용의 메시지를 환자에게 전달했다.

환자는 이전 의사를 그리워하지 않고 새 의사도 필요 없다고 재빨리 답했다. 그녀가 사랑하는 의사는 그녀 안에, 그녀의 자궁에 있다고 했다. 그 의사는 마술처럼 그녀를 임신시켰고, 그의 아들이 태어날 것이며 그 아이는 그 의사와 똑같을 것이라고 말했다. 분리의 스트레스로 인하여 그녀가 첫 치료자의 내사를 임신으로 상징화하는 정신병적 일화가 나타나게 된 것처럼 보였다.

B.J.는 성적으로 성숙한 여성으로서 의사를 안으로 받아들이고 싶은 갈망이 성적인 속성을 띠게 되었다. 그러나 그녀의 욕구와 바람의 더 중요한 측면은 친밀감에 대한 기본적 욕구와 관련 있다. 따라서 그녀가 예전에 아버지의 침대로 들어가려고 했고 그 아버지를 표상한 의사에 의해 임신되고 싶어 하는 그녀의 오이디푸스적 갈망을 새 치료자는 해석하지 않았다. 또한 그는 의사를 상실한 것에 대해 그녀가 정신병적으로 부정하는 것도 직면하지 않았다. 대신 그녀가 의사를 내사한 것에 대해 해석했다. 그는 "네, 당신은 그 의사선생님에게서 중요하고 가치 있는 것을 받아들였고, 그것을 늘 당신 안에 갖고 있을 것입니다. 나는 그것에 대해 알고 싶어요."

B.J.가 궁극적으로 주변 사람의 보살핌과 이해를 내면으로 통합하여 스스로 자신을 돌보고 이해할 수 있게 되었는지는 알려지지 않았다. 그러나 이 사려 깊은 치료자는 그녀가 충분히 이해받고 돌봄을 받고 있다는 것을 느끼도록 도왔고, 그 결과 그녀는 자기 방에서 은둔하지 않고 그의 사무실로 와서 얘기할 수 있게 되었다.

내사와 관련된 예로 앞의 사례에 비해 좀 덜 분명하지만, 심리치료 훈련을 받고 있는 한 남성 사회복지사가 어떤 회의에서 보고한 사례를 들 수 있다. 그는 지난 해 자신이 만난 환자 가운데 세 명이 그와 비슷하게 수염을 길렀다고 보고했다. 이들은 모두 자신이 누구인지, 어떤 사람이 되고 싶은지에 대해 혼란스러워하는 젊은이였다. 그 세미나 참석자 중 일부는 이 남성들은 치료회기와 회기 사이에 그 치료자를 그들 자신과 함께 두려고 치료자의 특징적인 외모를 내사하고 채택했다는 의견을 제시했다. 어떤 사람은 이런 환자는 치료자의 한 측면을 자신의 한 측면으로 채택했기 때문에 수염을 기르는 것이 동일시라고 생각했다. 또 어떤 사람은 그런 행동을 모방으로 보았는데, 그 이유는 내면의 자기표상과 대상표상의 유의미한 변형이 필요하지 않았기 때문이다. 실제로 모방은 자기-대상 경계, 즉 신체의 표면에서 유사성을 유지함으로써 치료자를 내면에 받아들이려는 갈망을 비켜 가는 것일 수도 있다. 결국 세미나 참석자들은 외적 인물의 관찰만으로 내적인 자기세계와 대상세계를 알 수는 없다는 데 동의했다. 이런 환자의 환상과 꿈에 대한 자료가 있어야 하고 치료과정에서의 상호작용도 관찰해야 할 것이다.

제2장에서 언급한 B.G., 거의 날마다 정체성이 달라진다고 기술했던 환자가 보고한 꿈을 보면, 복잡하지만 분명한 내사의 예를 볼 수 있다.

18개월 동안 일주일에 두 번씩 치료를 받은 후 종교와 직장을 바꾸는 그의 행동의 속도가 점차 느려지게 되었다. 어느 치료회기에 그는 어떤 꿈에 대한 보고로 그 시간을 시작했는데, 꿈속에서 그는 발진이 너무도 심한 상태였고 온몸이 벼룩으로 뒤덮여 있었다. 그는 몹시 아팠다고 말했다. 그리고 꿈속에서 그의 치료자가 그의 몸 전체를 좋은 로션으로 발라 주고 그를 살펴보았는데, 특히 입 안을 들여다보았다고 했다. 치료자가 그에게 약을 먹이자 그는 시꺼멓고 우글거리는 벌레 덩어리를 잔뜩 토해 냈는데, 이들은 벼룩 알에서 생긴 끔찍한 기생충이었다. 꿈에서 치료자는 이 더러운 광경에 놀라거나 겁 먹지 않고, 임상적인 흥미를 갖고 반기는 마음으로 도와주었다.

환자는 벼룩과 벌레가 그를 갉아먹고 있는 자신의 병과 우울과 자멸적인 자기파괴성을 나타내는 것 같이 느껴진다고 말했다. 벌레에 대한 그의 연상 가운데 하나는 그의 어머니가 그의 내적 자기존중감을 공격할 때 보여 준 신랄한 냉소주의였다. 그는 그 냉소주의를 자기 안에 받아들였던 것 같다고 느꼈다. 벌레는 내사된 나쁜 부분대상, 즉, 한 개인으로서 그의 자기감에 해로운 어머니의 속성을 나타냈다. 그는 이제 의사에게 갈 것이고, 의사선생님의 말에 귀를 기울이고 나아지고 있다고 말했다. 꿈속에서 그는 치료자의 보살핌을 내사했는데, 이는 또한 어머니가 보여 준 보살핌이 이전에 가졌던 좋은 측면을 나타내는 것일 수도 있다.

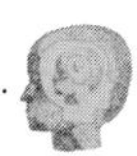

이 예에서 보듯이 좋은 대상표상처럼 나쁜 대상표상도 내사될 수 있다. 많은 환자가 묘사하는 내부 비판자는 내사된 나쁜 대상이다. 자신을 공격하는 목소리를 듣는 환자의 환청은 내사된 나쁜 대상의 좀 더 극단적인 예다. 전투에 참여한 병사는 흔히 적군의 내사를 반복되는 악몽과 플래시백에서 경험한다. 그들은 이런 내적 대상을 그들 자신에게서 없애지 못하고, 그들이 그들의 적을 자신의 한 측면으로 받아들일 때까지 마음속에서 전쟁을 반복한다. 자동차사고를 경험한 사람은 그들을 덮친 위험한 대상에 대해 환상을 갖고 꿈을 꾼다. 이때 위험한 대상은 내사된 나쁜 대상이다.

성인에 대한 이런 관찰은 유아의 초기 발달에서 유사한 측면을 찾아볼 수 있다. 비록 유아는 자신의 환상을 묘사할 수 없지만, 우리는 내사과정을 암시하는 행동을 관찰할 수 있다. Brazelton(1975)은 10주 된 유아가 성인이 아기를 어를 때 내는 것과 매우 유사한 소리를 내는 모습을 촬영했다. 이 유아들은 그들의 외적 대상이 보여 주는 패턴을 내사하고 그런 다음 이를 투사하여, 짧은 순간의 양자 합일체를 만들어 내는 것처럼 보였다(Blanck & Blanck, 1979).

Mahler(1971)는 좀 더 자란 유아의 모방행동에 대해 기술했는데, 이 기술에서 내사가 그녀의 연구에 참여한 한 유아의 행동에 일조했음을 볼 수 있었다. 이 남아는 생후 9개월에 좀 이르게 걸음마를 했을 때 갑자기 연습기로 내던져졌다. 그는 어머니와 아버지 두 사람의 어떤 측면을 초기 자아구조[1]로 받아들였다. Mahler의 묘사에 따르면, 이 남아는 생후 6개월쯤 되었을 때 아버지와 비슷하게 그러나 과장된 방식으로 행동하면서 아버지를 모방하려 했다. 환자들이 제공하는 내적 과정에 대한 좀 더 자세한 묘사를 사용하자면, 이 남아의 조숙한 운동 기술이 너무나도 빠르게 그를 부모에게서 분리시켜 이 남아는 자신이 혼자임과 취약함을 더 크게

1) Mahler가 사용하는 자아라는 개념은 이 책에서 사용되는 자기와 자아의 요소를 모두 포함한다.

느꼈을 것이라고 추정할 수 있다. 연습기의 유아가 보여 주는 전형적인 방식으로 이 남아는 이런 상실을 과대성으로 보상했다. 그는 전능함에 대한 환상을 아버지에게 투사하여 아버지를 영웅으로 만들었다. 그리고 아버지에 대해 그가 만든 영웅적 이미지를 내사하고 그의 행동을 이런 내적 이미지와 결합시키려고 노력했다는 결론을 내릴 수 있다.

내사되는 대상의 덜 긍정적인 특성 또한 과장될 수 있다. 온화하게 나무라는 아버지는, 아이가 분화와 통합의 과정을 통해 내적인 이미지를 조절할 수 있을 만큼 성장할 때까지 공격하는 괴물로 내면화될 수 있다. 유아가 자기 경험을 조절하지 못하고 과장하는 이런 경향성 때문에, 이들이 치료 장면이나 다른 장면에서 부모에 대해 묘사할 때 이들 부모의 실제 특성에 대해 결론 내리는 것을 주의해야 한다.

Klein(1957b)은 환자에 대한 관찰에 근거하여 좋은 젖가슴, 즉 먹여 주고, 따뜻하고, 달콤하고, 가득 차 있고, 곁에 있는 젖가슴이 함입뿐만 아니라 내사의 첫 대상이라고 언급했다. 유아는 그 젖가슴을 자기 안에 받아들이고 그것에 의해 품어지고 안전하다고 느낀다. 유아는 이런 이미지를 온전하고 분리된 것으로 보존하기 때문에, 이 과정은 나의 정의에 따르면 함입이 아니라 내사다. Klein의 이론에 따르면 내사된 좋은 대상은 이후 형성될 모든 좋은 대상관계와 자기를 돌보는 능력의 기반이다. 그녀는 좋은 젖가슴이라는 용어를 특수하고 구체적인 방식으로 사용했는데, 이런 용법은 오늘날 많은 대상관계이론가에게 지나치게 해부학적이라는 인상을 준다. Mahler의 연구가 보여 주었듯이, 내사되는 것은 어머니의 젖가슴만이 아니라 어머니의 시각적 존재와 냄새, 목소리, 맛 그리고 어머니가 안아 주는 행동이다. 미국 문화에서는 어머니의 이런 특성이 내사될 뿐만 아니라, 유아가 매우 일찍 아버지의 특성도 내사할 수 있는 기회가 점차 늘어나고 있다.

유아와 환자에게서 발견되는 내사의 증거는 미술과 문예와 일상생활에

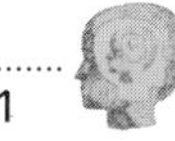

서도 발견할 수 있다. 예를 들어 Somerset Maugham(1944)은 내면화의 중요성을 인정했다.

여성과 남성은 단지 그들 자신만이 아니라, 그들이 태어난 장소이고, 그들이 걸음마를 배웠던 도시의 아파트이거나 농장이고, 아이 때 놀았던 놀이고, 우연히 들었던 옛날 이야기고, 그들이 먹었던 음식이고, 다녔던 학교며, 따라 다녔던 운동경기며, 읽었던 시고, 믿었던 하나님이다(p. 2).

Wordsworth는 한 무더기의 금빛 수선화를 본 것이 그의 삶에 미친 지속적인 영향에 대해 적었는데, 그것은 내사된 대상을 기술한 것이라고 볼 수 있다.

이따금 한가로이 혹은 생각에 잠겨
자리에 누워 있을 때면
마음의 눈에 반짝이네…

좋아하는 시 구절이나 다른 인용구절을 암기하는 것은 가치 있는 대상을 내사하는 과정이다. 고통스럽거나 외로운 순간에 우리는 이런 좋은 내사를 떠올리고 경이로움이 여전히 존재한다는 사실을 우리 자신에게 상기시킨다.

시카고 남부 지역의 상가건물에 있는 어떤 교회에서 나는 예배에 참석한 사람들이 〈마음을 열고 예수를 받아들여라〉라는 노래를 반복해서 부르는 소리를 들은 적이 있다. 여기서 마음은 사랑하는 자기를 표상하고, 예수는 내사되어야 할 좋은 대상을 표상한다.

좋은 시간을 함께 나누었던 가족과 친구와 장소를 사진에 담아 앨범에 넣어 두는 것은 좋은 대상을 심리적으로 내사하고 이런 좋은 대상을 간직하고 소중히 여기는 것과 같다. 사람들은 외로울 때 앨범을 꺼내 보면서 그들의 삶에 받아들였던 좋은 것을 떠올린다.

3세의 한 남아가 엄마가 며칠간 집을 떠나 있는 동안 내사하고 재투사하는 능력을 보여 주었다. 아빠가 목욕을 시켜 주고 잠자기 전 동화책을 읽어 준 후에도, 아이는 여전히 쉽게 잠이 들지 않았다. 엄마가 늘 불러 주던 노래를 아빠가 잘 몰랐기 때문에 아이는 실망했다. 잠자리에서 뒤척이면서 아이는 푸른색 퀼트로 몸을 단단히 감쌌다. 그런 후 한 번 더 몸을 뒤척이고 아주 나지막하게 노래를 불렀다. 푸른 초원과 그 초원에서 피어나는 꽃에 대해 노래 불렀다. 그 노래는 엄마가 그에게 불러 주었던 것이었다. 노랫말은 그다지 정확하게 부르지 못했지만, 음조와 선율은 정확했다. 흡족한 표정이 아이 얼굴에 스쳤고, 아이는 스르르 잠이 들었다.

아이는 어머니가 불러 주었던 노래를 내사했던 것이었다. 어머니가 그리울 때, 그는 자신에게 노랫말을 불러 주며 그 노래를 재창조할 수 있었고, 또 노래를 다시 들으면서 그것을 재내사할 수 있었다. 스스로 위로하며 부르는 노래를 듣는 가운데 좋은 어머니에 대한 아이의 내적 이미지가 강화되었고, 그것이 아이에게 위안을 주어 잠이 들게 했다.

이제는 41세가 된 한 남성은 어릴 때 매일 아침 아버지와 아침을 먹었다. 아버지는 늘 아침 식탁에서 신문을 읽었고 라디오를 켜 두었다. 그는 뉴스와 그날 있을 일에 대해 언급하면서 아들에게 이야기를 했었다. 신문은 빳빳했고, 아버지의 흰 셔츠는 신선했고, 오렌지 주스와 커피 그리고 계란 냄새는 풍성했다. 어른이 되어서 이 남성은 잠과 휴식에서 하루 일과로 옮겨 가는 과정에 여전히 신문을 읽고 음악을 들었다.

그는 아버지의 습관 혹은 어떤 사람은 구조라고 부를 수 있는 어떤 것

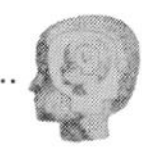

을 내면화했다. 일상생활 가운데 그는 이러한 내사를 외부 세계에서 재창조했다. 신문을 주문하고 라디오를 켜고 오렌지 주스를 따르면서, 그는 자기 주변에 아버지의 세계를 재창조했다. 그리고 신문을 읽고, 음악을 듣고, 오렌지 주스와 커피와 계란을 맛보고 냄새 맡으면서 그것을 다시 자기 안으로 받아들였다.

심리치료와 초기발달에서뿐만 아니라 미술과 문예와 일상생활에서 내사는 우리로 하여금 가치 있고 우리를 지속시키는 관계를 우리 안에 받아들이게 한다. 이런 좋은 내적 대상은 우리에게 유익하다.

분 열

분열은 투사와 내사와 함께 대상관계이론의 주요한 정신기제를 이룬다. Kernberg(1980)에 따르면 분열은 "자기와 의미 있는 타자에 대한 상충되는 경험을 따로 떼어놓는 것" 이다."(p. 6) 상충되는 이런 내적 요소는 의식에 남아 있지만 시간적으로나 공간적으로 서로 분리되어 있고 서로에게 영향을 미치지 않는다. 분열은 재접근 단계(Mahler et al., 1975) 이전에는 나타나지 않지만 공생단계에 그 발아가 발견된다(Kernberg, 1980).

분열은 경계선 장애환자의 심리치료에서 특히 명료하게 나타날 수 있다.

W.J.는 접수직원으로 일하는 29세의 여성으로 평소에는 옷을 세련되게 차려입는데 어느 날 면바지와 구겨진 블라우스를 입고 치료시간에 나타났다. 그녀는 의자에 털썩 주저앉더니 의자에서 양반 다리를 하고 앉아서는 몇 분 동안 시무룩하게 노려보다가 한숨을 쉬고 말을 꺼냈다. "너무 기분이 안 좋고 아무도 없고 혼자라는 느낌이 들어요. 나를 이해해 주는 사람이 아무도 없어요. 다 무슨 소용이 있나요? 내가 왜 여기 오는지조차 모르겠어요."

환자는 전적으로 나쁜 자기-대상 상태에 빠져 있었다. 그녀는 자신이 혼자이거나 버림받았다고 표현했다. 그녀의 감정상태는 끔찍하거나 나쁜 것이었다. 그녀는 대상이 자신을 이해하지 못하거나 정서적으로 함께 하지 않는다고 표현했다. 이런 종류의 전적으로 나쁜 대상관계단위는 때로는 분리된 어머니(the mother-of-separation)라는 용어로 표현되기도 한다. 고통으로 울부짖을 정도의 전적으로 나쁜 공생 경험으로까지 W.J.가 실제로 퇴행한 것은 아니었다. 왜냐하면 그녀는 자기 감정을 묘사하기 위해 여전히 단어를 사용했기 때문이다. 그러나 분명히 이 환자가 표현하는 것과 춥고 배고프고 버림받은 아기가 느낄 수 있는 것 간에는 유사한 면이 있다.

그녀의 치료자가 말했다. "나한테도 실망했겠네요. 당신을 이해하고 도와주려고 노력해 달라고 나한테 돈을 내고 치료를 받고 있죠. 그런데 여전히 아무도 당신을 이해하지 못하는 것 같이 느끼는군요."

"아니, 아니에요."라고 그녀는 말했다. "선생님이 그렇다는 게 아니에요. 선생님은 나를 생각해 주는 유일한 사람이죠. 여기 오면 기분이 훨씬 나아져요. 빌어먹을 남편과 엄마가 그렇다는 얘기예요."

치료자가 그녀의 실망을 알아 주자 그녀는 최소한 치료자와의 관계에서는 더 이상 이해받지 못하고 버림받았다고 느끼지 않았다. 이전에 "나를 이해해 주는 사람이 아무도 없어요." "내가 왜 여기 오는지조차 모르겠어요."라고 말하면서 그녀는 분명히 자기를 이해하지 못하는 사람에 치료자를 포함시켰는데, 이제 그녀는 마음을 바꾸었고 이런 변화를 전혀 인정하지 않았다. 그녀는 치료자와의 관계에서 전적으로 나쁜 자기-대상상태에서 전적으로 좋은 자기-대상상태로 옮겨 갔다. 그러나 그녀는 여전히 자신의 대상세계를 분리시켜 남편과 어머니를 악한 인물로 지각했다.

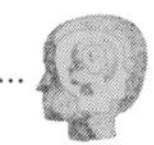

이 경우 치료자는 이런 사태를 현실로 받아들이지 않도록 겸허해야 한다. 그렇지 않으면 환자는 치료시간에는 점점 더 나아지는 것처럼 보이지만 개인생활은 계속해서 나빠지게 될 것이다. 분열을 다루는 기법은 제14장에서 다룰 것이다.

B.G.의 경우에도 분열이 분명하게 나타났다. 그는 통합되지 않고 너무도 파편화되어 있어서 치료 초기에는 직장과 친구와 종교를 거의 매일 바꾸었다. 그러나 마침내 자신의 세계를 좀 더 정돈된 것으로 경험하기 시작했다. 그는 자기 자신과 대상세계의 상충되는 다양한 측면을 조금씩 서서히 통합하지 않았다. 그 대신 그의 삶은 상당히 급속도로 명백히 좋고 나쁜 영역으로 배열되었다. 치료 2년차에 그는 세상을 자신에게 호의적인 사람과 비호의적인 사람으로 양분했다. 점차 그는 치료자를 이상화했다. 치료자가 말하는 것은 모두 기지가 넘치고, 정확하고 지혜로운 것이라고 확신했다. 다른 사람은 그를 도우려 애쓴다 해도, 그는 적대적으로 보거나 혹은 기껏해야 그들에게 무관심하고 무시하는 태도를 보였다.

B.G.는 어떤 기관의 직업훈련과정에 지원했는데, 그곳에서 진지하고 관심을 보이는 상담자를 그에게 배정했다. 그에게 좌절감을 느끼게 하는 힘든 일을 끝까지 하도록 상담자가 도와주려고 애쓸 때 B.G.는 분개했다. 치료회기마다 그는 그 상담자가 얼마나 생각이 없고, 도움이 되지 않고, 이기적이고 자기 일에 태만한지 심하게 비난했다. B.G.가 그 상담자의 선의와 노력을 인정하는 것이 어렵다는 점을 그의 치료자가 지적하면 그는 격분했다. 그가 치료자의 한계를 인식하는 것이 어렵다는 점을 치료자가 지적하면 B.G.는 마찬가지로 격분했다.

어떤 작은 실망에서도 그의 치료를 보호하는 것은 이 환자에게는 절대적으로 필요한 일이었다. 마치 그의 좋은 자기-대상 경험이 너무도 미약해서 어떤 나쁜 감정에서도 보호해야만 하는 것 같았다. 나쁜 감정이 마치 그가 안간힘을 써서 지키려고 하는 좋은 감정을 삼켜 버릴 듯 위협하는 것 같았다.

이 환자는 그가 나쁜 대상이라고 지각하는 것에 대해 아주 파괴적으로 될 수 있었다. 그는 직업훈련을 받고 있던 기관을 상대로 집단소송을 시작하기 위해 증거를 모으기 시작했다. 다행히 치료자가 이런 파괴적인 행동을 환자가 멈추도록 돕는 데 성공했다. 만약 환자가 소송을 선택했다면 그가 직업훈련을 받는 데 전혀 도움을 얻지 못했을 것이다. 그는 그의 전적으로 좋은 대상인 치료자가 마술처럼 직업훈련의 고된 일을 불필요하게 만들어 줄 것이라는 환상을 갖고 있었기 때문에 이런 문제를 고려하지 않았던 것이었다. 그러나 이런 분열이 초래하는 문제점에도 불구하고, 분열은 치료 상황에서 그에게 절박하게 필요한 선의와 안녕감을 놓치지 않고 유지할 수 있도록 했다. 분열은 그가 자기 세계를 좀 더 잘 조직할 수 있도록 도와주었다. 적어도 그는 더 이상 매일 한 가지 것에서 다른 것으로 옮겨 다닐 필요가 없게 되었다. 이후 그는 좋은 경험과 나쁜 경험의 분별과 통합을 시작할 수 있게 되었다.

치료장면에서 특히 흔히 관찰되는 분열의 유형은 좋은 치료자와 나쁜 배우자 간의 분열이다. 매일같이 치료자는 환자가 자신을 이해심 많고 도움이 되는 사람으로 이야기하는 것을 듣는 반면에, 환자의 배우자는 너무도 무심하고, 언어적으로 학대하고, 소홀한 사람으로 그려지는 것을 본다. 이런 유형의 분열은 외부 상황이 내적인 분열과 어느 정도 일치할 수 있기 때문에 구별하기가 매우 어려울 수 있다.

개인치료와 병원치료가 함께 이루어지는 경우, 일부 의료진은 전적으로 좋게 보고 일부 의료진은 전적으로 나쁘게 보는 환자의 분열된 관점은 문헌에 잘 기술되어 왔다(Burnham, 1966; Adler, 1977; Gabbard, 1986). 의료진 간 그리고 자문의와 빈번하게 논의해 본 결과, 의료진 간에 차이가 존재하는 것은 사실이지만, 과도하게 분열된 내적 대상관계를 가진 환자는 이런 차이를 과장한다는 것이 밝혀졌다. 이런 환자는 전적으로 좋은 관계가 그들에게 가능하다는 환상을 유지할 필요가 있다. 이런 소중한 믿음을 유지하기 위해 그들은 그들의 전적으로 좋은 관계 밖으로 불쾌함을 투사함으로써 그들의 경험세계를 두 개로 분열해야만 하는 것이다.

아동 발달에서도 성인치료 상황에서 관찰되는 분열과 명백하게 유사한 현상이 나타난다. 유아가 따뜻하고 배부르고 안겨 있으면, 그는 전적으로 좋은 대상관계단위에 상응하는 더없이 행복한 융합상태로 빠지는 것으로 보인다. 대부분의 저자는 따뜻하고 채워 주는 친밀감이 느껴지는 더없이 행복한 합일체로서 공생에 초점을 둔다. 그러나 이 양자 합일체 기간 동안 고통이나 배고픔 혹은 두려움이 어머니-유아 관계단위를 압도한다면 어떤 일이 일어날까? 의심할 나위 없이 유아는 고통상태에 있는 동안 자기 자신과 대상을 구별하지 못한다. 만약 유아가 극심한 중이염으로 고통받고, 위염으로 배 속이 거세게 돌아가듯이 아프고, 효모균 감염으로 엉덩이 피부가 불에 데인 듯 아프고 가렵다면, 그는 자신의 내면과 분화되지 않은 그의 주변환경에서 고통을 느낄 것이다. 엄마는 자기-대상 경험의 주요 축이 되었기 때문에, 아이는 자기 안에서뿐만 아니라 엄마에게서도 이 나쁨(badness)을 경험할 것이다. 불쾌한 공생 경험은 이후 나쁜 대상관계단위를 형성하는 기반이 될 것이며, 유쾌한 공생경험은 좋은 대상관계단위가 되는 것의 기반이 된다. 그렇지만 분열이 완전한 형태를 갖추는 것은 재접근단계 동안 자기와 대상, 즐거움과 고통, 선과 악이 부분적으로 구별될 때다.

Mahler와 동료(1975)는 재접근기 유아의 어머니가 유아를 관찰자와 함께 있도록 남겨놓고 떠난 경우 이런 유아에게서 분열이 특히 흔하게 나타난다고 했다. 이때 관찰자는 좋은 대상이나 나쁜 대상을 표상할 수 있다. 만약 유아가 관찰자를 좋은 대상으로 정한다면 그녀를 껴안거나 품에 안길 수 있다. 어머니의 복귀는 그런 상황에서 '좋은' 공생 관계가 방해받

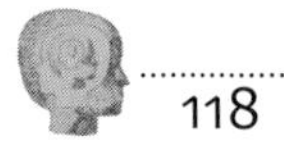

은 것 같고 부재하는 어머니(the mother-of-absence), '나쁜' 혹은 좌절시키는 어머니를 상기시키는 것 같다. 유아는 어머니를 무시하거나 거세게 거부할 수 있다. 재접근기 분열과 경계선 환자의 분열 간의 이런 유사성은 전자는 후자의 전조라는 결론으로 이끌게 했다(Mahler, 1971).

특히 Kernberg(1980)는 분열을 어린 아동과 심각한 장애가 있는 성인의 특징으로 본다. 그러나 그는 집단이 그 집단을 구성하는 개개인보다 흔히 더 원시적인 심리적 기능을 보인다고 언급했다(Kernberg, 1981). 그의 발견은 분열의 증거가 연예, 미술과 문예, 종교, 공공생활에서 쉽게 발견되는 이유를 설명해 줄지도 모른다. 또한 잘 적응하고 있는 사람 중에도 분열은 원래 생각한 것보다 더 흔할 가능성도 있다.

한 자장가가 분열을 묘사하고 있다.

> 어린 소녀가 있네
> 곱슬머리가 있는
> 이마 한 가운데
> 그리고 아이가 좋을 때
> 아이는 정말 정말 좋지,
> 그리고 아이가 나쁠 때는, 정말 끔찍하지.

이마 한가운데 곱슬머리는 분리된 자기를 상징하는 것이고 어린 소녀는 전적으로 좋고 전적으로 나쁜 것으로 묘사된다. Robert Louis Stevenson의 소설 『지킬 박사와 하이드 씨(*Doctor Jekyll and mr. Hyde*)』는 분열을 훨씬 더 강력하게 묘사한다. 이 소설에서 착한 의사가 사악하고 타락한 악당으로 변하고 다시 의사로 돌아가는데, 이 두 상태 간에는 경험의 연속성이 거의 없다. 아마도 이 이야기가 매력적인 까닭은 독자들 자신의 원초적인 분열 성향을 극단적인 형태로 묘사하기 때문일 것이다.

미국 전역에서 아이들은 15cm가량의 플라스틱 인형을 수집한다. 잠재

적으로 무한히 다양한 유형의 인형이 있을 수 있으나 아이들은 이것을 단지 두 진영, 즉 좋고 나쁜 인물로 나눈다.

"나는 도마뱀 맨(Lizard Man)을 갖고 있어. 그는 나쁜 놈이야." 하고 한 아이가 소리친다.

"나는 망치머리(Hammerhead)가 있어. 그는 좋은 사람이야." 다른 아이가 응수한다.

몇 시간 동안 아이들은 이런 인물에 대한 자신의 환상으로 서로를 즐겁게 해 주며 시간을 보낼 수 있다. 근육질의 매력적인 남자 영웅과 관능적이면서 강력한 여자 영웅이 있다. 박쥐날개를 한 영웅, 거미영웅, 부드러운 성품의 영웅, 얼음왕비, 유성(shooting star) 여자 영웅, 기적을 만드는 여자 영웅, 폭풍을 몰고 오는 강력한 영웅이 있다. 나쁜 인물의 진영에는 믿기 어려울 정도로 사악한 해골 모양의 괴물, 악어맨, 악한 마법사, 캣우먼, 뱀인간, 말썽을 부리는 온갖 유형의 나쁜 인물이 있다. 이런 게임은 이들의 부모세대가 행한 인종차별로 채색된 카우보이와 인디언 게임과 별반 차이가 없다. 이에 앞서 19세기의 아동은 양키와 반군, 영국군과 프랑스군 혹은 러시아군과 터키군을 나타내는 양철 군인을 수집했다.

놀이에서 선한 대상과 악한 대상은 아동이 성장함에 따라 진화한다. 12세 아동은 때때로 챔피언과 같은 환상게임을 하기 시작한다. 이런 게임의 등장인물은 더 어린 연령대의 플라스틱 인물보다 더 복잡하고 모호하다. 선함과 악함을 쉽게 구별하기 어렵지만 그 원리는 같다. 좋은 우리와 나쁜 그들이다. 체스는 더 추상적인 게임이지만, 여전히 한 편과 다른 편이 있다.

나는 리그 축구팀에 선발된 11명의 소년을 지켜본 적이 있다. 그들 대부분은 처음에는 서로 잘 몰랐음에도 불구하고, 곧 하나로 기능하는 단위로 뭉쳤다. 그것은 '그들 대 우리' 였고, 이것이 굳건한 유대를 형성했다. 소년들은 그들 자신과 서로에 대해 자긍심을 가졌고 상대팀을 꺾기 위해

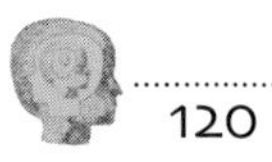

씩씩하게 싸웠다. 경쟁은 격렬했다. 경기가 끝났을 때, 경기를 위해 만들어 낸 적과 함께 경쟁도 내려놓을 수 있었다. 스포츠맨 정신을 발휘하여 악수를 하고 상대팀을 축하해 줄 수 있었다.

성인에게 있어 놀이는 항상 이렇게 분명하게 놀이만은 아니다. 때때로 프로축구팀의 팬은 각자의 팀에 충성하는 두 진영으로 나뉘고 그들이 경기를 보고 있다는 사실을 망각한다. 그래서 폭력과 폭동이 종종 일어난다. 알코올은 이들의 통합적 자아기능을 손상할 수 있다. 그렇게 되면 분열은 통제하기 어렵게 된다.

세상을 좋고 나쁜 진영으로 분리하는 것은 단지 내재된 파괴적 성향에 의해서만 동기화되는 것은 아니다. 분열은 우리의 좋은 내적 대상과 우리가 동일시하는 좋은 사람에 대한 충성심에 의해서도 동일하게 동기화된다. 분열에서는 언제나 좋은 대상에 대한 보호를 찾아볼 수 있다. 예를 들어, 1986년 2월 16일부터 한 주 동안 북부 캘리포니아 지역에 갑자기 홍수가 났을 때 주민이 함께 힘을 모았다. Yuba, Feather, Mokelumne, Sacramento, San Joaqin, Napa, Russian 강이 범람했다. 계곡 주민은 그들의 가족과 이웃을 보호하기 위해 물길과 싸웠다. 그들은 제방을 다시 쌓고, 고립된 사람을 구조하고, 임시거처를 만들고, 피해자에게 구호품을 전해 주었다. 그들은 모두 한편이 되었고 강에 맞섰다. 분노와 원망이 다른 사람, 예컨대 공병대로 향하기도 했다. 그러나 초기 노력의 대부분은 함께 뭉치는 쪽으로 향했다. 자연의 순리에 따라 강이 계곡을 범람함으로써 얼마나 토양을 비옥하게 하는지를 생각해 보는 것이 적절한 때가 아니었다. 고도의 통합적 사고를 할 때는 아니었다. 공동의 적에 맞서 공공의 선을 위해 나서는 것이 적절한 때였다. 이런 생산적인 행위는 분열과 유사하다.

제2차 세계대전 중 런던은 공습으로 고통을 겪었다. 남자와 여자는 강렬하고 빠르게 애착을 형성했다. 외부의 위험이 아주 분명할 때면, 좋고

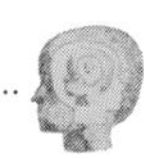

사랑하는 감정은 전적으로 나쁜 대상의 반대 극으로 더 잘 느껴지게 된다. 평화 시기에도 남녀는 공동의 적에 맞서 싸움으로써 종종 그들의 관계를 공고히 한다. 그리고 그들은 일상적인 세상은 그들의 좋은 관계를 간섭하기 때문에 피한다. 이것이 연인의 '무인도' 현상이다. 이것은 곧 변한다. 그들은 경력을 개발하고 가족을 만들어 가면서 서로를 지지한다. 그들은 이 세상에서 함께하고 또 어느 정도는 세상에 맞서서 함께한다. 왜냐하면 직장을 구하고 안전감을 느끼고 가정을 꾸리기 위해 경쟁하고 서로를 보호해야 하기 때문이다.

가족과 친구, 이웃 그리고 학교와 소속팀에 대한 이런 충성은 도시와 주, 정당, 국가 그리고 심지어 정치적 이념과 철학에 적용될 수도 있다. 이것이 공화당 대 민주당, 보수주의자 대 진보주의자, 공산주의 대 자본주의, 독재 대 민주주의다. 양분하는 이런 경향은 어떤 것에 반대하는 입장에서 나오는 것이지만 자신의 선택에 대한 충성에서 비롯되기도 한다. 개인이나 집단 혹은 이념에 애착하고 경계를 만들어 외부와 낯선 것과 위험한 것으로부터 이 애착을 보호하는 것은 우리의 가장 깊은 욕구 중 하나다.

그러므로 좀 더 포괄적으로 말하자면 분열은 전체 그림을 보지 못하는 파괴적이고 유아적인 실패만은 아니다. 그것은 연인관계와 가족에 대한 충성, 충실한 우정, 애국심, 이념에 대한 헌신을 형성하는 데 중요한 역할을 한다. 분열은 사회를 결속시키기도 하고 갈라놓기도 한다.

분열은 수많은 적용점을 가지고 널리 사용되고 있는 용어이기는 하지만, 일부 저자는 기술적 용어로서의 적합성에 대해 의문을 제기한다. Pruyser(1975)는 이 용어를 자아와 자기에 적용하는 데 있어 어려움을 지적하였다. 더구나 이 책에서는 대상관계단위의 분열을 강조하고 있지만, 분열은 자기 경험의 분열과 관계없이 대상세계를 전적으로 좋고 전적으로 나쁜 것, 영웅과 악당으로 구별하는 것을 뜻할 수 있다. 또 다른 경우에 분열은 대상세계의 분열과 상관없이 자기에만 적용될 수 있다.

이상화와 평가 절하

이상화(idealization)와 평가 절하(devaluation)는 분열과 유사하지만 자기경험과 대상경험이 약간 다르게 배열된다. 자기와 타인, 좋은 것과 나쁜 것의 구별이 이루어지면서 네 가지의 잠재적인 상호작용 단위가 발달한다. 좋은 자기, 나쁜 자기, 좋은 대상과 나쁜 대상이 다양한 조합으로 배열될 수 있다. 분열에서는 변별이 좋은 것-나쁜 것으로 이루어지고, 좋은 자기와 대상이 한 단위로 결합하고 나쁜 자기와 대상이 또 다른 단위로 결합한다. 이상화와 평가 절하에서는 좋은 것과 자기가 하나의 단위로 결합되고, 나쁜 것과 대상이 또 다른 단위로 결합된다.

분열된 대상관계단위

좋은 자기-좋은 대상
나쁜 자기-나쁜 대상

이상화된-평가 절하된 대상관계단위

좋은 자기-나쁜 대상
나쁜 자기-좋은 대상

치료에서 환자는 어떤 때는 자신이 의존적이고 문제가 있으며, 자신의 건강을 회복해 줄 수 있는 강력하고 이상화된 치유자의 도움이 필요한 사람이라고 느낄 수 있다. 그러다 다른 순간에는 이런 양극이 뒤바뀌어, 환자는 자신이 아무 문제가 없는 사람이고, 치료자는 불필요하거나 심지어 무가치하고 무능한 사람으로 경험할 수 있다. 자기와 타인의 측면을 가치

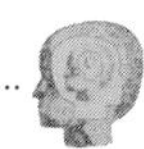

있게 여기는 데 있어 일상적으로 기복이 있지만, 이상화와 평가 절하에서 나타나는 이런 변동이 일상적인 기복과 구별되는 점은 정서의 극단성이다. 그 명칭이 시사하듯이 이상화는 자기나 대상이 완벽하다고 보는 것이고, 평가 절하는 자기와 대상이 무가치하다고 보는 것이다. 이런 극단적인 양극성 때문에 이상화와 평가 절하는 분열과 마찬가지로 불안정한 심리적 기제다.

많은 치료자의 경험에 따르면 환자는 새로운 치료자를 만나면 그들의 이전 치료자는 무능하다고 불평하고 이제 그들을 도와줄 수 있는 유일한 치료자를 만났다고 말한다. 그러나 이상화된 치료자의 외적 자질과 무관하게 이들 역시 결국에는 처음에 그들을 이상화한 환자에 의해 평가 절하될 것이다.

26세 여성인 M.J.는 젊은 여성 심리학자와 처음 만났다. 그녀는 때때로 현실감이 없고 자주 우울하고 자살충동을 느낀다고 했다. 그녀는 이전에 세 명의 남자 정신과 의사에게 치료를 받았었다. 그중 한 사람은 그녀에게 약물을 처방하려고 애썼는데 그녀는 이것을 자신을 모욕하고 침해하는 행위로 받아들였다. 다른 두 명은 그녀를 이해하지 못했다. 그녀는 또 다른 정신과 의사에게 가고 싶지 않았는데 그 이유는 그들은 그저 미친 사람을 치료하는 무신경한 의사이기 때문이었다. 그녀는 또한 남자 심리학자에게 가기를 원하지 않았다. 왜냐하면 남자는 여자의 문제를 도저히 이해할 수 없을 것이기 때문이었다.

치료자가 환자에게 다음과 같이 경고했다. "언젠가 당신은 나한테도 실망하게 될 수 있어요. 때로는 그런 반응이 치료의 일부입니다. 만약 그런 일이 일어나면 그것에 대해 나와 의논할 필요가 있고, 할 수 있다면 치료를 계속하도록 노력하세요."

"아, 물론이죠" 하고 환자가 답했다. "나는 선생님과 어떤 것에 대해서도 이야기할 수 있어요." 그녀는 서슴없이 이 치료자가 얼마나 대단하며 또 얼마나 빨리 자신의 기분이 나아질 것인지에 대해 얘기했다.

이 심리학자가 한 것과 같은 이런 예상은 환자가 치료에 머물게 하는 데 종종 도움이 됐다. 그러나 M.J.에게는 이것으로 충분하지 않았다. 6주 안에 그녀는 다 나았다고 선언했다. 그녀는 치료를 그만두려 했다. 치료는 흥미로웠으나 도움이 되지 않았다는 것이었다. 그녀에게 도움이 된 것은 죄책감을 없애는 방법에 관한 책이었다. 이제 그녀는 죄책감에서 벗어났고, 그녀의 삶은 멋졌다. 새로운 전망이 그녀 앞에 펼쳐졌다. 어쩌면 이 치료자도 그 책을 읽으면 도움을 얻을 수 있지 않을까? 그녀가 이제 치료를 평가 절하하는 정도는 치료비 지불을 거부하는 그녀의 행동에서 명백하게 드러났다. 이전에 이상화했던 치료자는 이제 더 이상 아무런 가치가 없었다.

입원환자 병동에서는 이상화와 평가 절하의 변동이 고통스러울 정도로 분명하고 불가피하게 일어날 수 있다. 환자는 흔히 두렵고, 상처받고, 우울하고, 혼란스러운 상태로 병원에 온다. 그런 상황에서 그들은 정신과 의사와 간호사를 이상화할지 모른다. 그러나 곧 의료진은 안전함이나 쾌락에 대한 환자의 전능한 소망을 좌절시킬 수밖에 없고, 그렇게 되면 상황이 반전된다. 그럴 때 환자는 거만해지고 고압적인 자세를 보일 수 있다. 그들은 이제 더 이상 병원에서 어떤 것도 필요한 것이 없다고 느낀다. 그들은 조금 전까지만 해도 자신에게 도움이 절박하게 필요했다는 사실을 잊어버린다.

34세의 남성 F.D.는 남부 캘리포니아에서 예능인으로서 어느 정도 성공적인 경력을 쌓았었다. 그러다 그는 코카인과 아편에 중독되어 아내와 자식과 모든 재산을 잃게 되어 절망에 빠졌다. 6주간의 약물중독치료 후에도 그는 여전히 우울해서 장기간의 병원 치료를 받게 되었다. 그는 자신이 평생 우울하고 공허감을 느껴 왔었고, 이런 감정을 극복하기 위해 약물을 사용했다고 말했다. 그에게는 집중적인 치료가 필요했다. 그는 유명한 장기입원 정신병원을 선택했는데, 그곳의 저명한 전문가들이 자신이 고갈되어 버린 것 같은 감정을 도와줄 수 있을 것이라고 굳게 확신했기 때문이었다.

몇 주가 지나지 않아 그는 특별한 신체단련 프로그램으로 자신의 치료를 보충할 필요성에 대해 생각해 보기 시작했다. 그가 입원한 병원에 마련된 운동

프로그램이 있었지만 그것으로는 충분하지 않았다. 그는 시내중심가의 가장 좋은 프로그램에 다닐 필요가 있었다. 왜 자신이 일류가 아닌 이류에 만족해야 한단 말인가?

정신과 의사와 치료팀의 다른 임상가는 그가 병원의 기존 프로그램을 따라야 한다는 데 우선 동의했다. 이 제안으로 인해 F.D.는 환자 모임에서 거만하고 고압적인 태도를 보였다. 그는 다른 환자의 병이 더 심각하다고 생각했다. 그는 의사와 간호사는 경직된 이론적 체계에 현혹되어, 약물남용 절제와 약물중독자를 위한 자조집단과 신체단련 프로그램에 참여하는 것만이 그에게 도움이 될 것이라는 사실을 모르고 있다고 믿었다. 그는 약물중독자이므로 자신의 병에 대해 자신이 가장 잘 알고 있다고 생각했다. 그리고 다른 약물중독자만이 그를 이해할 수 있다고 믿었다.

정신과 의사는 이 환자의 소망에 더 반대하기보다 병원 측의 부당한 처사에 대한 그의 분노에 공감했다. 그는 이 환자에게 처방된 프로그램을 정확히 따르도록 강요하면 환자는 자신의 가치가 더 평가 절하된다는 느낌을 갖지 않을까 하고 걱정이 됐다. 그렇게 되면 F.D.는 그의 치료를 평가 절하하고 자기 자신의 계획을 이상화하려고 훨씬 더 강력하게 애쓸 필요가 있을지도 모른다. 치료자는 다음과 같이 공감했다. "모든 사람이 때때로 자신이 특별하다고 느끼는 것이 필요한 것처럼, 당신이 특별한 사람이라고 느끼는 것이 필요하다는 것을 내가 깨닫지 못해서 나에게 실망했겠어요. 우리는 당신이 시내에서 운영하는 그 프로그램에 참가하도록 허용하는 것이 더 나을 수도 있다고 결정했지만, 그렇게 할 경우 치료에 어떤 영향을 줄지에 대해 당신이 며칠 더 생각해 봤으면 해요."

이런 개입으로 F.D.는 그의 정신과 의사를 이상화하는 상태로 되돌아갔다. 이 정신과 의사와 치료팀만이 실수를 바로잡을 만큼 충분히 사려 깊었다. 이 환자는 이 병원 의료진이 얼마나 특별히 인간적인가가 이제 더 분명해졌다고 생각했다. 그는 그의 좋은 의사의 지혜를 존중하여 시내로 나가 신체단련 프로그램에 참여할 준비가 될 때까지 며칠만 기다린 것이 아니라 몇 주를 기다렸다.

공감의 실패라고 경험한 것에 대한 환자의 반응에 치료자가 공감함으로써 이상화 전이(an idealizing transference, Kohut, 1971)가 복구되었다.

F.D.는 공허감과 약물에 대한 갈망을 좀 더 잘 통제할 수 있는 상태로 퇴원하기까지 이상화와 평가 절하의 순환을 몇 차례 더 겪어야만 했다.

F.D. 사례에서와 같이 이상화와 평가 절하의 순환은 약물중독자에게 특히 흔히 나타난다. 그들은 그들이 이상화하는 약물 없이는 자신이 너무도 고갈되고, 공허하고, 무가치하게 느껴져 약물을 얻기 위해서라면 다른 모든 것을 버릴 수 있다는 심정을 종종 표현한다. 이 소중한 약물을 위해 가족과 친구, 직장, 돈, 건강 이 모든 것이 희생된다. 그들이 약물을 복용하고 그들이 구하던 따뜻함과 안전감을 얻어 내면, 이제는 텅 비고 쓸모없게 되어 버린 약물 용기, 종이, 주사기 혹은 스푼을 버린다. 때로는 약물도 무가치하게 보여 약물을 끊겠다고 결심할 수도 있다. 그러나 무가치하다는 느낌이 들면 곧바로 약물은 다시 그들의 삶에서 최대 관심사가 되고, 그것이 없으면 그들은 무가치하게 느낀다. 이런 순환이 계속된다.

이상화와 평가 절하에 대한 이런 심리학적 설명은 중독의 생리학적 이해와도 무관하지 않다. 생리적 변화는 심리역동에 영향을 주기도 한다. 그러나 흥미롭게도 F.D.와 같은 대부분의 약물중독환자는 약물에 중독되지 않은 상태에서도 이상화와 평가 절하의 순환을 반복한다. 이런 환자의 경우 이상화하고 평가 절하하는 그들의 경향성이 중독을 초래했다고 추정해 볼 수 있다. 다른 환자 경우에는 이상화와 평가 절하가 그것의 원인이라기보다는 중독의 표현이라고 할 수 있다.

이상화와 평가 절하는 재접근단계 유아에게서도 관찰될 수 있다.

가족 모임에서 2년 6개월이 된 여아가 거부당해 기죽어 있다가 실망에서 회복했다. 아이는 눈을 반짝이더니 반짝이는 꽃병에 손을 대려고 부엌 수납장으로 기어오르기 시작했다. "안 돼, 안 돼!" 하고 엄마가 소리치며 아이를 내려놓았다. 몹시 자존심이 상한 아이는 바닥에 털썩 주저앉더니 뿌루퉁하고 풀이 죽어 있었다. 몇 분 후 아이는 주위를 둘러보고 일어서서 거실로 걸어가더니 의도적으로 젖병과 담요를 찾았다. 가치 있는 이 물건들을 발견하자 아이 눈이 반짝거렸다. 아이는 힘차게 그 자리에 털썩 주저앉더니 젖병을 빨고 담요로 몸을 감쌌다. 몇 분 동안 사랑스러운 젖병의 돌봄을 받은 후 아이는 그만 두었다. 그리고 단호하게 자리에서 일어나 담요를 발 밑에 떨어뜨리고 경멸하듯 젖병을 쳐다보고는 무시하듯 뒤쪽으로 휙 던져 버렸다. 아이는 생기에 넘쳐 다시 손님 사이로 돌아다니면서 모두를 즐겁게 하기 시작했다.

이 예에서 아이는 꽃병을 가치 있는 대상으로 보았다. 분주한 엄마가 아이의 계획을 갑작스레 저지했을 때 아이의 자존감이 상처를 입은 것처럼 보였다. 아이는 마치 자신을 평가 절하하듯이 마루에 자신을 내던졌다. 아이는 곧 젖병과 담요를 이상화된 대상으로 여겼다. 왜냐하면 그것들을 찾고 발견했을 때 꽃병에 손을 대려했을 때처럼 눈빛이 반짝거렸기 때문이었다. 잠시 젖병을 빨고 난 후, 자존심이 몹시 상한 듯한 얼굴표정에서 유추할 수 있는, 평가 절하된 아이의 자기 이미지가 달라졌다. 아이는 다시 활기에 넘쳐 보였다. 아이는 파티의 활력소가 되었다. 이전에 가치 있게 여겼던 젖병은 이제 무가치한 것이 되어 버렸다. 자기 자신에 대해 가졌던 것으로 보이는 경멸하는 태도로 아이는 이제 그 빈 병을 내던졌다.

아동의 이상화와 평가 절하의 변화를 연구함으로써 Klein(1957a)과 그녀의 제자들은 시기심의 역동을 설명했다. 그녀는 Mahler의 연구에서 나타나는, 아이가 자기와 대상을 쉽게 구별할 수 있는 시기 이전의 연령에서 자기와 대상 간의 복잡한 정신적 상호작용이 있는 것으로 기술했다. Klein이 제시한 발달시기는 의심할 여지없이 압축되어 있지만, 아이가 어떻게 소망하는 대상을 이상화하고 평가 절하하는지에 대한 그녀의 통찰은 치료에서 나타나는 많은 어려운 딜레마를 이해하는 하나의 틀을 제공해 주었다. 그녀 특유의 방식으로 Klein은 어떻게 아이가 속이 허전하고, 배고프고, 고갈됨을 느낄 수 있는지를 기술했다. 그런 상황에서 자기는 평가 절하된다. 이런 배고픔과 먹고자 하는 공격적 소망을 느끼면서 아이는 엄마 젖가슴을 따뜻하고 좋은 것으로 가득 찬 것으로 본다. 젖가슴은 이상화된다. Klein의 도식에 따르면, 아이는 좋은 젖가슴을 통해 탐욕적으로 먹으려 할 뿐만 아니라, 원치 않는 자신의 고통과 분노를 그것에 투사하여 좋은 젖을 나쁨과 허전함과 적개심으로 대체한다. 이렇게 함으로써 자기이미지의 나쁨이 대상이미지의 좋음으로 전환되어, 자기는 좋고 대상은 나쁘고, 텅 비고, 무가치해진다. 이상화가 평가 절하로 대체되는 것이다. Klein은 실제로 아이가 생후 수개월 내에 자신이 나쁜 대변으로 좋은 젖을 대체하고 있고 젖을 더럽히고 있다고 느낀다고 했다. 그러나 아마도 아이는 생후 2년 이전에는 대변에 매료되고 대변을 가치 없는 것으로 여기는 감각을 갖지 못하고, Klein이 제시하는 복수의 각본에 나오는 이런 복잡한 정신적 개념화를 할 수 없을 것이다. 따라서 비록 이상화와 평가 절하의 변화에 있어 시기심의 개념은 좀 더 연령이 높은 유아와 성인에 관해서는 유용하지만, Klein이 제시한 발달시기는 연령이 좀 더 높은 유아의 환상에서 얻어 낸 정보를 정상적인 발달 시기로 혼동하고 있다는 문제점이 있다.

Frazer(1890)가 『황금가지(*The Golden Bough*)』에서 기술한 대로 다양한 문화에서 낯선 사람이 왕이나 신으로 선출되곤 한다. 이런 고귀한 인물은 매년 부활 의식이 있을 때까지 사치스러운 생활에 파묻히고 융숭한 대접을 받고 우상화된다. 그러고 나서 그는 희생되고 땅에 파묻힌다. 비록 우리는 이런 종족이 가졌던 환상이 어떤지는 직접 알 수 없지만 이런 류의 의식은 이상화와 평가 절하가 교차하는 것이라는 인상을 준다. 덜 극단적인 방식으로, 대부분의 사람은 유행에 영향을 받는다. 문명사 전반에 걸쳐 사람은 최신 스타일의 의상, 음식이나 술의 종류, 자동차 모델을 갖고자 하는 강력한 욕구를 갖지만, 다음해가 되면 이런 최신 스타일을 구닥다리로 취급한다. 이런 행동은 이상화와 평가 절하와 유사한 듯이 보인다.

심지어 심리과학에서도 유행은 존재한다. 일련의 이론이 어느 한 해 이상화되었다가 다음해에는 평가 절하된다. 나는 아동정신분석가인 Ann Appelbaum 박사가 한 말을 기억한다. 그녀는 논쟁적인 한 무리의 정신과 수련의에게 이런 말을 했다. "많은 사람이 Freud의 연구를 비난하고 평가 절하하는 이유는 그들이 그 혁신자를 너무도 이상화하여 그가 모든 것을 다 알지 못하는 것을 용서할 수 없기 때문일지도 모른다. 그들이 이상화했던 것을 이제 평가 절하한다."[2)]

투사적 동일시

투사적 동일시(projective identification)에서는 자기의 어떤 측면이 먼저 대상에 투사된다. 그런 다음 개인은 대상 안에서 투사된 자기의 측면을 통제하려고 시도한다. 대상 안에서 자기 자신의 특성을 통제하려고 시도함으로써 개인은 자신의 투사된 측면이 자기에게 속한 것임을 어떤 수준에서 자각하고 있음을 드러낸다. 투사적 동일시는 이해하기 어렵다. 왜냐하면 논리적으로 생각하면 상호배타적인 정신과정이 동시에 일어나기 때문이다.

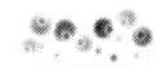

F.Y.는 전적으로 좋고 전적으로 나쁜 자기-대상 상태에 빠진 32세의 여성으로(제3장에서 언급) 그녀의 정신과 의사가 약물을 재처방해 주는 것을 잊었다는 불평으로 회기를 시작했다. 그녀는 남편이 그녀가 토요일에 가족과 함께 집에 있기를 원한다고 불평을 터뜨렸다. 그녀는 댄스교실에 간다고 매일 저녁 아이들과 떨어져 있었는데도 남편이 아이들 돌보는 일에 자기 몫을 하지 않으려 한다고 느꼈다. 그녀의 부활절은 공허하고 만족감을 주지 못했다. 그녀의 부모님은 돌아가셨다. 묘지관리인은 묘지를 제대로 관리하지 않았다. 그녀는

2) Applelbaum, 1979, 사적인 대화에서.

자신이 홀대당하고 버림받았다고 느꼈다.

치료자는 그 회기 후반부에 이런 문제를 명료화하는 작업을 하기 시작했다. 그는 그녀에게 처방 약병을 살펴보도록 했다. 그녀는 5회의 재처방이 가능하다는 사실을 발견했으나 여전히 의사가 이 사실을 그녀에게 상기시켜 주었어야 했다고 느꼈다. 그는 이 사실을 그녀에게 상기시켜 주었음을 분명히 기억한다고 그녀에게 말할 수도 있었으나 말하지 않기로 결정했다. 대신 그는 이렇게만 말했다. "얘기를 들어 보니 사람들이 당신에게 크게 마음을 쓰지 않는다고 느끼는 것 같군요. 그렇다면 힘들었겠군요. 약이 떨어진지 얼마나 됐나요?"

그녀는 지난번 약속이 있기 전에 약이 떨어졌었는데 말하지 않았다고 했다. 그녀는 전화를 하지도 않았다. 너무 바빴었다. 아이들은 그녀에게 계속 요구하고 고마워할 줄 몰랐다. 아이들은 그녀가 따라다니면서 치우고, 먹여주고, 놀아 주기를 원했고, 갖고 있는 장난감에는 관심도 두지 않으면서 새 장난감을 사주기를 원했다. "때때로 애들이 없으면 좋겠다는 생각이 들어요. 친구와 정말 멋진 시간을 보냈어요. 그 친구는 독신이고 애들이 없어요. 만약 누군가가 이따금씩 나를 도와줄 수 있다면 그렇게 느끼지는 않겠죠. 그런데 아무 도움도 받지 못하면 난 떠나고 싶어요."

F.Y.는 다른 사람에게 소홀히 하고 싶은 마음이 있었다. 그녀는 자신의 이런 특성을 남편과 치료자에게 전가했는데, 이것은 투사였다. 그러고 나서 그녀는 자신의 투사된 측면과 재동일시했고, 다른 사람이 자기한테 소홀했기 때문에 자기도 소홀히 대하고 싶다고 말했다. 이 과정은 투사적 동일시다.

환자의 치료자와 남편 두 사람 다 때때로 관심을 기울이거나 기울이지 않을 수 있다. 하지만 그들은 그녀에게 어느 정도 도움을 주었다는 증거가 있었다. 남편은 아내가 댄스수업을 받을 수 있도록 아이 돌보는 일을 도왔다. 치료자는 재처방전을 써 주었고, 전화 요청도 가능하도록 해 주었다. 환자는 이런 행위를 간과했고 아이들을 보살피는 기능을 포기하려는 자신의 소망이 주변 사람에게서 비롯되는 것으로 여겼다.

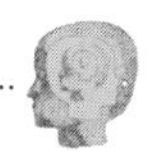

그 치료시간이 끝날 무렵 환자는 "다음 주엔 여기에 올 수 없어요. 친구와 점심 약속이 있어요. 어차피 그건 그다지 중요하지 않아요. 다음 2주 동안 휴가를 갈 것이니까요. 좀 일찍 시작한다고 해서 나쁠 것은 없겠죠."라고 말했다.

치료자에게 낙담이 되는 느낌이 일어났다. 그는 버려지고 자신이 중요하지 않게 느껴졌다. '이 치료에 나 혼자만 전념한다면 치료가 제대로 안 될 거야. 이쯤해서 우리가 그만두는 게 나을지도 몰라.' 라는 생각이 들었다. 그는 환자가 느꼈던 감정과 똑같이 그가 느끼고 있음을 깨달았다. 그녀 자신의 감정에 상응하는 홀대당하는 감정을 치료자에게 불러일으키도록 그녀가 행동했던 것이었다. 서로에게 충족되는 관계에 대한 희망이 없었기 때문에 그녀가 얼마나 버림받았다고 느꼈는지, 또 얼마나 그녀가 다른 사람을 버리고 싶었는지 그는 이제 좀 더 깊이 공감할 수 있었다. 이런 깊은 통찰을 사용하려면 그는 환자가 돌아올 때까지 3주 동안 기다려야 했다.

투사적 동일시에서 누가 누구에게 무엇을 하는가에 대한 혼란이 이 개념에 대한 논쟁으로 이어져 왔다. Klein(1946), Bion(1957), Kernberg(1965), Ogden(1979, 1982), Grotstein(1981a), Rosenfeld(1983), Spillius(1983), Hamilton(1986)은 이 개념을 유용하게 여긴다. Meissner(1980)와 같은 다른 저자는 투사적 동일시를 투사와 내사 두 가지 요소로 나누기를 선호한다. Spillius(1983)와 Grotstein(1981a)은 모든 투사는 투사적 동일시와 동일하다고 생각한다. Kernberg(1976)는 투사와 투사적 동일시를 구별한다.

투사적 동일시와 투사를 구별하는 이들은 순수한 투사에서 자기의 원치 않는 모습은 전적으로 낯선 것으로 경험된다고 본다. 투사적 동일시에서는 자기의 부인된 측면이 동시에 자기의 한 부분으로 경험된다. 예를 들어, 편집형 정신분열증 환자는 자신의 파괴적 잠재력을 공모자에게 완전히 전가하고 자기 자신은 어떠한 증오도 느끼지 않는다. 그는 대개 자신은 전적으로 결백하다고 느낄 것이다. 반면에 경계선적 성격장애가 있는 환자는 투사적 동일시에서 그의 친구가 자기한테 화가 났다고 느끼고, 이와 동시에 친구가 자기한테 화났기 때문에 자기도 친구에게 화를 느낀다. 따라서 투사적 동일시에서는 자기에게 속하는 자기의 투사된 측면에 대한 약간의 경험이 남아 있다.

Kernberg(1986)는 투사가 투사적 동일시보다 좀 더 성숙된 기제라고 생각하였다. 그는 투사적 동일시에서 나타나는 자기-대상 경계의 모호함과 대상 안에 정서적 반응을 강력하게 유발시키는 현상이 좀 더 분화된 상태보다는 공생에 좀 더 밀접하게 관련되어 있다고 믿었다. 그러므로 Kernberg의 관점에서 투사는 좀 더 높은 수준의 자기-대상 분화를 시사한다.

Kernberg의 견해와는 반대로 나는 투사적 동일시가 순수한 투사보다 더 성숙된 기제라는 견해를 갖고 있다. 이는 이론적 고려와 임상적 고려 둘 다에 근거한 것이다. 이론적 관점에서 보자면, 투사는 자기의 어떤 측면이 다른 사람 안에 있다는 견고하고 흔들리지 않는 신념을 요구하며, 여기에는 그것이 또한 자기의 한 측면이기도 하다는 최소한의 자각도 없다. 투사적 동일시에서는 자기의 어떤 측면에 대한 부정은 그 원치 않는 측면이 여전히 자기의 일부라는 점점 더 정확해지는 자각을 완전히 극복하지 못한다. 자기-대상 경계의 이런 모호함은 발달하는 분화와 통합의 부분-자기(part-self) 경험과 부분-대상(part-object) 경험을 나타낸다. 이는 재접근기의 중간 대상 형성과 연관되는데, 이 주제는 이 장의 다음 절에서 논의할 것이다.

임상적 근거에서 볼 때 순수한 투사는 정신분열증과 편집증적 정신병 환자에게서 좀 더 흔히 관찰되는데, 이들은 경계선 성격장애 환자보다 덜 분화되어 있다. 이와는 대조적으로 경계선 성격장애 환자는 순수한 투사

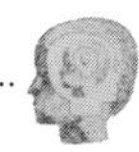

보다 투사적 동일시를 더 자주 사용하며, 이들은 정신병 환자보다 더 잘 현실감을 유지할 수 있다. 좀 더 분화되고 통합된 환자가 투사적 동일시를 사용하기 때문에 이 기제가 좀 더 성숙한 것으로 보인다. 그러나 이 점은 여전히 논쟁거리로 남아 있다.

투사적 동일시의 명료화는 Ogden(1979, 1982)에 의해 진전되었는데, 그는 이 현상의 대인 간(interpersonal) 측면과 개인내적(intrapsychic) 측면 두 부분에 대해 언급했다. 개인내적 과정은 환자의 환상 속에서 일어나며, 이것은 이 장의 시작 부분에서 제시했던 개념정의와 일치한다. 개인은 대상 속에 있는 자기의 어떤 측면을 자기 자신의 마음속에서 경험하고 또한 대상 안에서 자기의 그 측면을 통제하고자 한다. 대인 간 과정은 개인내적 현상에 상응한다. 하지만 여기에는 반드시 다른 사람이 연루되어야 한다. 심리치료 상황에서 환자는 치료자 내면에 어떤 감정을 불러일으킬 수 있는 방식으로 치료자에게 교묘하게 행동한다. 그러면 환자의 상태에 공감적으로 조율하는 치료자는 자신이 평소와는 다르게 느끼고 행동하는 모습을 발견하게 될 것이다. 환자는 실제로 치료자 내면에 원치 않는 감정을 불러일으킨다. Kernberg(1965)와 Grinberg(1979) 그리고 그 외 몇몇이 지적했듯이, 치료자 내면의 이런 감정은 환자의 가장 깊고 가장 혼란스러운 정서에 대한 중요한 정보를 제공한다.

홀대당한다고 느끼고 자신도 소홀히 하고 싶다고 느꼈던 F.Y.의 예에서 치료자가 우호적이고 공감적으로 관심을 보이는 한 투사적 동일시는 개인내적인 것이었다. 그녀는 치료자가 사실 그렇게 느꼈거나 행동했던 것은 아닌데, 남편처럼 자기에게 무심하고 도움을 주지 않는다고 보았다. 환자 자신이 남편과 자녀와 치료에 대한 책임에서 달아나고 싶었던 것이다. 그 치료시간 후반에 상황이 달라졌다. 그때 그녀는 치료자에게 자신의 감정에 상응하는 감정을 이끌어 냈다. 치료자는 잠시, 마치 그가 홀대당하고 있고 치료를 포기해야 할 것처럼 느꼈다. 이런 후자의 과정이 대

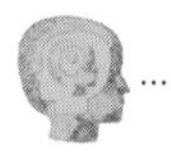

인간 투사적 동일시다.

대인 간 투사적 동일시를 논의할 때, 우리가 사용하는 문구에 유의해야 한다. Klein(1946)은 '~안으로 투사하는(projecting into)' 이라는 문구를 사용하여, 환자가 실제로 치료자 몸 안에 어떤 것을 집어넣는 상상을 한다고 했다. 그러므로 치료자 "에게 투사하는(projecting onto)" 이라는 문구는 침해적인 환상의 심리적 현실을 반영하지 않는다는 것이다. 그러나 환자의 내적 환상세계에 대한 Klein의 기술에서 대인 간 과정으로 초점을 옮기면, "~안으로 투사하는" 이라는 문구는 이 주제에 대한 혼란을 불러일으키고, 감정상태가 마술처럼 옮겨지는 것 같은 뉘앙스를 띤다. 예를 들어 한 정신분석가가 동료와 얘기하면서 "사실, 그건 내 감정이 아니었어. 환자가 내 안으로 투사했어." 라고 했다. 부정되고 있는 감정은 물론 분석가 자신의 감정이었다. 환자는 그에게서 그런 감정을 이끌어 냈고, 대부분의 사람에게서 그런 감정을 이끌어 내게끔 행동할 수 있을지 모른다. 그러나 여전히 그것은 치료자의 감정이었다. 치료자가 그토록 빈번히 환자가 그들의 감정을 치료자 안으로 투사한다고 말하는 까닭은 어쩌면 대부분의 치료자가 많은 치료과정에서 일어날 수 있는 감정의 강도에 마음이 편치 않기 때문일 것이다. 더구나 치료자가 주관적으로 경험할 때 무언가가 강제로 그의 내면으로 주입되는 것 같이 느껴질 정도로 환자가 치료자와 상호 작용하는 방식이 강력할 수 있다. 그러나 환자는 어떤 감정을 치료자 안에 주입하기보다 실제로 치료자에게서 너무도 인간적인 감정을 이끌어 낸다. 이런 구별은 중요하다. 왜냐하면 특히 자기-타자 경계가 혼란스러운 환자와 작업할 때 치료자는 반드시 자기 내면에서 무엇이 누구에게 속하는지를 구별하도록 유의해야 하기 때문이다. 대인 간 투사적 동일시에서 환자는 치료자에게서 감정을 이끌어낸다고 말하는 것이 정확하고, 동시에 환자는 치료자에게 어떤 것을 투사하는 개인내적 환상을 가질 수 있다.

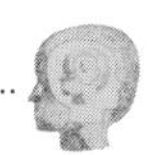

대인 간 투사적 동일시의 또 다른 예가 응급 정신과치료에 대한 한 세미나에서 나타났다. 동기 가운데 좀 더 숙련되고 성숙한 한 수련의가 습관적으로 응급실에 오는 한 환자와 있었던 일을 언급했다.

"여러분 대부분이 B.B.를 알고 있죠." 하면서 그는 말을 시작했다. "그가 다시 왔어요. 지난 3일간 매일 밤마다 왔어요. 그의 욕구는 절박해 보이는데 내가 뭘 해도 도움이 안 돼요. 이제 뭘 해야 할지 모르겠어요."

이 수련의는 이미 동료에게 긴박감을 전달했다. 그는 심지어 그들의 제안도 아마 그렇게 도움은 안 될 것이라고 암시하기까지 했다. 그 환자가 이 정신과 의사에게 긴박감과 무력감을 이끌어 냈던 것이 아닌가 하고 추정해 볼 수 있다. 이런 과정이 대인 간 투사적 동일시일 것이다. 수련의는 말을 이어 갔다.

"B.B.는 호텔 지배인이 어떻게 그를 독살하고 있는가에 대해 또 한 번 열변을 늘어놓기 시작했어요. 여러분도 아마 이 얘기를 들었을 거예요. 그러나 평소와 마찬가지로 그는 그 상황에 대해 그때, 새벽 두시에 즉각 무엇인가를 해 달라고 했죠. 그는 나더러 자기가 묵을 수 있는 다른 거처를 찾아 줘야 한다고 했어요. 그런데 병원은 안 된다는 거죠. 그는 자기 누이 집에 가는 것에 대해서 생각해 봤는데 누이는 그를 병원에 보낼 테죠. 그는 호텔 지배인이 데스크 뒤에서 자고 있는 동안 그를 살해할 생각도 했었죠. 그런데 그게 무슨 소용이 있겠느냐며 그가 말했어요. 왜냐하면 '조직'에서 또 다른 앞잡이를 보내 그를 괴롭힐 테니까요. 자살할 생각도 했지만 실패하면 병원신세를 져야 한다는 것을 알고 있었어요. 이런 얘기를 다 듣고 나니 내가 도와줄 수 있다는 자신감이 사라졌어요. 나는 이런 사람에게 너무 낙담이 돼요. 이런 환자에게 어떻게 해야 할지 정말 모르겠어요."

그 뒤 논의가 이어지는 동안 모든 참석자는 힘이 빠지고 무가치하고 무력하고 곤경에 빠져나오지 못하는 것처럼 느끼는 유사한 경험을 묘사했다. 유능하면서 또한 정상적인 상황에서는 효율적인 이 의사들은 그들 자신의 상황보다는 그들의 환자의 상황에 좀 더 적절할 법한 어떤 감정을 갖게 되었다. 정신병이 있고, 영양실조상태이고, 묵을 곳도 변변치 않고, 홀대당하는 사람은 그 환자였다. 그런데 낙담하고 의기소침해진 사람은 의사들이었던 것이다.

논의가 진행되는 동안 수련의들은, 그 환자가 사례를 발표한 정신과 의사에게 반복해서 도움을 청하고 그것을 거부함으로써 그에게 좌절감을 불러일으켰을 수도 있다고 추정했다. 그들은 그 환자를 좀 더 직접적으로 도우려고 애쓰기보다 그가 자신의 절망감을 인식하도록 돕는 것이 나을 수도 있다고 판단했다.

이틀 뒤 B.B.가 다시 응급실에 왔다. 그 수련의는 한 번 더 그의 얘기를 들었다. 환자가 잠시 말을 멈추었을 때, 의사가 말했다. "B 씨, 당신이 얼마나 낙담하고 아무도 없이 혼자라고 느끼는지 알겠어요." 환자는 고개를 약간 끄덕이고 자기 손을 내려다보았다. 의사는 계속해서 말했다. "내가 원하는 만큼 당신을 도울 수 없어서 유감이에요. 하지만 당신의 상황을 더 잘 이해하도록 애쓸 수는 있어요. 내가 그렇게 할 수 있게 내일 내 사무실에 들러줄 수 있나요?"

환자는 의자 뒤로 몸을 기댔고, 잠시 당황하는 기색을 보이더니 말했다. "좋아요. 하지만 그래도 별로 도움이 안 될 거예요."

그다음 주 사례회의에서 이 보고를 들은 참석자는 환자가 그 약속을 지키지 않을 것이라고 자신 있게 말했다. 그러나 그는 그 약속을 지켰고, 그다음 약속도 지켰다. 투사적 동일시의 개념을 이해함으로써 그 수련의는 환자가 자기한테 불러일으킨 좌절감을 극복할 수 있었다. 그는 환자와 공감적 접촉을 하고 그가 절망을 극복하도록 돕기 위해 자기 자신의 무력감에 대한 자각을 이용할 수 있었다.

투사적 동일시와 관련해서 적개심은 가장 빈번하게 언급되는 감정이다. 아마도 그 이유는 공격적인 감정이 치료자에게 가장 두드러지게 나타나고 또 그들을 가장 힘들게 하기 때문일 것이다. 그러나 투사적 동일시는 긍정적인 감정이나 사랑하는 감정(Klein, 1957b)도 포함한다. 나는 이런 현상을 긍정적 투사적 동일시라 부른다(Hamilton, 1986).

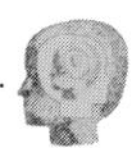

A.M.[3]은 정신분열증을 앓고 있는 29세 남성인데 긍정적 투사적 동일시의 예를 제공했다. 그는 수년 동안 자신이 CIA 요원이라는 망상을 유지해왔었다. 그런데 지난 몇 개월 동안 그는 가장 길게는 한 번에 이틀 정도 그의 망상을 포기할 수 있었다. 흥미롭고 두려운 이 환상에 사로잡히지 않을 때 그는 공허함과 아무도 없이 혼자라는 느낌과 무의미함을 느꼈다. 그가 이런 감정에서 잠시나마 벗어날 수 있는 유일한 때는 심리치료 회기 중 짧은 순간이었다. 이런 순간에 그는 자신이 혼란스럽지만 치료자에게 긍정적으로 받아들여지고 회복될 희망을 갖고 있는 가치 있는 인간이라고 느꼈다.

어느 흐린 봄날 그는 풀이 죽은 표정으로 진료실에 들어왔다. 그는 평소에 구겨진 작업복을 입고 왔는데, 그 날은 다림질을 한 새 바지와 스포츠 셔츠를 입고 왔다. 머리는 단정하게 가르마가 타져 있었다. 치료자는 평소처럼 그를 맞았다. 환자는 악수를 하고 자리에 앉았다.

환자는 이틀 동안 망상이 없었다고 했다. 즉시 그는 말을 이어 시내로 오는 것이 싫다고 했다. 시내는 치료자의 진료실이 있는 곳이므로, 치료자는 이 말은 CIA에 대해 그가 소중히 여기는 환상을 포기하게 하는 데 치료가 영향을 주었기 때문에 치료를 싫어한다는 것을 암시한다고 생각했다. 환자가 자세히 얘기하도록 하면서 치료자는 그저 다음과 같이 말했다. "오늘 시내 오는 것이 특히 싫었군요."

A.M.은 분주한 거리를 지나 치료 받으러 오는 동안 사람들이 그의 눈을 쳐다보지 않으려 했다고 말했다. 그는 시내에 있는 동안 자신이 무가치하다고 느꼈다. 사람들이 그를 쳐다보기만 했어도 그에게는 기회가 있었을 것이다. "사람들이 우리를 바라보고 또 우리가 그들의 눈을 보고 미소 짓고 다정하게 행동하면 사람들은 가장 멋진 사랑스러운 작은 인형이 되죠."

그의 감정은 진실로 따뜻했고, 잠시 상대방의 마음을 매료시켰다. 그런데 평상시 그의 감정은 인공적이었다. 그의 눈빛이 반짝였고, 치료자는 이에 대한 반응으로 따뜻함을 느꼈고 그에게 마음이 갔다.

"그렇군요." 치료자가 말했다. "당신은 사람들과 친구가 되고 싶고 그들에게 관심을 갖고 또 관심을 받고 싶어 하는군요."

환자의 얼굴이 빛났다. 환자의 온정이 흠모로 바뀌었다. 이런 흠모가 불편하게 느껴지고 자신이 환자의 기대에 못 미칠지도 모른다는 두려움에 그 정신과

3) 이 예시는 이미 다른 출판물에 나와 있다(Hamilton, 1986)

의사는 약간의 불안을 경험했다. 갑자기 그 환자가 혼란스러워 보였다.

치료자가 자신의 불안감을 재빨리 수습하자 환자는 자신감을 회복하는 것처럼 보였다.

"내가 사람들과 관계하는 방법을 조금씩 배우고 있죠. 그렇지 않나요?" 환자가 말했다.

"네, 그래요."

"나는 이 정신분열증을 극복할 것이라고 생각해요, 아마 내년쯤이면…." 그가 덧붙였다.

그 회기의 남은 시간에 환자는 일상적인 생활 과제에 대한 염려와 미래 계획에 대해 논의했다.

환자는 CIA에 대한 두려우면서도 흥미로운 망상을 당분간 포기했다고 말했다. 이 망상은 그의 일상생활의 주된 요소였다. CIA의 적은 전적으로 나쁘고 박해하는 대상이었다. 비밀요원으로서 자신에 대한 그의 자기개념은 전적으로 좋고 전능한 자기를 구성했다. 선한 세력과 악한 세력 간의 음모로 이루어진 내적인 생활을 최근에 포기하고 나자 그에게는 아무것도 남지 않았다. 그는 공허하고 무의미하고 아무도 없이 혼자라고 느꼈다. 그러나 그는 사랑과 우정에 대한 갈망의 불씨를 갖고 있었다.

그가 자신을 친구가 될 수 있는 사람으로 개념화했을 때 그는 이런 선하고 사랑스러운 자기표상을 지나가는 사람에게 투사했던 것이다. 이렇게 함으로써 그는 그다지 자신이 혼자라고 느끼지 않았다. 일부 대상관계이론가는 그가 좋은 감정을 보호하고, 이를 전적으로 나쁘고 공허한 감정에서 떼어놓고, 또 그의 공허함에 의해 이런 감정이 삼켜지지 않도록 하기 위해 좋은 감정을 투사했다고 할 것이다. 어떤 환자는 마치 그들이 하고 있는 행동이 이런 내용과 정확히 일치한다는 느낌을 표현할 것이다. A.M.의 사례에서 행동의 주된 동기는 친밀감에 대한 소망이었다.

이 환자는 자기 감정을 투사하는 한편, 또한 자신의 투사된 측면과의 부분적 동일시를 유지했다. 이런 자기-대상 경계의 모호함이 분명해진 것은 그가 실제로 낯선 사람을 "가장 멋진 사랑스러운 작은 인형" 이 되도

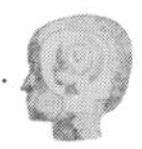

록 할 수 있다고 말했을 때였다. 타인과 상호작용을 하지 않고 자신을 변화시키는 것만으로 자신이 타인의 감정에 영향을 줄 수 있다는 생각은 그가 자신을 바꾸는 것과 타인을 바꾸는 것을 혼동하고 있음을 보여 준다. 이 과정은 개인내적 긍정적 투사적 동일시다. 이것은 환자의 환상이었고, 타인은 그것에 의해 영향을 받지 않았다.

그러나 치료 중에 환자는 관계를 맺고 있었다. 목소리 톤과 몸짓과 표정으로 그는 그의 치료자에게서 따뜻한 감정과 반응을 이끌어 냈다. 이 과정은 개인내적인 동시에 대인 간 긍정적 투사적 동일시였다.

투사적 동일시는 재접근단계 유아에게서 번갈아 나타나는 애정 어린 행동과 강압적인 행동에서 일정 역할을 하는 것으로 생각된다. 공생에서 나오면서 유아는 자기와 대상을 구별하기 시작한다. 또한 즐거움과 고통, 좋은 것과 나쁜 것을 구별한다. 그런데 이런 구별은 부분적으로 이루어지고 자기이미지와 대상이미지 간의 통합도 역시 부분적으로 이루어진다. 그 결과 유아는 자기 감정을 쉽게 부모에게 전가하고 부모 안에 있는 그런 감정을 통제하려고 시도한다. Mahler와 그의 동료(1975)는 재접근단계 유아의 특징으로서 이런 강압적 행동에 대하여 언급했다.

또한 투사적 동일시는 이 연령에서 동감 혹은 공감 능력의 발달에도 영향을 줄 수 있다. 부모의 슬픈 표정을 보면 유아는 부모와 동일시하여 그 또한 어떤 슬픈 감정을 떠올릴 수 있다. 어쩌면 부모가 그 시점에 투사적 동일시를 통해 그런 감정을 유아에게 전하고 있는지도 모른다. 그러나 이 연령에서 유아가 충분히 분화되었다면 그는 슬퍼하는 사람은 그의 부모라는 사실을 깨닫는다. 그러면 그는 자신의 슬픈 감정을 부모에게 재투사하고 그 애정대상을 위로함으로써 그 감정을 통제하려 할 것이다. 이렇게 함으로써 유아는 공감하는 법을 배운다. 이와 유사하게 투사적 동일시는 유아나 성인이 행복을 서로 나눌 때도 어떤 역할을 하는 것으로 볼 수 있다. 이런 정서적 반응 능력은 재접근단계 동안 시작된다.

우리는 일상적인 생활에서도 투사적 동일시의 증거를 볼 수 있다.

검은 머리의 반짝이는 눈을 가진 12세의 소녀가 선생님이 칠판에 지도를 그리고 있는 동안 책상에서 몰래 뭔가를 쓰고 있었다. 그녀는 쪽지 두 장을 만들었다. 한 장은 제니퍼에게 몰래 건네고, 또 한 장은 에드워드에게 몰래 주었다. 제니퍼에게 준 쪽지에는 "에디가 네가 좋다고 하더라."라고 적혀 있었다. 다른 쪽지에는 "제니가 네가 좋다고 하더라."라고 적혀 있었다. 비록 에드워드와 제니퍼는 이전에는 서로를 애틋하게 생각하지 않았지만, 쪽지를 본 뒤 곧 서로에 대한 좋은 감정이 생겨났다. 이런 발전은 쪽지를 건네준 그들의 친구에게 큰 기쁨을 주었다.

중매자가 제니퍼와 에드워드 사이에 상호적인 긍정적 투사적 동일시 과정을 시작했다. 이 소녀는 이 두 사람에게 각각 긍정적 기대를 전달하였다. 이들이 이런 좋은 소식을 받아들이고, 각자의 호감으로 이를 증대하여, 자신에 대해 상대방이 갖고 있다고 여기는 애정에 호응하리라는 것은 이해 가능한 일이다. 각자 상대방이 호감을 가진다고 생각했을 때 그 감정은 상대방에게 투사되었다. 그리고 그들은 상대방에게 긍정적 감정을 불러일으키는 방식으로 행동했다. 이런 과정이 투사적 동일시다. 이 예는 이 두 사람 사이를 중재하면서 자신의 호감을 친구들에게 투사하고, 혹은 최소한 이들에게 이런 감정을 이끌어 내는 중매자의 존재로 인해 복잡해진다.

많은 자기개발서에서 인간사에서 긍정적 태도가 갖는 힘을 강조하는 것을 볼 수 있다. Norman Vincent Peale(1952)는 『긍정적 사고의 힘(*The Power of Positive Thinking*)』을 기술했고, Dale Carnegie는 『친구를 얻고 사람에게 영향을 주는 법(*How to Win Friends and Influence People*』(1936)에서 사람의 강점에 대해 말해 주는 것의 유용성을 지적했다. Carnegie (1926)는 그의 저서에서 연설자는 청중이 자기가 말하는 내용에 관심이 있고 자기를 좋아한다고 가정하라고 제안했다. 심지어 청중 가운데 자기를 인정해 주는

중요한 친구나 친지가 있다고 상상해야 한다고 했다. 그리고 상상 속의 그 사람에게 말하라는 것이다. 왜냐하면 청중에게 친숙하고 긍정적으로 행동하면 청중도 비슷하게 호응하기 때문이다.

Carnegie의 예에서 연설자가 청중 속에 있다고 상상하는 우호적인 인물은, Kohut(1971)의 용어를 다소 느슨하게 사용하자면 우리를 인정해 주고 힘을 북돋아 주는 자기대상(selfobject)이다.[4)]

연설자는 자신의 환상적인 측면과 내적 대상을 청중에게 투사하고 이에 따라 행동한다. 청중은 그들 자신을 좋은 자기-대상으로 경험하고 이에 따라 연설자에게 반응한다. 이런 과정이 긍정적 투사적 동일시다.

배우는 관객에게 자신감에 차고 흥미 있어 하는 모습을 보여 주어야 한다. 무대공포는 때로 거울반응(a mirroring response, Kohut 1979)을 가정함으로써 누그러뜨릴 수 있다. 정신분석적 관점에서 무대공포를 연구한 Gabbard(1979)는 "어떤 공연자는 의식적으로 그들의 관객과 동일시한다."라고 관찰결과를 보고했다. "그들의 생각은 다음과 같다. '대단하고 세련된 이 모든 사람이 내가 공연하는 것을 보러 와서 나에 대한 그들의 믿음을 분명히 전해 주고 있다. 그들이 나에 대해 걱정하지 않는데, 내가 왜 걱정해야 하나?'" (p. 390) 이 과정은 긍정적 투사적 동일시(Hamilton,

4) Kohut의 '자기대상(selfobject)'은 대개 개인의 자기를 위한 핵심적인 기능, 예컨대 승인과 인정과 존중을 제공하는 외적인 사람을 의미한다. 반면 이 책에서 사용되는 '자기-대상(self-object)'이란 자기이미지의 한 측면이 내적 대상이미지의 측면과 섞여 불분명한 상태를 의미한다. 이 개념에서는 실제 외적 인물의 역할은 강조되지 않는다. 이 두 개념, 자기대상과 자기-대상이 이렇게 함께 쓰이면 처음에는 다소 혼란스러울지 모른다. 여기서 환상의 친구나 친척은 존재하지 않는 사람을 표상하는 내적 대상이다. 그러나 이 상상의 인물은 또한 연설자가 자신을 인정하는 능력을 나타내기도 한다. 내적 자기와 내적 대상의 이러한 요소가 둘 다 존재하기 때문에 이 인정하는 인물은 자기-대상이다. 그러나 청중이 실제로 외적 대상으로 존재하고, 인정하고 승인하는 능력으로 가용된다면, 이는 또한 Kohut의 의미에서 자기대상이다. 따라서 친구-청중은 둘 다 자기대상이기도 하고 자기-대상이기도 하다.

1986)다. 공연자는 자신의 자신감을 관객에게 투사하고 이것과 재동일시 하는데, 이를 통해 자기 감정과 관객의 반응을 통제하기를 원한다.

세일즈맨과 정치가, 능숙한 행정가, 종교지도자, 치유자, 교육자 그리고 힘보다 설득에 의해 다른 사람에게 영향을 주는 모든 사람은 투사적 동일시에 숙달되어 있고 능숙하다. 사기꾼과 제비족과 아첨꾼도 투사적 동일시를 활용한다. 물론 이들의 숨은 의도는 겉으로 드러나는 행동과는 일치하지 않는다. 이들의 속임수에 넘어가는 사람은 흔히 자신의 긍정적 기대를 사기꾼에게 너무도 강력하게 투사한 나머지 그의 진짜 의도를 보지 못한다.

투사적 동일시는 우리의 가장 깊은 애정과 애착의 기반이다. 연인은 그들이 사랑을 준다고 표현한다. 그들은 자기 자신과 마음을 서로에게 준다. 이런 일상적인 사랑의 표현도 투사적 동일시의 예다. 자신의 사랑스러운 면이 실제로 상대방 안에 있다고 상상하고 이에 맞게 행동하는 것이다.

어떤 남편이 직장에서 집으로 돌아오고 있는데 그날 저녁 특별히 아내에 대한 좋은 감정이 느껴졌다. 그는 직장에서 중요한 임무를 완수했고, 자기 자신과 주변 사람에 대해 좋은 느낌을 가졌다. 아내를 생각하면서 그는 아내가 보고 싶었고, 아내가 얼마나 자신을 사랑하고 배려해 주는지를 기억했다. 그는 도중에 잠시 차를 세우고 야생 아이리스 한 다발을 샀다. 아내는 그날 자신이 일하는 사무실에서 늘 같은 일상을 보냈었다. 남편이 아내에게 꽃다발을 건네며 미소 지었을 때 그는 아내도 그가 느낀 애정을 느낄 것이라는 기대감으로 가득 찼다. 그의 행동은 아내에게 그의 감정에 상응하는 따뜻한 감정을 불러일으켰다. 이런 상호작용이 긍정적 투사적 동일시다.

투사적 동일시의 이런 정신적 기제는 또한 파괴적인 측면을 가질 수도 있다.

어느 저명한 대학의 한 여자교수가 어떤 남자 동료와 여자 동료의 성공을 시기하여 이들을 무너뜨리려고 결심했다. 그 교수는 먼저 한 사람에게, 다음에는 다른 사람에게 은밀히 말하기를, 서로가 상대의 성생활에 대해 악의적인 소문을 퍼뜨리고 있다고 했다. 그녀는 의심의 씨앗을 심어 주었고, 이것으로 상호적으로 부정적인 투사적 동일시가 시작되게 했다. 서로에 대한 이들의 부정적인 생각이 상대방에게 투사되었고, 기대했던 적개심이 유발되었다.

이 과정은 부정적 투사적 동일시다. 아이들이 쪽지를 전해 주는 이전의 예에서와 마찬가지로, 여기에서도 상호작용을 시작한 제3자는 자기 감정을 동료에게 투사하고 그들에게 이런 감정을 끌어냈을 것이다.

사람들은 흔히 자신이 탈세하는 이유는 다른 사람도 그렇게 하기 때문이라고 공언한다. '만약 내가 관습대로 하지 않으면, 그들이 나를 속일 것이다.' 라는 주장이다. 실제로 대부분의 사람은 세금신고에서 속이지 않는다. 탈세자는 자신의 착취적인 성향을 동료 시민에게 투사하고 이들과 동일시하고 이들이 저지른다고 그가 보는 행위를 저지른다. 그는 동시에 자신의 탐욕을 투사하고 이와 동일시하는 것이다.

뇌물이 용인되는 사회에서는 부정적 투사적 동일시 기제가 보편적이다. 시민은 자신의 부패한 행동을 다른 사람들에게서 보고, 자신을 보호하기 위해 다른 사람과 같이 행동해야 한다고 주장하면서 자신의 행동을 정당화한다. 투사의 대상이 된 사람이 실제로 부패했다 하더라도 이런 경우 투사가 포함되지 않음을 뜻하는 것은 아니다.

우리 사회에서 축구코치와 농구코치가 자신의 파렴치한 선수선발과정을 합리화하는 얘기를 우리는 들어 왔다. "나는 정말 속마음은 정직한 사람이다. 속이는 사람은 다른 코치다. 이들의 지나친 경쟁심 때문에 나도 속일 수밖에 없다." 사실 이런 합리화를 쓰는 코치는 의심할 여지없이 그 자신이 지나치게 경쟁적이고, 어쩌면 냉혹한 사람일 것이다. 그는 자신의 이런 측면을 다른 코치에게서 보고 그것과 동일시하기를 선택한다.

운동선수는 또한 좀 더 건설적인 형태의 부정적 투사적 동일시를 사용한다. 한번은 락커룸에서 어느 대학의 한 레슬링 선수가 친구와 이야기하는 것을 들은 적이 있다.

> "내가 지치면, 창자가 아프고 눈알이 튀어나올 정도로 지칠 때면, 난 나한테 이런 말을 해. '내가 이 정도로 아프면 저 녀석도 마찬가지로 상태가 안 좋을 거야. 내가 조금이라도 힘을 써서 그만큼 더 아프면, 저 녀석도 똑같이 그만큼 더 아플 거야.' 그래서 나는 상대가 쓰러질 때까지 힘을 더 쏟아 붓지."

이 레슬링 선수는 자신의 피로와 통증을 상대편에게 투사하고 상대를 통해 이것을 누르고 정복하려고 한다. 이는 정당한 경쟁에서 자신의 고통을 창조적으로 사용하는 것이다.

원고측과 피고측을 대립시키는 우리의 대심법률제도에서 부정적 투사적 동일시가 유사하게 활용되는 경우를 때로 볼 수 있다. 변호사는 흔히 원고든 피고든 간에 상대편에게 모든 피해의 책임이 있다고 가정한다. 자기 고객이 상대편에게서 부당한 대우를 받고 착취당했다고 주장한다. 법률적인 혹은 경제적 이득을 얻고자 하는 그들 자신의 소망, 우리가 이해해 줄 수 있는 이런 소망을 상대편에게 투사하고 이에 대해 공격한다. 이는 정당한 분노의 불길에 연료를 더하는 격이다. 자기 명분의 정당성과 상대편의 잘못에 대한 이런 확신은 변호인이 고객을 위해 좀 더 설득력 있게 일하는 것을 가능하게 한다.

대심과정의 이런 측면은 양측이 각자의 입장을 지지하는 사실을 정력적으로 그리고 철저하게 찾으려는 동기를 부여한다. 판사나 배심원은 문제의 양면을 저울질하는 통합적인 기능을 수행한다. 이것은 대적하는 사람이 자신의 결백과 선함을 입증하기 위해 글자 그대로 창과 검 같은 치

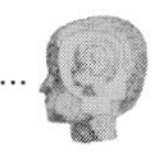

명적인 물체를 상대편 몸속으로 던지던 고대의 전투에 비해 좀 더 문명화되고 적응적인 과정이다.

테러범의 공격도 투사적 동일시의 관점에서 볼 수 있다. 중동지역의 소수 집단, 인종분리주의자, 국내의 광신자 집단 등의 행동은 이들이 자신의 공격성을 다른 사람 안에 있다고 보고 경험한다는 것을 보여 준다. 그들의 관점에서 그들이 공격하는 사람들은 살인자고 착취자다. 그래서 테러범은 무고한 희생자를 살해하면서 자신들이 희생자라고 느낀다. 다른 형태의 투사적 동일시와 마찬가지로 그들은 그들의 투사 대상에게서 상응하는 분노를 이끌어 낸다. 이런 식으로 희생자 집단이 만들어지는 악순환이 시작된다. 희생자는 박해자가 되고 박해자가 또 희생자가 된다. 환상은 현실이 된다. 이 모든 것이 어디서 시작되었는지를 판단하기가 어려워진다.

명백하고 무서운 부정적 투사적 동일시는 소련과 미국이 벌이는 핵무기 경쟁이다. 양측은 각각 상대편이 인류를 위협한다고 묘사한다. 때때로 양측은 마치 파괴력과 심지어 파괴하려는 의도조차 모든 민족에게 명백히 존재하지 않는 것처럼 상대편에게 인류가 직면한 위험에 대한 전적인 책임이 있다는 비이성적이고 일방적인 진술을 연발한다. 법정 상황과 달리 이 사안의 시비를 가려 낼 수 있는, 우월한 권력에 의해 지지받는 판사는 없다. 다행히도 두 정부는 현재 일련의 논의과정을 거쳐 이런 경향을 조절하려고 시도하고 있다.

집단행동이나 일상적인 상호 작용에서 개개인에게서 볼 수 있는 투사적 동일시의 예는 그다지 만족스럽지 않는데, 그 이유는 치료상황에서처럼 내적 환상에 접근할 수 없기 때문이다. 그럼에도 불구하고 이들 간의 유사성은 분명하다.

투사적 동일시는 자신의 어떤 측면을 대상에게 전가하고 그 측면을 대상을 통해 통제하거나 제거하고자 하는 정신기제다. 비록 투사적 동일시가 재접근단계 유아와 경계선 성격장애와 정신병을 가진 환자에게서 좀 더 명백하고 극단적으로 나타나지만, 이는 모든 관계에서 중요한 요소로 남는다.

중간 대상의 형성

투사적 동일시는 중간 대상의 형성에서 일정한 역할을 담당한다. 중간 대상은 자기도 아니고 대상도 아니면서 양쪽의 특성을 다 가지고 있다(Winnicott, 1953; Grolnick et al., 1978). 예를 들어 담요나 곰인형은 마치 사랑하는 엄마처럼 그리고 동시에 사랑스러운 자신처럼 취급된다. 중간 대상의 개념을 발전시킨 Winnicott(1953)은 "중간 대상은 내적인 현실과 외적인 현실을 각각 분리시키면서 동시에 서로 연관되어 있는 상태로 유지시켜야 하는, 끝없이 계속되는 과업에 관여하는 개인을 위한 안식처가 된다."(p. 90)라고 하였다. 중간 대상은 "내적 현실과 외적 세계가 모두 기여하는 경험의 중간 지대"에 속한다(p. 90). 중간 대상 이외에도 중간 현상이 있는데, 노래나 자장가, 몸짓, 습관적인 태도 등이 있으며 중간 대상과 같은 기능을 수행한다.

중간 대상과 중간 현상은 심리치료 상황에서 흔히 나타난다. 이들은 심각한 혼란을 보이는 환자의 치료에서 특히 중요한 역할을 한다. 많은 정신분열증 환자는 질병에서 회복되는, 때로는 질병을 극복하는 과정에서 자신의 동물인형이 가진 중요성을 언급했다.

D.E.는 위스콘신 주의 중상류층 가정 출신의 23세 여성이었다. 그녀는 1년 반 동안 환각과 망상에 사로잡혀 있었다. 병 때문에 대학공부를 마치지 못했다.

그녀가 보여 준 행동패턴은, 한 정신과 의사와 치료를 시작하여 몇 번의 약속을 잘 지키고 처방된 약을 복용하고 병이 호전되기 시작할 때 갑자기 치료를 그만두고 병원을 떠나는 것이었다. 이후 몇 개월 이내에 그녀의 증상은 더 악화되고 그때 그녀는 견딜 수 없이 두렵고 외로워져서 단기입원을 위해 다른 병원을 찾고 다른 의사와 치료를 시작하곤 했다.

한 종합병원의 정신과 의사가 D.E.에게 말하기를, 그녀의 치료를 돕기 위해 그녀와 같은 문제에 특별한 관심이 있는 심리학자와 사회복지사에게 그녀의 치료를 도와달라고 요청할 것이라고 했다. 사회복지사는 가족을 만나서 정신분열증과 가족이 도울 수 있는 일에 관한 정보를 제공하였다. 치료에서 필요한 한 요소는 일관된 치료적 관계였다. 가족은 이 치료팀에 재정적 지원을 제공하고 딸이 치료팀의 도움을 지속적으로 받도록 격려하기로 결정했다.

환자는 1주일에 2회씩 만나는 심리학자와 서서히 가까워졌다. 3개월이 지나서야 그녀는 밤에 아파트에서 얼마나 외롭고 무서웠는지를 분명하게 표현할 수 있었다. 그런 순간에 그녀는 점점 더 환각에 관심을 기울이곤 했다. 환각은 그녀가 조금이나마 덜 외롭다고 느끼게 만들었다. 그러나 목소리에 주의를 기울이면 그녀는 점점 더 혼란스럽고 고립감을 느끼곤 했다. 환청은 변함없는 그녀의 유일한 동반자였다. 그녀는 때로는 처방약 복용을 중단하기도 했는데, 약이 그녀의 환청 동반자를 사라지게 하기 때문이었다고 털어놓았다.

D.E.는 그녀의 고립감과 내적인 대상관계에 대한 집착에 대해 얘기하면서 치료자에 대해 높아지는 의존의 감정을 표현했다. 이제 그녀는 치료시간이 끝났을 때 진료실을 떠나기를 주저하게 됐다. 정신과 의사와 심리학자는 주기적인 단기 입원치료가 그녀가 소외감을 극복하도록 하는 데 도움이 될 것이라고 판단했다. 그녀는 병원에 올 때 곰인형을 가져오기 시작했다. 그녀는 간호사에게 자신의 감정을 말하지 않으려 했지만, 그녀의 곰인형은 그렇게 했다. 간호사는 이러한 환상을 받아 주면서 그 동물인형에게 대꾸했다. 이것은 환각에 사로잡힌 것보다 한 단계 발전된 것으로 보였다.

그녀는 곰인형을 치료회기에 가져오기 시작했고, 2년 동안 계속해서 그렇게 했다. 그녀는 그가 회기 중에 나온 모든 말을 기억했고, 밤에 그녀가 혼자 있을 때 대화 내용을 그대로 반복해서 들려준다고 말했다. 이렇게 하여 그녀는 심한 외로움을 느끼지 않았고, 환각을 유지하기 위해 약물복용을 중단할 필요도 없었다.

치료 3년차에 그녀는 한 걸음 더 나아갈 준비가 되었다고 느꼈다. 그녀의 치료에서 중요한 부분을 차지하게 된, 2개월에 한 번 1주일간 입원하는 것을 중단할 가능성에 대해 그녀는 치료자와 논의했다. 그녀는 간호사와 작업치료사가 그리울 것이지만 이제는 다른 관계를 발전시켜야 할 때라고 말했다. "테디는 병원을 너무 많이 그리워할 거예요. 그는 자기는 성장할 필요가 없다고 말했어요. 그는 사람이 아니에요. 나는 사람이니까 성장해야 해요. 그러나 그는 그럴 필요가 없어요. 곰인형이니까요. 그는 내가 그를 병원에 남겨 두면 내가 없어도 그렇게 외롭지 않을 거라고 했어요. 나는 그가 없어도 더 나아가고 성장할 수 있어요. 그도 괜찮을 거예요."

"그를 병원에 데리고 가서 간호사들에게 작별인사를 할 때 그를 병원에 남겨 두겠다는 말이에요?"

"네. 간호사도 그를 데리고 있을 거라고 믿어요. 그가 진짜 말하지는 않았다는 건 나도 알고 그들도 알고 있죠. 그러나 모두 곰인형을 좋아해요. 이미 다 자란 간호사도 그래요. 그들도 나를 조금 그리워할 거라고 믿어요. 그들이 나를 기억하기 위해 그 곰을 보관하고 싶어 할 거라고 생각해요."

"당신이 그들을 기억하기 위해 곰인형을 보관하지 않는 이유가 궁금하군요."하고 치료자가 물었다.

"나는 병원에 있는 테디에 대해 생각하는 것이 좋아요. 그래서 병원으로 되돌아가지 않아도 되도록 말이죠. 그것은 하나의 상징과 같아요. 확실히는 잘 모르겠지만 어쩌면 나의 한 부분은 결코 자라지 않고 늘 보살핌을 받아야 할지도 모르겠어요. 나는 그 부분을 떼어놓고 이제 다른 일을 하며 앞으로 나아가야 할 필요가 있어요. 나는 정말 병이 심했고, 그래서 그 테디가 필요했어요. 지금은 많이 나아졌어요."

"병원으로 돌아가야 할 수도 있게 될까 봐 여전히 약간 걱정하는 말로 들리는군요."

"그렇게 될지도 몰라요. 그렇지만 아마 그런 일은 없을 거예요. 이제 내 삶에는 다른 것이 있어요. 나는 결코 돌아오지 않겠다고 간호사에게 약속하지는 않을 거예요. 나는 작별인사를 하고 다시 돌아올 필요가 없을 것 같다고 간호사에게 말할 작정이에요."

그녀는 간호사에게 작별 인사를 했다. 그들은 기꺼이 그녀의 테디를 맡았다. 그리고 그녀는 되돌아올 필요가 없었다.

이 곰인형은 하나의 중간 대상이었다. 이 환자는 내면의 고립된 환각의 세계에서 나와 다른 사람을 향해 나아갔다. 곰인형은 자기, 즉 보듬어지고 보살핌 받기를 원하는 아기를 표상했다. 그것은 또한 치료 회기의 모든 내용을 대화체로 반복해 주는 형태로 그녀가 잠들기 전 이야기를 들려주는 좋은 대상을 표상했다. 환각의 자기-타자 혼돈 상태에서 실제 사람과 관계하는 자기-타자 변별로 이행하는 전이단계에서 그녀는 병원과 치료 회기에 곰인형을 가지고 왔다. 몇 개월간 곰인형이 그녀를 대신하여 얘기하게 함으로써 그녀는 자신과 간호사 사이에 하나의 완충지대를 자신에게 제공했다.

그녀는 또 다른 전이단계에서 곰인형을 포기했다. 이제 그녀는 동물인형이 그녀와 대상세계 사이에서 중개자 역할을 하게 하려는 그녀의 욕구를 단념하고 있었다. 처음으로 그녀는 그것을 하나의 상징으로 말했다. 그날까지 환자나 치료자 어느 누구도 그 곰인형이 진짜인지 아닌지를 문제 삼지 않았었다. 이제 그녀 스스로 그것이 진짜는 아니지만 그녀에게 중요한 상징이 되었다고 말할 수 있었다. 만족을 줄 수 있는 원천이었던 환상에서 벗어나 사람과 관계하는 것으로 이행하고 있음은 그녀가 몇 주 후에 다시 데이트를 시작했다는 데서 확인되었다. 그녀는 그때까지 5년 동안 데이트를 하지 않았었다.

또 다른 환자인 B.G.는 극심한 정체성 혼란을 겪고 있는 30세 남성으로 제2장에서 언급되었는데, 이 환자 역시 그가 데니라고 부르는 곰인형을 갖고 있었다. 그는 데니를 사랑했고 껴안아 주었고 그에게 이야기를 해 주었다. 만약 누군가가 그 곰인형의 중요성을 의문시하면, 그는 곰인형이 안전할 수 있는 그의 침실에 그를 두었다. 그가 그 곰인형을 얼마나 깊이 사랑하는지, 또 그 동물인형이 그의 극심한 외로움을 어떻게 달래 주는지에 대해 그가 털어놓기까지는 오랜 시간이 걸렸다. 그가 사람들이 주는 위안에 깊이 낙담하고 허전함을 느끼며 집에 가면, 그는 데니를 위로하고 또 데니에게서 위안을 얻을 수 있었다. 투사적 동일시를 통해 그는 위안을 얻고자 하는 그의 욕구를 그 동물 인형에게 전가했다. 그는 또한 그 자신의 위로 기능을 그 인형에 투사했고, 동시

> 에 그 능력을 자신 안에 보유했다. 그가 그의 곰을 껴안고 달랠 때, 그 자신 또한 안기고 위로받는다고 느꼈다.

곰인형에 대한 애정의 자기애적 근원은 이 환자의 연상에서 드러났다. 곰인형에 대한 연상에서 그는 기저귀와 그것이 그의 피부에 닿는 느낌을 생각했다. 또한 그의 대변이 주는 온기에 대한 환상을 가졌다. 약간 당혹해하면서, 그는 동성애자가 기저귀를 차고 그들의 성적 파트너가 보는 앞에서 기저귀 안에 대변을 배설함으로써 흥분을 느낀다는 글을 읽었던 것을 떠올렸다. 이러한 연상은 중간 대상의 원시적인 근원을 드러내 보여주었다. 기저귀와 따뜻한 변이 피부에 닿으면서 주는 자극은 자가성애적 현상이라고 불린다. 궁극적으로 환자가 중간 대상과 관계하면서 느끼는 쾌감으로 발전한 것은 아마도 이런 유아적 경험이었을지도 모른다. 중간 대상은 부화단계와 연습단계에 동반되는 구강과 피부에 대해 증가된 인식과 함께 처음 발달하지만, 이것은 이 환자의 연상에서 나타나듯이 항문 감각에 대한 흥미가 증가하는 시기에도 여전히 중요하게 남는다. 중간 대상이 창의성과 생산적 활동으로 더욱 진화하는 현상은 이후 아동에게 나타난다. 수개월 더 치료한 후 이 환자 또한 심리적 성장에서 이런 단계로 나아갔다. 그가 수익을 얻기 위해 봉제인형을 만들고 판매할 수 있게 된 것은 그 시기였다.[5)]

---

5) 비록 이 환자가 봉제곰인형에서 적은 수익을 얻었지만 이런 장난감을 만들어서 파는 역사는 중간 대상에 대한 보편적인 집착을 반증한다. 1984년과 1985년 2년 동안 봉제곰인형은 미국에서 가장 잘 팔리는 장난감 열 가지 중 하나였다.

Care Bears는 Teddy Bear의 현대판인데, Ideal Toy Company의 Morris Michton에 의해 1903년에 소개됐다. Michton은 그의 봉제곰을 Theodore Roosevelt의 이름을 따서 불렀는데 그 시기에 *Washington Post*의 만화가 Clifford Berryman가 Roosevelt 대통령이 포획된 곰을 쏘기를 거부한 일화를 칭송했다. 이 유명한 만화가는 동시에 사냥에 집착하는 Roosevelt를 놀렸다. 대통령은 그때 미시시피의 곰사냥 여행에서 좌절감을 겪었고 그의 사냥감을 찾을 수 없었다. 이 위대한 사람을 기쁘게 해 주려고 그 지역 안내인이 그가

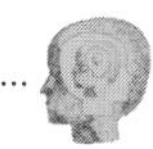

대부분의 성인은 이 두 민감하고 재능 있는 환자처럼 무생물을 공공연하게 유아적인 방식으로 대하지는 않는다. 그러나 문제가 덜 심각한 많은 환자는 약속시간이 적힌 카드, 펜 혹은 심지어 치료자에게서 받은 치료비 청구서까지 우호적인 사람을 상기시키는 일종의 중간적 대상으로 보존한다.

Scott(1984)은 성인이 흔히 술이나 다른 약물을 중간 대상으로 이용한다고 시사했다. 성인이 선호하는 술의 브랜드가 있을 수 있는데, 이들은 이런 술을 반드시 수중에 두려고 한다. 그들은 그들의 위스키나 맥주를 사랑한다. 그들은 그들이 선호하는 술이 한 병 가득 안전한 곳에 있다는 사실만으로 위안을 얻는다. 동시에 그들은 그 술과 동일시하고 알코올과 연관된 따뜻함과 강함과 동일시한다. 알코올로 이끄는 유혹은 이러한 연합을 이용한다. 이런 연합은 전형적으로 일과 후 느긋하게 쉬고, 잠들기 전 유혹당하고, 일몰에 항해하거나 혹은 이와 유사한 중간적 활동을 표상한다. 알코올 중독자는 술을 실제 약물로 섭취하고, 그것이 생리적 기전으로 사람의 기분을 좋게 하기 때문에 술은 중간 대상이 될 수 없다는 주장도 있을 수 있다. 알코올이 실제로 생리학적 효과를 가지더라도, 그것은 또한 심리적 의미를 갖고 있다. 많은 알코올남용자가 중간 대상을 대하듯 그들의 술을 그렇게 대한다고 Scott은 언급했는데, 그의 말이 정확할지도 모른다. 이 약물의 생리학적 효과조차도 이러한 가능성을 시사한다. 알코올을 섭취하면 자기-대상 구별이 약해지고 중독이 주는 공생에 가까운 경험으로 이어진다. 아마도 이런 상태 자체가 공생과 대상과의 관계성 사이에 존재한다는 점에서 그 특성상 중간적인지도 모른다.

유아기 때 가지고 다니고, 빨고, 애무하고, 잡고, 껴안는 담요나 고무젖

쏠 수 있도록 곰을 잡았다. Teddy[역주: Teodore의 애칭]는 그것이 스포츠맨답지 않다고 그렇게 하기를 거부했다.

1903년에는 독일 Geingen의 Margaret Steiff가 처음으로 봉제 곰인형을 미국에서 팔았다. 1908년까지 Steiff는 이제는 유명해진 그녀의 곰을 100만 개나 제작했다.

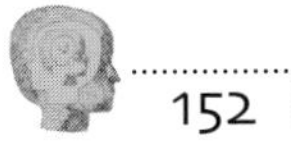

꼭지는 중간 대상의 가장 좋은 예다. 담요는 아이가 감싸 잡지만 아이를 감싸기도 한다. 그것은 아이에게서 온기를 얻고 또 아이에게 온기를 되돌려준다. 그것은 심지어 어떤 냄새를 갖게 되고 그 냄새를 되돌려준다. 이런 냄새는 아이에게 매우 중요하게 되는데, 그래서 아이는 그가 소중히 여기는 담요가 세탁되면 항의한다. 아이는 대개 자신과 어머니에 대한 그의 내적 이미지의 따뜻하고 친밀한 측면을 담요에 투사하지만, 때때로 아이는 그의 중간 대상을 물거나 때리거나 절단할 수도 있다. 부정적 투사적 동일시의 이런 예는 긍정적 상호작용에 비해 드물게 나타난다.

비록 Winnicott(1953)은 원래 어떻게 유아가 자신의 적극적인 상상으로 중간 대상을 만들어 내는지를 강조했지만, 어머니와 아이는 그것을 함께 만들어 낸다. 아이는 중간 대상을 특별하고 위안을 주며 어머니의 전능한 빛을 공유하는 대상으로 취급한다. 어머니는 아이가 대상 상실의 시간에 그가 아끼는 담요를 가질 수 있도록 해 줌으로써 그 특별함을 인정한다. 많은 부모가 아이가 잠드는 시간에 그들의 '담요(blanky)' 를 가지도록 각별히 애를 쓴다. 이 시간에 아이는 잠을 자려고 외부 세계에 대해 눈을 감고 자기 내면으로 몸을 웅크린다. 아이가 차를 타고 여행을 하거나, 친척집을 방문하거나 혹은 보모와 있을 때 부모는 담요가 아이 곁에 있도록 해 준다. 그들은 아이-담요 관계의 특별한 속성에 대해 이의를 제기하지 않는다. 부모는 Winnicott이 환상의 영역이라고 부른 것을 인정한다. "중간 대상은 '네가 이것을 생각해 냈니, 아니면 외부에서 너에게 주어진 것이니?' 라는 질문은 절대 하지 않기로 부모와 아기가 합의할 사안이라고 말할 수 있다. 중요한 점은 이 점에 대해서는 어떤 결정도 기대되지 않는다는 것이다. 이런 질문은 생각해 내서는 안 된다는 것이다." (p. 95)

중간 대상은 좀 더 일찍 형성되기 시작하지만 재접근단계에 중요한 역할을 한다. 재접근단계가 끝날 무렵 경험의 이러한 중간 지대는 환상게임과 또 다른 '마치~처럼의 기능(as-if functioning)' 을 위한 영역을 제공한

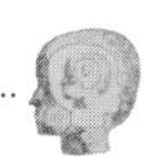

다. 결국 이런 놀이는 음악과 미술, 종교, 과학으로 확산된다. Winnicott (1953)은 이런 놀이가 "'내적인 심리적 현실'과 '두 사람이 공통으로 지각하는 외적 세계' 간의 중간 영역 전체, 즉 문화 분야 전반에 걸쳐 널리 퍼져 있다."라고 언급했다(p. 91).

Tolpin(1971)은 중간 대상 형성이 자기위로(self-soothing)의 발달적 시기(A. Freud, 1965)에서 핵심적인 역할을 한다고 시사한다. 처음에 공생적 융합 경험 상태에 있는 유아에게는 위로하기가 전능한 자기-타자의 사태로 경험된다. 6개월에서 8개월경 영아가 분화되어 가면서 자신을 위로하기 위해 자기 밖의 어떤 것을 필요로 하는 욕구에 대한 자각이 커진다. 바로 이때 유아는 자신에게 위안을 주는 대상을 만들어 낸다. 담요는 유아가 그것에 특별한 중요성을 부여한다는 것 때문에 유아에게 위안을 준다. 결국 중간 대상의 이런 자기위로능력은 내면화되고, 아이는 스스로를 위로할 수 있다. Tolpin(1971)은 이 과정을 Kohut(1971)이 변형적 내면화라고 부른 기제의 한 예라고 시사했다.

아이가 성장함에 따라 이들의 중간적 관계성(transitional relatedness)은 발전하지만 이들은 심지어 성인이 되어서도 이것을 완전히 포기하지는 않는다. 이 개념을 설명하기 위해 일상에서 볼 수 있는 몇 가지 예를 제시하고자 한다.

60세의 한 남자가 밤에 난로가에서 책을 읽고 있는 동안 한 낡은 의자에 앉아 있었다. 그는 닳은 의자에 천갈이를 하면 좋겠다는 아내의 제안에 심술궂게 반대했다. 그는 이 오래되고 낡고, 약간 냄새도 나는 그의 의자에서 위안을 얻었다. 이 의자는 중간 대상이었다.

30세의 한 여자는 매일 밤 그녀의 베개를 베고 몸을 감싸 안았다. 그 베개 속 깃털은 오래 전에 탄력을 잃었지만, 그녀는 다른 어떤 베개보다 이것을 좋아했다.

43세의 한 일본계 미국 남성은 퇴근 후 매일 저녁 명상하는 동안 그의 할아버지의 사무라이 검을 주시하곤 했다. 직장과 가정을 잇는 이 중간 시간에, 그는 수없이 여러 번 그의 손에 쥐었던 그 오래된 검에 지는 해가 비치는 것을 응시했다. 그가 명상하는 동안 사무라이의 모든 전통과 의무와 소속감 전체가 그에게 돌아오곤 했다.

38세의 한 사회복지사는 그녀의 사무실에 Rembrandt의 자화상을 가져와서 지체 없이 벽에 걸었다. 이 그림 없이는 그녀의 마음이 편치 않았다. 그녀의 대학 기숙사방에도 걸어 두었던 그림이었다. 다른 많은 영역에서 그녀의 취향은 지난 수년 동안 변했지만, 그녀는 여전히 다른 어떤 그림보다 이 그림을 선호했다.

이런 예는 분화와 함께 시작하고 재접근기 동안 두드러지게 나타나는 중간 대상이나 중간 현상이 성인기에 잔존하는 양상을 보여 준다.

온전한 대상관계의 발달

선을 선으로 받아들이면,
악도 함께 들어온다.
이다(is)와 이지 않다(is-not)는 함께 오기 때문이다.

–노자(R. B. Blakney 역, 1955, p. 54)

자아는 궁극적으로 자기표상의 좋은 측면과 나쁜 측면, 대상표상의 좋은 측면과 나쁜 측면을 통합한다. 전적으로 좋은 대상이미지와 전적으로 나쁜 대상이미지가 합쳐지면, 이를 대상항상성을 발달해 가는 것이라고 부른다. 동시에 전적으로 좋은 자기이미지와 전적으로 나쁜 자기 이미지는 합해져서 정체성이 공고해진다. 우리는 우리 자신을 본질적으로는 좋게 볼 수 있지만, 또한 우리에게 바람직하지 못한 자질도 있음을 인정한다.

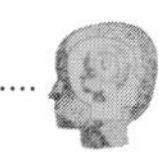

이와 마찬가지로 우리는 대상이 대체로 좋지만 또한 몇 가지 좋지 않은 측면도 갖고 있다고 경험한다. 세상은 더 이상 흑과 백으로 보이지 않는다. 이러한 새로운 통합으로 분열된 대상관계는 온전한 대상관계(whole object relations)가 된다.

28세의 심리학자인 M.W.는 자신의 치료자에게 전날밤 얼마나 견딜 수 없이 슬펐는지에 대해 이야기했다. 평상시 쾌활하고 자신감 있는 여성이었으나 이혼소송 중 상담을 시작했다. 그녀는 자신이 얼마나 외롭고 자포자기한 상태였는지 묘사하곤 했다. 그녀는 고립된 것처럼 느꼈고 슬펐다. 이보다 더 안 좋았던 점은 스스로를 나쁜 사람으로 느끼고 있었다는 것이다. 그녀는 회기 중 슬피 울었는데, 정성껏 한 화장이 눈물에 얼룩졌다. 울음을 멈추고 다음과 같이 그녀가 말했다. "내가 그렇게도 슬펐을 때, 난 내 자신을 미워했어요. 하루 종일 담배를 피우고 또 피워서 폐를 새까맣게 만들고 내 자신을 송두리째 태워 버리고 싶었어요." 그러다가 갑자기 멈추고 머리를 흔들고 신파조로 가볍게 비웃었다. 그녀는 다시 의기양양해졌다. "내가 진짜로 그렇게 느끼지는 않는다고 생각해요."

치료자는 간단히 말했다. "그렇게 말한 사람은 바로 당신이었어요."

그녀는 침묵했다. 더 이상 절망하거나 즐거워하지도 않았다. "내가 그렇게 말했다고 나도 생각해요. 어느 정도 수준에서는 정말 그렇게 나쁘다고 느꼈지만, 때때로 기분 좋을 때도 있어요." 그녀는 그 회기 나머지 시간 동안 조용히 생각하면서 자신의 절망, 분노, 상실 등의 깊이를, 그리고 자신의 생기발랄하고, 기운차며, 인내할 수 있는 능력의 정도를 탐색했다. 이렇게 좋고 나쁜 것, 슬픈 것과 기쁜 것을 한데 묶을 수 있는 것이 좀 더 통합된 자기이미지의 발달과 좀 더 전체적으로 통합된 자기 대상관계의 발달을 말해 준다.

정체성, 흥미, 종교, 친구를 갈아치우던 30세 남자 B.G.는 치료의 첫 2년 동안 자신의 자기대상이미지를 전적으로 좋고 나쁜 단위로 조직화하기 시작했다. 그는 때때로 그의 어머니가 자녀의 정서적인 안녕보다는 자신의 용모와 집안의 청결에 더 관심을 가진 경직되고, 차갑고, 거부하는 사람이라고 묘사했다. 그는 어머니를 독살하거나 굶겨 죽이는 환상에 대해 자세히 설명하기도 했다. 어떤 때는 돌아가서 어머니와 함께 살기를 원하기도 했다. 이때는 그를 경제적으로 잘 부양해 줄 수 있는 밝고, 돈 많고, 재미있는 사람으로 어머니를 묘사했다. 초기 르네상스 소네트 시인 스타일로 이상화한 여성에 대한 정교한 시를 짓고, 연애시 희귀본을 수집해서 몇 개는 어머니에게 선물로 주기도 했다. 전이에 있어서도 치료와 관련된 다른 전문가를 비방하는 반면, 치료자는 이상화했다, 치료자가 휴가를 가게 되자 극단적인 양상이 나타났다. 그는 어떤 도움도 받고 있지 못하다고 생각했으며, 자살충동을 느낄 정도로 의기소침해졌다.

이 환자는 주위 사람에 대해 좀 더 통합된 느낌을 천천히 발달시켰다. 치료 3년차 후반기 몇 개월 동안 그는 치료자에게 화를 냈는데, 치료자가 아무것도 제대로 해 주지 못한다는 것이었다. 어느 날 그가 말했다. "몇 달 동안 내가 선생님과 일방적인 논쟁을 하고 있었던 것 같아요. 줄곧 마음속에서 이런 싸움을 해 왔어요. 나는 선생님을 하나님 다음으로 생각해 왔는데, 그게 아니었어요. 선생님은 단지 다른 사람들 같은 보통 사람이었어요. 내가 좋아하는 사람에게 화를 낸다는 건 슬픈 일이죠. 선생님은 날 도와줬어요. 선생님이 내 삶이 좀 더 편하도록 해 주지 못해서 짜증냈던 것 같아요."

이상화된 어머니와 치료자는 전적으로 좋은 자기-대상 단위의 일부다. 평가 절하된 어머니와 다른 전문가는 전적으로 나쁜 단위의 일부다. 치료 초기단계에서 환자는 자신이 의지할 수 있는 전적으로 좋은 대상을 원했기 때문에, 치료와 치료자의 덜 유쾌한 측면에 대해서는 생각할 수 없었던 것이다. 좀 더 자신감이 생기면서 치료자에 대한 자신의 부정적인 느낌을 탐색할 수 있게 되었으나 치료 후기가 되기까지는 부정적인 느낌과 긍정적인 느낌을 동시에 생각할 수는 없었다. 이때는 화가 슬픔으로 바뀌었다. 그는 자신이 아끼던 같은 사람에게 파괴적으로 화를 냈었다는 사실을 후회했다. 긍정적인 느낌과 부정적인 느낌을 이제 동시에 경험할 수 있게 되었다. 그는 온전한 대상관계를 발달시키고 있던 것이다.

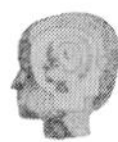

그는 자신의 어머니에게도 이와 비슷한 복잡한 느낌을 갖게 되었다. 정맥류가 끊어져서 혈액덩어리가 어머니의 폐에 응혈되었다. 그는 어머니가 중환자실에 있을 때와 회복되는 동안 그녀를 찾아갔다. 돌아와서 그가 말했다. "그렇게 아픈 엄마를 보니 참 묘했어요. 나에게 악의가 있던, 아니면 나를 도와줄 수 있던 강한 사람으로 봤었는데, 병원에선 아프고 겁먹은 사람으로 보였어요. 혼란스러워하는 작고 나이 많은 여자라는 것을 깨달았어요. 더 이상 화를 내거나 숭배하지 않아요."

"이젠 어른이 됐으니까요. 하지만 아이였을 땐 어땠어요?" 치료자가 물었다.

"그때 역시 난 어린아이였고, 그땐 이런 식으로 생각하지 못했지요. 엄마는 나에게 세상 전부였어요. 하지만 돌이켜 생각해 보니, 어린아이의 숭배를 그토록 원할 정도였다면 엄마가 얼마나 외롭고 불안전한 존재였을까 하는 생각이 계속 들어요. 엄마가 어렸을 때 어떤 가정교육을 받고 자랐을지 짐작이 돼요."

"그래도 여전히 당신은 화를 기억하지요." 치료자가 말했다.

"물론 그래요. 하지만 이젠 용서할 수 있어요. 내가 치료 받으러 왔을 때는 사람과의 관계가 어려웠는데, 그걸 극복하게 도와줄 사람을 만나서 정말 다행이에요. 하지만 엄마에겐 도와줄 사람이 없다는 게 유감이에요. 치료든 뭐든 받아 보라고 얘기하면 좋겠지만 그렇게 말하면 자기를 비판한다고 느낄 거예요. 그녀를 도와줄 수 없을 것 같아 유감이에요. 참 안됐어요."

이 환자는 그의 어머니를 단지 그의 소망과 욕구를 충족시키는 사람 혹은 좌절시키는 사람으로서가 아니라 복잡하고 온전한 한 사람으로 볼 수 있었다. 그녀는 그녀만의 역사를 갖고 있었다. 사람들이 자신의 삶에서 다른 사람에 대한 좀 더 통합된 이미지를 갖게 되면, 그들은 공감하고 진정한 관심을 갖게 되는 것을 배운다. 동시에 이 환자는 좀 더 떨어질 수 있게 되었다. 그는 더 이상 어머니에게서 도망가거나 어머니를 찾을 필요가 없었다. 그는 심리적 거리를 유지하면서 어머니에 대해 염려하고 관심을 가질 수 있었다. 역설적이게도 이렇게 늘어난 정서적인 거리는 그가 어머니를 자신이 필요로 하는 사람으로서가 아니라 어머니 자체로 좀 더 진정으로 정확하게 이해하고 대하는 것을 가능하게 했다.

용서는 온전한 대상 관계성의 획득에 달려 있다. 정서적으로 상호 모순적인 두 개의 이미지, 즉 실망시키거나 해를 끼치는 대상의 이미지와 우리가 소중히 여기고 사랑하는 대상의 이미지를 우리 마음속에 지닐 수 있어야 한다. 그리고 나서야 용서가 가능하다. 이것은 B.G.의 예에서 볼 수 있었는데, 그는 좀 더 균형 잡힌 방식으로 그의 어머니를 보기 시작한 이후에 어머니를 용서하는 법을 배울 수 있었다.

나는 앞서 제5장에서 재접근기 이후 어떻게 유아가 어머니는 욕구를 만족시켜 주는 존재면서 때때로 좌절시키는 존재라는 것에 대한 안정된 감각을 점차 발달시키는지 설명했다. 유아는 또한 자신이 복잡하지만 안정된 개인이라는 감각을 점차 발달시킨다. 전적으로 좋고 전적으로 나쁜 자기경험과 대상경험의 분열은 온전한 대상관계로 발전해 나간다. 온전한 대상관계를 형성하는 능력은 기억하고 비교하고 대조할 수 있는 신경생리학적 능력, 즉 통합적 자아기능의 발달에 의존한다. 앞서 언급했듯이 Piaget(1937의 연구는 이런 정신 능력이 전개되는 순차적 연계를 보여 주었다. 이런 연구는 Mahler(Fraiberg, 1969; Mahler et al., 1975; Lester, 1983)와 Spitz(Cobliner, 1965)의 연구를 보완해 준다. 그러나 신경생리적 능력에 더하여 유아는 좌절이 자신의 내적 평형을 완전히 파괴하지 않을 것임을 확신할 수 있도록 충분히 좋은 경험을 갖는 것이 필요하다. Erikson (1950)은 이를 기본적인 신뢰의 발달이라 불렀다.

성인 환자에게서 상실은 강력한 감정을 유발하여 통합하는 자아의 기능이 일시적으로 압도될 수 있다. 심지어 평소 자아기능이 온전한 성인에게도 이런 일이 발생할 수 있다. 유아는 이런 면에서 훨씬 더 취약하다. 유아가 만성적으로 좌절을 경험하면 통합적 자아기능이 저해될 수 있다. 즉, 환경이 너무 압도적이어서 정서적인 경험을 비교하고 대조할 수 있는 능력이 발달되지 않는다는 것이다. 이들은 전적으로 좋고 전적으로 나쁜 분열된 자기대상경험에 갇힌 상태로 남아 있다.

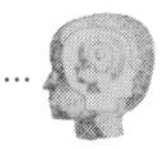

Hartmann(1952)과 그 외 다른 자아심리학자는 대상항상성에 수반되며 정서를 조절하는 능력의 향상을 중성화(neutralization)라고 불렀다. 그러나 이보다는 통합이 좀 더 나은 용어인 것 같다. 그 이유는 이 용어는 에너지를 상쇄하는 것보다 어떤 새로운 것을 만들어 내는 것을 시사하기 때문이다. Greenacre(1957)가 말했듯이 "이 맥락에서 중성화란 개념은 아주 어렵게 느껴진다. 내게는 화학에서 빌려 온 것으로 추정되는 개념인 중성화는 불활성화된, 혹은 최소한 일시적으로 무력화된 어떤 것을 함축한다." (p. 69) 온전한 대상관계의 발달에 수반되는 통합은 위험한 충동을 상쇄하는 균형 잡는 행위로 이어지는 것이 아니라 만족의 새로운 원천으로 이끈다.

Klein(Segal, 1964)은 좋고 나쁜 자기세계와 대상세계가 합쳐지는 상태를 우울의 태세(the depressive position)로 표현했다. Hartmann의 용어와 마찬가지로 그녀의 용어는 열정의 상실을 내포하는데, 이는 부정확한 것으로 보인다. 좋고 나쁜 자기이미지와 대상이미지의 통합에는 일종의 슬픔이 따른다. 과대한 자기이미지와 전능한 대상이미지는 허구와 신화와 꿈의 영역으로 물러난다. 구원은 더 이상 유혹의 손길을 보내지 않는다. 그러나 저주도 더 이상 위협이 아니다. 선과 악을 동시에 알게 하는 지식이 낙원의 상실을 가져오는 것은 사실이다. 그러나 우울의 태세라는 용어는 이렇게 중요하고 창조적인 발달적 단계에 대해 너무 무기력하고 너무 진전이 없는 의미를 내포한다. 결과적으로 Mahler가 표현한 통합과 온전한 대상관계의 발달, 또는 Kohut(1971)이 제안한 응집된 자기의 형성이 더 적절한 용어인 것으로 보인다.

일상생활과 문학작품에는 좋고 나쁜 자기이미지와 대상이미지를 통합하는 수많은 예가 있다.

1986년 5월 14일, 집채만한 바람과 파도가 대형쾌속선 Pride of Baltimore 호를 전복시켜 배는 몇 분 안에 가라앉았다. 일등항해사 John

Flanagan은 문제가 있는 구명정을 부풀리려고 안간힘을 썼다. 그 보트를 부풀리는 동안, 그와 다른 8명의 사람은 동료 두 사람이 물속에서 가라앉는 것을 무력하게 바라볼 수밖에 없었다. 다른 두 사람의 행방은 알지 못했다. 폭풍우가 몰아치는 바다에서 5일 동안 버텨낸 끝에 Flanagan와 함께 있던 동료들은 구조되었다. 기자회견에서 그가 대변인으로 한마디하라는 요청을 받았을 때, 그는 기자단에게 이렇게 말했다. "동료를 잃은 슬픔과 살아남은 기쁨을 설명하기란 매우 어렵습니다."[6)]

상호 모순된 감정을 동시에 인정하고 견뎌 내는 이런 능력이 온전한 대상관계다. Shakespeare의 작품 『끝이 좋으면 다 좋다(*All's Well that Ends Well*)』에 나오는 대사도 통합을 그려 내고 있다.

> 우리의 인생이라는 직물은
> 선한 실과 악한 실로 혼합되어 짜여 있으니
>
> -4막 3장 83절

이와 유사한 통합이 때로는 갈등을 유머러스하게 받아들일 수 있게 할 수 있다. Mark Twain은 이렇게 말한 적이 있다.

> 우리 생각이 다 똑같은 것은 최선의 상태가 아니다.
> 경마가 가능한 것은 의견 차이가 있기 때문이다.
>
> -얼간이 윌슨의 새 달력(*Pudd'nhead Wilson's Calendar*)

이 말에서 Twain은 의견 불일치의 갈등과 유쾌함을 둘 다 인정했다.

또 다른 성공적인 통합과 분화, 상실에서 얻는 것에 대한 인식은

6) 이것은 *Los Angeles Times-Washington Post News Service*의 Saundra Saperstein과 Barbara Vobejda가 쓴 이야기다. 이것은 *The Oregonian*에 1986년 5월 22일자 목요일판 첫 면에 실려 있다.

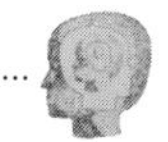

Wordsworth의 시에서 나타난다.

> 초원의 광휘와 꽃의 영광의
> 시절이 되돌아 올 수 없을 지라도
> 우리는 슬퍼하지 않고 오히려 힘을 찾으리라.
> 뒤에 남아 있는 것에서
>
> -어린 시절의 회상으로부터 불멸을 깨닫는 노래

이 시구에서 Wordsworth는 유아기의 순진한 일체감의 상실에 대한 자각에서 나오는 힘에 대해 언급하고 있다.

Proust의 『잃어버린 시간을 찾아서(*A la Recherche du Temps Perdu*)』에서 볼 수 있는 숙고는, 소중하지만 지나가 버린 과거 사건을 되돌아보는 것이 의미로움을 시사한다. 이와 비슷하게 황혼 무렵 책상에 앉아서 조용히 혼자 차를 마시며, 사랑과 슬픔과 갈망을 느끼며 지나간 날을 회상하고 향수에 젖는 즐거움은 우울과 다르다. 그것은 수용적이고 의미가 있다. 그것은 비록 어떤 것이 현재 존재하지 않더라도 그것을 갈망하고 소중히 여길 줄 아는 능력을 나타낸다.

불행의 한가운데서 일말의 선을 기억하는 통합은 사람의 마음을 강철같이 단단하게 하여 불가능해 보이는 인내로 버틸 수 있게 할 수 있다. 고전 교육이 좀 더 보편적으로 이루어지던 때에 제1차 세계대전의 참호의 얼어붙은 진흙더미에 있던 군인은 Shakespeare의 시구로 스스로를 위로했다.

> 무엇이든 올 테면 오너라,
> 아무리 폭풍우가 몰아치는 날에도 시간은 흘러 끝을 보게 마련이다
>
> -『멕베드』, 1막 3장 146절

William Faulkner는 노벨상을 받았을 때, 젊은 세대 작가에게 영감을

불어넣기 위해 좋은 것과 나쁜 것을 통합하는 그의 방식으로 그가 겪은 인생말년의 알코올중독 경험에 대해 소리 높여 말했다. 그는 작가의 작업에 대해 다음과 같이 말했다.[7]

> 작가의 특권은 사람들에게 용기를 북돋우고, 그들의 과거의 영광이 되어버린 용기와 존엄과 희망과 자긍심과 연민과 동정과 희생을 상기시킴으로써 그들이 견딜 수 있도록 돕는 것이다.

여기서는 감정의 어떠한 분열이나 상쇄가 없고, 인간의 삶에 내재하는 수많은 가능성을, 그것이 좋은 것이든 나쁜 것이든 간에 성숙하고 확고하게 결합하는 것이 존재한다.

사랑의 성적 합일을 포함하는 우리의 가장 친밀한 관계는 대조적인 충동들을 누그러뜨리거나 상쇄하지 않고 결합하기를 요구한다. Freud (1940)가 지적한 대로 성숙한 성적 관계는 리비도나 애정뿐 아니라 일정량의 공격성을 요구한다. 만약 사랑의 갈망뿐만 아니라 최소한 약간의 공격적 추구가 없다면 어떤 황홀함도 열정적인 결합도 있을 수 없을 것이다.

온전한 대상관계의 발달을 이루는 것은 이처럼 상반된 것을 의미 있는 방식으로 결합하는 것이다.

동일시

통합과 분화가 감정기복에 따른 변화의 영향에서 자유로워지면서, 안정된 자기이미지와 대상이미지가 발달한다. 그러나 대상항상성의 습득이

---

7) *The Faulkner Reader*(1954). New York: Random House.

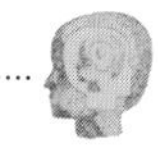

우리가 더 이상 변화하지 않음을 시사하는 것은 아니다. 우리는 그 후에도 여전히 사랑하는 대상의 측면을 받아들이고 이에 따라 우리의 자기이미지를 바꾸어 나간다. 이런 과정을 동일시(identification)라고 부른다.

동일시는 함입이나 내사보다 좀 더 선택적이고 세련된 것이다. 내사는 외적 대상의 행동이나 태도, 기분이나 자세를 받아들이는 것을 시사한다. 이렇게 내사된 대상이나 부분대상은 비교적 "신진대사작용을 거치지 않은(unmetabolized)" 채 남아 있다. 통합과 분화의 능력이 발달함에 따라, 이렇게 내사된 대상-표상은 새로운 정신적 표상으로 대사작용을 거치고 변형된다. 동일시는 대상이미지의 측면들을 자기이미지로 귀속시키는 것이다(Sandler & Rosenblatt, 1962).

치료 초기에 우울증을 호소했던 M.N.은 25세의 교사였다. 그녀는 순종적인 아이였고 중서부 지역 상류계층 가정의 명확한 사회적 지침을 따랐다. 대학에서 그녀는 한 교수와 사랑에 빠지게 되었다. 그 관계는 1년 후 깨어졌고, 그녀는 자기 또래의 야망 있고 다소 자기애적 성향을 가진 남자와 관계를 맺게 되었다. 그들은 1년 후 결혼했다.

M.N.은 말을 잘하고 종종 흥미로운 남편을 좋아했으나, 그의 관심이 학문적 추구로 돌아서게 되자 점점 불만스러워졌다. 그녀의 친구 중 몇 명이 William James의 글이 자신들에게 흥미로웠다고 말해 주었다. 생생한 내면세계의 묘사는 그녀를 매료시켰고, 그녀가 느낀 내적 공허감을 부분적으로 채워 주었다. 그녀는 자신의 내면세계를 면밀하게 살펴보려고 노력했으나, 깊은 고갈과 공허감만을 발견했다. 이런 외로움과 부적절감으로 그녀는 치료를 시작했다.

치료 2년차에 그녀는 외롭거나 부적절하다는 느낌이 들었을 때 어떻게 그녀가 치료자의 이미지를 떠올렸는지 설명했다. "휴식시간에는 아이들 때문에 기진맥진해요. 애들이 진을 다 빼놓죠. 애들이 요구하는 게 너무 많아서 다 해줄 수 없다는 생각이 들어요. 그럴 땐 저 자신에게 말하죠. 'D 박사님이라면 뭐라고 말씀하실까?' 마치 선생님이 '당신은 아이들 요구 중 일부가 아니라 전부를 다 들어줘야 한다고 느끼는 것 같군요.' 라고 말씀하시는 것 같아요. 그러면 기분이 훨씬 좋아져요. 그게 내 생각이라는 건 알지만 마치 선생님이 그 방에 나와 함께 있는 것처럼 선생님의 목소리 톤을 들을 수 있어요."

M.N.은 완벽한 양육자와 교사가 되어야 한다는 자신의 가혹하고 자기비판적인 요구를 조절하도록 도와주는 좋은 내적 대상으로 치료자를 내사했다. 그녀의 자기이미지는 치료자의 이미지와 명확히 분화되어 있는 상태였다.

몇 달 후 그녀는 대학원에 복학하여 심리치료자가 되려는 계획을 세웠다고 보고했다. 그녀는 그녀의 치료자라는 대상이미지를 자기이미지에 귀속시키고 자신에 대한 이런 새로운 내적 지각을 실행에 옮기기 시작했다. 그녀는 또한 좀 더 미묘한 방식으로 치료자와 동일시했다. 그리고 좀 더 쉽게 자존감을 유지했다. 자신을 위로하기 위해 더 이상 치료자의 이미지를 생각해 내지 않았고, 스스로에게 자신의 적절함을 상기시켰다. 그녀가 다시 학업을 시작하려는 데 대해 남편이 문제점을 지적했을 때, 그녀의 치료자가 하는 방식대로 도전적으로 자기주장을 폈다. 그녀는 분개하면서 자신을 무장했는데, 이는 그녀의 치료자가 가진 별로 좋지 못한 자질 중의 하나로 치료 장면에서도 드러났던 행동이었다.

이 시점에서 내사는 동일시로 넘어간다. M.N.은 대상이미지의 어떤 측면을 자기이미지로 귀속시켰다. 그녀는 자신을 자신감 있고, 주장적이며 때로는 분개하는 사람으로, 치료자와 유사하지만 또한 다르게 경험하는 것을 배웠다. 그녀는 공생단계의 자기-대상 융합으로 돌아가지 않고, 치료자의 몇몇 측면을 선택적으로 받아들였다.

이 치료는 결과적으로 효과적이지 못했다. 치료자는 그녀가 그와 동일시하는 것의 방어적인 측면을 이해하도록 돕지 못했다. 또한 치료자는 자신의 결

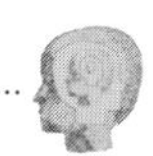

점을 명확하게 자각하지 못했다. 환자는 점차 자기주장적인 태도를 취했고, 애착과 의존적인 감정을 부인하고, 치료자가 장려하는 허구적인 자신감과 동일시했다. 그녀는 성급하게 교직을 떠났고, 분노하며 남편과 이혼했으며, 치료를 중단해야 할 정도로 재정적 곤경에 처했다. 대학원을 포기해야 했고, 이전보다 좋지 않은 새로운 교직 관련 일자리를 찾아야 했다. 수년이 지나서야 그녀는 치료를 다시 시작할 수 있었다.

환자는 새로이 시작한 치료에서도 치료자를 동일시했다. 이번 치료자는 그녀가 그와 동일시하는 것을 그녀가 좀 더 면밀하게 살펴볼 수 있도록 도와줄 수 있었다. 이런 작업은 그녀로 하여금 동일시의 어떤 측면이 그녀의 재능과 상황에 가장 적합한지를 선택할 수 있게 해 주었다. 이 두 번째 치료에서 그녀가 얻은 가장 중요한 부분은 어떤 것이 그녀 자신의 재능과 욕구에 가장 잘 맞는지를 스스로 성찰할 수 있는 사람이라는 자신에 대한 이미지였다. 선택성은 성숙한 동일시의 보증서다.

두 번째 치료가 끝나갈 무렵 M.N.은 새로운 남자와 관계를 시작했다. 그녀는 여성을 위한 가능성이 확장되는 시대에 그녀에게 허용된 역할과 일치하는 방식으로 그와 관계를 했다. 남자와의 관계에서 어떻게 하면 독립적이면서 친밀한가의 이런 영역에서 그녀의 걱정과 갈등과 잠정적인 해결책은 그녀의 배경과 생물학적인 성 그리고 새로운 사회적 상황에 적절한 것이었다.

그녀의 자율성, 자기 자신이 되고 자신에게 맞추고자 하는 그녀의 소망은 두 번째 치료에서 항상 존중되었다. 그녀의 삶에서 그녀 자신의 의미와 목적을 발견하고 창조할 수 있는 그녀의 능력을 존중하는 태도는 그녀의 정체감의 한 부분으로 내면화되었다. 첫 번째 치료자에 비해 동일시는 덜 개인적인 속성을 띠게 되었다. 동일시는 일련의 방향을 제시하는 원칙으로 일반화되었다. 어떤 이론가는 이런 과정을 구조화(structualization)라 부른다.

대부분의 심리치료자는 정신분석을 포함하여 모든 치료는 치료자에 대한 동일시에 의해 촉진된다고 믿는다. 심지어 어느 정도 성숙한 환자도 인간의 상태를 흥미롭게 관찰하고 수용하는 치료자의 태도를 받아들인다. 그들은 이런 속성을 그들의 욕구에 맞게 바꾼다. 예를 들어 많은 치료자가 하듯이 어떤 행동을 취하지 않고 단지 자신의 감정에 대해 의아해하는 것은 적절하지 않다. 환자는 자신의 감정에 맞게 행동을 취하거나 행동을 지연시키는 것이 좋다. 그래서 치료가 종결될 때 이들은 한편으로는 내면화시킨 통찰력 있고 우호적인 자기관찰과, 또 한편으로는 결정 내리고 행동하는 자기 확신 능력 두 가지를 결합시킨다.

아동 발달에서, 내사와는 대조적으로 동일시는 온전한 대상관계가 성숙해질 때 점점 더 분명해진다. 이 시기에 제3자 혹은 오이디푸스 관계의 형성이 발달적 측면에서 동일시를 지원하게 된다.

Mahler와 같은 많은 대상관계이론가는 오이디푸스 문제보다 분리와 개별화 문제에 대해 더 많이 논의한다. 물론 이들은 오이디푸스 갈등이 중요하다는 점을 언급하는 일에 유의한다. 이들은 이러한 성적 공격적 관심사의 영향을 부정하는 것이 아니라 Freud(1900) 때부터 시작된 이전의 작업이 이미 이 중요한 발달적 문제를 조명해 왔다고 가정할 뿐이다. Jacobson(1964)과 다른 이들은 오이디푸스기를 거쳐 청소년기까지 내사와 투사와 동일시 과정을 추적한다.

오이디푸스기 동안 소년은 아버지와 유사한 점에 점점 더 관심을 기울인다. 이들은 자신의 성기 구조를 관찰한다. 또한 어머니를 소유하고 가까워지고자 하는 소망에 대해 언급한다. 결과적으로 이들은 아버지에 대해 경쟁심을 느낀다. 이와 동시에 이들은 점점 더 온전한 대상관계를 형성해 가기 때문에 자신이 작고 의존적이며 아버지와 경쟁할 수 없다고 느낀다. 어머니의 관심을 얻기 위해 아버지와 경쟁하면서 아버지와 갈등을 피하고자 하는 소망에 대한 한 가지 해결은 아버지와 동일시하는 것이다. 이렇듯 이들은 아버지가 어머니를 소유한다고 상상하는 식으로, 자기가 그만큼 크고 또 그렇게 어머니를 소유한다고 경험한다. 이런 동일시는 소년에게 유익한데, 그 이유는 이들이 이를 일반화할 뿐 아니라 부지런히

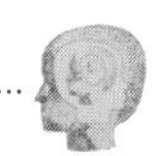

일하고, 자기주장을 하고, 규칙을 따르고, 집단과 협동하는 것을 배우기 때문이다. 이들이 어머니를 소유하려는 소망에 대한 이런 부분적인 해결책을 포기하는 때는 이들이 자신만의 사회적인 입지를 갖고 자신만의 여자 친구를 찾는 청소년기와 성인 초기에 이르러서다. 이 시기에 이들은 자유롭게 새로운 동일시를 발달시킨다.

소녀의 오이디푸스 관계는 약간 다르다(Tyson, 1982). 이들은 원래 이들에게 가장 중요한 자기-대상 합일체의 일부였던 어머니와 동일시하기 때문이다. 반면에 소년은 그들의 주된 대상과의 초기 결합을 포기하고 새로운 사람인 아버지와의 동일시를 형성한다. 분화 과정을 통해 소녀는 자신이 어머니와 분리되어 있으나 어머니와 비슷하다는 것을 알게 된다. 곧 이들은 질투심을 느끼며 어머니가 가진 좋은 것, 예컨대 아버지의 특별한 관심과 아버지가 그녀에게 준 아기를 가지기를 원한다. 아버지의 온전한 애정을 얻기 위해 어머니와 경쟁해서 이길 수 없기 때문에 소녀는 어머니와 재동일시하는 해결책에 이른다.

Anna Freud(1936)는 아동과 성인에게 있어 공격자와의 동일시에 대해 기술하였다. 예를 들어 포로는 흔히 그들을 가둔 사람의 특성을 받아들인다. 그들은 무력감에 빠져 친밀감과 보살핌과 의존욕구 충족에 대한 욕구를 더 크게 느끼게 된다. 그들이 처한 박탈 상태와 그 결과 증대된 욕구로 인해 그들은 어린아이였을 때 그랬던 것처럼 권위인물을 내면화하는 데 개방적이 된다. 공격자와 동일시함으로써 그들은 자신이 피해자가 아니라 강력한 가해자라고 스스로에게 말하면서 자신의 무력감을 부인할 수 있기 때문이다. 따라서 포로는 그들을 돌보는 사람이 아무리 잔인하다 해도 이들과 동일시하는 경향이 있다.

공격자와의 동일시는 학대받은 아이가 부모가 되었을 때 왜 그들의 자녀를 학대할 가능성이 높은지 설명할 수 있다. 아이가 고통받으면 그는 그가 의존하는 사람에 대해 더 강한 욕구를 느낀다. 결과적으로 그는 자신에게 상처를 준 바로 그 부모에게 훨씬 더 격렬하게 매달릴지 모른다. 친밀감의 욕구로 인해 아이는 학대하는 부모를 확고하게 내사한 다음 그 힘 있는 인물과 동일시하게 된다. 아이는 더 이상 자신을 작고 무력하고 상처받은 존재로 경험하지 않고, 크고 힘 있고 강한 존재로 경험한다. 그 결과 학대받은 아이는 흔히 학대하는 부모가 된다. 정상적 발달에서 아이를 잘 보살피고 절제된 부모에 대해서도 공격자와의 동일시는 일정 역할을 한다. 앞서 기술했듯이 불가피한 오이디푸스 상황에는 지각된 공격자와의 동일시 요소가 있다.

정체감 형성은 생애초기에 끝나지 않는다. 청소년기에 우리는 다시 부모에게서 분화하고 역할모델로서 또래와 교사를 활용한다. 직장생활을 시작하면 우리는 우리의 상사와 동일시하고, 그들의 방식을 학습하고 그것을 우리 자신의 욕구에 맞게 바꾼다. 노령기에는 생의 새로운 상황에 적합한 역할을 만들어 가는 법을 다른 사람에게서 배운다. 새로운 관계와 경험의 측면을 받아들이면서 우리는 결코 어떤 하나의 존재가 되는 것이 아니라 항상 과정, 즉 자기와 대상의 상호작용으로 남는다.

기독교 전통에서 대상의 좋은 측면과 동일시하는 것은 예수가 작별을 준비할 때 말했던 하나의 덕목으로 찬양된다.

> 내 계명은 곧 내가 너희를 사랑한 것 같이
> 너희도 서로 사랑하라 하는 이것이니라
>
> 『요한복음』 15장 12절

이 구절에서 제자들은 그들에 대한 예수의 사랑과 동일시하여 서로를 사랑하라는 부름을 받고 있다.

많은 예술가는 작업할 때 대가의 기법을 떠올릴 것이다. 그들은 예술가로서 자신의 고유한 정체성이 성숙할 때까지 자신이 그 대가라고 상상한

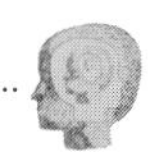

다고 말한다. 선배 외과의사를 보조하면서 배우는 외과 수련의는 그들의 멘토와 동일시한다. 그들은 종종 너무도 많은 시간을 함께 보낸 동료의 매너리즘과 태도를 받아들인다. 어느 신경외과 수련의는 한 의대생이 어디에서 인턴십을 할지 조언해 달라는 부탁을 받고 다음과 같이 말했다. "어디서 수련을 받는지는 정말 중요해요. 왜냐하면 당신은 당신이 함께 게임을 한 사람처럼 게임을 하기 때문이죠."

북서부지역의 삼림이 우거진 산에서 어느 눈 내리는 날 저녁에 벌목꾼의 손과 발이 추위로 얼고 구레나룻에 서리가 맺혔을 때, 한 작업팀의 젊은 팀장이 삭구작업에서 실수를 했다. 그는 엉뚱한 케이블 450미터를 언덕 아래로 내려 보냈다. 그의 동료들은 넌더리를 내며 두 손을 들었다. 왜냐하면 다음날 아침 벌목할 준비를 위해 수백 미터나 되는 강철 케이블을 언덕 위로 끌어올리면서 적어도 한 시간은 더 일을 해야 하기 때문이었다. 그 팀장은 혼자 그 줄을 끌어올리면서 체면을 유지하려고 애썼다. 그는 줄을 감으며 언덕 아래로 내려갔다. 내려가는 도중 그는 감독관이 어깨에 줄을 메고 황소처럼 언덕 위로 힘겹게 올라오는 모습을 보았다. 그의 양철모자는 벗겨져 있었다. 그가 찬 공기에서 숨을 헐떡일 때마다 콧구멍에서 김이 뿜어져 나왔다. 젊은이는 자신이 비록 성실한 일꾼 가운데 한 사람이었지만 그 감독관이 자기를 해고한다 해도 그를 비난하지 않았을 것이었다. 그는 그의 상사가 이성을 잃고 고함을 지르거나 심지어 그를 때렸다 해도 놀라지 않았을 것이다.

그가 상사에게 다가갔을 때, 상사는 걸음을 멈추고 그를 올려다보았다. 그의 눈은 증오와 경멸로 이글거렸지만, 그는 단지 이렇게 말했다. "글쎄, 사내는 뭐든지 한 시간은 버틸 수 있지. 하던 일 끝내자!" 고통을 느끼고 녹초가 된 상태에서도 두 남자는 한 시간 동안 줄을 끌어올려 다시 연결시켜 아침에 쓸 수 있게끔 했다.

그 뒤 얼어붙은 길에서 따뜻한 트럭이 있는 곳까지 걸어가는 길에 감독관은 젊은이의 어깨 위로 팔을 두르고 안아 주었다. "난 결코 잊지 않을 거야. 내가 아직 다 큰 사내가 아니고 그저 사내아이였을 때, 저녁 먹기 전에 아버지와 나무 하나를 더 베러 가야 했을 때, 아버지가 늘 나한테 '사내는 뭐라도 한 시간은 버틸 수 있지.' 라고 일깨워 주셨지. 난 한 번도 그 말을 잊은 적이 없어." 감독관은 그의 트럭으로 걸어가더니 뒤돌아보지 않고 시내로 향해 갔다.

동일시는 좋은 대상, 즉 감독관이 자기 안에 갖고 있는 격려하는 아버지에 대한 좋은 기억을 떠올리고 아버지의 원칙에 따라 행동하는 능력이다. 그 팀장은 자신의 상사와 동일시했다. 그리고 그의 팀원에게 똑같은 격려를 물려주는 법을 배웠다.

동일시는 중요한 대상과 자신이 구별된다는 느낌을 유지하면서 그 대상이미지의 어떤 측면을 자기이미지로 귀속시키는 능력이다. 전 생애를 통해 동일시는 다른 사람에게 우리 자신을 열어놓고 그들이 우리에게 영향을 미치고 우리가 변하도록 돕게 하는 방식이다.

* * *

치료과정에서 성인과 아동에 대한 관찰은 다른 사람들과 관계하는 자기에 대한 우리의 감각을 형성하도록 돕는 정신적 기제에 대한 중요한 정보를 제공해 왔다. 치료 받는 환자의 상호작용과 건강한 유아가 부모와의 관계에서 보이는 행동 간에는 놀라운 유사성이 있다. 자기를 대상에서 분화하고 좋은 경험과 나쁜 경험을 통합하는 능력이 증가함으로써 유아와 성인은 모두 좀 덜 세련된 기제인 투사와 내사, 분열, 이상화, 평가 절하에서 투사적 동일시와 중간 대상 형성을 거쳐 대상항상성과 성숙한 동일시에 이른다. 이러한 정신적 기능은 좀 덜 성숙한 것부터 좀 더 성숙한 것까지 하나의 연속선상에 놓을 수 있지만, 이 중 어떤 것도 우리의 심리적 기능의 목록에서 사라지지 않는다. 이들 하나하나가 삶의 전반에 걸쳐 어떤 유용성을 유지한다.

제3부
대상관계의 연속선

사랑에 빠진 사람과 광인의 뇌는 들끓고 있다.
그 피어오르는 환각으로 깨닫는 것은
차가운 이성이 이해할 수 있는 것보다 많다.

- William Shakespere 〈한여름 밤의 꿈, 5막 1장〉

●● 서론

철학자와 과학자는 정신장애에 대해 조직화하고 재조직화하며, 분류하고 재분류하는 작업을 해 왔다(Menninger et al., 1963). 이런 노력은 경험적 관찰과 이론적 원칙의 다양한 조합에 의존해 왔다. Hippocrates(Adams, 1929)는 경험적 관찰을 사용하여 다른 뇌질환과 구별되는 신성한 질병인 간질을 발견했다. 그 당시 대부분의 그리스인은 신이 사람에게 발작을 불러일으키며 괴롭힌다고 가정했지만, Hippocrates는 발작이 흔히 뇌손상과 관련 있다고 언급했고, 그래서 그는 간질을 영적인 문제가 아니라 신체적 문제로 재분류했다. 그러나 그의 경험적 작업조차도 이론에 기반을 둔 분류로 이어졌는데, 해부학적 변화나 영성적 변화가 기능적 장애를 불러일으킨다고 받아들여졌다.

중세 의학에서 네 가지 기질에 대한 그리스 시대의 이론은 아라비아 점성학자의 예견과 더불어 다양한 문제를 분류하고 설명하는 데 기여했다. 예를 들어, 공격적 분출은 신체적으로 담즙질의 과잉과 불의 행성인 화성의 영향으로 분류할 수 있었다.

19세기 유럽 의학에서 과학자는 가능한 한 순수한 경험주의(an empiricism)를 지향했다. 의사는 다양한 정신장애에 대해 상세하게 관찰했고 표면적인 양상에 따라 장애를 분류했다. 궁극적으로 Kraepelin(1919)은 이전 작업에서 도출된 무수히 많은 질병을 기분과 사고의 장애로 조직화했고, 그로 인해 오늘날 정신의학에서도 중요한 역할을 하고 있는 정신병리의 이원론을 만들어 냈다.

20세기 초 Freud는 환자가 자신의 심리적 경험을 보고한 경험적 관찰을 조직화했다. 이러한 자료를 활용하여 그는 성인 정신병리에서 반복되는 무의식적 사고 과정과 유아적 갈등이 있다는 것을 발견했다. 그의 관찰은 이론적 원리로 이어졌고, 이런 원리는 가장 현저하게 연관된 유아기의 발달적 어려움에 따라 다양한 문제를 분류하는 데 사용되어 왔다. Freud의 이론은 현재 정신장애의 분류에서 하나의 중요한 요인으로 영향을 미치고 있다.

심리성적 발달의 고전적인 체계에 따르면(Fenichel, 1945), 중독은 1세부터의 구강적 갈망을 반복하는 것이고, 강박은 2~3세의 항문-가학적 갈등을 반복하는 것이며, 히스테리는 3~5세의 오이디푸스기의 관심을 반복하는 것이다. 이런 고착 이론에 따르면 이후 삶의 갈등은 생애 초기의 유사한 미해결 문제를 다시 불러일으킨다. 이 초기의 어려움과 이를 피하고자 하는 방어적 시도는 증상으로 그 모습을 드러낸다. 고착이론에 대해서는 정신분석학 내에서도 많은 논쟁이 있으며, 대부분의 현대 연구자는 고착이론을 좀 더 복잡한 심리사회적-생물학적 맥락 속에 넣는다.

Fenichel의 시대 이후로 정신병과 경계선장애와 같은 심각한 정신장애에 대해 좀 더 많은 것을 알게 되었다. 이와 동시에 발달초기 유아와 어머니의 상호작용에 대한 연구에 근거하여 분리와 개별화의 단계에 대한 설명이 도출되었다. 많은 임상가와 연구자는 환자의 문제와 다양한 발달국면에서 아동이 겪는 발달상의 분투 간의 유사성에 주목해 왔다. Blanck와 Blanck(1979)는 Mahler의 연구에 크게 의존하는 자아심리학자인데, 이들은 이런 발달연구의 정보를 사용하여 진단명을 사용하지 않았다. 형식적 진단을 내리는 대신, 이들은 환자가 구체적으로 성취한 부분과 미해결된 발달적 문제를 기술하였다. 이들은 이런 과정을 기술적 발달적 진단(descriptive developmental diagnosis)이라고 불렀다(p. 64).

대부분의 대상관계 이론가는 Blanck 박사 부부만큼 극단적인 입장을 취하지는 않는다. 그들은 여전히 증상의 조합을 기술하기 위해 어느 정도는 진단명을 사용한다. 그들이 정신장애와 초기의 발달 과업을 서로 연관시키면 이런 장애는 분리-개별화의 단계에 따라 배열된 정신병리의 연속선을 이룬다(Kernberg, 1970; Rinsley, 1982; Horner, 1984; Adler, 1985). 그들이 제시한 도식은 다음과 같다.

발달단계	진 단	성격구성 수준
자폐단계	자폐적 정신병	정신병적 구조
공생단계 부화단계 연습단계	정신분열증 양극성 정서장애	
재접근단계	반사회성 성격장애 정신분열형 성격장애 정신분열성 성격장애 경계선 성격장애 자기애성 성격장애	경계선적 구조
온전한 대상관계	강박성 성격장애 히스테리 정상-신경증	신경증적 구조

●● 서 론

이런 도식은 항상 정교해지고 수정되고 있다. Sandler와 Rosenblatt(1962)이 정신분석적 연구에서 기술했듯이, "우리의 임상적 자료와 이론적 설명 간에는 부단한 상호작용이 있으며, 이런 상호작용은 우리에게 모든 과학적 절차를 구성하는 핵심적인 요소로 보인다."(p. 128)

일상적인 대화에서 많은 임상가는 마치 어떤 환자가 심리학적으로 재접근단계 유아로 남아 있는 것처럼 그가 분열된 대상관계를 갖고 있다고 묘사할 것이다. 그러나 대상관계의 연속선은 그렇게 과잉 단순화된 인과관계를 시사하지 않으며, 대다수 임상가는 실제로 질문을 받으면 그렇게 단순화된 고착이론에 동의하지 않는다. 대부분은 성인의 분리-개별화 문제가 아동의 그것과 비슷할 수 있지만 좀 더 복잡하다는 점을 각별히 지적한다. 그 이유는 성인은 오이디푸스기의 갈등과 잠복기의 발달 및 청소년기의 정체성 재형성과정을 거쳐 왔기 때문이다(Blanck & Blanck, 1979).

많은 심리치료자는 비록 다른 요인도 대상관계 혼란을 초래할 수 있지만, 개인적 상호작용에 대한 그들의 흥미 때문에 어려움을 초래하는 요인으로 발달 초기의 부정적인 관계를 강조한다. 통합적 자아기능의 선천적인 결함은 일부 학습장애와 주의력결핍 장애에서 존재하는데, 이런 결함은 좋고 나쁜 자기표상과 대상표상을 통합할 수 있는 능력의 결여를 가져올 수 있다. 그 결과 성인기까지 분열된 대상관계가 지속될 수 있다. 이와 유사하게 이전에는 통합되고 온전한 대상관계를 발달시켰던 성인이 뇌손상을 입을 수 있는데, 이런 경우 그의 통합적 자아기능이 감퇴할 수 있다. 이런 성인은 현재의 감정적인 상호작용에서는 분열된 대상관계로 돌아갈지도 모른다. 반면에 차분하고 안전감을 느낄 때는 온전한 관계에 대한 장기기억을 보유한다. 따라서 비록 대상관계이론이 본질적으로 대인관계적 구성개념이기는 하지만, 이것이 심리적 문제의 인과관계에 대한 유일한 대인관계적 이론이라는 뜻은 아님을 알 수 있다.

유아기 발달과 정신병리에 대한 이런 이론이 병리의 인과관계를 예견하지 못한다면, 이것의 유용성은 무엇인가? 이 질문에 대한 답은 성장은 일정한 순서에 따라 일어난다는 것이다. 즉, 더 분화되고 통합된 구조와 기능이 좀 더 미숙하게 조직화된 구조와 기능에서 만들어진다는 일반적인 생물학적 관찰에서 찾을 수 있다는 것이 나의 생각이다. 이런 과정은 태아 발달에서 점차적으로 복잡한 기관 체계가 발달되는 것과 마찬가지로, 진화에서 점차적으로 복잡한 종의 발달에서도 적용된다. 이런 현상은 개체 발생은 계통 발생을 반복한다는 유명한 선언에도 반영되어 있다.

19세기의 위대한 신경학자인 Jackson(1884)은 정신도 이와 유사하게 덜 복잡한 것에서부터 좀 더 복잡한 것으로, 덜 자의적인 것에서 좀 더 자의적인 것으로 발달해 간다고 보았다. 질병이 진행되는 동안 역기능의 진행은 이것의 반대 방향, 즉 가장 복잡한 것에서 덜 복잡한 것으로 일어난다. Jackson은 이를 '미발달(undevelopment)' 이라고 생각하였다. Jackson의 생각에 따르면, 심리적 손상을 입은 사람은 그 원인이 생물학적이든 대인관계적이든 간에, 탈분화하거나 퇴행하여 좀 더 원시적인 원리에 따라 자신을 재조직화한다. 심리적 발달에 대한 지식을 갖고 있는 치료자는 환자가 심리적 성장을 재개하기 위해 통합과 분화의 과정에서 요구되는 다음 단계로 나아가도록 도울 수 있다. 아동발달은 이런 단계의 순서에 대한 열쇠를 제공한다. 발달적 진단은 심리치료적 개입을 안내할 수 있는 가장 적합한 진단체계다. 이에 비해 다른 종류의 진단, 예컨대 미국정신의학회(1980)의 『정신장애의 진단 및 통계편람 제3판(이하 DSM-Ⅲ)』은 약물처방을 안내하는 데 더 적합할 수도 있다.

이어서 몇몇 대표적인 정신장애를 대상관계의 관점에서 논의하고자 한다. 그리고 이런 장애를 대상관계의 연속선에서 일어나는 순서대로 제시하고자 한다. 자폐증(7장), 정신분열증(8장), 조증(9장), 경계성 성격장애(10장), 자기애성 성격장애(11장), 신경증적 성격과 정상적 성격(12장)의 순으로 제시할 것이다.

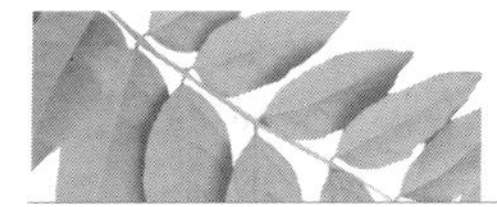

제7장 자폐증

1980년에 나는 심각한 발달지체를 보이는 아동의 대상관계를 연구하기 위해 사설 정신분석병원에 입원 중인 자기애성, 경계선, 정신병 성인에 대한 연구를 중단하였다. 내가 캔자스 신경학 연구소(Kansas Neurological Institute)의 병동에 들어갔을 때, 다운증후군을 가진 것으로 보이는 발육부전의 10세 소녀가 내 쪽으로 달려와 내가 인사를 하려고 몸을 굽히자 팔로 내 목을 감쌌다. 다른 아이는 환청이 들리는 듯 혼자 중얼거림을 멈추고 올려다보더니 다시 중얼거림으로 돌아갔다. 갈색 눈과 검은 머리를 한 4세의 소녀는 눈길을 피하고 간호사나 나를 알아차리지도 않았다.

"이 아이는 누구인가요?" 하고 내가 간호사에게 물었다.

"걔는 J.J.에요. 자폐아예요." 간호사가 대답했다. "그 아이는 건드리지 마세요. 건드리면 걔는 머리를 부딪치거나 물어 버려요."

J.J.는 리놀륨 타일의 갈라진 부분을 주시했다. 그 아이는 집중해서 바라봤으며, 갈라진 틈을 따라 아래위로 손가락을 움직였다. 나는 아이에게 조심스

렵게 다가가서, 옆에서 무릎을 꿇고 눈길이 마주칠 수 있는 위치에 내 얼굴을 놓았다. 내가 그 아이의 평상적인 사적인 공간을 침범했는데도 아이는 여전히 나를 알아차리지 않았을 때 섬뜩한 느낌이 나를 엄습했다. 그 아이는 여전히 갈라진 틈을 따라 손가락을 아래위로 움직이기에 여념이 없었다. 그 아이에게 나는 인간이 아닌 것뿐만 아니라 존재하지도 않는 것처럼 보였다. 나는 조용히 자리를 떠났다.

우리는 다음 몇 주 동안 이 4세인 자폐증 소녀를 종종 관찰했다. 어느 날 우리는 간호인이 아이에게 다가가는 것을 보았다. J.J.는 자기 발가락을 앞뒤로 꼼지락거리면서 주시하고 있었다. 간호인의 이미지가 아이의 시야에 들어갈 정도로 가까이 다가서자 아이는 갑자기 머리를 돌려 버렸다. 아이는 햇빛이 번쩍이도록 자기 눈앞에서 손가락을 서로 부딪치게 해서 그 간호인의 침범을 피하려는 듯 보였다. 그가 부드럽게 아이 이름을 부르자, 아이는 손으로 귀를 막고는 공포에 질려 소리를 지르고 몸을 움츠렸다. 아이는 마치 자신의 고독이 부드러운 인간의 음성이 아니라 소방차의 날카로운 사이렌 소리로 갑자기 관통당한 듯이 반응했다.

다음날 나는 다시 한 번 조용히 아이의 사적인 공간을 침범했고 완벽하게 조용히 앉아 있었다. 아이의 눈이 우연히 내 눈과 마주쳤을 때, 아이는 마치 내가 사람이 아닌 사물인 양 나를 지나쳐서 쳐다보았다. 아이는 8주 된 영아가 보여 주는, 사람 얼굴을 눈으로 좇아가는 반응조차 보이지 않았다. 아이는 대상관계가 없는 자기만의 비인간 세계에 남아 있었다.

자폐증을 가진 사람은 사람과의 정상적인 접촉을 하지 않는다. 그들은 최초의 공생적 애착을 할 수 없는 것처럼 보인다. Mahler는 이런 문제를 “자폐증적 유아 정신병”(1952, p. 289)이라 명명했고, Rinsley는 “공생이전 정신병(presymbiotic psychosis)”(1972, p. 169)이라고 불렀다. 유아가 어떻게 대상관계를 발전시켜 나가는지에 대한 지식을 활용하여 우리는 자폐증의 몇 가지 원인에 대한 가설을 세울 수 있다. 그것은 적절한 공생대상의 결여 때문일 수 있다. 한때 이런 이론이 폭넓게 받아들여졌다(Eisenberg & Kanner, 1956). 자폐증 자녀를 둔 부모는 때때로 비공식적으로 “냉장고 부모”라 지칭되었다. 그들은 양육에 필요한 기본적인 공급품

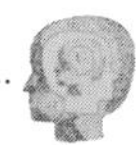

은 가지고 있지만, 차갑고 비인간적인 외형을 갖고 있다는 것이었다. 그들은 아동을 안아 줄 수 없었다고 이 이론은 시사했다. 사람에게 안기고 상호 작용하지 못하는 아동의 문제가 부모에게 내재한 문제로 여겨졌다. 후속 연구는 이러한 아동의 부모가 아이를 안아 줄 능력이 있다는 것을 보고했다(Rutter, 1971). 아동이 부모에게 반응하지 못하는 선천적인 결함을 갖고 있었다.

현재 대부분의 임상가는 자폐증이 아동 내면의 선천적인 문제에서 발생한다고 믿는다. 죽음 본능의 투사에 대한 Klein의 개념을 적용하면, 자폐증은 과도한 파괴적 욕동의 결과라고 볼 수 있다. 파괴적 욕동이 외부세계로 투사되어 그곳이 비우호적이거나 심지어 위험한 곳으로 보인다. 이런 환경은 자폐적인 몰입으로 들어가도록 하는 원인이 될 수 있다. 이런 설명은 적절해 보이지 않는데, 그 이유는 그것이 자기-타인의 분화가 이미 이루어졌음을 시사하기 때문이다. 자기-타인의 구별이 먼저 이루어지지 않으면 외부세계에서 내면세계로 물러날 수 없다. 이러한 후퇴는 자폐증이 아니라 정신분열증이다.

또 다른 설명은 대상세계도 환자 내면의 충동도 자폐증의 자기-타자의 문제를 유발하지 않는다는 것이다. 결함이 있거나 왜곡된 통합적 자아기능이 그 원인일 수 있다. Mahler(1952)는 이 가설 쪽으로 기운다. 그녀는 자폐증을 가진 거의 모든 아이가 자율적 자아기능에 심각한 선천적 문제를 가지고 있다고 언급했다. 이런 발견은 자폐증 아이가 지각을 걸러 내고 적절한 자극에 주의를 기울이는 데 어려움이 있다는 관찰과 일치한다. 그들은 길을 따라 내려오는 트럭을 알아차리지 못할 수 있지만, 부드러운 접촉에 대해 겁에 질려 움츠러들 수 있다. 그들은 또한 어머니의 팔에 안기는 것에도 어려움을 겪는다. 그들은 중간 대상을 형성하지 않고, 얼굴 표정과 몸짓 그리고 후에는 언어로 이루어지는 모든 의사소통에 특히 어려움을 겪는다.

자폐증 아동은 심각한 기질적 자아 결함 혹은 왜곡으로 인해 대상과의 접촉을 이룰 수 있도록 환경을 지각하고 조직화하고 상호 작용하는 것이 불가능할 가능성이 있다. 그들은 공생이전(presymbiotic) 상태에 있다. 즉, 심지어 양자 합일체로서도 자기와 대상이 관련성이 없는 상태에 있다.

모든 자폐증 아동이 이런 기괴한 상태에 남아 있는 것은 아니다. 특히 어떤 분야에서 높은 지적 능력을 타고난 아동은 비록 그들의 태도가 부자연스럽고 사회생활에 있어 친밀성이 결여되어 있다 해도 일상생활에서 기능할 수 있다.

C.E.는 어렸을 때 자폐증이라는 진단을 받았다. 그는 22세에 컴퓨터 프로그래머 일자리를 잃고 New England에 있는 사설 정신병원에 입원했다. 그는 임상적으로 우울한 상태였는데, 식욕부진과 이른 아침의 불면증, 자살 사고가 나타났다. 그의 우울증은 항우울제 처방으로 빠르게 호전되었지만, 그는 여전히 사회적으로 위축되어 있었고 행동이 이상했다. 그의 금발머리는 똑같은 길이로 짧게 잘라져 있었다. 노트북 컴퓨터만이 그의 유일한 소중한 소유물이었다.

그의 첫 번째 정신과 의사는 환자에게 어린 시절의 자폐증이 남아 있다는 진단을 내렸다. 그는 환자가 사람과 접촉할 수 있도록 돕기 위해 안전한 환경을 구조화했다. 6개월 동안 C.E.는 자신의 방에만 있었다. 그는 간호사의 독려에도 불구하고 집단 모임에 가기를 거부했다. 그는 병동 밖을 나가거나, 식당에서 음식을 먹거나, 활동에 참여하거나, 가게에서 물건을 사는 특권을 얻지 않아도 상관하지 않았다. 이러한 유혹거리로 그를 방밖으로 나오도록 꾀어낼 수 없었다. 그는 사람들의 '하찮은 관심사'에 대한 집단토의에는 절대 자신을 낮추어 참가하지 않겠다고 강력히 주장했다.

그는 그의 간호사를 만나기를 거부했다. 그는 자신이 담당 정신과 의사를 만나야 하기 때문에 그가 싫다고 주장했다. 그는 정신과 의사에 의해 통제와 공격을 받고 있다고 느꼈다. 결국 병동 밖에 있는 심리치료사를 만나는 일에 동의했지만, 그가 필요한 장비를 구입하기 위해 매주 한 번 컴퓨터 가게에 가도록 허용된다는 조건하에서만 그의 사무실에 가겠다고 했다. 심리치료사는 그의 내면세계에서 배제되어 있었다.

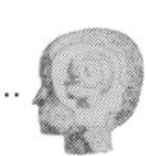

6개월 후 그의 병동 정신과 의사는 다른 자리를 찾아 병원을 떠났다. 새로운 정신과 의사가 C.E.의 방으로 들어서자, 그는 그녀가 자신의 공간을 침해할 어떤 권리도 없고 또 그녀가 이전 의사만큼 나쁘다고 주장했다. 그는 그녀에게나 다른 어떤 '인간(mortal)' 에게도 말할 것이 아무것도 없다고 했다. 그는 사람과의 접촉에서 냉담하고 무심한 태도를 유지했는데, 그의 내면에는 자폐적이고 대상이 없는 공허함이 있는 것 같았다. 정신과 의사는 아마도 그가 자폐적이고, 무생물인 숫자와 컴퓨터와만 관계할 수 있는지도 모른다고 생각했다. 그의 이전 정신과 의사는 "그는 사물과 관계하기 때문에, 당신은 사물을 통해 그와 관계해야 할지 모른다."는 말을 했었다.

며칠 동안 그는 의사에게 말하거나 의사의 존재를 인정하기를 거부했다. 그는 마치 침입자가 존재하지 않은 것처럼 컴퓨터 작업을 계속했다. 몇 주가 지나자 새 의사는 환자 대신 컴퓨터 스크린을 관찰하는 법을 배웠다. 그것은 이해할 수 없는 문자와 숫자와 패턴의 조합이었다. "당신은 나에게 당신 안에 어떤 질서정연하고 고상한 메시지를 갖고 있다고 말하고 있는데, 나는 아직 그것을 이해할 수 없어요." 그녀가 말했다.

"난 당신한테 아무것도 말하고 있지 않아요."라고 환자가 반박했다. "나는 당신이 야만인처럼 내 방을 침입하기 전에 했던 것과 똑같이 내 프로젝트를 하고 있어요."

C.E.는 어렸을 때처럼 대상이 없는 자폐적인 상태에 완전히 빠져 있는 것은 아니었다. 그는 자기와 대상을 구별했지만, 자신의 주변에 고립이라는 보호막을 갖고 있었다. 사람이 그 안에 들어오면 그는 침해받았다고 느꼈다.

그의 정신과 의사는 간호사를 통해 그가 자신이 만든 컴퓨터 게임을 하면서 오랜 시간을 보낸다는 것을 알게 되었다. 어느 날 환자는 그녀에게 어떤 게임을 보여 주었다. 희미하게 불이 켜진 방에서 그는 좋은 인물이 원형의 좋은 공간을 지키고 나쁜 세력이 방어자의 영역을 침범하는 것을 지켜보면서 녹색의 컴퓨터 화면을 응시하고 있었다. 방어자는 침입자를 파괴하기 위해 레이저를 발사했다. 실제로 그는 자신의 내면세계에 나쁜 대상뿐만 아니라 좋은 대상도 갖고 있었다. 경계선은 또한 그의 자기-대상 구별을 나타냈다.

발달에 대한 대상관계이론에 따르면 이 환자가 자폐단계에서 부화단계 과정으로 옮겨 가면서 공생단계를 건너뛰었음을 알 수 있다. 그는 지적으로 자기와 환경을 구별할 수 있었지만, 결코 따뜻한 공생관계 속으로 들어가 융합할 수 없었다. 아마도 그의 초기 융합경험은 사람 대신 무생물 대상과 이루어졌던 것 같다. 그는 따뜻한 양자관계를 형성하는 능력을 갖지 못한 것으로 보였다. 그는 마치 J.J.가 간호인의 부드러운 목소리에 비명을 지르고 움츠렸을 때 그랬던 것처럼, 이런 관계를 공격으로 경험하는 듯했다. 이런 관찰은 이 환자와는 사람으로서 직접적으로 관계하기보다 사물을 통해 관계하도록 늘 주의해야 한다는 이전 정신과 의사 제안의 타당성을 뒷받침했다.

그 다음날 환자는 두 개의 병렬적인 일련의 상징을 컴퓨터 화면에 보여 주었다. 그의 방의 불빛이 조금 더 밝았다. "두 개의 언어인가요?"라고 의사가 물었다.

"그래요."라고 환자가 말했다. "내 컴퓨터 언어를 번역할 수 있는 새로운 프로그램을 만들고 있는데, 이것이 BASIC보다 정말 더 우수해요."

"그렇다면 당신은 당신만의 언어를 만들었고, 다른 사람이 그것을 이해할 수 있도록 번역하고 있다는 말인가요?"

"아뇨. 나는 사람에 대해서는 상관하지 않아요. 만약 내 컴퓨터의 언어가 다른 언어의 정보를 끌어올 수 있다면 좀 더 강력해질 테죠."

"그렇죠."라고 정신과 의사가 말했다. 그녀는 어쩌면 그가 다른 사람으로부터 이해받는다고 느끼기 위해 그의 컴퓨터를 사용하기 시작할 준비가 되었다는 점을 그에게 일깨워 줌으로써 무리하게 침해하기를 원치 않았다.

몇 주 안에 그의 컴퓨터는 자가성애적 방식으로 조작되는 무생물적 대상으로서의 의미가 줄어들게 되었다. 이제 그것은 자기와 대상 간의 매개가 되었다. 그는 자기만의 독특한 방식으로 다른 사람과 관계하기 위해 컴퓨터를 이용하였다. 몇 주 후에 그는 의사에게 자신이 고안한 프로그램을 보여 주었다. 그는 의사의 격려를 받아들여 컴퓨터회사에 그 프로그램을 보냈다. 그의 의사소통은 다른 사람에게 받아들여진 것이 분명했다. 왜냐하면 그들은 그의 프로그램을 구매했고 심지어 그가 더 많은 프로그램을 만들도록 그를 고용하겠다고 제안했기 때문이다. 그는 컴퓨터 가게에서 몇 시간씩 다른 프로그래머와 얘기를 나누며 시간을 보냈는데, 그중 몇몇은 정서적 거리에 대한 유사한 욕구를 갖고 있었다.

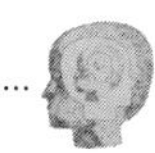

그 후 6개월이 지나 그는 더 넓은 세상을 향해 나아갔다. 그는 유망한 고용주에게 이력서를 보냈다. 2개월 후 그는 북부 캐롤라이나에 있는 큰 컴퓨터 회사에서 일자리를 얻었고 병원을 떠날 준비를 했다.

자폐적이고 공생적 대상과의 유대를 형성할 수 없었던 C.E.는 결코 이 발달적 단계로 되돌아가 놓친 경험을 복구할 수 없었다. 아마도 이러한 능력의 결여로 인해 그는 병동의 집단에 참여하는 것이 불가능했는지도 모른다. 집단은 흔히 공생적 하나됨, 우리가 그 안으로 들어가는 양자적 합일체를 표상한다. 그는 집단치료를 건너뛰고 직업 기술 향상을 위한 작업을 해야만 했다.

그는 부분적으로 공생을 건너뛰고, 무생물 대상과 수학을 하나의 중간지대, 즉 내면의 자기와 외부 사물의 세계 사이의 완충제로 사용하는 것으로 보였다. 그러고 나서 그는 일상적인 관계에서 교섭하기 위해 자신만의 영역을 창조할 수 있었다. 병원 치료진은 이 남성이 따뜻하고 사랑으로 넘치는 관계를 발전시키도록 도와주지는 않았지만, 그는 그를 도와준 그들의 노력에 감사한다고 말할 수 있었다.

하나의 임상적인 실재로서 자폐증은 환자가 대상이 없는 세계에서 살고 있는 것처럼 보인다는 점에서 인간발달의 자폐적 단계와 병렬적인 유사성이 있다. 거기에는 정서적인 의미가 있는 자기-대상관계가 없다. 자폐증을 가진 어떤 환자는 사람과 관계하는 법을 배울 수 있다. 하지만 많은 경우 이들은 의사소통 수단으로서 그들의 인지적 기술과 비인격적 사물을 사용해서만 관계를 한다.

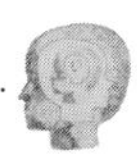

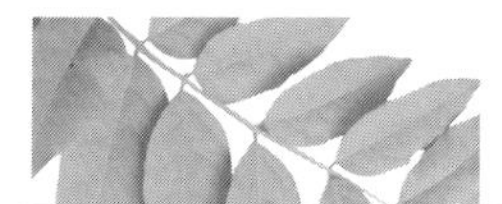

제8장 정신분열증

정신분열증은 복잡한 일련의 질환이다. 기분장애와 발작, 성격장애, 미세한 뇌 기능장애, 기질적 정신장애, 약물남용과 좀 더 드문 상태가 모두 정신분열증과 같은 증후에 기여할 수 있다(Hamilton & Allsbrook, 1986). 이 장에서 나는 정신분열증을 분리된 진단적 실재로 나누려고 시도하지 않을 것이다. 대신 나는 관습적인 기준에 따라 이 장애를 가진 것으로 분류된 환자의 대상관계를 기술할 것이다.

DSM-III(American Psychiatric Association, 1980)와 같이 현재 가장 보편적으로 수용되는 진단 체계[역주: DSM-III는 이 책의 초판이 출간된 당시에는 가장 널리 쓰였으나, 이후 개정판이 거듭 나왔고 2000년에는 DSM-IV-TR이 나왔음. 국내에는 DSM-IV가 번역되어 사용되고 있음]에는 정신분열증의 주요 준거로 다음 여섯 가지를 제시한다. 정신분열증으로 분류되려면, 환자는 적어도 이러한 준거 중 최소한 하나를 충족시켜야 한다. 다섯 가지 증상은 다양한 종류의 망상과 환각과 관련된 것이고, 여섯 번째 준거는 일관성 없는 말과 기괴한 행동에 관한 것이다. 이런 문제는 모두 자기와 내적 대상 혹은 자기와 외적 대상간의 관계에 대한 혼란으로 이해될 수 있다.

환각은 어떤 환상이나 생각에 대한 지각이다. 정상적으로는 자기로 경험될 것이 하나의 대상인 것처럼 보인다. 환청은 때때로 외부 대상으로 귀인될 수 있고, 환청을 듣는 사람의 외부에서 들린다. 때로는 내부의 대상에 귀인되어 그 사람의 내부에서 들리지만 여전히 자기가 아닌 다른 존재로 경험된다. 어떤 환자는 그들이 다른 종류의 목소리를 듣는다고 말했다. (1) 머릿속에서 들려오는 소리, (2) 머리 밖에서 들리고 다른 사람은 듣지 못하는 소리, (3) 외부에서 들리고 다른 사람도 듣는 소리가 그것이다. 이러한 유형에서 처음 두 가지는 환각이며 세 번째는 정상적인 지각이다. 정신병 환자는 이 세 가지 중 어떤 것이 실재인지 구별하지 못한다. 그러나 이들은 때로 다른 사람도 듣는 외부의 목소리, 즉 정상적인 지각이 그들의 삶에 가장 관련성이 적다고 말한다.

만약 치료자가 환자에게 그의 환각의 '비현실성'을 직면시키면, 환자는 종종 그들은 현실에 대한 자신의 지각을 믿는다고 강력하게 항의한다. 그가 자신의 눈으로 보고 자신의 귀로 들을 수 있는데 왜 권위주의적인 말이나 민주적 합의에 따라야 하는가? 문제는 환자가 대상세계에 있다고 믿는 생생한 환상을 가지고 있을 뿐만 아니라, 외부세계의 질서정연한 인간관계를 포기하더라도 그의 내면세계를 선호한다는 것이다. 동시에 이런 환자는 절박하게 다른 사람과의 접촉을 추구할 수 있다. 그는 마치 그의 환상이 모든 사람이 보고 들을 수 있는 외적인 대상세계의 일부인 것처럼 그의 가장 내밀한 환상에 대해 말하겠다고 강압적이고 부적절하게 고집할 수도 있다. 이런 환자의 말은 흔히 듣는 사람을 매우 혼란스럽게 한다.

망상에 있어서도 외적인 관계보다 내적인 내용에 우선권이 주어진다는 것이 마찬가지로 명백하다. 망상에 대한 공통적인 정의는 고착된, 사실이 아닌 생각이다. 대상관계적 용어로 표현하자면, 망상은 생생하게 느껴지는 자신의 어떤 생각을 외부 사건의 속성에 대한 정확한 평가와 혼동하는

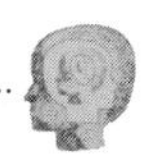

것이다. 환자는 하나의 내적 확신으로 시작해서 모든 외적 사건을 그 결론과 관련지어 해석한다.

매일 아침 수업 전 한 대학생이 오리건 주의 한 소도시에 있는, 망상을 가진 커피숍 주인과 이야기를 했다. 그 가게 주인은 어떻게 신문기사가 세계를 지배하고자 하는 공산당의 음모에 대해 교황이 전하는 부호화된 메시지를 담고 있는지에 대하여 그에게 말해 주었다. 만약 어떤 조직화된 음모가 있고, 로마에 있는 교황이 오리건 주의 한 가게 주인과 특별한 관계를 갖고 있고, 문명의 모든 세력이 이 사람, 즉 보잘것없는 한 가게주인을 중심으로 움직이고 있다는 내적 확신을 갖고 본다면, 각각의 설명은 논리적으로 설득력이 있는 것 같다. 이 남성에게 있어 문제는 아무도 그의 가정을 받아들이려 하지 않는다는 것이었다. 그는 새로운 정보나 다른 사람이 제공하는 해석을 받아들이려 하지 않았다. 다행스럽게도 그의 고객은 주로 그의 얘기를 즐기고 장단을 맞춰 주는 대학생이었다.

아무도 정신분열증을 가진 사람의 신념을 공유하지 않고, 그래서 이들은 자신이 가장 소중히 여기는 생각을 놓고서 다른 모든 사람과 갈등하게 된다. 그들에게 있어서 이러한 신념은 종종 삶과 죽음이 걸린 문제다. 다른 사람에게서 단절되어, 그들은 내면의 삶을 확인하고 변화시킬 수 있는 통로를 갖지 못한다. 그 결과 처음에는 그들의 특이한 속성 때문에 복잡해 보일 수도 있는 환상은 종종 정형화되고 공허하고 생명력을 잃게 된다. 어떤 새로운 영향도 기존의 생각을 흔들거나 새롭게 하도록 허용되지 않는다.

앞뒤가 맞지 않는 말(incoherence)과 기괴한 행동 또한 한 사람과 다른 사람 간의 혼란이다. 왜냐하면 이러한 특성은 외부에서 규정되기 때문이다. 다시 말하면 한 사람, 즉 임상가가 다른 사람인 환자를 비정상적이라고 판단하는데, 그가 쉽게 이해할 수 있는 방식으로 관계하거나 말하거나 행동하지 않기 때문이다. 이런 기괴하거나 일관성이 결여된 사람은 그들의 외적인 행동에서 드러나는 자기에 대한 혼란된 감각을 그들 안에 갖고 있다고 가정하기 쉽다. 그러나 이런 결론은 타당하지 않다. 왜냐하면 외부에서 보는 사람과 내면에서 보는 자기를 혼동하기 때문이다.

언어는 내적인 삶을 살짝 들여다볼 수 있게 한다. 기괴한 말을 하는 사람은 일관성이 없다는 판단을 받을 수 있지만 실제로 이들이 무작위로 말하는 것은 아니다. 그들이 정신분석학자가 이차적 과정 사고(secondary process thinking)라고 부르는 논리에 따라 말하지 않는 것은 분명하다. 그러나 그들의 장황한 말은, 극단적으로 느슨하게 그 말이 연결되었다 하더라도 일차적 과정 사고(primary process thinking)(Freud, 1911; Brenner, 1973)라 명명되는 일련의 원칙을 따른다. 꿈과 환상의 이런 언어에서는 상반성은 의미가 없고 부정어는 존재하지 않는다. 어떤 대상의 일부가 전체를 나타낼 수 있고 전체가 부분을 나타낼 수 있다. 말과 같은 상징은 마치 그들이 상징화하는 대상인 것처럼 다루어질 수 있다. 시간과 순서는 존재하지 않는다. 이것은 신화와 시와 광기의 언어다.

일차적 과정 사고에서는 상반성이 의미 없기 때문에 자기와 대상간의 안정적인 구분이 없다. 자기와 대상은 이분법적 사고에 의해서만 상반되는 것으로 규정될 수 있는데, 일차적 과정 사고에서는 상반된 것이 존재하지 않는다. 따라서 모순되게 말을 하거나 혹은 좀 더 정확하게 표현하여, 일차적 과정 원칙에 따라 말하는 사람들은 자기-대상의 혼란을 겪고 있다고 볼 수 있다.

메닝거 재단의 Peter Novotny 박사(1980)는 다음의 예화를 사용하여 이런 종류의 사고에 대해 설명했다.

50세의 정신분열증 환자 리처드가 어느 날 그의 정신과 의사와 면담하기

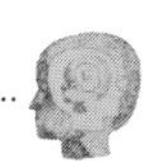

위해 왔는데 얼굴은 잿빛이었고 힘이 없어 보였다. "나는 오늘 기분이 좋아요." 그 환자가 앉으면서 말했다. "나는 사자왕 리처드(Richard the Lionhearted)예요." 그의 명민한 정신과 의사는 환자의 말을 정확히 해석함으로써 이 환자의 목숨을 구해 주었다. "그게 무엇이었는지 추측할 수 있겠는가?" 하고 Novotny 박사가 물었다.

몇 분간 얼버무리더니, 수련의 중 한 명이 추측을 말했다. "그에게 심근경색이 일어나고 있어요. 그가 한 말은 거짓말하는 심장을 가진 리처드(Richard the lyin' hearted)라는 뜻이지, 사자왕 리처드라는 뜻이 아닙니다. 그는 오늘 전혀 상태가 좋은 게 아닙니다."

'사자(lion)' 라는 단어와 '거짓말하는(lying)' 이라는 단어의 소리가 한데 섞였고, 두 가지 의미가 다 들어 있었다. 일차적 과정 사고에서는 상반성이 없기 때문에 의미의 배타성이 존재하지 않는다. 리처드는 한편으로는 가슴에 통증을 느끼고 있으면서 기분이 괜찮다고 말했을 때 그의 심장에 대해 그는 거짓말을 하고 있었다. 또 다른 한편 리처드는 자신을 사자왕이라고 개념화했는데, 그 이유는 특히 그의 심장이 약하게 느껴지고 그가 두려울 때 그는 심장이 강하고 용감하기를[1] 원했기 때문이었다. '사자의 심장을 가진(Lionhearted)' 은 마치 사자가 심장을 공격하는 것처럼 신체적으로 느끼는 어떤 사람을 가리킬 수도 있다. 이런 모든 의미가 사실이었고, 상반된 것이 서로 배제되지 않으면서 의미가 겹쳐졌다. 리처드는 통증을 느끼고 있는 그의 신체적 자기이미지와 리처드 1세에 대한 그의 이상적인 대상이미지를 서로 구별하는 데 어려움이 많았고 그 결과 심장마비를 앓고 있는 자신의 상황에 적절한 행동을 하지 않았다. 그의 특이한 말과 행동은 모두 그의 일차적 과정 사고에 의해 결정된 것이며, 그것은 상반성을 허용하지 않고 자기를 대상과 구별하지도 않는다.

1) 용기라는 단어는 불어 'coeur' 에서 유래되었고, 이에 앞서 라틴어 'cor' 에서 유래하는데, 둘 다 심장을 뜻한다.

일차적 과정 사고의 자기-대상의 혼동에 의해 유발된 기괴한 행동의 예를 다음 사례에서 볼 수 있다.

48세의 한 여성이 희끗희끗해지는 붉은 머리에 알루미늄 호일로 된 모자를 핀으로 고정해 놓고 쓰고 있었다. 내과 수련의가 그의 정신과 동료를 팔꿈치로 슬쩍 찔렀다. '정신분열증 환자' 라고 말했다. 그는 그 여성의 특이한 차림새와 행동을 보고 그녀가 사고장애가 있을 것이라고 다소 성급하게 결론을 내렸다.

함께 있던 정신과 수련의가 그 환자를 검사했을 때, 그 여성은 몇 년 동안 원하지 않는 생각이 외부에서 자신의 머릿속으로 빛처럼 발사된다고 설명했다. 그녀는 자신이 알루미늄 호일로 생각을 반사시키는 해결책을 찾아낸 이래 지난 몇 달 동안 훨씬 더 안정된 생활을 할 수 있었다.

그 여성이 특이한 차림새 이면에 있었던 사고에 대해 설명했을 때, 그녀의 기괴한 행동이 정신분열증의 자기-타인의 혼동을 반영하는 것이라는 수련의의 추정이 확인되었다. 그녀는 원치 않는 생각이 외부에서 들어온다고 믿었고, 그래서 자신의 머리에 금속 랩을 씌워서 그것을 피하려고 했다. 일차적 과정의 관점에서 이 방어막은 그녀 자신과 주변 세계 사이의 불완전한 경계를 보강하려는 상징적인 시도로 볼 수 있다. 모든 특이한 정신분열증적 언행에서 이와 유사한 자기-대상의 혼동을 찾아볼 수 있다.

정신분열증의 주된 증상은 자기-대상 융합과 파편화를 수반한다. 환각은 환상이 마치 대상에서 오는 것이라고 지각하는 것이다. 이런 자기-대상 혼동은 항상 파편화를 동반하는데, 그 이유는 자기에게 속한 환각이 분열되어 나가 자기가 아닌 것으로 경험되기 때문이다. 망상도 같은 방식으로 기능한다. 망상에서는 사고가 외부 사건과 혼동된다. 이것은 자기와 대상 간 경계의 불분명함을 초래하고, 또한 자기로 경험되는 측면과 대상세계로 투사되는 다른 측면으로 자기를 분열시키는 과정을 초

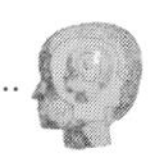

래한다. 기괴한 말과 행동 또한 일차적 사고 과정의 융합과 파편화를 포함하고 있다.

정신분열증의 증상은 공생과 부화단계 유아와 유사한 자기-타자의 혼동과 파편화에서 비롯되는 것으로 생각될 수 있기 때문에, 이런 장애를 발달적 연속선의 그 단계에 놓는다. 어떤 연구자(Mahler, 1952; Rinsley, 1972)는 이것을 공생적 정신병이라고 기술했다. 그러나 정신분열증을 발달의 공생적 단계에 놓는 것은 정신분열증 환자의 문제가 유아의 문제와 정확하게 같다는 뜻은 아니고, 이런 환자가 공생적 수준의 관계성을 결코 넘을 수 없다는 뜻도 아니다. 이것은 발병 전 그들의 적응이 단지 '마치 ~인 것처럼' 혹은 유사 적응이었음을 꼭 암시하는 것은 아니다. 어떤 정신분열증 환자들은 초기 청소년기까지 적절하게 통합된 성격을 발달시키는 것이 전적으로 가능하다. 그런데 그 이후 그들은 통합적인 자아기능을 저해하는 뇌질환에 걸릴 수 있다. 이런 경우 이전에 가지고 있던 자기와 대상을 구별할 수 있는 적절한 능력이 박탈됨으로써, 그들은 퇴행하고 공생단계와 같은 수준에서 재조직화하면서 융합과 분리의 원시적인 문제에 직면하게 될 수 있다. 그들은 성인으로서의 성적, 공격적 흥미를 가진 성인이기 때문에 유아의 공생과 이상하리만큼 비슷하지만 또한 다르기도 한 기괴한 공생을 가지고 있다.

기질적인 미세한 뇌기능장애가 있는 다른 정신분열증 환자(Hartocollis, 1968; Bellak, 1979; Hamilton & Allsbrook, 1986)는 그들이 추상적인 사고와 모호하고 성적이며 경쟁적인 관계를 요구하는 청소년기에 직면할 때까지는 잘 적응할 수 있다. 이 시기에 그들은 또한 가족과의 분리에 직면한다. 이런 모든 스트레스는 한꺼번에 그들의 취약한 통합적 자아기능을 압도할 수 있다. 이런 집단이 아마도 정신분열증으로 고통받는 사람 중 가장 많은 비중을 차지할 것이다.

22세의 남자인 P.W.는 정신분열증 가족력이 있고, 어렸을 때 주의력결핍 장애와 난독증 진단을 받았다는 점에서 전형적인 정신분열증 환자였다.[2] 그의 부모는 교사와 학교심리학자를 믿지 않았다. 그들은 자신의 아들이 특별한 재능을 가진 아이인데 교사가 아이를 이해하지 못한다고 주장했다. 그럼에도 불구하고 인지적 문제와 시공간 구조화의 어려움은 지속됐다. 후기 청소년기에는 그의 대처능력이 한계에 부딪혔다. 그는 기괴한 종교적 사고에 집착하게 됐다.

그는 초반에 치료를 거부했는데, 그 이유는 자신이 병에 걸렸다고 믿지 않았기 때문이었다. 그는 자신이 특별한 힘을 갖고 있다고 확신했다. 후에 그는 자신의 어려움에 대해 정신과 의사와 대화하는 것에 동의했다. 6개월의 치료 기간 동안 그는 일치(Unity)가, 즉 그의 망상 친구가 지구의 역사를 설명해 주었다고 털어놓았다. 원래 지구는 완벽한 대칭을 이루었고 원형의 수면층으로 둘러싸여 있었다. 수분이 빛을 분산시켜 일정하고 적절한 온도가 유지되었다. 지구가 기울어지지 않았기 때문에 계절도 없었다. 분점의 진행도 없었다. 이후 선과 악에 대한 지식을 포함하는 죄악(Sin)이 홍수를 일으켰다. 위에 있던 물이 아래에 있는 지구로 쏟아졌다. 세계는 분열되었다. 대륙이 뿔뿔이 흩어졌다. 대양이 형성되었다. 완벽한 조화가 무너져 세상은 흔들리고 동요했고 계절이 생기고 그 결과 시간의 흐름, 쇠퇴와 죽음의 문제가 발생했다.

다행히 천사가 2000년에 잘못을 바로잡기 위해 세상의 네 모퉁이에 정렬하고 있다고 그는 말했다. 모든 것이 다시 조화로운 균형을 이룰 것이다. 우리는 다시 한 번 우리를 따뜻하게 하고 보호할 수 있는 수면층으로 둘러싸일 것이다.

P.W.는 이 이야기에 대해 어떻게 느끼는지 말했다. 그가 자궁과 같은 물에 둘러싸인 상태가 주는 보호와 안정감을 갈망한다는 것이 분명해졌다. 그는 일치로 표상되는 그의 좋은 대상과 조화롭고 하나가 되기를 갈망했다. 그가 이

2) 정신분열증 위험군에 속하는 아동에 대한 전망 연구에서 많은 아동이 산만한 학습과 지각-운동 곤란을 나타낸다고 보고한다(Mirsky et al., 1985). 이런 발견은 대부분 학습장애도 갖고 있는, 주의력 결핍이 있는 많은 아동이 그렇지 않은 아동에 비해 정신분열증을 일으킬 확률이 통계적으로 유의하게 더 높다는 것을 시사하지는 않는다(Cantwell, 1986). 유사한 예로, 백색증을 가진 사람은 파란눈을 갖고 있지만, 파란눈을 가진 사람이 백색증을 가지고 있는 것은 드문 일이다.

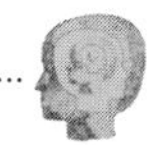

상적인 관계를 발견할 수만 있다면, 만일 누군가 자신을 이해해 준다면, 그를 더 이상 병들었다고 볼 수 없을 것이라고 그는 몇 주 후에 말했다. 그리고 세상은 다시 바르게 될 것이다. 그는 어쩌면 그의 치료자가 이렇게 완벽한 방식으로 자신을 이해해 줄 것이라 생각했다.

이 환자는 분명히 균형을 잃었다고 느꼈다. 그는 자신뿐만 아니라 자신을 둘러싼 세상에서도 부조화를 경험했다. 경험을 이해하고 조직하는 그의 능력은 한계에 다다랐고, 그가 갈망하는 그 이해가 외부나 그가 외부에 있다고 경험하는 망상적이고 공생적인 친구 또는 치료자로부터 오기를 희망했다. 그의 인지적 결함과 지각적, 운동신경적 결함이 공생적 단일체로 퇴행하고자 하는 그의 소망을 유발한 것이 사실이든 아니든 간에, 통합적 자아기능과 관련된 이런 문제는 그의 어려움을 덜어 주지 않은 것은 분명했다. 정신분열증을 가진 많은 환자는 자아기능에 이런 손상을 갖고 있고, 통합적 기능의 실패가 공생적 성격 구성으로의 퇴행을 가져올 수 있다는 것은 이론적으로 가능한 결론이다.

정신분열증으로 진단된 환자 가운데 소수는 신경생리학적으로 온전한 통합적 자아기능을 잠재적으로 가지고 있다. 이런 환자의 자기-대상 혼동은 아마도 초기의 어머니와 아동 간의 관계로 거슬러 올라갈 것이다. 이러한 문제는 성인기에 분리나 상실을 겪는 시기에 다시 나타날 수 있다.

J.W.라는 총명한 여성은 고등학교를 졸업하고 어머니의 집에서 100마일 떨어진 대학으로 이사했을 때 정신분열증이 발병했다.

어렸을 때 그녀는 어머니와 안정된 공생을 형성하는 데 어려움을 겪었다. 그녀의 출생 직후 교통사고로 아버지는 죽고 어머니는 심하게 다쳤다. 환자는 다치지 않았다. 그녀의 어머니는 부상으로 인해 몇 달 동안 아이를 안을 수 없었는데, 보모를 둘 수 있는 경제적 자원이 있었음에도 도움 없이 아이를 키우겠다고 주장했다. 이 어머니는 자동차 사고로 약간의 뇌손상을 입었을지도 모르는데 딸의 마음을 읽을 수 있다고 주장했다. 그녀가 자라는 동안, 어머니는 그녀의 감정이 무엇인지, 어떤 옷을 입어야 하는지, 심지어 어디에 앉아야 하는지조차 그녀에게 말해 주었다. 어머니는 종종 그녀를 학교에 보내지 않고, 오랜 시간 동안 가만히 앉아 있기를 요구하곤 했다. 이런 침해적인 친밀함과 동시적인 거부의 이상한 조합은 아마도 그녀가 10대 후반에 일어난 공생적 정신병에 취약하게 만들었을 것이다.

이 환자는 충분히 기질적으로 좋은 자질을 가졌기에 닥치는 대로 책을 읽고 허락되는 한 학교에 출석함으로써 이러한 이상한 가정생활에 대처했다. 학교에서 친밀한 친구는 없었지만 몇몇 선생님이 총애하는 학생이 되었다. 친숙한 선생님과 어머니의 상실에 직면하고, 개인적인 관계가 없는 낯선 대학에서 지내게 되자, 친밀함에 대한 그녀의 갈망과 두려움이 이전의 공생에 대한 소망과 두려움을 다시 불러일으켰다. 그녀는 자신을 완벽하게 보살펴 주거나, 혹은 아무것도 주지 않겠다고 위협하는 망상적 인물을 만들어 냈다. 버려짐으로 인한 소멸의 감정을 피하기 위해 그녀는 강박적으로 자위행위를 했다.

J.W.는 인지 검사와 시공간 검사에서 어떤 뇌손상의 단서도 나타나지 않은 지적인 여성이었다. 그녀는 다른 사람과 대화하고, 다른 사람과의 관계에서 그녀가 누구인지에 대해 배움으로써 2년 동안 진행된 정신병을 완전히 극복할 수 있었던 소수의 환자 가운데 한 사람이었다.

공생에 대한 이런 갈망은 어떤 유형이든 정신분열증을 가진 환자의 특징이다. Searles(1959)는 공생에 대한 갈망을 모든 환자의 정신분열증의 핵심에서 발견했다. 그는 이런 문제가 대개 초기 부모와 자녀 관계의 와해에서 비롯된다고 믿었다. 최근에 연구자는 환자의 기질적으로 손상된 통합적 자아기능이 적어도 역기능적 관계가 자아기능을 저해하는 것만큼 빈번하게 부모와 자녀 관계를 와해시키는 원인이 될 수 있음을 발견했다.

정신분열증에서는 공생에 대한 집착과 자기-타자 경계선 혼동이 사고를 지배한다. 결과적으로 정신분열증은 대상관계 연속선에서 발달의 공생적 단계에 위치한다.

제9장 조 증

양극성 정서장애를 가진 환자는 극단적인 감정의 기복을 겪는데, 그중 기분이 고양된 극단을 조증(mania)이라 부른다. 그들의 자기-대상 경계의 문제는 때때로 상당히 혼란스러워질 수 있지만 정신분열증 환자만큼 심각하지는 않다. 조증일 때 양극성 환자는 연습기 유아가 보이는 전능한, 세상은 내 뜻대로 움직인다는 정신상태를 보인다. 그들의 활동에는 어떤 압박감이 느껴지는데, 마치 그들이 세상은 그들 마음대로 되는 곳이 아니라는 자각을 피하려고 점점 더 애써 노력해야 하는 것처럼 보인다. 내면적으로 이들은 자신이 절망적으로 보잘것없다고 느낀다.

E.H.는 시카고에서 온 키가 크고 마른 45세의 남성으로 집단치료에 참여했다. 그의 해묵은 양복코트는 앞이 열려 있었고, 셔츠 끝자락이 밖으로 나와 있었다. 2주 전 그는 정신장애에 대한 보험 합의금으로 10만 달러를 받았다.

그는 분주하게 모임에 와서 서류가방을 열고 근사해 보이는 서류를 뒤적거렸다. 다른 집단원들이 자신의 어려움과 희망과 두려움에 대해 이야기하는 동안에도 그는 더 중요한 문제로 바쁘게 시간을 보냈다. 그는 이따금 고개를 들어

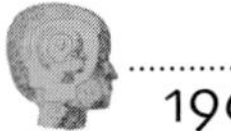

쳐다보았고, 마침내 집단이 보고 감탄하도록 어떤 서류를 전체에 돌렸다. 그는 지금 막 새로운 사업을 시작했다. 회사 로고가 찍혀 있는 서류에 자랑스럽게 그의 직함이 들어 있었다. 보편적 기회 주식회사 회장. 그의 의도는 일확천금을 벌어 모든 사람의 장애를 인적 자원으로 전환함으로써 인류에 공헌하겠다는 것이었다.

그다음 주 모임에서 그는 젊고 궁핍한 한 여성을 집으로 데려왔다고 사람들에게 알렸다. 그는 자신이 그 여성을 도울 수 있고 그녀를 보편적 기회 회사의 부사장으로 만들 계획이라고 했다. 집단원들이 그에게 이의를 제기하자, 그는 중간에 끼어들어 더 큰소리로 그들의 말을 막고 점점 더 빠르게 말을 이어 가면서, 만일 그들이 이해한다면 그의 계획에 동의할 것이라고 주장했다. 집단원들이 계속해서 의구심을 나타내자, 그는 집단원들이 그를 필요로 하는 만큼 자신은 집단을 필요로 하지 않는다고 말하고는 방을 나가 버리더니 몇 분 안에 되돌아왔다.

그다음 회기에 그는 이제까지 어떻게 아무도 18세의 이 여성을 돌본 적이 없었는지를 다시 설명하였다. 그는 정말 이 여성을 아끼기 때문에 그녀는 부자가 될 것이라고 하였다. 그는 집에서 돈이 없어지고 있는 것은 당혹스럽지만 이 여성은 나아질 것이라고 말했다. 그는 이 관계가 그를 우쭐하게 하고 곁에 누군가 있다는 느낌을 주는 측면에 대해서는 그다지 염려하지 않았다. 그는 이 여성을 도와주기를 원했다. 그 자신을 위해서는 아무것도 원하지 않았다. 그는 주는 사람이었다.

3주 안에 그는 그의 어린 친구와 함께 그녀가 가지고 간 5,000달러를 잃었다. 그는 슬퍼하기보다는 노력을 두 배로 늘렸다. 그는 끄떡하지 않았다. 그는 실수했다고 하면서도 자신이 세상을 위해 좋은 일을 할 수 있음을 안다고 말했다. 다른 사람도 조만간 그의 말이 얼마나 맞는지 알게 될 것이라고 했다.

이 시점에서 그는 더 이상 약물을 복용하지 않기로 결정했다. 그는 하루에 두세 시간만 잠을 잤는데, 너무 바빠서 쉬는 데 시간을 낭비할 수 없기 때문이었다. 그는 자신의 비영리 회사를 위한 선언문을 작성했다. 그는 기부금을 받으러 다녔고, 1개월 후 또 다른 젊은 노숙자를 자신의 집에 받아들였다. 2주 후 그의 새로운 파트너는 그 환자의 가구를 가지고 집을 나갔다. 이러한 손실에 주목하는 것은 그답지 못한 일이었다. 그는 세상의 약하고 집 없는 사람을 돕는 일을 할 작정이었다.

그는 자신의 의도를 한층 더 큰 소리로 선언했다. 집단원이 그가 조증상태이고 도움이 필요하다고 주장하자, 그는 격분했다. 그 자신을 위해서는 어떤 도움도 필요하지 않았다. 병원에 입원하거나 규칙적으로 약물을 복용하도록 그를 설득하려는 정신과 의사의 모든 노력을 그는 자신의 위엄에 대한 모욕으로 받아들여 즉각적으로 거부했다.

몇몇 집단원은 그의 이성이 아니라 그의 권리의식에 호소했다. 그들은 그가 어떻게 다른 사람에게 해를 입힐 수 있는지 혹은 그가 얼마나 도움이 필요한지를 지적하지 않았다. 그들은 그가 병원의 보살핌과 동료에게서 도움을 받을 수 있는 권리가 있는 가치 있는 사람이라고 말했다. 그는 일을 했고 의료보험료를 납부했었다. 그래서 그는 그가 원하면 입원할 권리가 있다는 것이었다. 그들은 그가 병이 있거나 미쳤거나 무능하기 때문에 입원하라고 말하지 않았다. 이렇게 접근하자 그는 스스로 입원을 결정했다. 그러고 나서 다시 리튬을 복용하기 시작했다.

그가 집단원의 도움을 받아들일 수 있었던 것은 다행스러운 일이었다. 그렇지 않았다면 그의 정신과 의사가 강제로 그를 입원시키려고 했을 수도 있었다. 경찰을 동원하는 일은 이 취약한 남성에게 훨씬 심한 굴욕감을 불러일으켜 그로 하여금 자신의 전능함을 보여 주기 위해 이미 혹사 수준에 이른 노력을 배가하도록 했을지도 모른다.

걸음마 연습단계 유아처럼 그 환자는 고양되어 있었고, 의지가 확고했으며 실패에도 끄떡하지 않았다. 그는 '나 혼자 그걸 할 것이다.' 라는 태도를 갖고 있었고 집단을 정서적인 재충전을 얻기 위한 목적으로만 활용했다. 그는 집단의 다른 환자의 욕구에 대해서 민감하지 않았고 다른 사람이 그의 생각을 듣도록 하기 위해 거기에 왔다. 집단원이 그에게 제안을 하거나 반박하거나 혹은 다른 식으로 그를 좌절시키면, 그는 방을 떠났다가 다시 돌아왔다. 이런 왔다 갔다 하는 행동은 유아가 어머니에게 떨어져 달아났다가 그러고 나서 되돌아오는 행동과 매우 유사해 보인다. 조증 행동과 연습단계 특성 간의 이런 유사성은 조증이 발달적인 연속선에서 10~16개월쯤 놓일 수 있음을 시사한다.

Mahler와 그의 동료(1975)는 연습단계 유아의 명백한 과대성에 대한 기술에 덧붙여 불안정과 왜소함과 어머니의 전적인 보살핌으로 돌아가고 싶은 소망의 하위 주제를 지적했다. 새롭게 발견한 자신의 놀라운 능력을 즐기는 동안 아동은 동시에 의존적인 갈망, 작다는 느낌, 더 큰 세상에 대한 두려움에 반발하는 반응을 보이는 것이다. E.H.는 조증행동에서 이와 유사한 반응을 보여 주었다.

병원에서 퇴원한 후 그는 고양되어 있던 삽화에 대해 말할 수 있었다. 그는 장애 합의금을 받을 수 있어서 기뻤다. 10만 달러라는 돈이 막 그에게 주어졌다. 그렇지만 그는 모욕감도 느꼈다. 그가 진짜 다른 사람에게 그렇게 병들어 보였는가? 10만 달러만큼의 정신적 문제를 그가 갖고 있었는가? 그가 그렇게 도움이 필요한 사람이었는가? 아니다. 그는 도움이 필요한 사람이 아니다. 그의 도움을 필요로 하는 사람은 다른 사람이었고 이를 증명하기 위해 그는 그들을 구해 주고자 하였다. 실제로 그는 모든 사람을 구하고자 했다.

대상관계 영국학파의 저자들은(Winnicott, 1935; Klein, 1940; Guntrip, 1962) 조울증 환자가 어떻게 무력감을 이와 상반되는 전능감으로 바꿈으로써 이를 부인하는지에 대해 기술했다. 그들은 이들의 치료에 있어서 주된 어려움, 즉 도움을 모욕으로 경험하는 그들의 경향성에 주목했다. 만약 치료자가 그들을 도와준다면, 그것은 그들이 절망적으로 의존적임이 틀림없다는 뜻이다. 조절되지 않는 감정 때문에 조증 환자는 어떤 영역에서는 자신이 가치 있고 강하다고 느끼고 또 다른 영역에서는 도움이 필요하다고 느끼지 못한다. 대신 그들은 이 두 영역을 왔다 갔다 한다.

심각한 정신장애에 대한 대상관계의 관점은 발달의 다양한 하위 단계와 행동적인 유사성이 있음을 알려 주는 데서 그치지 않는다. 이 관점은 또한 내적인 정신적 기제가 자기경험과 대상경험을 재배열하는 데 사용되는 방식에 대한 이해를 제공한다. 예를 들어 보상금을 받고 나서 E.H.

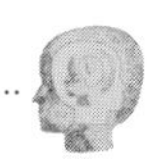

는 자신이 왜소하고 무력하고 결함이 있는 존재라고 느꼈다. 자신에 대한 이런 관점을 부정하기 위해 그는 자기이미지에서 그것을 분열시켜 다른 사람에게 투사했다. 그가 무력한 존재가 아니라 다른 사람이 무력했다. 그는 절박하게 외롭지 않았고 그가 받아들인 사람이 절박했다. 그는 집단치료를 필요로 하지 않았고 집단이 그를 필요로 했다.

자기의 강한 면이 약하거나 의존적인 면들에서 전적으로 분리되어 있는 것으로 경험되는 만큼 자기이미지의 분열이 이루어졌고, 결함이 있다고 느껴지는 분열된 감정을 다른 사람에게 투사한 정도만큼 관련된 투사적 동일시 기제가 포함되어 있었다. 그러고 나서 그 환자는 다른 사람에게서 그런 욕구를 충족시킴으로써 자신의 의존욕구를 통제하고 근절하려고 시도했다. 집단에서는 대인 간 투사적 동일시도 관찰할 수 있었다. 장광설을 통해 그는 자기 욕구를 드러내면서도 동시에 그를 도우려는 집단원의 노력을 거부함으로써 집단원에게서 무력감을 이끌어 냈다. 그런 다음 그는 자신의 감정을 통제하기 위한 방법으로서 그들을 계몽시키고 안심시키려고 노력했다. 다행히 집단원들은 정신과 의사의 도움과 지지를 받아 그 환자의 장광설을 감당할 수 있었다.

양극성 장애를 가진 많은 환자는 리튬을 복용하고, 고양의 시기 사이나 우울의 시기 사이에는 잘 통합된 성격을 갖고 있다. 그들은 감정을 조절할 수 있고, 다른 사람을 배려할 수 있으며, 복잡한 인간 상호작용의 좋고 나쁜 면이 함께 있는 측면을 볼 수 있고, 모호함과 스트레스를 견딜 수 있다. 그러나 정신병적 삽화가 있는 동안에는, 그들은 극단적인 기분으로 인해 통합이 잘되지 않거나 과대하거나 혹은 절망적으로 낙담한 자기이미지로 퇴행하게 된다. 이런 패턴은 양극성 장애를 가진 대부분의 환자가 연습기, 재접근기, 심지어 오이디푸스기, 잠복기, 청소년기의 어려움을 아주 잘 극복했음을 말해 준다. 생물학적으로 유발된 감정의 기복이 주도하게 되면, 이들의 행동은 예측 가능한 경로로 연습기의 행동과 일치하는 수준으로까지 퇴화한다. 다른 양극성 장애 환자는 심지어 삽화와 삽화 사이에도 나타나는, 전 생애에 걸친 성격장애의 역사를 갖고 있는 것으로 보인다. 이런 환자는 종종 현저한 시기심을 보이는데, 이는 원치 않는 감정을 그 반대의 감정으로 전환하는 또 한 가지 유형이다. 이런 환자는 감정의 기복을 보일 뿐만 아니라 이상화와 평가 절하하기 사이를 오락가락한다(제6장 참조).

Klein(1957a)은 시기심을 연습단계와 초기 재접근단계 문제의 발달에 상응하는 시기 동안 아동발달의 정상적이고 두드러지는 측면으로 보았다. 그녀는 전형적인 사례로 젖가슴과의 관계를 사용하였다. 그녀의 설명에 따르면 배고픈 아기는 자기 내면에서 공허함과 고통과 분노를 느낀다. 어머니가 아기에게 젖을 주려고 준비하면, 아기는 젖가슴을 자신이 내면에 갖기를 바라는 모든 좋은 공급물을 담고 있는 가득 차고 풍부한 것으로 본다. 젖가슴이 좋은 공급물을 갖고 있으면서도 주지 않는 데 대해 분노하면서, 아기는 좋은 것을 나눠 갖기를 바랄 뿐만 아니라 젖가슴을 비우고 고갈시키고 처벌하고 싶어 한다. 아기는 젖가슴 속에 있는 가득한 상태를 자기 내면의 배고픈 공허감으로 대체하기를 원하며, 자기 내면의 나쁜 것을 젖가슴 속의 따뜻한 충만함으로 대체하려 한다. 이런 의도 때문에 유아는 젖을 공격적으로 빨거나 젖꼭지를 물거나 당기기도 하는데, 이런 행동은 연습기에 있는 유아에게 전형적으로 나타난다. 앞서 제5장에서 묘사한 자기 접시에 담긴 음식을 먹지 않고 어머니 접시의 음식을 엉망으로 만들고 쏟아 버린 아이는 시기심을 보인 것일 수 있다.

J.E.는 35세의 회계사로 양극성 정서장애를 갖고 있었는데 그의 상호작용에서 강렬한 시기심을 보여 주었다. 정신병이 아닐 때조차도 그는 만족할 줄 모르고 처방약을 바꾸어 달라고 반복해서 요구했다. 그는 의사를 탐나는 치료제를 보유한 이상화된 존재로 보았다. 의사가 약을 바꾸어 주겠다고 동의하

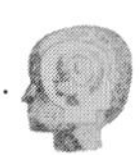

면, 그는 그 새로운 약이 효과가 없다고 경멸하듯 비웃었다. 즉, 그는 의사의 충고를 받아들이고 그를 비하하면서 경멸적인 조소를 되돌려주었다. J.E.의 정신과 의사는 궁지에 몰린 느낌이 들었고, 때로는 자신의 유능성에 대한 의구심이 들기도 했다.

J.E.는 직장에서도 만족하지 못했다. 그의 정신과 의사는 사고가 개방적인 한 사업가를 설득하여 명석한 회계사였던 이 환자를 고용하도록 했다. 그를 지도감독하는 직속상사가 처음에 그에 대해 긍정적인 태도를 보였음에도 불구하고 이 환자는 그가 자신의 진가를 제대로 평가하지 않는다고 느꼈다. 그는 곧 자신의 고용주의 인사 업무에 대해 비난하기 시작했다. 마침내 그가 다른 직원 앞에서 그의 상사의 무능력을 욕했을 때 그는 해고 위협을 받았다. 그는 자신의 상사에게 자신을 해고할 힘이 있다는 것에 격분했고, 그가 중요하지 않은 사람이라는 것을 입증하려고 작정했다. J.E.는 정신장애인을 차별한다는 이유로 소송을 시작했다. 이러한 행동은 그의 기분상태가 상대적으로 안정되어 있을 때 일어났다.

어떤 순환적인 패턴이 드러났다. J.E.는 자신을 약하고 다른 사람이 무가치하게 보는 사람으로 경험했다. 그는 다른 사람을 완벽한 보살핌이나 약물 혹은 승인과 인정을 전능하게 갖고 있으면서 그에게 주지 않는 존재로 보았다. 대상관계 용어로 기술하면 그는 자기세계와 대상세계를 좋다, 나쁘다로 분열했다. 자기는 소홀히 여겨지고 도움이 필요하다(나쁜)로 경험했고, 이에 비해 대상은 강력하고 가용한 공급물로 가득 채워져 있다(좋은)로 경험했다. 그러고 나서 그는 이런 이상화와 평가 절하의 양극성을 뒤집기 위해 전력투구했다. 대인 간 투사적 동일시를 통해서 그는 주변 사람에게서 무력감을 이끌어 냈다. 자신을 도와주려는 사람의 노력을 좌절시킴으로써 그는 승리를 거두었다. 이런 식으로 그는 자신이 작고 혼자라는 감정을 부인하고, 그것을 힘과 독립의 감정으로 바꾸었다. 시기심은 절망을 고양된 느낌으로 바꾸고, 어느 누구도 필요로 하지 않는 조증 방어와 관련이 있다.

조증 방어가 항상 악의적인 시기심이나 정신병과 결부되는 것은 아니다. 많은 정상적인 사람도 슬픔과 상실, 공포, 피로에 대처하기 위해 유사한 방어를 사용한다. 기말고사 준비로 밤새 공부하는 학생이나 24시간 동안 응급실에서 일하는 수련의가 느끼는 들뜬 느낌은 비록 의심할 여지없이 연관된 생리적 요인이 있지만, 심리학적으로는 피로에 맞서는 조증 방어다.

양극성 정서장애가 없는 사람도 심각한 우울에 맞서 조증 방어를 사용한다.

M.M.은 여자 정신과 의사를 네 번 만났다. 정신과 의사는 그녀의 말을 듣고 이야기를 나누고 리튬을 권했다. 환자가 약물 복용을 거부하자 정신과 의사는 그녀와 계속 만나는 것에 동의하는 한편, 약물에 대해 다른 의견을 구해 보라고 요청했다. 그녀는 환자에게 자문을 받아 보도록 의뢰했다.

환자는 160센티미터의 키에 몸무게가 80킬로그램이었고, 곧은 자세로 앉아 풍만한 가슴을 앞으로 내밀었다. 그녀는 선홍색 립스틱을 바르고 금으로 된 장신구를 하고 있었다. 그녀는 지난 4주에 걸쳐 정신과 의사와 만난 이후로 자신이 상당히 차분해졌다고 자문의에게 빠른 어조로 말했다. 자신은 그저 녹초가 될 정도로 지쳤을 뿐이었다고 했다. 그녀는 성가대 두 곳에서 노래를 부르고 그해 여름 장례식에 가서 노래를 부르느라 바빴었다고 했다. 지난 몇 달 동안 식품운반차를 몰며 노인에게 음식을 가져다주는 일을 포함하여 그녀가 관여한 놀랄 정도로 많은 활동을 쫓기듯이 빠르게 열거했다.

자문의는 억수같이 쏟아지는 환자의 말 사이에 능숙하게 끼어들었다. "장례식장에서 노래하신다구요. 흥미롭군요. 그게 뭔가요?"

"아, 나는 무지하게 바빴어요. 이번 여름에 장례식 세 군데에서 노래를 불렀어요. 게다가 성가대 연습도 했죠. 장례식 한 군데는 교회 사람이었어요. 나는 모든 사람을 돌봐야 해요. 남동생이 죽었을 때 나는 재산을 관리했어요. 그리고 여동생이 죽었을 때, 물론 제부가 어떻게 해야 할지 몰랐어요. 불쌍한 사람이죠. 장례식에서 노래하는 것이 내가 기여하는 방법이에요. 아시겠지만, 나는 노래를 잘해요. 우리 어머니가 말씀하시곤 했는데…."

"M 부인," 자문의는 말했다. "어쩌면 당신이 지금 장례식에서 노래하고 있다는 생각이 들어요. 마치 당신 안에 깊은 슬픔이 없는 듯, 당신의 슬픔에 대해

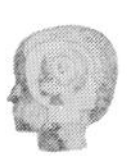

서 얘기하면 아무도 들어주지 않을 듯이 당신은 명랑하게 얘기하고 있군요."

그녀는 잠시 멈추더니 그러고 나서 차분히 말했다. "남동생은 우리 세대 중 처음이었어요. 그리고 같은 해에 여동생이 죽었죠. 아시다시피 노인이 돌아가시면 그건 예측할 수 있는 일이죠. 하지만 우리 형제자매가 죽기 시작하면……" 그녀는 말을 잇지 못했다. 그리고 울었다.

M.M.의 부모는 그녀가 7세 때 세상을 떠났다. 그녀는 어린 동생들을 키우는 일을 도왔다. 20세가 되었을 때, 세계대전이 일어났다. 그녀는 런던에서 전투 군인을 위한 지원단에서 20대 초반 시절의 몇 년간을 보냈다. 전쟁이 끝난 뒤 그녀는 젊은 군인과 결혼했다. 그녀는 남편과 죽어 가는 시어머니, 남편의 어린 형제자매 넷과 그녀 자신의 자녀 넷을 돌보았다. 그녀는 활동과 다른 사람을 돌보는 일에 자신을 내던졌다. 남동생과 여동생이 같은 해 여름에 죽자, 그녀는 행복해 보이고, 자신은 아무도 필요하지 않으며, 다른 사람이 자신을 필요로 한다는 것을 보여 주려고 노력을 배가했다. 그녀는 정신과 의사의 충고를 받아들일 수 없었다. 그녀는 약물이 필요하지 않다고 느꼈다. 그러나 그녀는 정신과 의사가 자신의 말을 들어주었다고 느꼈다. 자문의를 만나러 갔을 때 그녀는 이미 자신의 고양된 기분 저변에 슬픔이 있다는 약간의 자각을 갖고 있었다.

M.M.은 전형적인 양극성 장애를 갖고 있지 않았다. 정신역동적으로 볼 때 그녀는 우울에 대해 조증 방어를 하고 있었다. 초기 아동기 이후로 그녀는 자신의 의존적이고 도움을 필요로 하는 측면을 분열시켜 자신의 의존 욕구를 다른 사람에게 투사했다. 그렇게 함으로써 그녀는 무력감을 느끼지 않았다. 그녀는 도움의 제공자였고 도움을 요구하지 않았다. 동생을 잃은 슬픔을 느꼈을 때도 그녀는 애도하지 않았다. 그녀는 안기고 위로받고 싶은 자신의 소망을 부인했고, 이는 버림받은 느낌을 낳았다. 그래서 자신의 감정을 부인하려는 노력을 두 배로 늘려야 했다. 곧 그녀는 잠을 잘 수 없었고, 가만히 앉아 있거나 천천히 말할 수 없게 되었다. 그녀의

정신과 의사가 그녀의 장황한 이야기를 반복해서 들어주고 그녀가 자문을 받도록 보낸 후에야 비로소 그녀는 우울에 대한 그녀의 과대한 방어를 낮출 수 있었다. 자문을 받은 후 그녀는 정신과 의사를 다시 만났고 6회기에 걸쳐 자신의 상실 경험에 대해서 이야기했다. 그녀의 상태가 나아져 치료가 종결됐다.

양극성 정서장애 혹은 덜 극단적인 유형의 좀 더 보편적인 조증 방어를 사용하는 사람들은 연습기 유아가 대인관계에서 보여 주는 많은 특성을 보인다. 그들은 자신의 약점을 부인하고 전능감을 발달시킨다. 이들은 모든 것을 혼자 하려고 하며 도움받기를 어려워한다. 좌절하면 이들은 발끈화를 내거나 비난조의 긴 연설을 늘어놓을 수 있다.

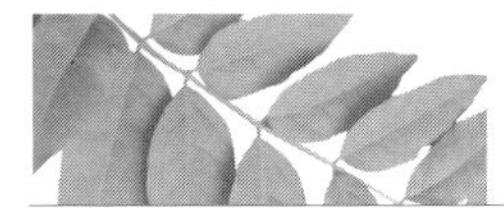

제 10 장 경계선 성격장애

지난 20년간 이루어진 경계선 성격장애에 관한 광범위한 연구는 미국 대상관계이론의 발전에 중요한 역할을 했다. 경계선 장애는 재접근단계 위기 문제를 보여 준다(Mahler, 1971; Kernberg, 1975, 1980; Masterson & Rinsley, 1975; Adler, 1985).

수십 년 동안 '경계선' 이라는 용어는 신경증과 정신분열증의 특성을 둘 다 갖고 있는 환자나 이 둘 사이를 왔다 갔다 하는 환자 집단을 지칭했다. Wong(1980)이 열거한 대로 경계선이라는 분류에는 다양한 진단명이 포함됐는데, 예를 들면 가장성(as-if) 성격(Deutsch, 1934), 경계선적 신경증(borderline neurosis)(Stern, 1938), 외래치료가 가능한 정신분열증(ambulatory schizophrenia)(Zilboorg, 1941), 불가사의한 정신분열증(occult schizophrenia)(Stern, 1945), 정신분열증적 성격(schizophrenic character)(Schafer, 1948), 유사신경증적 정신분열증(pseudoneurotic schizophrenia)(Hoch & Polatin, 1949), 비진행성 정신분열증(abortive schizophrenia)(Mayer, 1950), 준임상적 정신분열증(subclinical schizophrenia)(Peterson, 1954), 정신증적 성격(psychotic character)

(Frosch, 1964) 등이 있다. Grinker의 연구(Grinker et al., 1968)에서 비로소 이런 환자가 경험적으로 연구되기 시작했다. 후에 Kolb와 Gunderson (1980)은 경계선을 위한 진단 면접을 소개하여 더 많은 경험적 연구를 촉발했다.

Kernberg(1967, 1975)는 그가 경계선 성격 구성이라고 명명한 것에 대해 가장 포괄적인 정신분석적 이해를 제시했다. 이들에 대한 그의 기술에 따르면 이들은 특정한 증상과 성격 구조와 발달적 특성을 가지고 있다. 또한 그는 경계선 환자는 일부 영역에서는 역기능적이지만 어떤 특정한 안정된 성격을 가지고 있다고 주장했다. 이들은 단지 정신병과 신경증 사이를 왔다 갔다 하는 일시적인 상태에 있는 것이 아니다.

이들의 증상에 대한 Kernberg의 기술에 따르면, 이들은 흔히 충동적이고, 화를 잘 내고, 중독에 취약하고, 성적으로 문란하거나 도착적이고, 심인성 증상을 호소하고, 공포증을 갖고 있고, 만성적으로 막연한 불안에 시달린다. 또한 해리와 편집증적 사고 및 강박증 경향성이 높다.

구조적으로[1] 경계선 환자는 자아가 약하고 특정한 방어(분열, 투사적 동일시, 이상화와 평가 절하)를 사용하며 분열된 내면화된 대상을 갖고 있다. 자아의 취약성은 Knight(1953)에 의해 처음 발견된 것과 유사한 문제를 말한다. 이런 역기능에는 불안이나 다른 정서를 조절하는 능력의 결여와 충동조절능력의 결여 및 승화하는 능력, 즉 성적 충동과 공격적 충동을 사회적으로 적절한 활동으로 전환시키는 능력의 미비가 포함된다. 승화는 충동의 요구를 좀 더 복잡한 사회적 기준에 따르는 이득과 통합하는 자아 기능을 요구한다.

Kernberg의 이론에 따르면, 이들의 특징적인 발달은 공격적 욕동의 증가에 달려 있다. 기질적으로 공격성 성향이 높거나 혹은 과도한 좌절을

1) 구조에 대한 정신역동적 이론은 원초아, 자아, 초자아 기능에 대해 언급한다(Freud, 1923). 일반적으로 구조란 변화 속도가 느린 일련의 기능으로서 정의할 수 있다.

경험했기 때문에 이들은 나쁜(공격적) 대상을 분열시켜 과도하게 투사함으로써 내면화된 좋은 대상을 보호하는 것이 필요하다. 분열과 투사의 이러한 조합은 재접근기 동안 좋고 나쁜 자기이미지와 대상이미지를 통합하지 못하는 능력의 결함을 초래한다.

성격에 대한 정신분석적 이론의 관점에서 경계선적 성격 구성을 이해한 결과 이 범주가 광범위한 범주가 되었다. 이 범주에 대부분의 다른 심각한 성격장애가 포함되었다. 여기에는 분열성, 편집성, 반사회성, 수동 공격성, 유아적 성격 등이 포함되었는데, 이런 모든 장애는 유사한 내적 대상관계를 보여 주기 때문이다. 심리내적인 문제의 관점에서 진단하는 것은 너무도 성긴 그물을 던지는 것과 같다. 왜냐하면 모든 사람은 그들 안에 여전히 어떤 수준에서 그들이 거쳐 온 모든 발달단계에서 남겨진 문제를 갖고 있기 때문이다. 그 결과 모든 사람은 좀 더 통합되었든 좀 더 파편화되었든 간에 자아 취약성과 분열, 투사적 동일시, 이상화, 평가 절하와 같은 원시적인 방어기제를 어느 정도는 갖고 있다. 최근의 진단 준거는 Kernberg의 개념화보다 다소 덜 광범위해졌다(Gunderson, 1982; Hamilton et al., 1984; Fisher et al., 1985). 개념의 이런 협소화는 Kernberg의 생각을 버린 결과가 아니라 정신분석적인 추상화를 좀 더 기술적이고 행동적인 용어로 전환한 결과다. 광대한 경험적 연구는 이런 진전에 기여했다(Spitzer et al., 1979; Sheehy et al., 1980; Kernberg et al., 1981; Kroll et al., 1981; Soloff & Ulrich, 1981; Gunderson, 1982; McGlashan, 1983; Hamilton et al., 1984; Fisher et al., 1985).

『DSM-III』의 진단기준은 충동성, 강렬하고 불안정한 대인관계, 부적절한 분노, 정체감 혼란, 불안정한 기분, 혼자 있는 것을 견디지 못함, 자기 파괴적 행동, 만성적인 공허감이나 지루함을 포함한다. 이 모든 증상은 Kernberg의 개념화에 근원을 두고 있음을 반영하며, 분열된 내적 대상관계와 대상항상성 형성 실패의 관점에서 이해할 수 있다. 미약한 대상항상성과 함께 분열은 재접근단계 아동의 특징이다(제5장과 6장에서 논의된 바 있음). 경계선 장애의 가능한 원인을 살펴보기에 앞서, 나는 경계선 장애에 대한 『DSM-III』 기준의 각 항목이 어떻게 통합의 실패를 나타내는지, 그리고 이런 실패가 어떻게 미약한 대상항상성과 분열된 내적 대상관계를 초래하는지를 간략히 설명하고자 한다.

많은 경계선 청소년과 성인 환자가 보이는 충동성은 걸음마기 유아의 충동성과 유사하다. 걸음마기 유아는 결과를 고려하지 않고 현재 그들을 좌절시키는 대상은 잊은 채 욕구를 만족시켜 주는 대상을 향해 돌진한다.

D.L.의 고용주는 그를 따로 불러서 우편물 배달을 위한 좀 더 효율적인 절차를 배우라고 제안했다. 그의 상사는 그를 가치 있게 여기고 그를 도와주려고 했으나 D.L.은 이러한 행동을 도움으로 지각할 수 없었다. 비판을 받아들이면서 새로운 것을 배워야 하는 좌절을 감당해야 하면서 동시에 상대방의 조력행동을 도움으로 인식할 수 없었기 때문이었다. 그는 자신이 최근에 회사에서 승진한 인정받는 직원이라는 사실을 잊어버렸다. 그리고 충동적으로 직장을 그만두었다. 그는 술을 마시고 음악을 들으며 친구를 찾아 다녔다. 며칠 뒤 그는 일자리를 되찾을 것이라 희망하면서 직장으로 되돌아갔다. 그는 외로웠고 지루했고 무일푼 상태였다. 일에서 벗어난 자신의 생활이 이제 좌절시키는 대상이 되었고, 직장이 다시 좋게 보였다.

D.L.과 같은 환자는 흔히 충족시키는 대상으로서 약물이나 알코올을 찾는다. 약물이 고통을 불러일으키거나 자존감을 떨어뜨리면 그들은 갑자기 사용을 중단하지만 또다시 찾는다. 이것은 재접근단계 유아가 어머니에게 다가갔다가 멀어지는 행동과 유사하다. 이런 다가갔다 물러갔다 하는 행동은 치료에서도 또한 나타난다.

D.D.는 25세의 경계선 환자로 '외로움과 공허함'을 피하기 위해 치료를 받고자 했다. 처음에는 치료에서 안전감을 느끼고 덜 외로웠다. 그러나 몇 주 후 치료에서 좌절을 경험하게 되자 그녀는 치료의 좋은 면은 잊어버리고 치료를 종결했다. 2개월 후 그녀는 되돌아왔다.

병원 실무진은 경계선 환자가 병원에 입원했다가 그 다음날 퇴원 수속을 밟으면 특히 짜증이 날지 모른다.

충동성의 이러한 예를 보면 환자는 본질적으로 좋은 관계에 대한 안정된 대상 이미지를 유지할 수 없었다. 어떤 부분이 실망스러우면 그것은 갑자기 전적으로 나쁘게 보였고, 그것이 자기도 나쁘게 만들까 봐 두려워 피해야 할 대상으로 보였다. 약물이나 새로운 관계가 좋은 것으로 경험되면 당분간 전적으로 좋게 보여 추구하지만 곧 버려지게 된다. 경계선 환자의 충동성은 전적으로 좋은 것과 전적으로 나쁜 것으로 분열된 측면 사이를 왔다 갔다 하고, 어떤 것을 대체로 좋지만 나쁘기도 한 것으로 보는 안정된 이미지를 유지하는 능력이 결여된 결과다.

자기세계와 대상세계의 이러한 전환은 대인관계의 충동성을 낳는다. 경계선 성격장애를 가진 사람은 새로운 관계가 그들의 욕구를 충족시켜 준다고 경험할 수 있기 때문에, 관계에 대한 그들의 열중은 전적으로 좋은 공생적 애착처럼 강렬한 흥분을 가져올 수 있다. 전적으로 좋은 자기-타자 경험 간의 경계의 흐려짐은 전적으로 나쁜 자기-타자 증오로 돌변할 수 있는데, 왜냐하면 이들은 대상항상성, 즉 좌절에 직면해서도 좋은 대상의 존재를 기억할 수 있는 능력이 결여되어 있기 때문이다.

이런 환자가 혼자라고 느끼거나 사랑받지 못한다고 느끼면, 이들은 다른 사람을 조종하여 자신의 감정을 바꾸려고 시도한다. 이들은 투사적 동일시를 통해서 다른 사람이 그들을 기분 좋게 만들기만 한다면 그들의 기분이 나아질 것으로 믿는다. 욕구가 충족되지 않으면 이들은 성질을 부리거나 위협하거나 감언으로 속이거나 심지어 자살시도까지 하면서 전적으로 좋은 대상을 되돌리고 전적으로 나쁜 대상을 처벌하려고 애쓴다. 이들은 어느 한 시점에서 자신을 무시하는 사람이 이전에 자신이 사랑받는다고 느꼈던 동일한 사람이라는 사실을 개념화하지 못한다. 이런 강렬한 감정으로 인해 이들은 흔히 『DSM-III』에 기술된 성적 문란이나 다른 연속적인 관계를 가질 수 있다.

경계선 환자가 보이는 분노는 내적인 분열과 대상에 대한 그들의 사랑을 잊고 전적으로 나쁜 자기-대상 상태로 들어가는 경향성에서 기인한다. 이들의 자기-타자 경계는 미약하게 형성되었기 때문에 이들은 부정적 투사적 동일시에 쉽게 연루된다.

나는 성공적이지 못한 심리치료를 막 끝낸 33세의 경계선 여성 환자 J.A.와 자문을 위한 면담을 했다. 내가 치료에서 무엇이 잘못됐는지 묻자 그녀는 치료자가 자기에게 '늘' 화를 냈다고 불평했다. 그래서 그녀도 그에게 화를 내곤 했다는 것이었다. 그녀는 치료자를 진정시키려고 노력했으나 그는 말을 듣지 않았고, 그래서 결국 치료를 그만둘 수밖에 없었다고 했다. 나는 그녀에게 분노와 관련된 그녀 자신의 문제에 대해서 더 물어보자, 그녀는 자신에게 그런 어려움이 있다고 인정했지만, 그녀의 치료자가 자신과 똑같은 문제를 갖고 있으면 자신이 나아질 수가 없다고 느꼈다. 면담을 더 해 본 결과, 분노와 자기-타자 경계의 흐려짐은 전적으로 나쁜 자기-대상 경험을 초래했고, 이것이 그녀의 모든 대인관계의 특징이었음을 알 수 있었다.

다른 관계에서처럼 치료 상황에서도, J.A.는 좌절감이 느껴질 때 그녀가 경험하는 적개심을 참을 수가 없었다. 그래서 그녀는 이런 적개심을 치료자에 대한 그녀의 이미지와 지각에 투사했다. 그러고 나서는 그것을 자기 이미지에 재투사하곤 했는데, 그럴 때 스스로에게 다음과 같이 말했다. "치료자가 화가 났기 때문에 나도 화가 난다." 이렇게 함으로써 그녀는 자신의 분노를 분열시켰다. 투사적 동일시를 사용해서 전적으로 나쁜 자기-대상 상태로 들어가고, 그 결과 경계선 장애에 대해 『DSM-III』에 기술되어 있는 강렬하고 부적절한 분노를 보이게 되었다.

경계선 성격에서 발견되는 정체성의 혼란은 미약한 대상항상성과 전적으로 좋고 전적으로 나쁜 것으로 분열하는 경향에서 비롯된다. 일부 환자는 실제로 좋은 자기와 나쁜 자기를 가졌다고 말하기도 한다. 비록 경계선 환자가 다중 인격을 가진 것은 아니지만 자신이 받아들여진다고 느끼는가 혹은 버림받는다고 느끼는가에 따라 그들은 흔히 자신이 다른 사람이 된 것처럼 느낀다.

R.O.는 혼자 있으면 자신이 검은 나락으로 빠져들어 자기 존재가 없어질 것 같은 느낌이 든다고 했다. 그녀는 근본적인 수준에서 자기에 대한 감각과 정체성을 잃을 수 있다는 두려움에 혼자 있는 것을 몹시 겁냈다. 반면에 사람과 함께 있고 건설적인 활동에 참여하고 있으면 자신감이 느껴지고 창의적이라고 느꼈다.

자꾸 바뀌는 정체성 문제로 인해 많은 경계선 환자는 심각한 결함이 있고 일관되게 일을 할 수 없다. 그러나 어떤 환자는 그들의 역할이 분명히 정해져 있는 한 직장에서 매주 잘 기능한다.

R.O.는 구조화된 기관의 작업환경에서 그녀가 해야 할 일이 분명하고 상사가 지지적이라면 의사로서 일을 할 수 있었다. 주말에는 정체성을 상실한 것 같은 느낌 때문에 고통을 겪었고, 약물 남용과 난잡한 성생활, 위험한 활동, 강박적인 운동을 통해 절박하게 접촉과 위안을 추구했다.

경계선 환자의 기분은 너무도 외부 환경에 좌우되기 때문에 늘 바뀐다. 좋은 대상 항상성이 결여되어 있으므로 이런 사람은 관계가 일시적으로 좌절감을 주면 만족감을 유지할 수 없다. 욕구가 좌절되었거나 혼자 있을 때, 이들은 삶이 대체적으로 만족스럽고 사람들이 자신을 아낀다는 사실을 기억하지 못할 수 있다. 유쾌하고 지지적인 사람과 함께 있으면 그들은 기분이 아주 좋을 수 있다. 경계선 장애가 있는 사람의 극단적인, 전적으로 좋고 전적으로 나쁜 자기-대상 상태는 이런 식으로 기분의 불안정을 초래한다.

이런 환자는 내적으로 좋은 기분을 느끼기 위해 만족스러운 외적 대상에 의존한다. 이들은 혼자 있는 것을 견디는 힘이 약한데, 이는 대부분의 사람과 다르다. 대부분의 사람은 혼자 있거나 혹은 혼자서 어떤 것을 성취하기를 즐길 수 있고, 버려졌다고 느끼지 않고, 마치 자기 안에 좋은 돌보는 대상을 갖고 있는 것처럼 자신을 경험한다. 경계선 장애를 가진 사람들은 혼자 있을 때 늘 그들 곁에 있으면서 만족시켜 주는 내적 대상이 없다. 그들은 내면에 모든 것이 잘되고 있다고 그들에게 속삭여 주는 '고요하고 작은 목소리' 를 갖고 있지 않다. 혼자 있으면 그들은 누군가 자신을 위해 함께한 적이 있다는 사실을 전혀 기억하지 못한다.

내 동료의 환자 가운데 한 여성 환자는 주중에는 치료자가 그녀를 도와주는 좋은 치료자라고 생각했지만, 주말에는 자신을 돌봐 주지 않는 차가운 사람이라고 생각했다. 일요일마다 그녀는 월요일 치료시간에 치료를 그만두겠다는 말을 하리라고 결심했다. 그러나 월요일이 되어 실제로 그를 보면 그녀의 불만이 사라졌고 자신이 치료에서 얼마나 도움 받았다고 느끼는지를 기억했다.

『DSM-III』에 기술되어 있는 혼자 있는 것을 견디지 못하는 경향을 유발하는 요인은 이런 대상 항상성의 결여, 즉 그들이 가치 있는 존재임을 상기시켜 주는 좋은 대상이 실제로 곁에 있는 것에 의존해야 하는 것이다.

전적으로 나쁜 자기-대상 상태는 자극적인 자기 파괴 행동의 극단으로 이어질 수 있다.

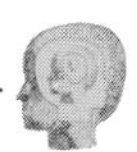

정신과 수련의가 남자 친구에게 거부당했다고 느꼈던 27세 여성에 대해 설명하였다. 그들은 말다툼을 하였고 여성은 남자친구에게 자신을 사랑하지 않고 돌보지 않으면 집을 나가 아마 자살할 것이라고 말했다. 그녀는 짐 가방을 싸서 빗속에서 걷고 또 걸었다. 윌라멧(Willamette) 강의 모리슨 다리를 건너면서 그녀는 애인에게 얼마나 화가 났는지를 생각했다. 그녀는 다리에서 뛰어내리고 싶은 충동을 느꼈다. 나중에 그녀는 어떻게 자신이 어두운 강물 속에 빠져 다시는 위로 떠오르지 않는 모습을 상상했었는지 당시 심정을 말해 주었다. 그 순간 남자 친구가 차를 몰고 와서 차가 다니는 가운데 자기 차를 세웠다. 그녀는 그를 피해 걸어가기 시작했으나, 그가 그녀의 옷가방을 움켜잡고 차로 끌고 들어가 대학병원의 응급실로 데리고 갔다.

수련의는 그녀가 유사한 상황에서 약물 과다 복용을 한 적이 있다는 것을 알게 됐다. 환자를 검진하면서 그는 그녀의 손목에 자해로 남은 흉터를 발견했다. 수련의는 사례회의에서 이 환자에 대해 설명하면서 그녀의 대상관계를 개념화했다. 남자친구에 대한 분노에 그녀의 외로움이 커지면서, 자기-타자 경계가 와해되었다. 그녀는 전적으로 나쁜 자기-대상 상태로 들어갔다. 자신이 사랑받지 못한다고 확신하면서 그녀는 버림받았다고 느꼈다. 복수심으로 혹은 어쩌면 자기-타자 혼동으로 인해 그녀는 남자친구를 버렸다. 그녀 안에 있는 어둡고 공허한 느낌은 그녀가 끌렸던 밤중의 검은 강물과 구별되지 않는 듯이 보였다. 그녀는 남자친구를 충분히 위협하여 그가 전능한 좋은 대상과 유사한 대상이 되도록 하는 데 성공했기 때문에 그녀는 더 이상 자해할 필요성을 느끼지 않았다.

많은 경계선 환자는 칼로 몸에 상처를 냄으로써 긴장을 줄이고 신체적 경계를 확인할 수 있다는 것을 알게 된다.

앞에서 언급한 의사 R.O.는 그녀의 치료자에게 자신이 얼마나 기분이 안 좋고, 공허하고 무가치하다고 느끼며, 신체적 경계선이 없어지는 것처럼 느껴지는지를 말해 주었다. 절박한 심정으로 그녀는 소매를 걷어 올리고 팔뚝을 소독하고 외과용 메스를 사용하여 피부에 가는 선을 그었다. 약간의 통증과 하얀 피부에서 스며 나오는 붉은 피의 광경이 그녀에게 가시적인 방식으로 자기-타자의 경계를 상기시켜 주었다.

만성적인 공허함이나 지루함의 감정 또한 전적으로 나쁜 상태로 들어가 좋은 자기와 좋은 대상을 떠올릴 수 없는 경향성과 관련 있다. 공허함을 느낀다는 것은 자기가 고갈되었다고 느끼는 것이다. 공허함에 상응하는 외적인 상태가 지루함, 즉 외부 세계가 고갈되었고 흥미가 결여되었다고 느끼는 것이다. 이와는 대조적으로 대상항상성이 잘 형성된 사람은 가장 극단적으로 박탈된 조건에서조차 지루함을 느끼지 않는다. Rudyard Kipling은 겨우 취학 연령이 되었을 때 식민지 인도에 있는 그의 따뜻하고 사랑스러운 집과 어머니를 떠나 교육을 받기 위해 영국으로 보내졌다(Pollock, 1985). 그는 가혹한 여성과 함께 살아야만 했는데 이 여성은 가구도 없는 방에 오랜 시간 혼자 있도록 그를 가두어 두었다. 그때 그는 정교하고도 환상적인 이야기를 지어냈고, 방치당한 데서 느껴지는 지루함과 공허감에 굴복하지 않았고, 자신의 상상을 현실로 여기는 망상에 빠지지도 않았다. 경계선 장애를 가진 사람은 내적인 자원의 힘을 빌리는 능력을 갖고 있지 않다. 이들은 공허함과 지루함을 물리치기 위해 외부세계에서 좋은 공생적 어머니를 찾으려는 욕구를 늘 갖고 있다.

경계선 장애에 대한 『DSM-III』의 모든 진단기준은 대상항상성의 결여와 분열된 내적인 대상관계에서 비롯되는 것으로 볼 수 있다. 경계선 환자의 이런 특성은 또한 재접근단계 유아의 전형적인 특성이기 때문에 경계선 장애는 대상관계의 연속선에서 재접근단계 수준에 놓인다. 이런 문제의 원인은 내적으로, 기질적으로 과다한 공격성(Kernberg, 1975), 사랑하는 충동의 상호적인 결핍(Federn, 1952; Rinsley, 1968) 혹은 일관되고 인정해 주며 조절해 주는 부모가 제공하는 보살핌의 결여(Masterson & Rinsley, 1975; Adler, 1985)와 가장 자주 관련되어 왔다.

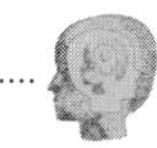

만일 재접근단계 유아가 공격성이 과도하거나 사랑의 충동이 결핍되어 있다면, 그 유아는 연약한 좋은 내적 대상이 적개심에 의해 압도되지 않도록 보호하기 위해 투사적 기제의 사용을 늘려야 한다. 이 연령 집단의 유아는 좋고 나쁜 자기이미지와 대상이미지를 통합할 수 없으며 안정되고, 내적인 충분히 좋은 대상이미지를 발달시킬 수 없다. 그래서 이 단계의 유아는 항상 그들 밖에서 따뜻함과 관심의 공급을 찾는다.

유아가 내면화하는 것은 반드시 외적 대상의 특성이 아니라 그들이 지각한 것이기 때문에 심지어 부모가 우호적인 경우에도 그들 자신의 과도한 공격성을 외적 대상에 투사하고 그런 다음 적대적인 대상을 내사할 수도 있다. 그런 후 유아는 새롭게 재내사한 이러한 적대적인 대상을 분열시키고 투사해야 한다. 이 이론에 따르면 이런 방식으로 과도한 공격성을 가진 유아는 적개심을 투사하고 또 이것이 더 큰 적개심을 분열하고 투사할 필요성을 낳는 악순환에 빠진다.

이에 대한 대안적 관점이 있는데, 이 관점에서는 경계선 장애가 모성적 위로의 결핍으로 인해 발생한다고 본다. Adler(1985)가 기술하였듯이, 부모가 적절히 공감하고 위안을 주고 인정해 줄 수 없으면 유아는 이러한 기능을 내면화할 기회를 갖지 못한다. 그 결과 이들은 자신에게 귀를 기울이고, 자신을 위로해 주고, 자신의 복잡한 긍정적 감정과 부정적 감정을 조절하는 것을 배우지 못한다. Masterson과 Rinsley(1975)는 자신의 충족되지 못한 의존욕구를 충족시키기 위해 아이에게 매달리는 어머니에 대해 기술하였다. 이런 어머니는 공생적이고 어머니에게 매달리는 행동에 대해서 인정과 지지와 정서적 자원을 제공한다. 그러나 아이가 "자기주장성이나 분리와 개별화를 위한 시도를 보이면 분리에 의해 위협을 느끼고 아이를 공격하고 비난하고 적대적으로 대하고 화를 내며 공급과 인정을 철회한다." (p. 169) 이것은 전적으로 좋고 전적으로 나쁜 유아의 분열된 대상관계를 강화한다. 아이가 성숙하게 행동하면 버림받는다고 느끼게 하여 좋은 공생적 대상을 끊임없이 추구하게 한다.

경계선 환자의 분열과 대상항상성의 결여는 반드시 내적 혹은 외적 대상세계에서 증가된 적개심과 감소된 사랑의 결과만은 아니다. 그것은 또한 통합적 자아기능의 결함 때문일 수도 있다. 만약 자아가 좋고 나쁜 자기이미지와 대상이미지를 인지적으로 통합하고 비교하고 대조할 수 없다면, 분열된 대상과 미약한 대상항상성이 지속될 것이다. 이런 요인은 정신지체와 미세한 뇌기능장애가 경계선 성격장애와 연관된다는 임상적 발견으로 이어지는데, 이런 발견은 아직 적절히 탐색되지 않았다.

이전에 발달된 상당히 잘 통합된 성격을 가진 성인도 뇌손상을 입어 그들의 통합적 자아 기능이 저해되고 성격의 변화가 일어날 수 있다. 그 결과 유기적으로 손상된 성격은 충동성, 만성적인 분노, 강렬하고 불안정한 관계, 기분의 불안정, 자기 파괴적 행동을 동반하여 경계선 성격과 구별할 수 없을 수도 있다. 먼저 언급했던 것처럼 이런 환자는 장기 기억은 손상되지 않았기 때문에 흔히 이전의 관계는 상세하고 통합된 방식으로 기억한다. 이들이 현재 맺고 있는 관계는 이들의 전적으로 좋은 것과 전적으로 나쁜 대상관계의 분열과 경험을 통합할 수 있는 능력의 결여를 반영한다.

성인이 재접근단계와 같이 기능하는 수준으로 퇴행하는 것을 유발하는 요인이 뇌손상만은 아니다. 특정한 삶의 단계에서 극단적인 경험을 하면 유사한 퇴행이 일어날 수 있다. 베트남전에 참전했던 군인 가운데 외상 후 스트레스 장애(Posttraumatic Stress Disorder, PTSD) 진단을 받은 환자들은 흔히 경계선 성격 환자와 구별하기 어렵다. Brende(1983)는 어떻게 전쟁, 특히 베트남전이 주로 분열과 투사적 동일시를 방어기제로 사용하게 했는지를 설명했다.

베트남전에서 싸웠던 많은 군인은 나이가 18세에서 22세 사이였다. 후기 청소년기라는 삶의 이런 국면은 성인의 정체성이 확고해지고 새로운 친밀감이 형성되는 시기다(Erikson, 1950). 이런 과정의 일부로 재접근기

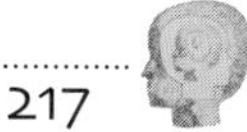

의 분리 과제가 다시 부상하고 재작업이 이루어진다. 이때는 젊은이가 부모에게서 분리하여 일과 사회 활동에서 독립적으로 기능하는 시기다. 이전의 분리 문제가 다시 나타난다. 대학생 연령대의 후기 청소년은 종종 부모 집에 반복적으로 들어왔다 나갔다 하면서 이 분리와 애착의 문제에 대한 재작업을 한다. 그들은 여전히 때때로 부모에게 의존적이다.

이 연령집단의 젊은이가 정체감을 재확립해야 하는 삶의 국면 동안 전쟁터에 보내졌다면 이들은 아주 불리한 환경에 투입된 것이다. 그들의 과제는 모호했다. 왜냐하면 베트남전은 게릴라전이었기 때문에 통제할 수 있는 아군 영역이 없었고, 전쟁과 군지도자에 대한 정치적 지지와 정서적 지지가 무너졌다. 이런 지지의 결여는 버려진 느낌까지는 아니라 해도 상실감을 낳았다. 게다가 다른 어떤 전쟁과 마찬가지로 분열과 투사적 동일시가 흔히 사용되었다. 즉, 아군은 좋고 적군은 나쁜 대상이었다. 자신의 적개심이 적군에게 투사되고 그런 다음 적대적인 공격을 통해 통제되며 진압되었다. 전쟁은 이 연령 집단의 부분적으로 해결된 재접근단계 문제를 다시 열어 놓았다. 분열과 투사적 동일시는 이런 청년의 내적 대상세계에 균열을 일으킬 수 있으며, 그 결과 이들의 성격에 영구적인 상당한 손상을 초래할 수 있었다.

경계선 성격장애는 전적으로 좋고 전적으로 나쁜 것으로 분열된 내적 자기표상과 대상표상 및 부적절한 대상항상성의 개념으로 이해할 수 있다. 이런 똑같은 요인이 재접근기의 핵심 주제이기 때문에 경계선 장애는 대상관계 연속선에서 이 발달 수준에 놓인다. 이런 어려움은 재접근단계 동안 시작될 수 있고, 후기 발달 과정에서 재발생할 수 있다.

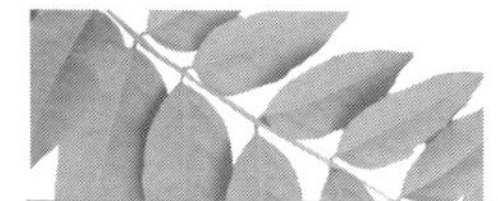

제11장 자기애적 성격장애

자기애적 성격장애를 가진 사람은 과대적 도식에 집착하고 관심을 갈망하며 자신의 완벽함을 극구 칭찬한다. 이런 외관 저변에서 이들은 불안정하고 의존적으로 느낀다. 이들은 자기와 대상을 상당히 분명하게 구별할 수 있으나, 핵심적인 영역에서 약간의 불확실성을 갖고 있다. 특히 이들은 자존감을 유지하는 내적 기능을 주위 사람에게 귀속시키고, 그들이 이상화하는 사람과 부분적인 융합상태로 들어가려 하는 경향이 있다. 통합 영역에서는 자기의 과대적 측면과 비하된 측면을 결합하는데 어려움이 있다. 자기의 과대적(좋은) 측면과 비하된(나쁜) 측면을 자기라는 동일한 것의 한 부분으로 경험하지 못한다. Kohut의 용어를 빌리면, 그들에게는 "자기의 불충분한 확립" 이 있다(Ornstein, 1974, p. 137).

자기애적 환자는 한 번에 며칠 혹은 몇 주 동안 자신의 중요성과 독특함에 대한 과장된 느낌을 유지할 수 있다. 과대적 자기가 우세할 때 이들은 자신이 상처받고 슬퍼하고 평가 절하된 자기이미지를 갖고 있다 하더라도 조금도 이를 자각하지 못한다. 이들이 자기애적 껍질을 뚫고 들어오는 모욕이나 실패를 겪으면, 산산조각 나고, 작고, 부적절하고, 무가치하다는 느낌을 가질 수 있다. 이들은 자신에 대한 이전의 좋은 평가를 기억하지 못하며 그것을 굴욕감을 느끼는 자신의 현재 경험과 통합하지 못한다. 다시 기분이 좋아지면 이들은 작고 상처받은 자기를 다시 한 번 잊고 또 다른 과대적 시도를 추구한다.

자기애적 성격장애 환자는 다른 사람에 대해서도 이상화와 평가 절하의 극단을 오락가락한다. 그들은 유명한 사람을 숭배하고 닮으려 하며, 그의 단점도 강점을 돋보이게 하는 것으로 여긴다. 이들은 어떤 우상에 대해 이렇게 말할지도 모른다. '그는 정말 멋져요. 다른 사람에게는 실수로 볼 수 있는 것을 그는 감출 필요가 없어요. 그는 대단한 천재예요. 모든 게 맞아떨어져요.' 이들이 이상화한 스타와의 관계에서 실제로 실망스러운 어떤 일을 경험하면, 이들은 갑자기 그 사람을 무가치하고 '쓰레기통으로 던져질 준비가 된' 사람으로 여길 수 있다. 이들은 숭배한 사람에 대해 이전에 갖고 있던 높은 평가를 그 사람의 약점에 대한 새로운 자각과 함께 인식하고 통합하는 능력이 부족하다.

경계선과 자기애적 범주는 진단의 연속선에서 중첩되는 부분이 있다. 많은 자기애적 환자는 약간의 경계선적 특성을 갖는다. 그러나 자기애적인 사람이 성격구성 수준에서 경계선적 사람보다 우위에 있다. 자기애적 환자의 자기-대상 분화가 좀 더 진전된 상태라는 징표가 있다. 자기애적 환자에게는 단기 정신병적 삽화가 거의 발생하지 않는 데 비해 많은 경계선 환자는 이에 취약하다(Kernberg, 1975; Kolb & Gunderson, 1980; Chopra & Beatson, 1986). 환각과 망상, 현실감의 상실은 정신병적 삽화의 특성이고 심각한 경계선의 혼동을 나타내는데, 자기애적 환자는 경계선 환자와는 달리 이 정도로 심각한 경계의 혼동을 나타내는 경우는 매우 드물다. 심리적으로 이들은 좀 더 분리되어 있다.

자기애적 환자는 통합이 덜 된 환자보다 좌절을 좀 더 잘 견뎌 낸다. 그들은 경계선 환자만큼 충동적이지 않다. 이들은 자신과 다른 사람을 구별할 수 있고 다른 사람을 명확히 개념화하고 일관되게 조종할 수 있다. 경계선 환자와는 달리 자기애적 환자는 물리적 실재로서 대상 그 자체를 끊임없이 추구하지는 않는다. 이들이 갈망하는 것은 대상의 관심과 숭배다. 이들은 마치 약물중독자가 약물을 필요로 하듯 칭찬을 갈구한다. 누군가가 이들이 필요로 하는 찬사를 보내지 않으면, 이런 환자는 자신의 무가치감을 그 대상에게 투사함으로써 자존감의 상실을 피한다. 그들의 욕구를 채워 주지 않은 대상은 무가치해지고 멸시받게 된다. 환자는 스스로에게 '내가 저런 바보의 의견에 신경 쓸 게 뭐야?' 라고 말한다. 이런 방어기제가 실패하면 과대 자기가 무너지게 된다.

자기애적 환자는 자신의 과대 자기에 집착하기 때문에 다른 사람을 공감하는 데 어려움이 있다. 다른 사람의 개별성에 대한 이들의 무관심과 무시는 이들이 유난히 독립적이라는 인상을 준다. 그러나 이런 겉모습은 실제 모습과 상반된다. 이들의 자존감 조절의 소재는 이들 외부에 있는 것으로 관찰된다. 자신의 목표와 관련된 수행을 평가하는 자아기능이 주변 사람에게 귀속되기 때문에 이들은 칭찬에 의존한다. 비록 이들의 자기이미지와 대상이미지는 상당히 분명한 경계를 갖고 있지만, 이들의 경계가 가장 투과적인 영역은 바로 자존감 조절의 영역이다. 따라서 이들은 자존감 조절을 위해 그들 외부에 있는 사람에게 의존한다. Kohut(1971)은 자기애적 환자가 자기가치감을 유지하도록 돕는 외적 대상을 "자기-대상[1)]" 이라 명명한다.

자기애적 환자는 흔히 다른 사람을 공감할 수 없듯이 자기 자신을 공감하고 위로할 수 없다. 만약 이들이 비난이나 패배를 경험하면, 이들은 자신의 어려움에 대해 성찰하고 자신의 슬픔이나 고통을 인식할 수 없다. 이들은 자신에게 '너는 이 부분에서 실패했어. 그렇지만 진짜 확실히 노력했어. 그

1) 141쪽의 제6장 각주 4) 참고.

리고 너는 다른 부분에서는 꽤 잘하고 있잖아.' 라고 말하지 못한다. 자신에게 공감하지 못하므로 외부의 승인을 필요로 하게 된다. 좀 더 잘 적응하는 환자는 찬양의 환호를 받을 수 있도록 자신을 혹사시킬 수 있는데, 이들은 휴식과 사람과의 교류에 대한 자신의 욕구를 간과하면서 과대적 자기가 전적으로 주도하도록 둔다. 이들은 자신에게 완벽을 요구하면서 자신을 부리는 혹독한 주인이 될 수 있다. 이보다 덜 적응적인 자기애적 환자는 찬사 대신 어떤 종류의 관심이라도 만족하는 수밖에 없다.

다음 예시는 과대 자기와 비하된 자기를 통합하는 문제와 자존감의 조절과 자기위로의 문제를 보여 준다.

D.C.는 23세의 남성으로 코카인을 흡입하고 난폭하게 운전하여 캘리포니아 주 벨레어(Bellaire)에서 병원에 왔는데, 이제 막 시작한 연기경력에서 기회를 잡았지만 무모한 일에 연루되어 실패하게 됐다.

그의 가장 최근 재앙은 그가 텔레비전 시리즈에서 작지만 상당히 괜찮은 배역을 시작하기로 되어 있던 전날 밤에 일어났다. 그는 다음 날 작업을 위해 쉬거나 준비하는 대신, 밤새 흥청대며 술을 마시고 코카인을 구하려고 찾아다녔다. 무기를 소지하고 있던 세 명의 마약상이 그의 친구의 금품을 갈취하고 얼굴에 침을 뱉고 약속한 코카인을 넘겨 주기를 거부하자, 그는 그 상황을 시정할 책임을 스스로 떠맡았다. 자신이 사태를 수습하겠다는 것이었다. 그는 자신의 신체적 힘을 과대 평가하고 불량배 중 한 명을 공격했다. 그리고 다른 두 명의 마약상에 맞서려고 몸을 돌리는 순간 쇠방망이로 얼굴을 맞았고 광대뼈가 골절됐다. 그는 땅바닥에 쓰러졌고 심하게 두들겨 맞았다.

D.C.는 응급실 의사의 충고를 받아들이지 않았다. 다음날 그는 성치 않은 몸으로 스튜디오로 갔다. 얼굴 골절상을 입었다면 다른 배우는 가지 않았을지 몰라도 그는 예외였다.

첫 번째 촬영이 끝나고 그는 우울증에 빠졌다. 배역이 충분히 좋지 않았다. 유명한 배우는 모두 그를 무시했다. 그는 자신이 아무것도 아닌, 별 볼일 없는 존재라고 느꼈다.

얼굴수술을 위해 입원해 있는 동안 줄곧 낙담한 상태였다. 퇴원 후 그는 6주

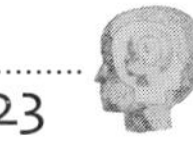

동안 자기 방에서 나오지 않으려 했다. 그는 누가 자신의 타박상을 보는 것을 원치 않았다. 이 시기에 그는 정신과 병원에 가라는 가족의 압박을 받아들였는데, 그 이유는 자신에 대해 좀 더 알고 자기 안 깊숙한 곳에 숨겨져 있다고 확신하는 위대한 배우를 드러내기 위해서였다.

그가 병원에 왔을 무렵 그의 얼굴은 나았고, 그의 코뼈를 능숙하게 재생해 낸 의사 덕분에 그는 전보다 더 잘생긴 모습이었다. 그는 더 이상 상처입고 무가치하고 낙담한 젊은 남성이 아니었다. 그는 병동을 활보하였고 자신의 영화 배역에 대해 허풍을 떨었고, 다른 환자를 '병자' 라고 조소하였으며, 간호사를 유혹하기 시작했고, 생색내듯이 정신과 주치의의 비위를 맞추었다. 정신과 의사의 공감적 발언조차 그는 자신의 존엄성에 대한 모욕으로 받아들였다. 응석받이로 취급하는 태도가 필요 없다는 것이었다. 면담 동안 정신과 의사가 그를 쳐다보면 그는 도전받는다고 느끼고 그의 우월성을 입증하기 위해 싸워야 했다.

결국 D.C.가 병원에 있는 동안 정신분석을 받기 시작해야 한다는 결정이 내려졌다. 그는 중독 상태가 아니고 과대성에 빠져 있지 않을 때 자신에 대해 성찰할 수 있었다. 정신분석은 치료로서 충분한 명성을 갖고 있었기 때문에 이 환자는 한번 시도해 보기를 원했다.

정신분석을 받는 동안 분석가가 그의 시야 밖에 앉아 있었기 때문에 그는 도전받거나 관심 밖으로 밀쳐진다고 느끼지 않았다. 분석가는 주로 그의 말을 들었고 이따금씩 발언했다. 그 결과 환자는 도우려는 시도나 혹은 새로운 통찰을 제시하는 행위에 의해 자존심 상하는 일이 없었다. 그는 자기에 대한 감각을 잃지 않았고 분석가에게 과도하게 투사함으로써 그의 경계를 혼동하지도 않았다. 그의 비침해적인 분석가는 위로해 주고 확인해주며 자존감을 조절해 주는 자기기능을 제공하는 다른 사람으로서 자기-대상(Kohut, 1971)의 역할을 했다.

몇 달 후 D.C.는 그의 과대적 자기와 상처받고 평가 절하된 자기의 통합을 시작할 수 있었다. 그는 자신이 선택한 전문직에서 열심히 노력해야 하는 재능 있는 젊은이로서 자신에 대한 이미지를 서서히 만들어 갔다. 그는 자신에게 휴식과 질서정연한 생활과 사람과의 교제와 연민의 정이 필요하다는 것을 깨닫게 되면서 공감적으로 되어 갈 수 있었다. 그는 평가 절하된 자기를 더 이상 다른 환자에게 투사할 필요가 없었다. 그는 다른 환자를 조롱하는 대신에 그들의 자존감을 높이도록 도울 수 있었다.

자기애적 자기이미지에 대한 새로운 이론적 통찰이 제시되기 전이라면, D.C.가 촬영을 앞두고 다친 것은 오이디푸스 갈등으로 해석됐을 수 있다(Freud, 1900). 그의 부상의 동기는 그가 아버지를 능가하기 위해 공개적으로 갈채를 받으려고 자신을 성공적으로 과시하는 데 대한 죄책감이라고 보였을 수도 있다. 이는 마치 그가 어린 소년일 때 그의 어머니가 아버지의 성기보다 자신의 성기를 더 숭배하기를 바랐던 것과 같다. 이런 이해는 그가 죄의식의 감정과 금지된 성공에 대한 벌이라고 상상하는 거세를 피하고자 자신의 성공을 스스로 방해하였음을 시사한다. 이후 분석은 D.C.의 꿈과 환상에서 보이는 것처럼 이러한 결론에 대한 약간의 증거를 보여 주었으나, 그것이 주요한 주제는 아니었다.

이 환자의 분석 초기에는 전통적 해석이 유용하지 않았을 것이다. 대상관계적 접근이 필요한 진전을 촉진시켰다. 오이디푸스 갈등에 대한 해석은 불충분했을 것이다. 왜냐하면 과대하고 평가 절하된 측면으로 나누어진 그의 양분된 자기가 그의 자기 파괴적 행동에 미친 영향이 경쟁적 분투에 대해 그가 느꼈을지도 모르는 죄의식보다 더 컸기 때문이다. 당시 그의 과대적 자기가 너무도 주도적인 상태였기 때문에 그가 혼자 그 세 명의 불량배를 물리칠 수 있다고 진짜 믿게 했고, 그렇지 않다면 심하게 두드려 맞았지만 연기할 수 있다고 믿게 했다. 마치 그의 의지로 물리적 현실의 한계를 극복할 수 있을 것 같았다. 이런 행동에서 그가 자신을 처벌한 것이 주된 부분은 아니었다. 왜냐하면 그는 자신이 실패할 것이라고 생각하지 않았기 때문이다. 오히려 그의 과대성은 자신이 성공할 것이라고 그가 믿도록 했다.

이 남성은 충분한 결의와 힘과 매력을 갖고 있어 외부에서 보이는 그의 실제 모습이 그의 내적인 과대한 자기이미지에 상응하도록 하기 위해 놀랄 만큼 많은 노력을 기울일 수 있었다. 경쟁적 분투에 대한 분석이 유용성을 가질 수 있으려면 이런 자기이미지에 대한 설명이 필요했다. 오이디푸스 갈등에 대한 해석이 일찍 제시되었다면 그는 아마도 이것을 완벽한 자기이미지에 대한 공격으로 경험했을지 모른다. 오이디푸스 갈등의 분석은 과대적 자기이미지와 평가 절하된 자기이미지가 좀 더 통합된 후에야 시도될 수 있을 것이다.

자기애적 환자의 대상관계 구성은 재접근기와 온전한 대상관계 획득 사이에 놓인다. 전적으로 좋고 전능하거나 혹은 과대한 자기가 전적으로 좋고 전능하거나 혹은 이상화된 대상에서 분화되는 것이 이 시기다. 마찬가지로 전적으로 나쁘고 평가 절하된 자기가 또한 전적으로 나쁘고 평가 절하된 대상에서 분화된다. 자아는 아직 과대적 자기와 평가 절하된 자기를 통합하지 못한다. 만일 이러한 두 개의 자기경험이 그 사이에 벽이 놓인 듯 서로에게서 차단된 채로 있다면, 자기애적 환자는 과대적 상태에 있을 때 약점을 자각할 수 없게 된다.

3세에서 4세 사이의 정상아동은 종종 이러한 대상관계구성을 보인다. 예를 들어 이 나이 또래 아동은 히맨(He-Man)[역주: 1980년대 미국에서 인기를 끌었던 강력한 힘을 가진 애니메이션 주인공으로 2000년대 초반에 다시 인기를 끌고 있음] 놀이를 하기 시작한다.

3년 6개월 된 남아가 '히맨' 이라고 소리치며 방안으로 쏜살같이 들어와서는 의기양양하게 팔을 들어올렸다.

"아, 네가 히맨이라고 흉내 내고 있구나."라고 아이의 아빠가 말했다.

"아니야. 아빠. 나는 정말 히맨이야."라고 아이는 아빠의 말을 바로 잡고 다른 방으로 쏜살같이 달려 나갔다.

이 아이는 실제로 자기를 상실할 것에 대한 두려움 없이 자신이 과대적 대상이미지, 즉 히맨과 동일하다고 상상할 수 있었다. 그는 또한 자신이 아버지의 어린 소년이라는 것도 인식할 수 있었다. 그는 자신을 내적 대상과 외적 대상에서 부분적으로 구별할 수 있었으나, 여전히 자신이 전적으로 강력하다고 볼 필요가 있었다. 과대적 놀이를 하는 동안 그는, 달리다 넘어져 그의 과대적 자기가 압도되지 않는 한 자신의 약점을 인정하지 않을 것이다. 넘어지게 되면 그는 무너지는 느낌을 갖고 울며 아버지의 도움을 요청할 것이다.

자기애적 문제를 후기 재접근단계와 초기 대상항상성 단계에 배치하는 것은 이전의 정신분석학에서 이러한 과시적이고 자기애적 행동을 심리성적 발달의 요도기(urethral phase)라 불리는 단계에 배치하는 것과 일치한다(Tyson, 1982). 이 단계는 항문기와 오이디푸스기 사이에 놓이고 약 3세에서 4세에 해당한다.

Kohut(1971)은 자기심리학의 기반을 자기애적 장애 연구에 두었는데, 그는 자기애의 근원은 3세에서 4세보다 훨씬 이른 시기에 시작된다고 했다. 그는 아이가 아주 어릴 적 공감적 양육이 실패하면 아이가 과대적 자기이미지를 놓아 버리고 약점을 인식하고 받아들이는 것을 어렵게 한다고 주장했다. Tolpin(1971)은 이런 공감의 실패가 발달의 다른 단계에서 다양한 함축적 의미를 가진다고 설명했다. 내 생각에 이런 발달상황의 최종 결과는 이런 아동은 재접근단계에 뒤이어 자기이미지가 결합될 준비가 되어 있는 시기에 부모의 공감적 능력을 내면화할 수 없다는 것이다. 그 결과 이들은 자기위로기능을 수행할 수 없고, 이 때문에 자기조절장애를 갖게 된다(Grotstein, 1987). 자신의 힘든 상태에 공감하는 능력이 결여되어 있어 이런 아동은 자신의 약점을 분열시키고 부인할 수밖에 없다. 그리고 나서 무력감과 취약함의 압도적인 감정에 맞서 자기를 방어하기 위해 이들은 과대적 자기이미지를 강화하게 된다.

이전 발달단계의 문제가 후기 재접근 단계와 초기 오이디푸스 단계의 실패를 초래할 수 있을 뿐만 아니라, 이후 단계의 어려움이 이런 문제의 재발을 가져올 수도 있다. Tolpin(1971)은 자존감 조절의 주제는 일생 동안 지속된다는 점을 지적하기 위해 발달과정에 대한 Anna Freud(1965)의 생각을 적용하여 이 주제를 명료화했다. 부화단계와 연습단계 동안 유아는 확인시켜 주는 찬사와 반영을 요구한다(Kohut, 1971). 재접근단계 동안 이들은 한계 설정뿐만 아니라 공감적 이해와 인내가 필요하다. 대상항상성이 발달하고 오이디푸스 갈등이 발생하면, 그들이 여전히 이상화하는 부모와 동일시하는 것이 필요하다. 잠복기에는 교사와 또래의 승인과 찬사가 필요하다. 청소년기에는 다시 교사와 운동선수, 연예인을 이상화하고 동일시할 필요가 있다. 성인기에 역할은 여전히 다른 사람에 의해 확인된다. 노골적인 자기애적 행동은 연습단계 유아에게서, 그리고 다시 후기 재접근단계와 초기 오이디푸스 유아에게서 분명하게 나타날 수 있다. 그러나 자기애적 장애는 발달과정상의 어떤 지점의 실패에 의해서도 발생할 수 있다. 확고한 자기애적 성격이 형성되려면 유아는 발달단계 전반에 걸쳐 만성적인 부모의 공감 실패에 노출되어야 한다. 위로해 주고 공감하는 부모 대상이 결여되어 있으므로 이들은 변형적 내면화의 정상적 과정을 통해 자신을 위로하는 능력을 획득하지 못한다(Kohut, 1971; Tolpin, 1971).

Kohut과는 달리 Kernberg(1974a, 1975)는 유아의 공격적 시기심과 평가 절하를 자기애적 장애의 발달에서 핵심적인 요인으로 강조한다. 그는 타고난 과도한 공격적 욕동 때문에 부모이미지가 평가 절하되어, 유아는 부모가 실제만큼 지지적이라고 경험하지 않는다고 한다. 그는 공격성이 부모에 의한 만성적인 좌절에 의해 야기된 실망과 관련될 수 있음을 인정한다. 그러나 그는 이런 가능성을 강조하지는 않으며, 유아 자신의 공격성이 자기애적 문제에서 중요한 역할을 한다고 지적한다. Kernberg와 Kohut의 이런 이론적 입장 차이는 아직 해소되지 않고 있다. 임상적으로는, 특히 치료 초기에는 환자의 실제 외적인 부모가 환자의 생애 초기에 어떻게 행동했는지에 관계없이, 환자가 경험한 실망에 대해 Kohut이 제안한 공감적 이해에 주력하는 것이 가장 유용한 접근으로 보인다. 치료자

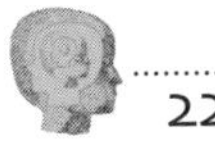

는 동시에, 특히 치료 후반부에 Kernberg의 관점을 유념해야 한다. 즉, 유아가 궁극적으로 가장 많은 통제력을 가질 수 있는 부분은 자기 자신의 공격성과 시기심이라는 점이다. (치료적 쟁점은 제13장과 제14장에서 다시 다룰 것이다.)

자기애적 장애의 원인에 대한 논의에서, 환경적 문제나 공격적 욕동의 증가와 더불어 미약한 통합적 자아기능이 과대적 자기이미지와 평가 절하된 자기이미지를 조절하는 데 어려움을 초래할 수 있다는 가능성을 간과해서는 안 된다. 만일 유아가 이런 이미지를 비교하고 대조하고 모순적 개념을 동시에 마음속에 유지할 수 없다면, 적절한 양육과 정상적 강도의 욕동에도 불구하고 유아는 통합되지 않고 과대적이며 비하된 자기이미지를 유지할지 모른다. 이런 문제는 실패와 비판, 낮은 자존감, 보상하려는 과대적 시도 및 실패의 악순환으로 귀결될 수 있다. 통합적 자아기능이 미약한 아동은 학교에서 배우는 개념을 연결하는 데에도 어려움이 있을 수 있다. 통합과 분화의 어려움은 흔히 전반적으로 나타나, 자기이미지와 대상이미지의 발달과 마찬가지로 추상적 사고와 문제해결에도 영향을 미친다. 학교에서의 실패와 부모의 비난은 아동의 자존감을 떨어뜨릴 수 있다. 이미 자기이미지를 비교하고 대조하는 데 어려움이 있는 아동이 수치심을 보상하려고 시도하면 부가적인 과대적 환상을 초래할 수 있고, 이는 집중을 저해할 수 있다.

부모의 공감 실패가 자기애적 장애의 원인에 포함될 경우 실패의 원인은 다양하다. 사회적 상향이동을 위해 애쓰는 부모의 경우, 자녀를 공감할 능력을 갖고 있을 수 있으나 그들의 이해를 전달하기 위해 자녀와 함께 충분한 시간을 보내지 않을지도 모른다. 그들은 자녀를 위해 물질적으로 충분히 제공하지 못하면 죄책감을 느껴 결과적으로 부모 둘 다 더 오랜 시간 일을 하고 그들의 이상화된 자녀를 어린이집에 맡길지 모른다. 성공과 재정적 안정을 얻고자 하는 압박과 일관된 양육과 인정에 대한 자녀의 욕구

간에 균형을 이루지 못한다면, 공감적 능력이 있는 부모와 좋은 자질을 갖춘 아동에게서조차 흔히 자기애적 문제가 발생할 것이다.

자기애적 장애는 모든 사회적 계층에서 보편적으로 나타난다. Lasch(1978)와 Rinsley(1982) 모두 우리는 아이의 응석을 지나치게 받아주면서도 동시에 소홀히 하는 양육방식 때문에 자기애의 시대에 살고 있다고 시사했다. Tuchman(1978)은 14세기 유럽에서 만연했던 착취적이고 자기중심적인 행동과 이에 따른 자존감의 기복에 대해 묘사했다. Drinka(1984)는 19세기 유럽의 퇴폐한 천재 집단에 대해 묘사했다. 대부분의 문화에 대한 연구는 하나의 특성으로 자기애의 증거를 보여 줄지 모른다. 자기애는 제2차 세계대전 이후 미국 사회의 유별나게 두드러진 특성일 수도 있고 아닐 수도 있다.

모든 자기애적 문제가 발달적 문제나 성격장애를 시사하는 것은 아니다. 모든 사람은 때로는 자신을 과대 평가하고 또 때로는 과소 평가하는 경향이 있다. 정신분열증과 조증, 우울증, 경계선 장애, 강박신경증 및 히스테리 환자는 모두 자존감 조절의 문제를 가진다. 환자가 꽤 분명한 자기-대상 경계를 보유하면서도 극단적이고 지속적으로, 통합되지 못한 과대적 자기이미지와 평가 절하된 자기이미지를 가진 경우에만 자기애적 성격을 갖고 있는 것으로 간주된다. 이런 경우에 과대적 환상에 대한 집착, 다른 사람들을 공감할 수 있는 능력의 결여, 칭찬과 찬사에 대한 의존이 생긴다.

관심과 애정, 칭찬, 확인을 바라는 소망이 반드시 어떤 장애의 징후는 아니다. 이런 자기애적 갈망은 개인이 다른 사람들의 영향에 열려 있도록 하는 데 도움이 된다. 이와는 달리 자기애적 성격장애를 가진 사람의 경우 과대적 환상이 의미 있는 관계성에서 이들을 단절시킨다. 성공과 인정, 그리고 심지어 유명세와 어느 정도의 명성에 대한 갈망은 병이 아니라 적응적 기능의 한 부분이다. 모든 자존심이 오만은 아니다. 모든 사람의 성격에 존재하는 자기애적 주제와 자기애적 장애의 차이점은 통합의

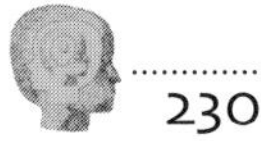

문제다. 자기애적 성격장애가 없는 사람은 자신의 강점을 인식하면서 동시에 자신의 약점을 받아들일 수 있다. 성숙한 사람은 주변 사람의 욕구에 민감할 수 있다.

경계선적 성격장애를 가진 사람은 좋은 대상의 보살핌을 추구한다. 자기애적 성격장애자는 대상의 관심과 칭찬을 추구한다. 정상적인 사람과 신경증적 사람은 주로 대상의 사랑을 소망한다. 사람은 성숙할수록 사랑받기를 바라는 만큼 점차 다른 사람을 사랑하고 또 이런 사랑이 받아들여지기를 바라게 된다(Menninger, 1942).

진단에도 유행이 있다. 히스테리에 대한 Freud의 연구에 따라, 거의 모든 환자가 히스테리 환자로 간주된 적이 있다. 좀 더 최근에는 경계선 장애가 편재했다. 이제는 자기애가 널려 있다.

자기애적 장애 환자는 흔히 재능 있고 매력적이며 성공한 사람이다. 하지만 자신의 과대적 측면과 평가 절하된 측면에 대한 미약한 통합은 내면 깊이 느껴지는 무의미감과 공허함과 함께 엄청난 성공에 대한 환상과 착취적인 행동에 대한 집착을 초래한다. 좋고 나쁜 자기이미지와 대상이미지가 미약하게 통합되었음에도 불구하고 이들은 꽤 명확한 자기-타자 경계를 유지할 수 있다. 이들은 경계선적 장애 환자에 비해 더 잘 분화되고 통합되어 있기 때문에 좀 더 높은 발달 수준, 즉 재접근단계와 온전한 대상관계 발달 단계 사이에 놓인다. 자기애적 장애는 경계선 장애와 신경증과 중첩된다.

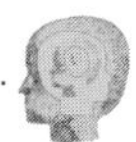

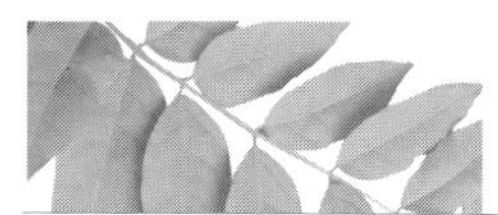

제 12 장 신경증적 성격과 정상 성격

신경증적 성격과 정상적인 성격을 가진 사람은 진단의 연속선에서 온전한 대상관계 수준에 위치한다. 모든 사람은 자기와 대상을 구별하고, 좋은 것과 나쁜 것을 통합하고, 의미 있는 인간관계를 유지하는 과제와 씨름해야 한다. 주로 정상적이거나 신경증적 문제를 가진 사람은 자신의 내면의 갈등을 해소하고 시간이 지나면서 연속성을 발달시켜 나간다는 느낌을 갖고 있다.

경계선적 어려움과 자기애적 어려움과 마찬가지로 신경증적 문제도 사랑과 미움과 관련이 있다. 그러나 그런 증상은 혼란스러운 행동과 관련되기보다 죄책감과 우울 그리고 슬픔과 관련이 있다. 우리가 상처 주거나 처벌하거나 파괴하려는 대상이 복잡하고 또 우리가 사랑하는 사람의 한 측면이라는 사실이 인식되면, 죄책감과 슬픔이 생긴다.

신경증적 성격 구조를 가진 사람도 비록 경계선적 환자나 자기애적 환자와는 다른 방식이기는 하지만 때때로 극도로 역기능적이 될 수 있다. 이들은 세상을 좋고 나쁘다로 분열시키고 이상화하고 평가 절하하는 대신 긍정적인 감정과 부정적인 감정을 동시에 경험하지만, 어떤 감정에 대해서는 무의식적인 상태로 남아 있다. 이들은 원치 않는 감정을 억압하고 이를 꿈과 말실수와 증상으로 나타내는데, 이는 원치 않는 감정을 분열시키고 투사하면서 원치 않는 감정이 동시에 나타나지 않는 양상과는 다르다.

43세의 정신의료 사회복지사인 J.G.는 항우울제의 도움으로 심각한 우울증에서 어느 정도 회복되었다. 심리치료를 시작했을 무렵 그는 실직한 상태였고, 결혼생활은 파탄 직전에 있었다. 그와 아내는 그들이 만족스러운 관계를 다시 시작하도록 상호 비난이 상당 기간 멈출 수 있을 것이라는 희망을 갖고 몇 달 동안 별거할 계획을 세웠다.

이 환자는 인지치료에 정통했고, 자신의 자기패배적인 방식에 대해서도 책에서 읽어 보았다. 그는 자신의 자기기만과 합리화를 노출시킬 수 있도록 가능한 한 모든 도움을 받고 싶다고 치료자에게 말했다. 그는 어떻게 하루 종일 소파에 누워 자기기만과 우울증에 관한 책을 읽는지 이야기했다. 그의 아내가 직장에서 돌아오면, 그는 자신의 문제에 대해 알게 되었고 자신이 직장을 구할 수 없었던 이유를 이제 이해했다고 말하곤 했다. 그의 아내는 말을 듣다가 참을성을 잃게 되었고, 만일 그가 일자리를 찾지 않는 이유에 대해 책을 읽는 대신 일자리를 찾았다면 이미 찾았을 것이라고 말해 주었다.

환자는 비슷한 설명으로 치료시간을 채웠다. 그는 그의 이해를 인지적 관점에서 정신분석적 관점으로 바꾸었다. 치료자는 처음에는 환자가 자신의 합리화와 성공에 대한 방어에 관해 통찰을 얻어 가는 것에 고무됐다. 그러나 몇 달이 지난 후에도 J.G.의 통찰은 좀 더 효율적인 기능으로 이어지지 않았다. 치료자는 지루해지고 낙담했으며, 마침내 J.G.가 실행에 옮기도록 직접 권장하고 싶어 하는 자신을 보게 되었다. 치료는 궁지에 빠졌다.

치료자가 그들이 궁지에 빠졌다는 의견을 제시하고 상황을 점검하기 시작할 때까지 교착상태는 변하지 않았다. J.G.는 자신이 지난 5년 동안 세 자녀의 아버지와 가장에서 전업남편으로, 그리고 우울한 신경증 환자로 바뀐 과정에 대해 설명했다. 그의 이야기에는 그가 일했던 지역사회 정신건강센터에서 그가 어떻게 실무진의 직면을 받고 공개적으로 모욕을 당했는지에 대한 내용이 포함되었다. 터놓고 이야기해 보자는 명목하에 그의 동료는 그를 '도마' 위에 올렸다. 그는 모멸감을 느꼈지만 정중하게 받아들였다.

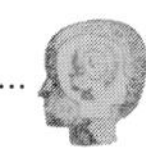

이 사건은 그의 아내가 그의 바람과는 달리 직장으로 돌아가기로 결정했던 때에 일어났다. 그는 점점 더 통제하려 했고 더 많이 요구했다. 아내는 그가 다른 생활방식에 대한 그녀의 요구를 인정해 주지 않는다면 이혼하겠다고 위협했다. 그러자 그는 이해한다며 자신의 사려 깊지 못한 행동에 대해 사과했다. 그는 그들의 역할에서 일정한 변화를 위해 협상하지 않았고, 아내가 바라는 모든 것에 동의했다. 직장에서의 그의 수행은 계속 저하되었고 결국은 해고를 당했다. 이때 그는 반복해서 발생하는 우울증과 발기부전을 경험했다.

치료자는 환자가 끝없이 이어지는 설명을 시작하기 전에 끼어들었다. 평소의 비직면적인 접근에서 태도를 바꾸어 그는 불쑥 질문을 했다. "당신은 동료의 직면을 왜 참았나요? 당신은 왜 자신을 우습게 만드는 일에 참여했나요?"

J.G.는 자신도 놀랄 정도로 갑자기 동료에 대해 화를 내며 욕설을 퍼붓기 시작했다. 그는 격분했다. 불만이 높아지면서 그는 치료자가 그를 직면시킨 데 대해서도 기분이 좋지 않다는 사실도 표현했다. 비록 치료자가 자신을 위해서 그렇게 했다 하더라도, 치료자가 민감하지 못하게 자기를 대하고 수치심을 느끼게 했다는 것이었다. 그런 뒤 그는 침착해졌고 그날의 회기는 평소처럼 끝났다.

다음 회기에 J.G.는 자신의 꼴사나운 행동에 대해 사과했다. 그는 치료자가 인정받지 못한다는 느낌을 갖게 했을까 봐 두려워했다. 치료자는 J.G.가 부정하는 말을 이어 가도록 내버려 두는 대신, 그가 도움을 지배하는 것으로 경험하기 때문에 도움받는 것을 원망하고 있다고 지적했다. J.G.는 자신이 지배하는 사람이 되기를 원했지만, 그는 자신의 소망을 가식적인 순응 뒤에 숨겼다. 치료는 다시 효과적으로 진행되기 시작했다.

J.G.가 그의 원망을 자각하게 되었을 때, 그는 아내에게 지나치게 화를 냈다. 아내는 그런 그를 억누르려 애쓰지 않았고, 그가 순응적이고 자기패배적인 행동을 바꾸고 가정에서 더 적극적인 역할을 하게 된 것에 안도감을 느꼈다. 그는 점차 화를 덜 내게 되었고, 더 자기주장적으로 되어 갔다. 그는 직장 면접을 받으러 여러 곳에 차를 몰고 갈 수 있도록 가족이 모아 둔 돈으로 차를 한 대 더 구입하자고 주장했다. 그는 병원 환자를 배치할 양로원을 찾는 일을 얻게 되었고, 그를 대신하여 가사를 도와줄 사람을 구했다.

이런 개선이 있기 전 J.G.는 다른 사람의 주장적인 행동에 순응하고, 그것을 원망하고, 자신이 무능하여 복수할 수 없다고 느끼는 패턴을 보였었다. 이것은 더 강한 분노를 낳았다. 그는 일을 하지 않음으로써 아내에게 복수했고, 이와 동시에 가족 안에서 효율적인 역할을 스스로에게서 박탈함으로써 아내를 패배시키는 데 대해 자신을 벌했다. 치료 상황에서도 유사하게 그는 통찰을 얻지만 알게 된 것을 실행하지 않음으로써 치료자의 노력을 좌절시켰다. 이런 방식으로 그는 겉으로는 치료에 관심이 있는 것처럼 보였지만, 실제로는 치료자의 기법이 효과적이지 못하다는 것을 소극적으로 보여 주었다. 그는 계속되는 우울과 실직과 발기부전으로 이런 저항에 대해 자신을 벌했다. 그는 순응적이고 열심히 노력하는 것 같이 보였지만, 이러한 패턴에 대해 직면하고 해석할 때까지는 개선을 보이지 않았다.

여기에서 갈등은 분열되지 않았다. J.G.는 분노와 승리를 경험하였지만 이런 감정을 억압했다. 그는 의식적으로 무력하고 수동적으로 느꼈으나 확고한 비활동을 통해 복수를 꾀했는데, 이를 자각하지는 못했다. 경계선 환자라면 그 자신과 그를 돌봄으로써 그를 충족시켜 주는 아내에 대해 좋게 느꼈을 가능성이 더 높다. 또한 버림받았거나 거부당했다고 느꼈다면, 전적으로 나쁘다고 느끼고 낙담하여 약물이나 알코올 혹은 혼외정사와 같은 다른 욕구충족을 추구했을지도 모른다. 대신 J.G.는 좋은 면과 나쁜 면 둘 다를 느꼈고, 건설적인 행동과 파괴적인 행동을 모두 했다. 이러한 행동은 그가 자신을 성공할 가치가 있고 또한 벌 받을 만하다고 생각하고 있음을 보여 준다.

비록 J.G.의 발달 수준은 더 높았을지라도 그의 행동은 많은 경계선 환자나 자기애적 환자만큼이나 그를 무능하게 했다. 그는 일을 하든지 성생활을 하든지 간에 삶에서 만족을 얻을 수 없었다. 그의 증상은 대부분의 경계선적 환자보다 더 잘 통합된 자기이미지와 대상이미지를 보여 주었다. 아내와 동료 그리고 마침내 치료자에 대한 복수를 꾀하는 동시에 복수하는 자신을 벌하는 것은 그가 다른 사람을 자신에게 해를 끼치는 존재인 동시에 가치 있는 존재로 보았음을 나타낸다. 그는 자신 또한 피해자면서 가해자로 보았다. 한 가지 감정은 의식적이었고 다른 감정은 무의식적이었다. 그가 자신의 분노를 의식하게 되었을 때, 그는 마음의 짐을 덜었다고 느꼈다.

무의식적으로 양가적인 이런 관계 패턴은 환자와 부모의 초기 상호 작용에 그 뿌리를 둔다. 이런 갈등은 온전한 대상관계의 발달과 동시에 일어나거나 발달에 이어서 일어난다. 유아기의 신경증적 갈등 이론은 고전적 정신분석학 문헌에서 너무도 광범하게 설명되어 있기 때문에 여기에서는 다루지 않을 것이다.

어떤 사람이 온전한 대상관계 발달 수준에 도달했고 그의 문제가 주로 신경증적인 경향이 있다고 해서 이전 발달 단계에서 어려움이 없었다는 뜻은 아니다. 예를 들어 J.G.는 아내와 동료 그리고 치료자가 마술적으로 그를 이해하고 그가 어떤 노력을 하지 않더라도 전능하게 그의 요구를 충족시켜 주어야 한다는 유아적인 믿음을 마음 저변에 갖고 있었다. 이런 자기애적 태도는 차단된 채 남아 있어 자각되지 못했다. 아마도 그가 이후 신경증적 갈등에 취약하게 만든 것은 이전 발달단계의 이런 자기애적 문제였을 것이다.

J.G.는 부정적인 감정을 인식하지 않으려고 억압을 사용했지만, 어떤 사람은 반대 경향을 나타낸다. 대체로 상실한 대상에 대한 부정적인 감정이 억압되어 애도 반응이 해소되지 않는데, 때로는 의식에 닿지 않는 것이 긍정적인 감정인 경우도 있다.

T.F.는 29세의 법학도였다. 그녀는 피로감과 삶에 즐거움이 없음을 호소

하며 치료를 받으러 왔다. 이 매력적이고 지적인 여성에게는 3세가 된 아들이 있었고, 아이를 낳기 직전 이혼했다. 그녀는 자녀양육비을 요구하거나 받아들이지 않았다. 그녀는 일을 했는데, 사회생활도 적극적으로 하면서 자신의 로스쿨 학비를 벌었다. 그녀는 아이를 각별히 잘 돌보기 위해 애썼고, 한부모 양육 기술에 대해 광범하게 책을 읽었다.

그녀는 아이의 아버지는 자기중심적이고 쓸모없는 사람이라고 보고하였다. 그녀는 남편을 원하지 않았다. 남자는 좋은 부모가 되지 못하며, 그녀 혼자서 더 잘할 수 있었다.

학교에서 그녀는 과로하고 있고 대부분이 남성인 교수들이 자신을 괴롭힌다고 느꼈다. 그녀는 도움을 청하러 교수를 찾지 않았으며, 법률적인 쟁점과 학점 체계의 공정성을 놓고 그들과 논쟁하면서 많은 시간을 보냈다. 강사와 논쟁하는 그녀의 성향은 그녀의 학습 능력을 방해하기 시작하였고 자신의 학점 유지를 위태롭게 했다.

치료 회기에서 그녀는 전형적으로 불평을 연이어 털어놓은 후 남자 정신과 의사에게 "선생님이 어떻게 도와줄 수 있을지 정말 모르겠어요."라고 말하곤 했다. 그러고 나서 그녀는 그가 말하는 것은 무엇이든 반박하곤 했다. 그녀는 성실하게 매 회기에 참석하였고 재정적인 어려움에도 불구하고 제때 치료비를 지불했다.

치료에 대한 그녀의 양가적인 태도에 주목하면서 치료자는 어쩌면 그녀가 누군가가 자기를 돌보아 주기를 얼마나 깊이 바라는지를 자신이 인식하지 못하게 막기 위해 치료자나 다른 누구에게 도움을 바라거나 기대하지 않는지도 모른다고 암시했다. 어쩌면 그녀는 심지어 아들과 재정에 대해 자신을 도와줄 수 있는 배우자를 바라고 있을 수도 있었다. 치료자는 "어쩌면 당신은 심지어 아이 아버지를 사랑했고, 그가 당신과 아이를 돌봐 주기를 바랐을 수도 있어요. 당신은 그를 분명히 사랑한 때가 있었겠지요."라고 말했다.

T.F.는 조용히 앉아 있었다. 불안하게 논쟁하던 그녀의 행동이 멈추었다. 나중에 그녀가 말한 대로, 그녀는 아이 아버지를 그리워하지 않으려고 그가 얼마나 믿을 수 없는 사람이었는지를 염두에 두려고 애써 왔었다. 그녀는 임신하기 전 몇 년 동안 그와 동거했었다. 그는 수많은 결점을 갖고 있었다. 그녀는 그에게 많이 의존할 수는 없었을 것이다. 하지만 자신이 그를 사랑했었고, 그에게 의존하기를 바랐음을 기억하는 것은 그녀에게 안도감을 주었다. 그녀는 그의 상실에 대해 애도하지 않기 위해 그에 대한 이런 긍정적인 감정을 억압했던 것으로 보였다. 이와 동시에 그녀는 아이 아버지로서 적합한 배

우자를 갖는 그녀의 환상의 상실을 애도하는 것을 회피했다. 이런 환상은 애초에 그녀의 아버지와 연관된 내적인 대상 표상이었다. 의식적으로 그녀는 그리워할 만한 가치가 있는 것을 상실하지 않았기 때문에 슬퍼할 필요가 없다고 자신에게 말했다. 무의식적으로는 남편-아버지의 내적 대상을 계속해서 과대 평가했다. 그녀는 이렇게 이상화된 대상을 배신하는 것에 대해 자신을 벌하려고 도움을 받을 수 있고 만족스러운 관계 형성의 가능성을 거부함으로써 이런 관계를 스스로 박탈했다.

이런 갈등은 건강하다고 생각되는 사람에게도 나타난다.

55세의 보험회사 간부인 W.B.는 치료를 받으러 와서 아내에 대해 의논했는데, 그의 아내는 2년 전 좌측 뇌에 출혈이 있었다. 30년 동안 그와 아내는 상당히 서로 지지하며 함께 살아왔었고, 힘든 시기에도 서로를 배려해 주었다. 그들은 서로를 깊이 좋아하고 아끼게 되었다. 그들은 두 명의 자녀를 건강하게 키웠고 최근에 구입한 해변가 주택에서 은퇴생활을 보내기를 기대하고 있었다.

이 모든 것이 아내의 뇌출혈 이후 달라졌다. W.B.는 아내가 보행기를 사용하고 옷을 입고 벗고 재활을 위해 노력하는 것을 돕는 일을 개의치 않았다. 그러나 그는 늘어난 가사는 반갑지 않았으며, 아내의 상태가 좋아지면서 아내가 그녀의 임무의 일부를 다시 해 주기를 기대했다. 그는 성인기 내내 아내의 도움을 받았으며, 아내가 보여 준 관심에 대해 그리고 이제는 어떻게 그가 그녀의 배려를 되돌려주고 있는지에 대해 스스로 상기시켰다.

시간이 지남에 따라 아내의 신체적 능력 일부는 회복되었지만, 말은 여전히 온전하지 않은 상태였다. 그녀는 또한 감정을 통제할 수 없게 되었고, 남편에게 고함을 지르기 시작했다. 때로는 심지어 작은 가사 도구를 그에게 던지기도 했다. 그는 "그것을 개인적으로 받아들여서는 안 된다는 것을 알고 있지만 때때로 개인적으로 받아들여 내가 맞받아 화를 낼 때면, 내가 부끄럽고 우울해집니다."

W.B.는 고통스러운 상황에 대한 자신의 정상적인 복합적인 감정을 의식하고 있었다. 그는 자신의 감정을 기술하기 위해 '우울하다'는 단어를 사용했지만, 그는 임상적으로 우울하다기보다 슬픈 상태였다. 마침내 그는 아내

를 돌보는 데 주위 여자 친지에게 좀 더 많은 도움을 요청할 필요가 있음을 깨닫게 되었다. 그는 또한 친구와 더 자주 골프를 치기 시작했다. 그는 어려운 삶의 상황에 계속 처해 있었기 때문에 연민과 염려, 슬픔, 좌절, 짜증이 뒤섞여 있는 그의 복합적 감정은 결코 완전히 해소될 수는 없었다.

기능수준이 높은 성격을 가진 사람도 때로는 실제보다 더 문제가 있는 것처럼 보여 치료자를 호도한다. 죄책감 때문에 그들은 자신의 바람직하지 못한 자질을 과장하고, 자신을 자기애적으로나 경계선적으로 혹은 반사회적으로 묘사함으로써 자신을 벌한다.

S.G.는 자신이 경계선적 성격을 가졌다고 생각하는 30세의 심리학자였다. 그녀는 일의 구조 속에 있는 동안에는 잘 수행했지만, 퇴근 후와 주말에는 "안 좋은 기분에 빠졌다."라고 정신과 의사에게 말했다. 그녀는 남편에게 격분하게 되었고, 다른 남자를 유혹하는 행동을 했고, 때때로 심하게 술을 마시고, '아무것도 개의치' 않기도 하였다. 그녀는 어쩌면 자신이 좌절하거나 혼자 있는 것을 견딜 수 없고 지속적인 관심을 원한다고 추정했다.

그녀가 경계선 환자를 만나면 그들의 공허감과 절망을 이해할 수 있었다. 그녀도 때때로 그런 감정을 경험했다. 그들의 울화도 이해할 수 있었다. 그녀 또한 울화를 느꼈다. 친밀감에 대한 그들의 갈망은 그녀의 갈망과 같았다. 그들의 행동화는 그녀의 행동화와 같았다. 그녀 또한 대마초를 사용했었고 LSD도 써 보았다. 20대 중반에 그녀는 실제로 문란한 성생활을 했다.

S.G.는 자신에 대해 꽤나 혼란스러운 그림을 그렸지만, 그녀는 약간 히스테리컬 하고 강박적인 특징을 갖고 있는 상당히 통합이 잘되어 있는 여성이었다. 그녀는 어떤 특정한 성격장애를 가진 것은 아니었다.

이 여성은 격식 있는 중상류층 뉴잉글랜드 가정에서 성장했다. 그녀의 어머니는 자녀와 지역사회에 관여했다. 이 환자는 행복하고 활기찬 아동으로 친구가 많았다. 그녀는 아버지를 사랑하고 우러러 보았는데, 그는 차분하고 자신감 있는 사람이었다. 그는 그의 아버지가 그랬던 것처럼 시내에서 가장 큰 백화점을 소유하고 경영했다. 그녀는 7세 때까지 컨트리클럽의 수영장에서 아버지와 함께 물장난하기를 무척 좋아했고, 어머니는 그때 수영장 주변에서 가족 지인과 어울렸다. S.G.는 자신이 아버지가 가장 좋아하는 사람이라고 느꼈다.

그녀가 7세 때 아버지가 심장마비로 사망했다. 그녀의 어머니는 직장을 구해 다녀야 했다. S.G.는 자신이 소중히 여기는 아버지와 사려 깊은 어머니를 자랑스러워했는데, 이제 자신이 초라해졌다고 느꼈다. 8세에서 10세 사이에 그녀가 학교에서 집에 돌아왔을 때 그녀를 맞아 주는 사람이 아무도 없었기 때문에 그녀는 자신과 자신의 가정이 뭔가 잘못됐다고 생각하기 시작했다. 그것은 저 아래 저소득층 가정의 방식이었다. 좀 더 나은 가정이 살아가는 방식이 아니었다.

S.G.는 이런 상황에 대한 반응으로 더 잘 처신하려고 애썼다. 만일 아버지가 없어서 그녀에게 문제가 있다면, 그녀는 그것을 보상하고자 했다. 그녀는 다른 여학생보다 예쁘고, 똑똑하고, 더 예의 바르게 행동했다. 그녀는 어머니에게 순종하였고, 집을 깨끗하게 치웠고, 그녀의 벽장을 먼지 하나 없이 정리했고, 옷을 다려 입었다. 중고등학교에서 그녀는 가장 인기 있는 여학생 중 한 명이었고, 가장 인기 있는 부류에 속하는 남학생과 데이트를 했다. 그녀는 데이트한 남학생을 때로는 사랑했고 키스까지도 했지만, 결코 그 이상 선을 넘지 않았다. 그녀는 엄격하게 귀가 시간을 정확하게 지켰다.

대학에서 그녀는 학문적으로 사회적으로 가장 높은 기준을 만족시키려고 자신을 몰아붙였다. 학생들이 베트남전에 반대하기 시작할 때 그녀는 그 운동에 참여했다. 또한 가난한 사람을 돕기 위해 빈민가에 가서 자원봉사도 했다. 그러나 그녀는 지나치게 까다롭고 다소 고상한 척하는 자신의 행동기준이 적절한지에 대해 의구심을 갖기 시작했다.

그녀는 자신을 이끌어 줄 길잡이, 특히 남성 길잡이를 찾았고 자신이 우상화하던 한 젊은 교수에게 매료되었다. 그는 그녀에게 새로운 행동 철학을 소개했다. 그녀는 영적으로, 성적으로, 공격적으로 자신을 표현하는 것이 자기 책임이라고 느끼기 시작했다. 그녀는 자신이 갖고 있던 과잉통제적인 관습적인 태도와 인정을 추구하던 행동에 반발하였고 약물을 시도하고 성적으로도 실험했다.

그녀는 교수와 관계를 끊고 그녀의 새로운 자유가 강박적인 지경이 될 때까지 자유를 탐구했다. 그녀는 자기표현의 도덕이라는 새로운 기준을 고수하고 있었다. 그녀는 여전히 돌아가신 아버지가 그녀에게 돌아올 수 있도록 자신이 충분히 좋은 소녀가 되기를 희망하고 있었다. 그녀가 만난 어떤 남자도 성에 차지 않았다. 그녀 자신도 그다지 적절하다고 느끼지 않았다.

대학원에서 그녀는 여성학을 공부하면서, 전통적으로 남성적인 역할을 자신이 일부 채택할 수 있다는 것을 알게 되었다. 돌아가신 아버지에 대한 이런 부분적인 동일시로 그녀는 차분해질 수 있었고, 남성을 좀 더 더 명확하게 보게 되었고, 마침내 결혼했다. 그녀는 남편이 자기 아버지와 같지 않은 것에 대해 화를 내는 일이 종종 있었다. 그녀는 다른 남자와 희롱했다. 이러한 사소한 잘못에 대한 죄책감에 시달리며 그녀는 자신을 질책했고, 자신이 경계선적 성격이라는 진단을 내렸다.

그녀의 치료자는 이러한 가혹한 평가에 동의하지 않았다. 그는 그녀가 죄책감을 다루도록 도와주었다. 치료자는 그녀의 문제를 과도하게 다룸으로써 그녀가 스스로를 채찍질하는 일에 동조하지 않았다. 또한 그는 그녀가 건강하다고 단언하고 혼자 버티도록 돌려보냄으로써 그녀를 버리지도 않았다. 그녀는 이야기를 들어줄 사람이 필요했다.

임상가는 흔히 정상적이고 신경증적인 문제를 경계선이나 자기애적 장애로 과잉 진단한다. 그들은 종종 사람의 감정의 강도를 병리의 수준으로 착각한다. 강렬한 감정이 반드시 병리적인 것은 아니다. 정상적인 사람도 격렬하게 사랑할 수 있고 질투심의 열정은 폭력 수준 가까이 갈 수 있다. 사업을 하는 남성과 여성은 권력과 돈을 위해 투쟁한다. 흔히 정상적인 사람에 의해 전쟁이 일어나고, 이들에 의해 사람이 학살된다. 발달의 연속선의 수준을 나타내는 것은 감정의 강도가 아니다. 성숙 혹은 미성숙, 건강 혹은 질병을 결정하는 것은 이런 감정이 통합된 정도다.

온전한 대상관계를 가진 사람도 심리적 문제를 가질 수 있다. 어떤 사람은 심하게 양가적인 관계를 가지며, 갈등하는 감정의 한 부분을 억압한다. 억압은, 억압하는 사람이 갈등하는 감정을 둘 다 동시에 경험하지만 이들 중 하나를 의식하지 않으려고 노력한다는 것을 그들의 행동과 증상 그리고 꿈이 나타내 준다는 점에서 분열과 다르다. 분열에서는 어느 한

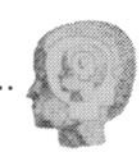

감정이나 다른 감정이 한 시점에 의식적으로 경험되고 이와 상반되는 감정은 다른 시점에서 경험되는데, 이때 의식적 혹은 무의식적 갈등은 거의 자각되지 않는다. 복합적인 감정을 자각하고 온전한 대상관계를 가진 사람은 적절한 해결책을 찾지 못하는 어려움에 부딪히면 심리적으로 고통받을 수 있다.

제4부
치 료

사람은 다른 사람 속에서 자신을 발견할 때,
자신이 존재한다는 것을 알기 시작한다.

– J. W. 괴테

●● 서론

대상관계이론은 정신분석치료를 급진적으로 바꾸었다기보다는 초점을 미묘하게 달리했다. 이런 변화는 이전까지는 우연적이고 되는 대로 적용됐던 다양한 기법을 이해하는 이론적 틀의 점진적인 발달에서 비롯됐다. 대인관계적 성장과 심리내적인 성장에 대한 통찰이 자기애적 성격장애, 경계선적 성격장애, 심지어 정신증적 장애까지도 치료적으로 탐구할 수 있는 좀 더 나은 지침을 제시하는 데 도움을 주었다. 뿐만 아니라 그런 통찰은 심지어 신경증 환자를 포함하여 환자와 치료자 사이에서 발생하는 상호작용의 특정한 측면을 설명하는 데 도움이 됐다.

제4부에서는 무의식적인 갈등을 명료화하고 해석하는 전통적인 기법에 대해서는 상세하게 기술하지 않으려고 한다. 신경증 환자를 위해 개발된 그런 절차가 여전히 중요하고 또 나중에 언급되기는 하지만, 제4부에서 강조될 내용은 더 새로운 기법, 좀 더 정확하게는 치료적 개념과 태도다. 이런 접근방법은 자기-타자 진단적 연속선에서 좀 더 앞부분에 위치한 장애를 다루는 데 특히 유익할 것이다.

관계만으로는 환자를 돕기에 불충분하지만, 나는 치료의 이 측면에 대해 가장 먼저 논의하려고 한다. 왜냐하면 기술적인 개입의 맥락과 배경이 되는 것은 이런 개인적 요소이기 때문이다. 이 다음에 나는 통찰을 촉진하고 분화와 통합을 증진하는 구체적인 기법을 기술할 것이다. 제4부의 마지막 두 개 장에서 나는 환자에 대한 치료자의 정서적 반응을 이해하는 데 유익한 최근의 지식에 관해 언급하고, 집단과 기관이 치료적 상황에 미치는 영향에 대해서 논의하려고 한다.

이론과 기법은 서로 영향을 주고받으며 서로 풍부하게 해 주는 순환적인 관계에 있다. 이론은 치료 실제에 영향을 준다. 또 치료실에서 이루어진 관찰 결과는 좀 더 성찰할 거리를 제공한다. Horner(1984), Blanck와 Blanck(1979)는 이론과 기법이 어떻게 서로 엮일 수 있는가에 대한 예시를 제공했다.

제4부에서는 대상관계이론을 다룬 문헌에 등장하는 다양한 개념을 비교적 독립적인 것으로 규정하고 제시했다. 또한 특정 개념이나 치료자의 태도가 언제 유용할지에 대해 몇 가지 지침도 제시할 것이다. 그러나 나는 제4부에서 추상적이고 이론적인 논쟁은 접어 두고, 좀 더 유용한 통찰의 기반을 제공하기 위해 다른 사람과의 관계 속에서 자기가 발달하는 방식에 대한 치료자의 이해의 증진에 대해서만 언급하고자 한다. 이렇게 접근함으로써 논쟁거리에 대해 성급히 종결을 짓지 않고 복잡한 개념과 치료적 태도에 대해 탐색할 수 있는 기회를 가지고자 한다.

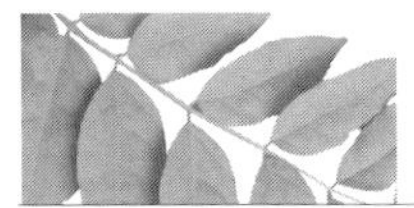

제 13 장 기법 속의 치료관계

치료란 말을 통해 치유하는 방법이다. 그러나 말만으로는 충분하지 않다. 책과 비디오테이프, 컴퓨터 프로그램도 도움을 구하는 일부 사람에게는 도움이 될 수 있다. 그러나 자기의 구도(self-constellations)와 대상의 구도에서 의미 있고 지속적인 변화를 유발하기 위해서는 다른 사람과 상호 작용할 실제 사람이 필요하다.

그런데 개인적인 관계 그 자체로는 지속되어 온 사고와 감정과 행동의 패턴을 변화시키기에 충분하지 않다. 환자가 치료를 받으러 올 때쯤이면 호의와 격려, 조언 그리고 때로는 고함이나 강압이 도움이 되지 않았거나 적어도 충분하지 않은 상태다.

필요한 것은 치료적인 관계, 전문적 맥락, 즉 전문적인 조력을 제공하는 맥락에서 기술적인 요소와 인간적인 요소를 모두 포함하는 관계다. 전문적 맥락은 아무리 강조해도 지나치지 않을 정도로 중요하다. 이것은 치료자와 환자 모두에게 치료자는 자신의 개인적 만족이 아니라 환자를 위해 노력하는 것임을 상기시킨다. 치료자는 치료비를 청구하고 제한된 범위 내에서 자신의 과학적 호기심을 만족시킬 수 있으며, 환자가 성장하고 성숙해가는 모습을 지켜보며 기쁨을 누릴 수 있다. 이러한 것은 치료자가 합법적으로 기대할 수 있는 만족이다. 그러나 다른 만족, 예컨대 치료자 자신에 대한 칭송이나 환자에 대한 지배, 안심하기, 자신의 세계관에 대한 인정은 접어 두어야 한다. 치료자는 다른 전문적인 맥락에서처럼 자신과 환자의 상호작용이 기본적으로 예의 바르고, 자신의 사생활과 신체적 안전이 보호되어야 한다고 요구할 수 있다. 그러나 이런 맥락에서 치료자는 환자가 하고자 하는 말은 무엇이든 환자의 유익을 위해 경청하고 이해하려고 노력할 용의가 있어야 한다.

환자의 이야기를 듣는 동안, 치료자는 환자가 자신에 대해서 관심이 있을 뿐 아니라 개인적인 의견과 감정을 가진다는 사실을 알게 된다. 치료자에 대한 환자의 경험은 환상과 지각이 혼합된 것이다. 여기에서 환상 부분을 전이 또는 투사라고 하고, 지각 부분을 "실제 관계"[1] (Greenson, 1971) 또는 "개인적 관계" (Lipton, 1977; Adler, 1985)라고 한다. 치료자는 중립적인 태도를 견지함으로써 개인적인 관계를 피하고 환자의 환상을 자유롭게 해석할 수 있다고 생각되었던 때가 있었다. 최근에는 치료에서 환자와 치료자 간의 상호작용이 좀 더 많이 강조되고 있다.

이 장에서 나는 치료의 관계 측면에 대해, 그리고 다음 장에서는 기법에 대해 초점을 두고자 한다. 물론 이런 구분은 다소 임의적인 것이다.

역사적 배경

Freud(Breuer & Freud, 1895)가 환자의 이야기를 경청함으로써 히스테

1) Greenson(1971)이 사용한 '실제' 사람이라는 용어는 외부 대상이라는 용어와 동일하다. 실제성 대 주관적 지각의 상대성에 관련된 주제는 제18장에서 논의될 것이다. 편의상 그리고 전통적으로 '실제적인' (real)와 '사실적인' (actual)은, 철학적으로 볼 때 그 의미가 혼란스럽지만 둘 다 외부대상을 지칭할 때 흔히 사용된다.

리 환자를 치료하는 방법을 배우고 있을 때, 그는 환자가 자신에게 강력한 감정을 가지게 된다는 사실을 발견했다. 그들은 자신을 두고 사랑에 빠지거나 에로틱한 환상을 가졌다. 때때로 그들은 그에게 분노하거나 그에 대한 파괴적인 충동을 느꼈다. Freud는 이러한 감정을 자신에게 향한 것으로 받아들이지 않고, 이 감정에 대해 전문가적인 거리를 두고 지켜보는 법을 배웠다. 그리고 이런 강한 감정은 원래 부모와 관련된 것이었음을 발견했다. 이것이 정신분석의 기점이었다. Freud는 "의사는 환자에게 불투명해야 한다. 그리고 마치 거울처럼 자신에게 보이는 것만 환자에게 보여 주어야 한다."(Freud, 1912a, p. 118)라고 했다. 의사는 자신의 감정은 접어 두고 마치 기술자처럼 치료에 임해야 한다는 것이다. 또한 조용하게 그리고 눈에 띄지 않게 경청해야 한다. 의사 자신의 개인적 특성이 덜 분명하게 드러날수록, 의사에 대한 환자의 환상이 좀 더 쉽게 모습을 드러낼 것이다. 그렇게 되었을 때 분석가는 환자에게서 나오는 환상을 해석할 수 있다.

이후 일부 정신분석가는 기술적인 측면에 치중하는 이런 경향을 더욱 강조하여 해석이 이런 치료에서 유일한 합법적인 개입방법이라고 제안했다.[2] 이런 관점은 1961년 에든버러 회의(the Edinburgh Congress)에 패널로 참석했던 사람으로 하여금 정신분석과정에서 발전하게 되는 부모와의 관계와 유사한 관계에 대해 Gitelson이 제시한 생각(1962년 출간)의 대부분을 거부하게 만드는 결과를 초래했다(Friedman, 1978; Horowitz, 1985). 하지만 좀 더 최근에 기법을 강조하는 이런 경향이 달라지기 시작했다. 많은 저술가는 해석이 치료의 한 가지 중추적인 요소이기는 하지만, 다른 요소도 개입되어 있으며 다른 개입방법도 때로는 적절하다고 주

2) 이 책에서 나는 정신분석과 정신분석적 심리치료, 정신분석가와 심리치료가를 구별하지 않는다. 전문가 사이의 정치적인 문제와 경제적인 문제가 치료적 관심사를 너무도 흐려놓았기 때문에 여기에서는 이런 구분을 잠시 미루어 놓는 것이 나을 것 같다.

장한다(Eissler, 1953; Kernberg, 1984; Adler, 1985; Horowitz, 1985).

중립성은 환자를 대하는 분석가의 심정적인 자세를 기술하기에는 더 이상 적절하지 않은 개념으로 보인다. 치료적 동맹(therapeutic alliance)(Zetel, 1965), 작업동맹(working alliance)(Greenson, 1965), 치료적 교섭(therapeutic communion)(Goldstein, 1954), 실제 관계(real relationship)(Greenson, 1971), 개인적인 관계(personal relationship) (Adler, 1985)와 같은 용어가 치료자와 환자 사이에 발생하는 현상을 기술하기 위해 제안되었다.

Freud는 기법에 관한 논문에서 전문가적인 냉정함을 강조했지만, 자신의 환자에 대해 엄격하게 중립적이지는 않았다. Zetzel(1966)은 Freud가 자신의 피분석가와 기법적인 차원의 관계뿐만 아니라 사적인 관계도 가졌던 것으로 기술했다. 예컨대 그는 보통 Rat Man(Freud, 1909)으로 알려져 있는 환자를 한 번 초대하여 그의 가족과 함께 저녁을 먹었고, 한 번은 그에게 Zola의 소설 『삶의 기쁨(*Joie de Vivre*)』[역주: Zola의 소설(1884)로 Van Gogh의 〈꽃과 꽃병과 책(Oleanders)〉(1888)이라는 그림에서 탁자 위 꽃병 옆에 놓였던 책으로도 널리 알려져 있음]를 빌려 주었다. Freud는 이런 상호작용을 정신분석 범위를 벗어난 것으로 여긴 것 같았지만, 이후 이에 대한 환자의 반응을 치료시간 내에서 분석했다.

치료자가 환자와 치료 외적인 상호작용을 제한하고, 우호적이지만 친숙하지는 않은 상태로 남아 있는 가장 안전한 길을 택했을 때에도 기술적인 개입 속에는 사적인 의미가 내포되어 있다. 우리는 단순히 환자가 내적인 자기이미지와 대상이미지를 전이하거나 투사하는 빈 스크린으로서가 아니라, 외적 대상으로 환자에게 늘 영향을 미친다. 다음에 제시된 예는 치료자는 원래 해석을 하려고 했음에도 불구하고 어떻게 그가 외적 대상, 즉 실제 사람으로 환자에게 영향을 미치게 되었는지를 보여 준다.

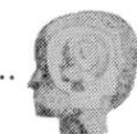

기법 속의 치료관계: 임상사례

34세의 여성 P.H.는 매일 매일 지친 모습으로 치료실에 왔다. 그녀는 국제 무역을 하는 큰 업체에서 강도 높은 업무를 담당하고 있었고, 편모로서 5세 아들을 키우며 아들의 응석을 과도하게 받아 줘야 할 것 같은 압박감을 느끼고 있었다. 하루는 그녀가 유난히 지쳐 보였다.

그 회기를 시작할 때 그녀는 자신이 얼마나 불안하고 상황에 압도된 느낌이 들고 힘겨운지에 대해 묘사했다. 그녀는 정신이 지나치게 분산되어 정신병적인 증상이 나타날지도 모른다며 두려워했다. 어쩌면 병원에 가야 할 필요가 있는지도 모른다고 느끼고 있었다. 그녀는 모든 것을 포기하고 누군가 자기를 돌보아 주기 원했다. "나는 너무 힘들어요. 그래서 선생님이 나에게 좀 더 말을 해 주면 좋겠어요."라고 그녀가 말했다.

"당신은 자신을 진정시키기가 어려운가 봅니다. 그래서 내가 당신에게 말을 해서 당신을 진정시켜 주기를 바라는군요. 당신이 말했듯이, 어렸을 때 당신은 합리적이고 책임감 있는 소녀가 되어야 한다는 기대를 받고 자랐죠. 당신 자신을 스스로 진정시키기 어렵다는 이 문제가 어쩌면 당신의 수면을 방해하는지도 모르겠군요. 당신은 오늘 정말 피곤해 보이네요."

치료절차에서 벗어나 자신을 위로해 달라는 욕구를 충족시켜 주기를 바라는 환자의 소망을 치료자가 해석해 줌으로써, 그는 환자 스스로 하지 못했던 위로의 기능을 대신해 주었다. 그는 환자를 실제 사람으로 여기고 말했다. 결과적으로 환자는 치료자의 해석을 전문가가 할 수 있는 중립적인 기법이라기보다는 돌봄이나 염려 혹은 보듬어 주는 행위로 받아들였다. 환자의 요구를 충족시키지 않은 채 이러한 요구에 대해 해석할 수 있는 방법은 없다. 그렇다고 아무 말도 하지 않는 것은 효과적이지 않다. 치료자의 이런 행동은 인색함과 규율에 대한 지나친 염려를 나타낼 수 있고, 환자는 결국 치료자의 이런 태도를 자기 경험의 일부로 내면화할 것이다.

치료자는 현재 시점에서 환자에게 실제로 존재하는 외부 대상이 되는 것을 피할 수 없었다. 치료자는 자기에게 말해 주기를 바라는 환자의 소망을 만족시키거나 좌절시키는 것 가운데 하나를 선택할 수는 있다. 하지만 어느 쪽을 선택하든 그것은 어떤 실제적인 행동이었을 것이다. 이 회기가 진행되면서 기법 속에 숨겨진 개인적 관계의 요소가 좀 더 많이 나타났다.

P.H.는 계속 말했다. "글쎄요. 나도 그런 문제가 있어요. 그런데 어젯밤에는 아들이 문제였어요. 나는 아들을 재울 수가 없었어요. 아이가 계속 나를 깨웠어요. 나는 화가 나서 아이에게 고함을 지르고 침대로 보냈어요. 하지만 아이는 계속 울었고 악몽이 무섭다고 했어요. 나는 정말 죄스러운 마음이 컸어요. 결국 내가 아이를 내 침대에서 자도록 하는 게 수월하겠다고 생각했어요. 그러면 안 된다는 걸 알아요. 모든 사람이 아이가 며칠만 자기 침대에서 자면 곧 익숙해질 거라고 말했어요. 하지만 아이가 그러지 못해요. 내가 어떻게 해야 하죠?"

"당신이 이미 다른 사람에게서 받은 조언에 따르지 않았다는 걸 방금 나에게 알려 주었는데 왜 내 조언을 구하는지 잘 모르겠어요. 여기에 대해 어떻게 생각하세요?"

"잘 모르겠어요. 선생님은 어떻게 생각하세요?"라고 그녀는 다소 치료자를 시험하듯이 물었다.

"아마 당신은 내가 조언을 함으로써 당신에 대해 관심을 가지고 염려하고 있음을 보여 주기를 바라는가 봐요. 당신은 내가 당신을 위해 특별한 예외를 적용함으로써 당신이 그렇게 혼자라고 느끼지 않도록 하기를 바라는지도 모르겠어요. 당신 아들이 당신에게 하는 것과 똑같은 방식으로 말이죠. 내가 당신이 혼자서 이 문제를 처리하도록 하면, 당신은 짜증을 내고 그렇게 할 수 없다고 더 크게 항의하겠죠."

여기에서 치료자는 조언을 해 달라는 환자의 요구를 거부했다. 그는 치료자에 대한 환자의 반응을 해석하는 치료적 기법의 테두리 안에 머물렀지만, 어쨌든 그녀에게 조언을 했다. 환자의 삶의 외부에 실제로 존재하

고 아껴 주는 사람으로서 그는 어떻게 하면 아들의 요구에 굴복하지 않아도 되는지를 보여 주는 예를 제시했다. 치료자의 역할은 환자가 성숙하도록 도와주는 것이었다. 그가 그렇게 보았든 보지 않았든 간에 그는 이런 외적인 부모의 기능을 수행했다. 치료적 관계에서 이러한 요소는 그 회기와 후속회기가 진행되면서 점점 더 분명해졌다.

남은 시간 동안 P.H.는 자신의 어머니와 아버지가 자신에게 나이보다 더 성숙하게 행동하기를 얼마나 바랐으며, 얼마나 자신이 버림받았다고 느꼈었는지, 또 그녀가 의존하도록 허용하지 않은 데 대해 얼마나 분노로 가득 찼었는지에 대해서 이야기했다. 어른이 되었을 때, 그녀는 부모가 자기를 돌봐 주었으면 하고 바랐던 방식으로 그녀의 아들을 돌보겠다고 결심했다. 그녀의 아들이 뭔가 부족하다고 느낄 때 그녀는 자신이 어렸을 때 얼마나 뭔가 부족하다고 느꼈고, 그것 때문에 얼마나 분노했었는지를 떠올렸다. 이런 통찰에도 불구하고 환자는 여전히 어떻게 해야 할지 알 수 없었다. 회기를 마치면서 치료자가 시간이 다 되었다고 말하려고 하는 순간, 환자는 "내가 어떻게 해야 하지요? 나는 앞으로 또 이틀을 버티지 못하겠어요."라고 다시 말했다.

"시간이 다 됐는데요. 금요일에 뵙지요."라고 치료자가 말했다.

P.H.는 얼굴을 찡그리며 어쩔 수 없다는 듯이 두 손을 들어 올리더니 자리에서 일어났다. 문을 향해 걸어가면서 그녀가 말했다. "금요일에 뵙죠." 그리고 가벼운 미소가 그녀의 얼굴을 스쳤다.

그녀는 이 치료회기에서 도움을 받았다. 나중에 드러났지만 그녀에게 가장 도움이 되었던 것은 해석이 아니었다. 그보다는 치료자가 외부대상, 즉 '실제로 존재하는 사람'으로서 했던 그녀와의 개인적인 상호작용이 도움이 되었다. 그녀는 그 다음 회기에서 이 부분을 분명히 했다.

그녀는 좀 휴식을 취한 것처럼 보였다. 그녀의 아들은 지난 이틀 동안 몇개

> 월 만에 처음 자기 방에서 잠을 잤다. "아들이 내 방에 와서 악몽을 꾸었다고 말했을 때, 나는 일어나 아이를 다시 자기 방으로 데려가서 악몽에 대해서 다 말해 보라고 했어요. 아들이 이야기를 끝냈을 때, 나는 아이에게 그것은 그저 꿈일 뿐이고 괜찮을 거라고 말해 줬어요. 또 꿈을 꾸면 아침에 일어나 아침 먹을 때 엄마한테 말할 수 있지만 지금은 이제 다 큰 아이니 자기 침대에서 잘 수 있다고 말해 줬어요."

P.H.는 이전 회기의 해석적인 발언을 들었을지도 모른다. 그러나 그녀가 내면화했던 것은 그녀와의 관계에서 치료자가 보여 주었던 태도와 행동이었다. 치료자가 그녀의 말을 경청하고 이야기를 나눔으로써 그녀를 진정시켰던 것처럼 그녀 역시 아이의 말을 들어주었고 아이를 진정시켰다. 그런데 그녀의 침대가 아닌 아이의 침대에서 그렇게 했다. 치료자는 이틀 전 치료회기를 제 시간에 끝내기를 고집했었고, 그녀는 아들에게 좀 더 단호할 수 있었다. 그녀는 또한 아들에게 아침이 되면 엄마를 다시 볼 것이라고 했는데, 그것은 치료자가 그녀를 금요일에 다시 보자고 했던 것과 비슷했다. 비록 치료자는 기술적으로 중립적인 말과 해석을 했지만, 그녀가 내면화한 것은 치료자의 실제적인 태도와 행동 그리고 개인적으로 그녀를 진정시키고 구조를 제공한 그의 기능이었다.

기술적 관점에서 본 관계

이런 상호작용과 다른 상호작용의 관계 측면은, 기술의 비인격적인 원칙에 따라 사전에 계획할 수는 없지만 기술적이고 정신분석적인 관점에서 이해할 수는 있다. 치료의 다른 요소뿐만 아니라 개인적인 요소를 이해하는 것은 유용하다.

정신분석적 기법은 치료자가 치료과정에서 발생하는 모든 일을 환자의

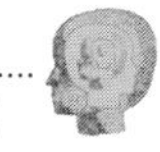

내면세계, 즉 내적인 자기이미지와 대상이미지에서 비롯되는 것으로 간주하는 것에 달려 있다. 개인적인 관계는 치료자가 환자의 삶에서 외부대상으로 기능할 때 이루어진다. 전이와 투사 및 투사적 동일시는 이러한 내적 요인과 외적인 요인을 가려내는 데 필요한 기술적인 용어다.

Freud(Breuer & Freud, 1895; Freud, 1912b)는 환자가 생애 초기에 그들에게 중요했던 사람에 대한 감정을 분석가에게 어떻게 전이하는지를 최초로 발견했다. 대상관계 관점에서 보면 전이는 내적인 대상이미지를 외부의 사람에게 투사하는 것이다. 대부분의 치료자는 전이를 투사의 한 유형으로 생각하지 않는다. 그들은 심지어 투사적 동일시 같은 현상을 지칭할 때에 전이라는 용어를 사용한다. 그러나 나는 전이라는 용어는 대상이미지의 외현화(externalization)를 지칭할 때 사용하고, 투사적 동일시는 자기-대상-이미지의 외현화나 다른 부분적 투사를 지칭할 때 사용한다. 이런 구별은 실제 관찰되는 상호작용이 항상 더 복잡함에도 불구하고 이들이 서로 구분되는 별개의 과정이라는 잘못된 인상을 준다.

이런 용어를 사용하여 이제 우리는 P.H.와 치료자 사이에서 일어났던 상호작용을 재검토할 수 있다. 이 여성은 자신이 생애 초기의 가장 중요했던 대상, 즉 어머니와 아버지를 경험했던 대로 치료자를 보았다. 그녀는 치료자가 자신을 위로해 주기를 원했지만 그가 그녀의 욕구를 채워 주지 않을 것이라고 예상했다. 그녀는 이렇게 예상되는 거절 때문에 좌절감을 느꼈다. 그녀는 자기 부모에게 그랬던 것과 마찬가지로 화가 나지는 않았지만 무기력하고 도움이 필요하다고 항의했다. 치료시간이 끝나 갈 때 그녀는 떠나야 할 시간이 되었지만 좀 더 많은 확인과 조언을 달라고 호소했다. 이런 식으로 그녀는 어렸을 때 부모에게 그랬던 것처럼 치료자를 대했다. 치료자는 그녀가 어릴 때 너무 일찍부터 독립적으로 행동했어야 했던 점을 언급하면서 그녀가 보였던 전이에서 나타난 애착과 버림받음의 측면에 대해 부분적으로 해석했다. 그는 취침시간에 대한 그녀의 언급에 내포된 명백한 성적인 암시는 다음에 다루려고 남겨 두었다. 전이에 대한 언급은 기술적인 개입이었다.

P.H.는 내적 대상이미지로서 치료자와 관계했다. 그러나 또한 치료자를 자기이미지로 대하기도 했다. 전이와 투사적 동일시가 동시에 그리고 서로 다른 수준의 상호작용에서 일어났다. 그녀는 부모를 대하듯 치료자를 대했을 뿐 아니라, 현재 그녀의 아이가 그녀에게 행동하는 방식으로 치료자에게 행동하면서 점점 더 많은 시간을 달라고 요구했다. 그녀의 아이가 그녀를 대하듯 치료자를 대함으로써 그녀는 자기이미지를 치료자에게 투사했다. 그녀는 그에게 어머니로서의 자신의 역할을 전가했고, 이를 통해 그에게서 자신의 감정을 이끌어 냈다. 치료시간이 끝날 무렵 그녀가 치료자에게 남기고 싶었던 것으로 보이는 감정은 좌절과 죄책감 및 염려였다.

전이를 다룰 때와 마찬가지로 치료자는 이러한 투사적 동일시의 측면을 다음과 같이 말하면서 해석했다. "어쩌면 당신의 아들처럼 당신은 내가 당신을 위해 특별한 예외를 적용함으로써 당신이 그렇게 혼자라고 느끼지 않도록 해 주기를 바라는지도 모르겠어요." 투사적 동일시에 대한 좀 더 완전한 형태의 해석에는 다음의 내용이 덧붙여졌을 것이다. "당신이 내게 조언을 구할 때, 내가 당신의 딜레마에 대한 답을 당신 안에서 찾도록 도와주기보다 내 안에서 찾기를 바라는 것 같습니다. 물론 이런 바람은 충분히 이해할 수 있습니다." 치료자는 가능한 해석 모두를 한꺼번에 하려고 하지 않았다. 왜냐하면 그가 만약 그렇게 했다면 치료자는 환자가 많은 도움이 필요한 상태에 있고, 자신의 내면에서 해결책을 찾을 수 없을 것이라는 환자의 관점을 확인시켜 주는 것이 되기 때문이다. 이 경우 그가 '실제로 보여 준' 행동이 그가 한 해석의 의미를 손상시켰을 것이다.

치료자는 단순히 환자의 마음속에 있는 내적 대상이미지나 자기이미지만은 아니었다. 그는 그녀와 함께 치료실에 앉아 있는 외부의 실제 대상이기도 했다. 치료자는 침착한 상태를 유지했고 그녀에게 주의 깊게 관심을 보였으나 그녀의 모든 요구를 들어주지는 않았을 때, 그녀는 그의 행동의 이런 측면을 내면화하고 그것과 동일시하며 그와 유사한 방식으로 행동했다. 그녀는 치료자의 행동을 그녀의 내면세계에 받아들였다.

기술적인 용어로 표현하자면 그녀는 자신의 대상이미지를 치료자에게 전이하고 자기이미지를 치료자에게 투사했다. 그녀는 또한 치료자를 실제로 존재하는 외부대상으로 지각했기 때문에 전이되고 투사된 이런 내적 이미지는 한 인간으로서 치료자가 보여 준 면모의 속성을 갖게 되었다. 즉, 어떤 형상을 찍은 슬라이드를 다른 형상 위에 비춘 후, 다시 사진을 찍은 것처럼 하나의 복합적인 이미지가 형성되었다. 이러한 새로운 복합적인 이미지가 의미 있게 통합되는 정도는 통찰, 즉 그 형상에 대해 자아가 얼마나 충분히 통합하고 변별했는지에 달려 있다. 환자가 이처럼 새롭고 변형된 대상이미지를 다시 내사하고 그것과 동일시했을 때 그녀의 내적인 자기세계와 대상세계는 변화했다.

역할모델만으로 충분했었는지에 대해서는 의심의 여지가 있다. 치료적인 기법이 없는 개인적인 관계만으로는 충분하지 않다는 것은 과거에 밝혀졌다. 그녀는 이전에 그녀를 아껴 주고, 단호하면서도 동시에 온정적인 사람들을 만났을 것이다. 그러나 그녀는 자신이 그러한 새로운 관계를 내면에 받아들이도록 허용할 수 없었다. 왜냐하면 그들에게 투사했던 자신의 내적 이미지를 두려워했기 때문이다. 따라서 그녀는 거리를 두어야 했다. 그녀의 투사와 전이는 그녀가 새로운 경험을 내면화하기 전에 최소한 일부만이라도 해석이 필요했다. 그녀가 새로운 대상에게 투사했던 이전 대상, 즉 부모에 대한 원망이 새로운 경험을 내면화하는 그녀의 능력에 방해가 되었다. 이러한 원망이 해석이라는 형태로 인식되지 않았다면 그녀는 치료의 '실제적인' 요소를 흡수하지 못했을 것이다. 치료자가 부모처럼 그녀를 완전히 버리거나 혹은 지나치게 응석을 받아 줄 것이라는 그녀의 전이감정은 치료자에 대한 지각을 완전히 왜곡시켜 버려서 그녀는 치료자가 도움이 된다고 경험하지 못했을 것이다. 이 경우 그녀는 치료자의 태도와 행동을 자신의 새롭고 유용한 측면으로 동일시할 수 없었을 것이다. 여기에서 우리는 개인적인 관계와 전이 및 투사에 관한 기술적 해석이 서로를 촉진하고 효과를 높인다는 것을 볼 수 있다.

담아내는 것과 담기는 것

치료자는 P.H.에게 불안을 담아낼 수 있는 구조를 제공했다. 영국의 대상관계이론가인 Bion(1962)은 치료와 육아에서 담아내는 것(the container)과 담기는 것(the contained)이라는 개념을 개발했다. 그의 관점에서 보면 유아는 극단적이고 조절되지 않은 감정에 의해 압도되고 그들의 얼굴표정과 울음 그리고 옹알거림을 통해 이런 감정을 전달한다. 주의 깊은 부모는 경청과 관찰을 통해 유아가 전하는 이런 감정을 받아들이고 조절하며 변화시킨 후 그것에 의미를 부여하여 유아에게 되돌려준다. 유아는 결국 이러한 과정을 내면화하여 자신의 감정을 담아내는 방법을 배운다.

생애 초기에 유아는 불쾌감을 느끼면 비명을 지를지도 모른다. 부모는 아이가 우는 소리를 듣고 불편해진다. 마치 아이의 불쾌감을 받아들인 것처럼 부모는 무엇인가를 해야 한다는 압박감을 느낀다. 그들은 그들의 아이보다 감정을 더 잘 조절할 수 있기 때문에, 대체로 그들의 불편함을 생산적인 행동으로 바꾸고 아이를 들어 올려 진정시키고 어르는 소리를 내며 흔들어 준다. '그래, 그래. 기분이 정말 안 좋구나.' 라고 어르는 말을 하며 아이의 고통을 언어와 공감적인 위로로 바꿀 수 있다. 후에 아이가 잠깐 동안 자기 자신에게 어르는 소리를 내는 모습을 볼 수 있을 것이다.

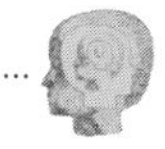

다음 발달단계에서 걸음마를 하는 유아는 화를 내며 떼를 쓰고 발길질을 하고 소리를 지를 수 있다. 부모는 아이의 화를 받아들이고 그것을 말로 바꾸어 '그래, 저런, 화가 났어? 많이 실망했구나.' 라고 말해 준다. 때때로 유아는 그렇게 많은 도움이 필요하지 않다. 유아는 그저 자신이 진정되는 동안 부모가 주의 깊게 관심을 보여 주면서 받아 주는 것만을 원할 수도 있다. 다른 경우에 유아는 자신을 다치게 하거나 귀중한 물건을 부수려고 할 수 있다. 이런 상황에서 부모는 발버둥치는 아이를 들어올려 말 그대로 그와 그의 조절되지 않는 감정을 그들의 팔 안에 담아낼 필요가 있다. 부모가 꽤 단호하다 해도, 그들의 물리적 개입은 바닥에서 뒹구는 아이보다 훨씬 더 조절이 된 것이다. 이런 식으로 유아는 '자신을 조절하는' 법을 배운다. 부모가 아이의 불쾌한 감정만을 담아내는 것은 아니다. 유아는 또한 그들에게 관심 있는 사람이 그들이 노는 모습을 지켜보고, 그들의 성취를 함께 기뻐해 주고, 즐거움과 칭찬을 해 주는 것, 즉 부모와 아이 모두에게 좀 더 유쾌한 담아내기 기능을 필요로 한다.

치료에서 조용하게 경청하는 것, 방해받지 않는 시간, 조절되고 관심을 보여 주는 반응은 담아내는 기능을 제공하며, 이것은 개인적인 관계의 일부다. 어떤 환자에 대해서는 그들의 감정을 담아내는 것이 치료자의 주된 일이 될 수도 있다. 예를 들어 P.H.가 자신이 정신병 증상을 보여 입원해야 할지도 모른다고 말했을 때 그녀의 정신과 의사는 그녀의 불안을 경험하도록 유도되었다. 그녀는 사업가였고 의료 관련 법률을 알고 있었다. 그녀는 치료자가 치료절차의 변경 여부를 고려해야 할 것이라는 점을 알고 있었다. 아마 치료자는 입원을 제안하거나 약물을 처방하거나 혹은 치료방식을 조언해 주고 안심시키는 형태로 바꿀 필요도 있을 것이다. 치료자는 그녀의 두려움을 받아들이고, 자기 자신의 불안감을 담아냈으며, 그의 환자에 대해 그가 그때까지 알고 있던 지식에 근거하여 그 상황을 평가하고, 정신병의 가능성에 대해 그녀가 느끼는 만큼 불안해할 필요가 없다는 결론을 내렸다. 대신 그는 그녀의 불편함을 진정시켜 주는 다소 긴 해석으로 바꾸어 그 감정을 그녀에게 되돌려주었다.

경계선적 성격장애에 대한 대상관계 접근이 개발된 이후, 치료자는 환자가 자신이 경험하는 심한 분노와 무력감의 전적으로 나쁜 감정을 치료자가 담아내고 변화시켜 주도록 유도한다는 것을 좀 더 잘 알아차리게 되었다.

아침 사례보고 시간에 당직 의사는 그를 힘들게 했던 환자에 대해 "그녀는 계속 문제점만 늘어놓았어요. 내가 어떤 말을 하거나 조언을 해도 전혀 전달이 되지 않았어요. 아무것도 도움이 되지 않는 듯했어요."라며 불평했다.

이 정신과 의사는 환자가 요구하면서 의존하는 것이 짜증스러웠다. "그녀의 목을 비틀어 버릴 수도 있었어요. 하지만 우리 정신과 의사는 아주 친절해야 하죠."라고 말했다.

정신과 의사는 그 환자의 감정을 받아들였던 것이다. 그는 자신의 좌절감을 담아내고 그것의 근원에 대해 성찰하고 의미를 부여하며, 그것을 환자에게 되돌려줄 필요가 있었다. 다행히도 그는 이것을 할 수 있었고, 다음과 같이 말했다. "이런 문제 때문에 당신은 정말 좌절감과 무력감을 느꼈을 거예요. 내가 제안한 것도 별로 도움이 되지 않아 나에 대해서도 실망했을 겁니다." 그가 이러한 공감적인 말을 했을 때 환자는 더 이상 그렇게 아무도 없이 혼자거나 이해받지 못한다고 느끼지 않았다. 그녀는 전적으로 나쁜, 버림받았다고 느껴지는 자기-대상 상태에서 벗어나는 것 같았다. 왜냐하면 그녀는 이제 누군가와 함께 있으며 그가 자신을 이해하고 있다고 느꼈기 때문이다. 몇 분 이내에 그녀는 그 다음 날 치료자를 만날 때까지 그날 밤을 어떻게 버틸지에 대해 계획을 세울 수 있었다. 그제야 당직 의사는 잠을 자러 갈 수 있었다.

그는 담아내는 것과 담기는 것이라는 개념을 활용했다. 그는 환자가 자신이 얼마나 좌절되고 무력함을 느끼는지를 생생하게 전달하기 위해 자신을 무력하게 만들었다고 가정했다. 이런 과정은 대인 간 투사적 동일시를 통해 일어났다. 환자는 자신에게서 원하지 않는 감정을 없애기 위해

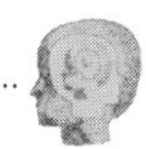

이러한 감정을 치료자 안에서 불러일으키는 방식으로 행동했다. 그때 치료자는 이런 감정을 의미 있고 위안을 주는 이해의 형태로 담아내고 바꿀 수 있는 기회를 가졌다. 이러한 종류의 개입은 기술적인 전략이 아니라 진정한 개인적인 상호작용이다.

보듬어 주는 환경과 괜찮은 엄마

담아내는 것과 담기는 것이라는 개념은 Winnicott(1960)의 보듬어 주는 환경(the holding environment)이라는 개념과 유사하다. 생애 초기에 구강적 만족이 매우 중요하다는 것을 Freud가 발견한 이후, 많은 정신분석가는 생후 1년간 수유를 엄마-유아 간의 주된 상호작용으로 지나치게 강조했다. Winnicott이 보듬어 주는 환경이라는 용어를 만들어 냈을 때, 그는 공생단계에서 신체적으로 안아 주는 것이 얼마나 중요한지에 대한 정신분석자 집단의 높아진 인식을 말로 표현한 것이었다.

유아에게 필요한 보듬어 주기는 서서히 진화한다. 유아가 크면 곧 엄마의 팔에 안기는 것보다 엄마의 관심 속에 안기는 것이 필요하다. 부모가 실제로 아이를 만지기보다 관심 있게 지켜보고 아이와 얘기하는 것으로 충분할 수 있다. 학령기에는 자기가 학교에 있다거나 허락을 받고 친구 집에 있다는 것에 대해 엄마가 알고 있다는 것을 아이가 아는 것으로 충분하다. '괜찮은' 혹은 '이만하면 좋은(good-enough)' 엄마는 Winnicott (1953)이 설명한 것에 따르면, 충분하지만 지나치지 않는 보듬어 주기를 제공한다. 그녀는 아이에게 무관심하지도 않고 아이의 세계를 침범하거나 지나치게 통제하지도 않는다.

Winnicott은 보듬어 주기의 정도와 종류가 완벽할 필요가 없고 단지 괜찮은 정도면 된다고 강조하면서 육아에 관한 문헌에서 보이는 완벽주

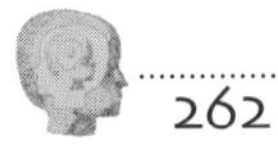

의에 대해 의문을 제기한다. 흔히 최적의 육아에 초점을 두는 현상은 아이를 부모가 이상화하려는, 일면 이해할 수도 있는 경향에서 비롯되는 것일 수 있다. 그런데 이런 경향은 부모가 스스로에게 실수를 허용하지 않을 때 문제를 일으킬 수 있다. 이런 이상화는 또한 아동을 평가 절하할 수도 있다. 아동에 대한 이상화는 이 작은 유기체가 부모의 요구와 실수에 적응하는 능력이 실제보다 적음을 시사할 수 있다. 이와 유사한 현상으로 치료자 가운데 완벽한 치료자가 되려고 노력함으로써 환자를 과대 평가하고 동시에 과소 평가하는 경향이 나타날 수 있다. 하지만 실제로 환자에게는 괜찮은 혹은 이만하면 좋은 치료자(good-enough therapists)가 필요할 뿐이다.

대상관계이론 문헌은 이만하면 좋은 치료자를 이만하면 좋은 엄마에 비유하고, 보듬어 주는 환경과 치료의 보듬어 주는 기능을 비유하는 경우가 많다. 치료자는 환자를 신체적으로 안아 주지는 않지만 그들의 관심으로 환자를 보듬어 준다. 그들은 또한 말을 많이 하는 정도나 공감하는 정도 혹은 자신의 존재를 드러내는 정도에 따라 환자에게 그들의 존재를 다소간 알린다. 괜찮은 양육과 괜찮은 치료적 상호작용의 개념은 치료자로 하여금 그들 태도의 일부분을 바꾸도록 했고, 그들의 기법을 완전히 포기하도록 하지 않으면서 좀 더 많은 유연성을 가지도록 해 주었다.

대상관계이론가는 치료자에게 대리모가 되어야 한다고 권고하지 않는다. 그들은 환자를 신체적으로 안아 주거나 해묵은 감정의 상처를 보상하려고 애쓰거나 혹은 다른 식으로 환자의 원래 부모를 능가하려고 하지 않는다. 그들이 주로 하는 일은 환자가 치료에서 얻은 통찰을 좀 더 풍부하게 활용하여 자연스러운 성장과정이 전개되도록 도울 수 있는 치료적 환경을 제공하기 위해 인간발달에 대한 이해를 이용하는 것이다. 개인적 관계가 치료의 맥락을 이룬다.

공감

공감은 치료적 맥락의 또 다른 주요한 요소다. 이것은 치료적 관계에서 보듬어 주는 측면과 담아내는 측면에 기여한다. 공감은 의사소통의 양면적인 도구다. 공감은 환자를 깊이 그리고 세밀하게 이해할 수 있는 수단을 제공한다. 그리고 치료자의 공감적인 말은 조용하게 해석적인 기능을 수행한다. 공감의 세 번째 기능은 개인적 관계에서의 역할이다. 아래의 치료사례는 공감의 세 측면, 즉 환자로부터의 의사소통, 환자에게 하는 의사소통, 그리고 개인적 관계의 측면을 보여 줄 것이다.

17세의 소녀 K.A.는 양어머니의 강요에 의해 치료를 받도록 의뢰되었다. 그녀는 첫회기 시작부터 치료가 얼마나 우스꽝스럽고 무가치한지 그리고 그녀의 치료자가 얼마나 부적절해 보이는지에 대해 이야기했다. "당신도 다른 사람과 똑같아요. 하지만 나는 18세가 될 때까지 엄마가 당신한테 자기 돈을 낭비하도록 할 거예요, 그러고 나면 나는 그만둘 거예요."

"만약 네가 나를 만나지 않겠다고 하면 어떤 일이 생기니?"라고 치료자가 물었다.

"아마 엄마는 나를 병원으로 보낼 거예요. 그리고 당신도 분명 엄마의 의견에 동의하겠죠. 당신네는 다 한통속이에요."

치료자는 환자의 항의를 주의 깊게 들었다. 비록 감정이 실제로 사람의 경계를 넘어갈 수는 없지만, 치료자는 이 소녀의 분노를 자기 안으로 받아들이고 있다고 느꼈다. 좀 더 정확히 말하면, 환자가 사용하는 단어와 어조 그리고 태도가 치료자에게 짜증스러움을 불러일으켰다. 환자는 '치료자를 화나게 만들고' 있었다. 치료자는 짜증이 날 뿐 아니라 거부당했다는 느낌이 들기 시작했다. 치료자는 그 소녀를 도와주려고 애쓰고 있었는데, 그녀는 그를 거부하고 있었다. 그보다 더 나쁜 것은 그 소녀가 치료자를 평가 절하하고 있는 것이었다. 치료자도 맞받아 거부하고 소녀를 제멋대로 하도록 보내 버리고 싶은 마음이 들면서, '이 아이가 치료를 할 준비가 되면 다시 오라고 하면 어떨까,

대략 5년 후쯤' 이라고 생각했다.

하지만 치료자는 자신의 충동에 따라 행동하지는 않았다. 대신 그는 환자가 무의식적으로 그의 감정을 이끌어 내고 있는 상황을 이해하기 위해 대인간 투사적 동일시의 개념을 활용했다. 치료자는 자신을 환자의 입장에 서게 하여 그 소녀가 어떤 심정일지를 상상해 보았다. 즉, 그는 그녀를 공감했다. 그는 자신의 자기이미지를 환자에게 투사했고, 환자에 대한 대상이미지와 일시적으로 융합된, 투사된 자기이미지와 동일시했으며, 그녀의 감정을 좀 더 깊이 이해하려고 노력했다. 공감은 투사적 동일시와 유사하다. 물론 어떤 학자는 공감이 투사적 동일시보다 덜 강렬하고 덜 구속적이라고 여긴다.

그녀는 계속해서 열변을 토했다. 치료자는 "네가 그토록 화가 나는 건 당연하지. 너는 여기에 강제로 끌려와서 나를 만나고 있잖아. 네가 여기 남아 있으면 너는 엄마에게 지고 지배당한다고 느낄 거야. 만일 네가 그냥 가 버린다면 더 나쁜 일이 일어날까 봐 두렵겠지. 나 역시 딜레마에 빠져 있어. 너를 환자로 받아들이면 나는 강요하는 상황에 참여하는 셈이고, 만약 네 마음대로 가도록 내버려 두면 너를 버리는 셈이지. 너는 어쩌면 거부당하고 버림받았다고 느낄지도 모르겠구나."

K.A.는 사실 거부당했다고 깊이 느끼고 있었다. 그녀는 3세 때 친엄마의 방치로 그녀의 가족과 강제로 분리됐다. 그녀는 수년간 안정된 위탁가정에서 자랐는데, 그녀가 14세가 되었을 때 반항적인 행동 때문에 공립학교에서 퇴학당했다. 그녀의 양어머니는 '치료를 병행하는' 기숙학교에 그녀를 보냈고, 거기에서 그녀는 치료를 시작했다. 2년 반 후 집으로 돌아왔다. 그후 1년 동안 공부도 잘했고 남자친구도 사귀었으며 대체로 올바르게 처신했다. 그런데 남자친구가 가족과 함께 다른 도시로 이사를 가자, 그녀는 다시 공부를 등한시하고 대마초를 남용하며 귀가시간을 지키지 않으려 했다.

환자의 말과 행동을 통해 치료자 내부에서 느껴지는 경험[역주: 이 어구는 'Empathy as a communication from the patient' 를 번역한 부분임. 이런 의미의 공감은 대상관계이론의 독특하고 핵심적인 개념 중 하나로서 내담자와의 관계에서 겪는 치료자의 내면적 경험은 내담자가 타인과 의사소통하려는 시도의 결과로 나타난 현상이며, 치료자는 자기 내면의 경험을 재료로 삼아 내담자를 이해하고 공감한다는 의미임]은 과학적 사고과정에서 동일하게 발견되는

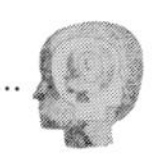

귀납적 과정으로 세세하게 나누어 생각해 볼 수 있다(Hamilton, 1981). 공감은 환자에 대한 치료자의 관찰, 자신의 감정에 대한 치료자의 관찰, 유아를 포함하여 다른 사람이 감정적으로 반응하는 방식에 대한 지식, 그러한 관찰 결과를 서로 비교하는 일을 기반으로 이루어진다. 이런 병렬적인 과정을 나는 관계성(relatedness)이라고 부른다.

이 치료자의 공감적 접근은 그의 귀납적 과정을 수행할 수 있게 해 주었다. 그는 환자와 자기 자신을 관찰하고, 과거에 관찰했던 내용을 기억하며, 관찰한 결과를 인지적이고 의도적인 방식으로 비교하고 대비하는 지루한 지적인 과정을 생략할 수 있었다. 다른 귀납적 과정처럼 환자가 치료자에게 의사소통하는 도구로서의 공감은 사실이 아니라 주로 가설을 만들어 낼 수 있다. 환자의 분노는 관찰할 수 있는 것이었다. 그녀는 분노보다는 치료자가 가정한 거부당했다는 감정에 대해 덜 편안해 보였고, 그녀는 이 감정을 직접 표현하지 않았다. 공감이 치료자에게 실마리를 제공했다. 그는 환자가 자기 자신 안에 있는 거부의 감정을 피하기 위한 방법으로 그에게 거부 감정을 불러일으키는 것이 아닌가 하고 생각했다.

상호작용의 이 시점에서 공감은 환자로부터의 의사소통에서 환자에게 전달되는 의사소통으로 바뀐다. 치료자는 공감적인 발언을 했다. 그가 한 발언의 첫 번째 요소는 분명했다. '너는 화가 많이 났구나.' 두 번째 요소는 더 깊이 들어갔다. '너는 엄마한테 지고 지배당한다고 느낄 거야.' 마지막 요소는 훨씬 깊이 들어갔다. '너는 어쩌면 거부당하고 버림받았다고 느낄지도 모르겠구나.'

치료자의 공감은 이후의 해석을 위한 토대를 제공했다. '너는 지금 네가 처음엔 너의 친엄마, 그 뒤에는 너의 양엄마, 그리고 이제는 남자친구에게서 거부당하고 다른 곳으로 보내졌다고 느꼈듯이 나도 너를 거부하고 보낼 것이라고 확신하기 때문에 나에게 화가 나는구나.' 치료자는 아직 환자의 개인사를 잘 알지 못했기 때문에 이 시점에서는 이런 해석은 할 수 없었을 것이다. 필요한 정보를 가지고 있었다고 해도, 치료관계가 아직 형성되지 않았기 때문에 그는 이런 완전한 해석을 하지 않았을 것이다.

이제 공감의 개인적 측면을 살펴보자. K.A.는 버림받았고 거부당했다고 느꼈다. 그녀는 누군가의 관심을 받고 이해받는다고 느낄 필요가 있었다. 그녀의 치료자는 그녀의 이야기를 주의 깊게 듣고 그가 이해하고 있음을 알려 줌으로써 환자에게 이러한 느낌을 갖게 할 수 있었다. 만약 치료자가 공감적인 발언 대신에 지적인 해석을 했다면 환자는 또 한 번 자신의 감정이 진지하게 받아들여질 만큼 중요하지 않다고 느꼈을 것이다. 그녀의 치료자는 그녀의 곤경이 어떻게 그에게 비슷한 딜레마를 가져다 주었는지를 지적하고, 그녀를 버리거나 복수하지 않고 그녀의 투사를 수용할 의사와 능력을 보여 줌으로써 중요한 보듬어 주기 기능과 담아내기 기능을 수행했다.

이제 제11장에서 기술했던 Kohut의 관점을 이번에는 치료에 어떤 시사점을 주는지에 대해 초점을 두고 다시 살펴보기로 하자. Kohut(1971)은 자기애적 장애가 어머니의 공감 실패에서 비롯된다고 전제했다. 아동에게는 유아의 욕구에 공감하고 반응할 줄 아는 성숙한 부모가 필요하다. 어느 순간 부모는 유아의 과대한 과시 행동에 대해 기뻐할 수 있다. 몇 분 후 자기과시가 유아를 지나치게 자극하면, 유아와 공감적으로 잘 조율하는 부모는 현실적인 태도를 갖고 유아의 과시행동을 제지할 수 있다(Greene, 1984). Kohut이 변형적 내면화라고 부른 과정(Kohut & Wolf, 1978)을 통해 유아는 부모의 이런 공감적 반응을 자기 내면에 받아들이고 그것을 건강한 자기이미지의 일부로, 또한 자기 자신을 공감하고 자신을 위로하는 능력으로 내면화한다(Tolpin, 1971).

만성적으로 부모가 공감해 주지 못하면 유아는 자기애에서 취약성을 갖게 되며, 이후 치료자가 공감적 반응을 제시함으로써 환자가 이를 극복하도록 도와주어야 한다. 하지만 환자가 자동적인 통합적 자아기능에서

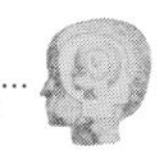

선천적인 결함이 있어 변형적 내면화를 수행할 능력이 없을 가능성은 자기 심리학 문헌에서 충분히 다루어지지 않고 있다. 또한 치료자의 공감적인 반응을 환자가 방어적으로 거부할 필요성을 느낄 수도 있다는 가능성도 충분히 고려되지 않고 있다.

많은 치료자는 공감에 대한 Kohut의 개념이 자기애적 성격장애 환자에게 유용할 뿐만 아니라 자기애적인 취약성을 가진 강박적이거나 히스테리 특성을 가진 일부 환자에게도 유용하다는 사실을 알게 되었다. 전형적인 경계선적 성격장애 환자는 공감적인 개입을 적개심을 피하기 위한 유혹으로 자주 경험하거나, 또는 그것을 일종의 융합으로 보고 두려워한다. 이들은 치료자가 상당히 직접적인 직면을 하지 않고서는 잘하지 못하는 경우가 많다. 이런 상황에서 공감적인 치료자는 환자를 이해할 수 있는 그의 능력을 활용하겠지만 성급하게 이러한 이해를 직접적으로 전달하지는 않을 것이다. 경계선적 환자와는 달리 자기애적 환자에게는 공감이 이들을 살아나게 하는 것 같다. 이들이 심지어 부드러운 직면과 해석을 수용할 수 있기까지 흔히 오랜 기간의 공감적 발언이 필요하다.

적정한 친밀성 유지하기와 욕구-두려움 딜레마

기법의 관계적 측면에 세심한 주의를 기울이는 것은 정신병 환자의 치료에 맞추어 심리치료를 적용하는 데에도 도움이 되어 왔다. 정신병 환자가 자기-대상 경계를 모호하게 하는 경향에 대해서는 기술한 적이 있다. 공생적 합일체를 바라는 이들의 욕구가 너무도 강할 수 있어 그들은 쉽게 융합을 경험한다. 자기이미지가 대상이미지 속에 빠지거나 그것에 의해 삼켜지면 이들은 문자 그대로 자신이 대상 속으로 사라졌다고 느낄 수 있다. 이와 같은 자기의 상실은 흔히 파국을 의미한다. 즉, 더 이상 존재하지 않고 해체되는 것을 의미한다. 결과적으로 정신병 환자는 융합을 추구하는 동시에 그것을 두려워하고 피한다. Burnham과 그의 동료(1969)는 정신분열증 환자 사이에서 발견할 수 있는 이와 같은 경향을 욕구-두려움 딜레마(the need-fear dilemma)라고 명명했다.

치료자들은 정신분열증 환자에게서 발견되는 이와 같은 "양가적 경향성(ambitendency)" (Mahler et al., 1975)으로 인해 혼란스러워한다. 한편으로 이런 환자는 도움과 약물과 안심을 요구한다. 하지만 다른 한편으로 이들은 약속을 어기고 약을 복용하지 않으려 하고 냉담한 격리 상태로 물러난다. 치료자가 그들의 요구에 응하지 않으면 환자는 버림받고 무력하며 무가치하다고 느낄 수 있다. 그런데 치료자가 요구에 응하면 환자는 침해당하고 통제당한다고 느낄 수 있다. 이런 상황에서 '정답' 이 없기 때문에 치료자는 적절한 정서적 거리나 태도가 어떤 것인지 알 수 없다. 중립성 역시 도움이 되지 않으며 객관성도 적절하지 않고, 골고루 분산된 주의력(evenly suspended attention)은 지나치게 멀게 느껴진다. 조언은 지나치게 관여하는 것이며 환자에게 요구하는 것처럼 받아들여질 수 있다. 공감은 융합처럼 느껴진다. 이런 상황에서 치료자는 지속적으로 환자의 정서적인 상태에 맞추어서 움직여야 한다. 이 과정을 나는 적정한 친밀성 유지하기(titrating the closeness)라고 부른다.

정신병 환자와 치료를 시작할 때, 치료자는 질문을 하고 공감적인 말을 하며 은유를 추상적인 언어로 옮김으로써 관계적으로 좀 더 가까이 다가갈 수 있다. 치료자가 환자와 좀 더 가까워지면 환자에게서 불안의 징후, 예컨대 목소리가 커지거나 눈 맞춤을 하지 않거나 고개를 돌리거나 또는 침묵하기와 같은 징후를 보게 될 것이다. 이 시점에서 환자는 친밀성 욕구가 융합이나 자기 상실에 대한 두려움으로 바뀌었음을 알려 주고 있는 것이다. 환자의 상태에 맞추어 잘 조율하는 치료자는 이러한 변화를 알아차리고 환자가 적정한 수준에서 관여하게 되기까지 물러날 것이다. 치료

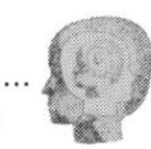

가 진행될 수 있도록 환자가 대상관계성을 유지하게 하려면 이처럼 다가갔다 물러섰다 하는 과정이 반복해서 이루어져야 한다.

적정한 친밀성 유지하기는 물리적 수준에서도 이루어질 수 있다. 치료자는 환자가 불안을 나타낼 때까지 환자에게 점점 더 가까이 다가갈 수 있다. 그러고 나서 뒤로 물러나야 한다. 치료자는 의자에 앉아 몸을 앞으로 기울이거나 뒤로 기대는 것으로 이렇게 할 수 있다. 많은 정신병 환자에게는 치료에서 통상적으로 그런 것보다 치료자가 좀 더 따뜻하고 실제로 좀 더 가까이 앉는 것이 필요하다. 불행하게도 치료자는 흔히 그들의 정신병 환자를 다소 두려워하며 그들 자신의 불안과 환자의 불안을 혼동한다. 그래서 최적의 거리를 찾지 못한다. 치료자는 거리를 두고자 하는 자신의 욕구를 존중해야 하며, 이런 욕구는 정당하다. 다만 이런 욕구를 환자의 '냉담한 정신병(aloof psychosis)' 탓으로 돌려서는 안 된다.

최적의 신체적 가까움이 모든 정신병 환자에게 적용되지는 않을 수 있다. 왜냐하면 어떤 환자는 신체적으로 안기고 싶은 욕구를 느끼기 때문이다. 입원 환자는 때때로 속박상태로나 시트팩에 의해 보듬어지고 간호사는 가끔 그들의 손을 잡거나 토닥거려 준다. 치료자는 이런 환자를 대할 때 가까이 앉고 이들과 따뜻하게 상호 작용하고 은유적인 의미에서 세심한 관심으로 이들을 안아 주되, 잠시 토닥거려 주거나 악수하는 것 외에 실제로 신체적 접촉을 하지 않는 것이 더 낫다.

부적절했다고 치료자가 가정하는 어머니의 보듬어 주기를 보상하는 것이 적정한 친밀성 유지하기의 목적은 아니다. 이보다는 정신병 환자와 의미 있는 접촉을 하기 위해 환자의 대상세계 속으로 충분히 들어가는 것이 그 목적이다. 일단 이런 접촉이 이루어지면 환자가 자기-타자 혼란을 명료화하고 다른 사람과의 관계에서 자신이 어떤 사람인지를 더 잘 이해할 수 있도록 돕기 위해 조심스럽게 시도할 수 있다.

긍정적 투사적 동일시

투사적 동일시는 환자가 그들의 적개심을 치료자에게 투사하는 것과 관련해서 가장 보편적으로 기술되어 왔다(Spillius, 1983). 이만큼은 아니지만 이 개념은 환자가 그들의 애정이나 창조적인 감정을 치료자에게 투사하는 현상에 대해서도 사용되어 왔다(Klein, 1946; Grotstein, 1981a; Ogden, 1982; Hamilton, 1986). 한걸음 더 나아가서 환자뿐만 아니라 치료자가 긍정적인 투사적 동일시를 활용한다고 생각해 보면, 우리는 이것이 치료관계에서 중요한 역할을 할 수 있음을 알 수 있다.

나는 먼저 지지적 심리치료에서 이런 과정의 예를 제시하고자 한다. 어떤 집단에서는 이런 치료를 사례관리라고 부를 것이다.

한 공공 클리닉에서 접수직원이 새로 부임한 소장과 따로 만나서 다음과 같이 말했다. "R.J.가 다시 들락거리고 있어요. 이 사람은 몇 년째 여기 오는데 어떤 한 치료자에게 배정된 환자는 아니에요. 그는 약속을 지키려 하지 않고 약도 먹으려 하지 않아요. 냄새를 풍기고 우리를 짓궂게 쳐다보고 음란한 말을 해요. 우리는 이 사람이 무서워요. 보통은 누군가가 이 사람에게 나가라고 하거나 경찰을 불러요."

대기실에는 이가 다 빠지고 수염을 기른 옷차림이 지저분한 한 중년 남성이 앉아 있었는데, 신발도 신지 않은 채였고 발바닥은 굳은살로 덮여 있었다. 그는 노숙자같이 보였다.

소장은 이 사람 옆에 앉았다. "J 씨, 우리는 당신을 돕고 싶습니다. 그리고 우리 클리닉에는 당신을 도울 수 있는 치료자가 있어요. 그런데 유감스럽게도 우리가 당신에게 도움이 되려면 당신은 약속시간을 지켜야 할 거예요. 제가 C.M.이라는 간호사하고 약속을 잡아 둘게요. 내일 아침 10시예요. 접수직원이 약속시간을 적어 줄 거예요. 내일 아침 10시에 꼭 다시 오도록 하세요."라고 말했다.

그 후 2개월이 채 되지 않아 C.M.은 이 환자가 다시 신발을 신고 깨끗한 옷을 입고 머리를 빗질하고 멋진 새 틀니를 자랑하게 할 수 있었다. 그는 접수직원에게 예의 바르고 우호적이었다. 그리고 그가 치료 불가능이라고 생각했던 많은 실무자도 복도에서 그와 말하는 것을 즐거워했다. 그 간호사의 동료는 아주 깊은 인상을 받았다. 그녀는 클리닉에서 유명인사가 되었다. 그녀는 자긍심을 느꼈고 기뻤으며 자신의 능력이 거의 마술과 같다고 느꼈다.

어느 날 소장이 그 간호사를 따로 불러 그녀가 어떻게 했는지 물어보았다. 간호사는 소장에게 모든 사람이 클리닉에서 내쫓고 싶어 하는 이 지저분하고 비루한 사람이 도움을 받을 수 있는 가치 있는 인간이라고 그저 가정했고, 이에 반대되는 증거가 있음에도 불구하고 그렇게 했다고 말했다. 그러고 나서 그녀는 이런 기대에 따라 그를 대했고, 그는 그녀의 기대에 부응했다.

대상관계의 관점에서 보면, 그녀가 말한 것은 자신의 모습을 다소 인간 이하로 보여 주는 이 남성에게 가치 있는 인간에 대한 그녀 자신의 자기 이미지와 대상이미지를 투사한 것에 관한 것이다. 그녀는 자신의 태도로, 즉 그가 실제로 그녀가 원하는 그 가치 있는 사람인 것처럼 그를 대함으로써 그에게 영향을 미치려고 했다. 그녀는 긍정적 투사적 동일시를 하고 있었다. 그리고 그는 이에 따라 반응했다.

그러나 R.J.는 그의 치료자만큼 통합이 잘된 사람은 전혀 아니었다. 그는 결국 자신의 전능하고 과대한 내적 환상을 간호사에게 투사했다. 그가 그녀를 전능하다고 보면 볼수록 그는 스스로를 돕는 행동은 덜하게 되었다. 그의 상태가 나빠지기 시작했다. 이 시점에서 치료자는 환자에게 치료자인 자신의 능력에는 한계가 있으며, 그를 변화시킨 것은 그녀의 마술이 아니라 실제로 그 자신의 노력이었음을 일깨워 주어야 했다. 그녀는 그가 스스로에 대해 좀 더 좋게 느껴 자신의 상황을 개선시킬 수 있도록 그를 도와주었을 따름이었다. 그가 자신의 개선을 유지하려면 계속해서 스스로 노력하는 것이 필요할 것이다.

치료자의 긍정적인 투사적 동일시에 내포된 한 가지 문제점은 그것이 마술처럼 보인다는 점이다. 치료자와 환자 모두는 때때로 서로에 대해 긍정적으로 느끼는 것만으로 충분하고 노력과 갈등은 전적으로 피할 수 있다는 믿음을 갖게 되는 경우가 있다. 그러나 이런 문제점은 극복될 수 있다. 환자 스스로 자신이 사물이라고 느끼고 또 때로는 그렇게 행동함에도 불구하고, 치료자가 환자는 정말 괜찮은 사람이라는 비합리적 확신을 유지할 능력이 없다면 환자는 결코 치료될 수 없을 것이다.

정신분석학 문헌에는 긍정적 투사적 동일시의 요소를 보여 주는 치료자의 태도에 대한 예시가 들어 있다. Giovacchini(1975)는 어떤 다루기 어려운 환자에 대해 다음과 같이 언급했다.

"그는 자기 자신을 '완벽하게 몹쓸 인간' 이라고 했는데, 조용히 나는 그 말에 동의하고 싶은 생각이 들었다. 그러나 동시에 나는 멋지고 가치 있는 어떤 것을 내면에 갖고 있고 호기심을 자아내며 복잡한 한 사람을 대하고 있다는 것을 알고 있었다." (p. 23)

물론 이런 태도는 투사적 동일시의 요소, 즉 환자에게서 인간으로서 치료자 자신의 가치를 보고 그것과 동일시하는 요소를 갖고 있다. Giovacchini는 그 환자가 '몹쓸 인간' 이 아니라는 눈에 보이는 증거는 별로 없었다고 했다. 그는 자신의 내적인 확신, 즉 호기심을 자아내며 복잡한 한 사람이라는 내적 이미지에 의존했고, 그런 이미지를 자신의 환자에게 투사했다.

Kernberg(1977)는 이와 유사한 태도를 기술했다. "치료자는 환자가 자신의 문제를 해결하기 위해 노력할 수 있는 능력을 가지고 있다는 신념, 여전히 잠재적으로 활용 가능한 인간성의 어떤 영역이 존재한다는 신념을 견지하는 것이 필요하다." (p. 295)

하지만 Kernberg는 긍정적 투사적 동일시를 활용할 때 반드시 기억해야 할 중요한 단서를 달았다. 그는 환자의 파괴력을 치료자가 부정하지 않으면서 환자의 성장 잠재력을 신뢰할 수 있을 정도로 확신을 가진다면, 치료자는 그 전이의 부정적인 측면을 좀 더 효과적으로 다룰 수 있다고

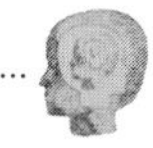

했다. 우호적이거나 좋은 환자라는 이미지를 유지하려고 애쓰면서 방어적으로 공격성을 부정하는 치료자는 어려움을 겪게 될 것이다. 즉, 좋은 특성을 환자에게 투사하는 능력을 사용하여 그런 특성을 환자에게서 이끌어 내려고 할 때, 치료자는 동시에 자신의 통합적 자아기능을 활용하여 환자의 부정적인 특성을 부정하지 않도록 주의해야 한다.

일부 저자는 이 두 정신분석학자가 기술한 현상이 투사적 동일시가 아니라 좋은 자아기능이라고 주장할 수도 있다. 어쩌면 Kernberg나 Giovacchhini 자신도 이에 동의할지 모른다. 이들은 치료자가 투사적 동일시를 통해 어떤 현실을 만들어 내기보다는 자신에게 현실적인 요소를 상기시키고 있다고 주장할 수 있다.

이에 대해 나는, 일반적인 인간의 가치와 신념에 대한 질문은 우리가 자신의 내적인 믿음을 외부 세계의 특성이라고 여긴다는 점에서 언제나 투사라고 본다. 그들은 또한 분석가가 환자에게서 자신의 감정을 이끌어 내거나 환자를 통제하려고 노력한 것은 아니었다고 주장할 수도 있다. 이에 대해 나는 분석가의 기법은 중립적이고 그의 태도는 눈에 띄게 드러나는 것이 아니었을 수 있지만, 그의 목표는 모든 치료자의 목표가 그들의 환자에게 유용한 방식으로 영향을 주는 것과 마찬가지로 그의 환자에게 영향을 주는 것이었다고 제안할 것이다. 다른 무엇보다도 나는 치료자가 투사한 치료자 자신의 특성인 향상된 자기존중감을 환자가 갖도록 도우려고 의도한 것이 아니었나 생각한다. 치료적 관계의 실제적 또는 개인적인 측면을 연구하고자 하면, 우리는 환자의 비합리적 기능뿐만 아니라 치료자 자신의 비합리적 기능을 고려할 용의가 있어야 한다. 또한 우리의 덜 논리적인 심리적 기능이 갖는 이점에 대해 건전한 수준에서 존중하는 자세를 견지해야 한다.

태도와 기법

보듬어 주는 환경 제공하기, 감정을 담아내고 변형시키기, 공감하기, 적정한 친밀성 유지하기, 한 인간으로서의 환자의 가치에 초점을 두기는 모두 치료적인 상호 작용 안에서 이루어지는 개인적인 관계의 측면이다. 그러나 우리가 치료의 이런 '실제적'인 면을 가르치려고 할 때, 이런 면은 갑자기 실질적인 내용이 없는 것처럼 보인다. 그 주된 이유는 어떤 행동이 아니라 태도가 논의되고 있기 때문이다.

Freud와 그 뒤를 이은 전통적인 분석가는 환자를 변화시킨 행위로서 해석에 초점을 두었다. 중립성과 잔잔하게 머물러 있는 주의력(free-floating attention)은 치료자가 해석에 도달하고 그것을 명료하게 전달하도록, 즉 기술적으로 정확하게 행동하도록 도와준 태도적 요소였다. 그러나 곧 여러 학자는, 환자가 해석을 보살핌으로 경험하고 분석가의 관심 속에 보듬어진다고 느꼈으며, 극심한 혼란과 불안 속에서도 꿋꿋하게 이루어지는 분석가의 치료적 작업에 의해 힘을 얻었다는 점에 주목했다. 이런 요소 없이는 환자는 개선되지 않았다. 치료자의 태도, 심지어 전통적인 정신분석가의 태도가 환자에게 상당히 직접적으로 영향을 미친 것이 아닌가 하고 궁금해하지 않을 수 없다.

때때로 치료자는 이런 태도를 지나치게 강조하고 치료에 대해 신비주의와 유사한 관점을 발전시키기도 한다. 어떤 사람은 환자와 치료자가 개인적인 경계선을 넘어 감정의 직접적인 전이가 이루어지는 공감적인 의사소통에 들어간다고 믿는다. 또 어떤 사람은 감정을 전달하는 매개체로서 투사적 동일시에 초점을 둔다. 이런 맥락에서 나는 한 존경받는 원로 정신분석가가 수련의에게 다음과 같이 말하는 것을 들은 적이 있다. "그녀는 나의 좋은 엄마를 내사했어. 나는 나의 엄마를 내사했고 내 환자는 내 안에 있던 바로 그 좋은 엄마를 내사할 수 있었어." 이 말을 들으면 그 분석가는 그의 어머니가 실제로 그의 내면에 있고, 그의 내적 대상이 개인의 경계선을 직접 넘어갈 수 있다고 생각했던 것 같다. 우리는 이 말로만 확신할 수 없기에, 그가 어떤 마술적인 신념체계를 조장하기보다 압축된 치료적 표현을 사용했을 뿐이라고 추정해 볼 수밖에 없다. 초보치료자가 환자에 대한 새로운 통찰을 얻은 후 슈퍼바이저에게 가서 '나는 다르게 한 것은 없어요. 나는 그저 달리 생각했을 뿐인데, 환자가 나아졌어요. 그건 마술과 같아요.' 라고 말할 때도 위의 경우와 유사하게 신비하게 들린다.

감정과 내적인 대상표상 및 태도가 사람들의 개인적 경계를 넘을 수 있다는 마술적인 생각이 전적으로 잘못되었다고 입증할 수는 없다. 그러나 이런 가능성보다는 치료자와 환자 사이의 미묘한 의사소통이 환자에 대한 치료자의 정서적인 입장을 전해 줄 가능성이 더 높다. 이런 의사소통은 어투와 말의 빈도나 길이, 은유적인 언어, 용어 선택에 들어 있는 미묘한 함축적인 의미, 옷차림, 얼굴표정, 자세, 심지어 근육의 톤, 눈빛의 반짝거림이나 흐릿함을 통해 이루어진다. 치료 작업에서 우리는 순수하게 기술적인 방식으로 우리 행동의 이런 모든 측면을 의식적으로 통제할 수 없다. 이는 마치 야구선수가 배트를 휘두르는 동안 다양한 근육을 긴장하고 이완하는 과정에서 타이밍과 크기와 방향을 의식적으로 계산할 수 없는 것과 같다. 우리가 어떻게 행동하고 역할을 수행할지에 대해 이론적으로 연역해서 결론을 낼 수 있다 해도, 우리는 단지 그럴듯한 겉모습만 보여 주는 데 성공할 수 있을 뿐이다. 우리가 실제로 하는 것은 환자의 이야기에 세심하게 귀 기울이고 새로운 이해에 도달하고 새로운 태도를 가지며 우리의 행동을 통해 이것이 전달되도록 하는 것이다.

정신분석가의 중립성은 항상 환자에 대한 따뜻함과 진정한 인간적인 관심과 섞여 있다. 중립성 그 자체는 관계의 일부인 하나의 태도다. 중립성이란 안전, 관심, 비난의 결여, 환자의 자발적인 치유력에 대한 확실한 믿음을 시사한다.

❋ ❋ ❋

치료에서 기술적인 측면과 개인적인 측면은 서로 겹친다. 기술적인 면에서 치료자는 환자가 자신의 내적인 자기이미지와 대상이미지에 대한 환상을 투사할 수 있는 배경을 제공한다. 전이는 대상이미지의 투사를 나타내기 위해 전통적으로 사용되는 용어다. 이런 전이와 투사를 환자의 내면세계의 요소로 해석하는 것이 치료자가 해야 할 일이다.

환자가 치료자를 환상으로뿐만 아니라 자신의 삶에 실제로 존재하는 외적 대상으로 본다는 점을 치료자가 고려하지 않으면 그는 이런 과제를 수행할 수 없다. 치료자가 아무리 자신을 드러내지 않는다 하더라도 치료자는 실재하는 사람으로 남아 있고 그의 행위나 행위하지 않음은 환자에게 함축적인 의미를 가진다. 환자는 내사와 동일시를 통해 치료자의 이러한 개인적 특성을 받아들인다. 치료의 이런 관계 측면을 기술하기 위해 사용되는 일부 개념이 담아내는 것과 담겨지는 것, 보듬어 주는 환경, 이만하면 좋은 엄마, 공감, 친밀성을 적정선에서 유지하기, 긍정적 투사적 동일시다.

치료의 이런 관계측면은 통찰과 성장을 촉진하는 기법과 연계되어야 하는데, 이에 대해서는 다음 장에서 다룰 것이다.

제 14 장 치료관계 속의 기법

대상관계이론이 치료적 상호작용을 이해할 수 있는 새로운 개념을 제공해 왔지만, 기술적인 개입방법은 이전에 사용되던 것과 기본적으로 동일하다. 이런 기법은 치료 장면이라는 구조 안에서 이루어지는 명료화와 직면 그리고 해석이다. 이들은 모두 통찰과 성장의 촉진이라는 동일한 목표를 위해서 사용된다.

통찰과 성장

통찰이란 지적인 이해를 훨씬 능가하여 자기와 대상 사이의 통합과 분화에서 의식적으로 그리고 무의식적으로 크게 진전을 이루는 상태를 나타낸다. 지금까지 나는 통합과 분화가 다른 종류의 성장뿐만 아니라 어떻게 심리적 성장을 이루는 과정인지를 보여 주었다. 다음 사례 예시는 통찰을 통한 통합을 보여 준다.

1년 전에 남편과 사별한 우울한 60세의 여성이 의기소침한 자신의 상태에 대해 말했다. 그녀는 자신이 회한을 느끼며 스스로를 질책하고 있던 이유는 남편이 죽던 해에 남편을 성가시게 여겼고 잘 돌보아 주지 않았기 때문이라는 것을 서서히 깨달았다. 결국 그녀는 자신이 남편에게 가혹하게 대했기 때문만이 아니라 남편을 사랑했기 때문에 자신을 벌했다는 점을 이해하게 되었다. 만약 그녀가 남편을 사랑하는 마음이 없었더라면, 자신이 남편을 배려하지 못한 그녀의 행동이 벌받아 마땅하다는 생각을 하지 않았을 것이다. 이런 통찰을 통해 그녀의 여러 가지 측면이 합쳐지게 되었다. 후회가 우울을 대신했다.

* * *

자기애적 특성을 가진 35세의 남자는 과대한 감정이 깊은 슬픔과 고통을 덮고 있음을 경험하게 되었다. 치료를 통해 그는 자신의 작고 상처받은 부분을 소중하게 여기기 시작했다. 그리고 지속적인 관심과 찬사를 받으려던 욕구가 줄어들었다. 그에게는 더 이상 자신의 부적절감에 대한 자각을 피하기 위해 다른 사람의 찬사가 필요하지 않게 되었다. 그의 내적 자기표상이 달라졌고, 이는 심리적 성장으로 이어졌다.

* * *

약물을 남용하고 성생활이 문란한 경계선적 특성을 가진 28세의 한 여성은, 자신에게 결점이 있고 다른 사람에게도 결점이 있음에도 불구하고 다른 사람이 자신에 대한 관심을 지속시킬 수 있다는 것을 치료를 통해 서서히 깨달았다. 그녀는 남자친구가 직장에 가야 하거나 다른 일에 관심을 둘 때에도 계속해서 그녀를 좋아하고 아낀다는 것을 이해하기 시작했다. 그는 그녀가 심리적으로 철회하거나 기분이 안 좋을 때에도 그녀를 좋아하는 마음을 유지했다. 다른 사람과의 관계에서 그녀 자신에 대한 이러한 시각은 좀 더 견고해졌다. 그리고 즉각적인 즐거움과 흥분을 추구하던 그녀의 지속적인 욕구는 줄어들었다. 그녀는 안전감을 발달시켜 나갔고 좌절을 견디는 힘을 키워 갔다.

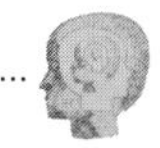

통찰은 어떤 지적인 이론을 생각이나 행동에 적용하는 것과 상관이 없다. 통찰은 다른 사람과의 관계 속에서 자기의 각기 다른 감정적 측면을 새롭고 의미 있는 방식으로 합치는 것이다.

명료화, 직면, 해석

통찰과 성장을 이루기 위해 사용할 수 있는 주된 기법은 명료화와 직면 그리고 해석이다.

명료화는 치료자가 환자에게 더 많은 정보를 요구하는 것을 의미한다. 치료자는 직접적인 질문을 통해 이렇게 할 수 있다. 예컨대 치료자는 '상사가 당신을 비판할 때 무슨 말을 하는지 정확하게 말해 줄 수 있나요?' 이보다 좀 덜 직접적으로, '좀 더 말씀해 보세요.' '계속 하세요.' '네.' 그리고 이밖에 치료자가 어떤 주제에 대해 더 듣고 싶어 하는 마음을 전하는 말을 할 수 있다. 사례를 발표한 한 정신분석가는 '그 부분이 분명하지 않네요.' 라고 반복해서 언급했다. 이런 식으로 그는 환자로 하여금 그에게 명료화하기를 요청했다.

기술적인 용어로 직면이란 환자에 대해 관찰한 어떤 내용을 환자에게 말해 주는 것을 의미한다. 애석하게도 직면은 공격적인 함축된 의미를 갖는데, 이는 직면의 기술적 목적에 속하지 않는다. 직면은 어떤 때에는 강력할 수 있지만, 또 어떤 때에는 부드러울 수 있다. 치료자는 눈물을 흘리고 있는 여성 환자에게, '네, 그것은 당신에게 큰 상실이었어요.' 라고 말할 수 있다. 이런 공감적인 말은 비록 이 환자가 이미 상실을 의식하고 있다 하더라도, 어떤 외부의 관점에서 그녀의 상실을 그녀 앞으로 다시 가져온다는 점에서 그녀에게 그녀의 상실을 직면한다고 볼 수 있다. 분명히 이 여성은 치료자의 이런 말을 적대적인 것으로 받아들이지 않았을 것이다. 시험에서 어떻게 'A' 학점을 받았는지에 대해 얘기하는 환자는 다음과 같은 공감적인 직면을 이끌어 낼지도 모른다. '네. 새로운 성공을 거두어 당신은 자신이 자랑스럽군요.' 이처럼 환자가 수월하게 받아들일 수 있는 직면은 외적인 확인을 제공함으로써 감정이 고양된 시점에서 환자의 자기성찰을 촉진한다. 이런 직면은 환자가 어느 한 시점에 강한 감정을 경험하고 후에 그것을 잊어버리는 경향을 극복하는 데 도움이 된다. 직면의 이런 개입이 반드시 저항을 깨부수거나 혹은 다른 식으로 환자를 공격하는 것은 아니다.

어떤 직면은 무비판적이고자 하는 치료자의 의도에도 불구하고 환자가 그것을 비판적으로나 공격적인 것으로 받아들일 수 있다. 모순되는 환자의 말을 지적하는 것은 흔히 비판적으로 보인다. 한 치료자가 그의 환자에게 다음과 같이 말했다. "당신은 한편으로는 동료가 당신을 지지해 줄 것이라고 생각하군요. 하지만 조금 전에 당신은 그들 중 아무도 믿을 수 없다고 말했어요. 이에 대해 당신은 어떻게 이해하나요?" 어떤 환자는 치료자의 이런 말에 관심을 보이며 이것의 의미를 탐구하려 할 것이다. 또 어떤 환자는 비판받는다는 느낌을 갖고 자신의 논리를 설명하거나 방어하려고 할 것이다. 어떤 쪽이든 직면은 그 자체로 공격적이거나 비판적이지는 않다. 직면을 그렇게 만드는 것은 직면에 대한 환자의 반응이다.

어떤 식으로 표현하든지 간에 실제로 비판이나 요구를 내포하지만 치료자가 말할 수밖에 없는 몇 가지 직면이 있다. 치료자는 '지난 두 달 동안 치료비를 안 내셨네요.' 라는 말을 할 수 있다. 이 말에는 반드시 치료비를 지불해야 한다는 의미가 들어 있다.

Adler(1985)는 치료자가 환자에게 강하게 직면해야 할 때가 있다고 제안한다. 그러나 많은 환자는 치료자 쪽에서 공격성의 기미를 조금만 보여도 그것을 과장하기 때문에 나는 직면의 공격적 측면을 강조하지 않는 쪽을 선호한다. 나는 부드럽게든 강하게든 환자에 대해 어떤 것을 지적하는

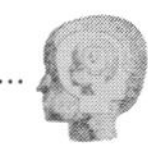

발언은 모두 직면이라고 정의한다. 직면은 글자 그대로 두 가지를 마주 대하게 하는 것인데, 치료에서는 환자와 환자의 어떤 측면을 마주 대하게 하는 것을 뜻한다.

해석은 현재의 느낌이나 태도나 혹은 행동이 이전 것의 반복이라는 것을 보여 주는 진술이다. 해석은 흔히 인과관계를 설명하는 것으로 이해되지만, 해석이 병렬성(parallels)을 지적할 때에도 효과적이다. 어떤 치료자가 환자에게 다음과 같이 언급할 경우가 있었다. "당신은 당신이 나 때문에 언짢은 기색을 보이면 내가 당신을 거부할 것이라고 두려워하는군요. 마치 당신이 버릇없이 행동하면 어머니가 당신을 당신의 방으로 보낼 것이라고 두려워했던 것처럼 말이죠. 당신의 어머니는 실제로 그렇게 했었지요." 이런 해석은 인과관계를 주장하지 않는다. 인과관계에 대한 것은 기법의 문제라기보다 이론적인 문제다. 하지만 이런 해석은 환자 삶의 두 가지 측면을 나란히 배치한다. 이렇게 함으로써 그것은 통합을 가져온다.

가장 효과적인 해석은 유아기의 삶과 현재의 삶 및 전이 간의 병렬성 혹은 유사성을 설명한다. 앞서 언급했던 해석을 좀 더 완벽하게 하려면, 적절한 시점에서 '이와 비슷하게 당신은 남편에 대한 불만을 말하면 남편이 당신을 떠나 버릴 것이라고 두려워하는군요.' 라는 진술을 포함시킬 수 있다.

한때 해석은 무의식적이었던 어떤 것을 의식하게 만드는 것이라는 의미를 내포했다. 자신의 경험세계의 어떤 면을 억압하는 대신에 분열시키는 환자에게 의식의 주제는 적절하지 않다. 하지만 치료자는 여전히 해석을 한다. 치료자가 분열에 대해 해석할 때, 두 사태 간에 어떤 연결이나 연합이 만들어진다. 치료자가 억압에 대해 해석하면, 이전에 존재하던 연상에 대한 기억을 촉진시킨다. 해석의 개념을 현재와 과거의 사고와 감정과 행동 간의 병렬성을 지적하는 것으로 정의하면, 이 용어는 인과관계와 의식 대 무의식과 관련된, 해소되지 않은 해묵은 주제에 얽매이지 않게 된다. 때때로 나는 해석이라는 용어 대신 '병렬성을 이끌어 낸다.' 라는 표현을 사용한다.

이 장에서 나는 신경증 환자의 통찰과 성장을 촉진하기 위한 명료화와 직면 및 해석의 사용에 대해서는 예시를 들어 설명하지 않는다. 이러한 주제에 대해서는 현대 대상관계이론이 발달하기 전 이미 광범하게 논의되어 왔다. 여기에서 나는 이 이론의 개념이 자기애적 장애와 경계선적 장애 및 정신병적 장애를 가진 환자에게 치료적 기법을 적용하는 데 도움을 주었던 몇 가지 측면에 초점을 두려고 한다.

치료적 구조에서 벗어나는 행동 직면하기

구조(structure)란 명료화와 직면과 해석을 위한 틀을 제공하는, 치료를 위한 조처다. 구조는 치료자가 환자와 자신에 대해 갖고 있는 일련의 기대다. 치료약속의 빈도와 시간은 구조의 한 부분이다. 정해진 시간에 맞추어 회기를 끝낸다는 기대도 구조의 한 부분이다. 구조의 다른 요소로는 치료비 지불, 휴가, 치료약속 불이행, 심지어 긴 의자의 배치나 사용에 관한 조처가 있다. 구조의 좀 더 명백한 측면은 다음과 같이 흔히 언급되지 않는 합의로, 환자나 치료자가 상대편을 해롭게 하거나 학대하는 방식으로 행동하지 않을 것, 혹은 상대방과 성관계를 갖지 않을 것, 환자는 자살기도나 위험한 행동을 삼가고 치료시간 전에 약물을 복용하거나 술을 마시지 않을 것과 같은 것이다.

치료자는 치료 초기에 환자와 이런 조처들에 대해 논의하고 타협할 수 있고 또한 자신의 기대에 대해 스스로 책임질 수 있다. 일부 신경증 환자와는 이런 조처에 대해 논의하고 때때로 재협상하는 것이 유용할지 모른다. 그러나 경계선적 장애나 정신병적 장애를 가진 환자의 경우 자기-대상 분화가 너무도 미약해서 흔히 이런 융통성을 감당하지 못한다. 이런

경우 치료자는 치료관계에서 안정성을 제공하기 위해 구조를 설정할 책임을 받아들여야 한다. 이것은 환자가 예측 가능한 사람과 상호작용하는 경험을 하는 데 도움이 된다.

구조를 벗어나는 행동을 직면하는 것은 경계선적 장애를 가진 환자에게는 필수적이다(Kernberg, 1975; Masterson, 1976; Rinsley, 1982; Adler, 1985). 치료자는 자신의 확고한 태도를 상기시키기 위해 환자의 이런 행동을 거론한다. 이런 접근은 환자의 자기-대상 경계를 명확하게 하고 대상항상성을 증진하는 데 유익하다. 경계선 환자는 치료 초기에 일반적으로 사전에 취소 전화도 하지 않고 치료약속을 어기는 방식으로 상담 구조에서 벗어난다.

L.B.는 25세의 동성애자 남성이었는데, 한 직장에서 오래 버티지 못하고 성적 파트너가 자꾸 바뀌는 문제에 대해 불평했다. 첫 두 회기에서 그는 자신이 얼마나 도움이 많이 필요한지에 대해 설명했다. 그러고서 세 번째 회기에 오지 않았다. 그 다음 주에 와서 그는 자신이 어떻게 일자리를 찾아다녔는지에 대해 얘기하기 시작했다. 그는 일자리를 찾겠다는 자신의 결심에 대해 20여 분 동안 얘기했다. 그는 지난번에 어겼던 치료약속과 꾸준히 치료 받는 것이 그에게는 어렵다는 점에 대해서는 언급하지 않았다. 치료자는 다음과 같이 말함으로써 구조를 벗어나는 행동을 직면했다. "당신은 지난 화요일에 약속을 어겼지요. 거기에 대해서 아무 말씀도 없군요."

"아, 일자리가 더 중요하다고 생각했어요."라고 환자는 말했고, 취업 가능성에 대한 주제를 이어 갔다.

치료자는 부드럽게 끼어들어 치료 규칙을 무시하고 있는 그의 행동을 그에게 상기시켜 주었다. "아마 우리는 당신이 치료약속을 지키기 어려워하는 부분에 대해 좀 더 자세히 들여다보아야 할 것 같군요. 이 점에 대한 당신은 어떻게 생각하세요?"

"정말 별로 할 말이 없는데요. 그저 너무 바빴어요. 그리고 선생님이 신경 쓸 거라고 생각하지 않았어요. 선생님한테 그게 문제가 되나요?"

치료자가 알게 된 사실은, 그의 환자는 정해진 구조 안에서 작업하는 것에 대해 치료자가 자기보다 더 신경 쓸 것이라고 생각하지 않았다는 것이다. "선생님이 신경 쓸 거라고 생각하지 않았어요."라고 환자는 말했다. 이 말은 또한 환자는 치료자가 한 사람으로서 자기에 대해 신경 쓰지 않을 것이라고 생각했을 수 있음을 모호하게 암시한다. 치료구조를 어기는 행동에 대한 직면이 환자와의 관계에서 치료자에 대한 태도에 주의를 환기시켰다. 환자는 치료자를 헌신적이지 않고 무심한 사람으로 보고 있었던 것이다. 그런데 실제로 그렇게 느꼈던 사람은 환자 자신이었다. 그는 "나는 그저 너무 바빴어요."라고 말했다.

그러고서 치료자는 치료약속을 무시하는 행동의 또 다른 측면에 대해 주의를 환기시킬 수 있었다. 그는 환자가 좋은 경험의 가능성을 기억하는 데 어려움이 있다는 점을 언급했다.

치료자는 다음과 같이 말했다. "분명히 당신은 나나 혹은 다른 사람이 당신을 만나기를 진정으로 기대하거나 혹은 당신이 어디 있는지 궁금해할 정도로 당신에게 충분히 마음을 쓸 것이라고 기대하지 않는군요. 그렇다면 당신은 정말 외로울 것 같네요."

이런 진술은 공감적인 태도를 유지하면서(Kohut, 1971), 치료구조의 위반뿐만 아니라 부정적인 전이(Kernberg, 1975)를 직면한다. 치료자의 기대에 따르지 않는 환자는 치료자의 기대, 그리고 결과적으로 적어도 치료자의 구조화하는 측면에 대한 부정적인 태도를 보이고 있다. 환자의 감정이 전이라면 치료의 구조를 위반할 때 환자는 부정적인 전이를 보이고 있는 것이다. 따라서 구조의 위반에 대한 직면은 흔히 부정적인 전이에 대한 직면도 된다. 치료자는 L.B.가 구조를 위반한 이유는 적어도 부분적으로는 전이관계에서 그가 치료자에게서 관심을 받는다고 느끼지 않았기 때문이라고 가정했다.

L.B.와의 치료의 이 시점에서 환자가 부모와의 관계에서 겪은 초기경험은 치료자에게 알려져 있지 않았다. 치료자는 환자가 부모를 자신에게 무관심하고 헌신적이지 않은 사람으로 경험했다고 가정할 수 있었다. 이것이 환자가 치료자를 경험한 방식인데, 외부 사람으로서 치료자는 실제

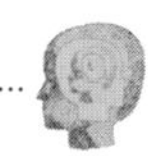

로 대체로 관심이 있고 헌신적이며 수용적이었다. 치료자가 틀을 벗어나는 환자의 행동에 대해 언급했을 때 그는 자신을 실제로 존재하는 사람으로 규정했다. 치료자는 환자가 치료자인 자신을 무심하다고 경험하면 그가 얼마나 외로울 것인지에 대한 언급을 덧붙였다. 이런 말은 치료자를 공감적인 사람으로 규정해 주었다.

치료자는 때때로 치료 구조를 위반하는 행동과 다른 부정적인 행동에 대해 공격적이거나 차갑게 보이지 않으면서 직면하도록 애써야 한다. 이렇게 하는 방법 중 하나는 환자를 직면하면서 공감하는 것이다. 그러나 이런 상황에서 공감적인 태도를 유지하려면 치료자는 그 순간에 환자가 치료자를 어떻게 보든 간에 환자에 대한 관심과 염려를 스스로에게 상기시키는 것이 좋다. 이러한 과정의 일부로 직면은 치료자의 은밀한 요구나 비판을 전달하는 수단이 아니라 환자의 왜곡된 지각을 드러내는 목적을 위한 것이다. 이런 노력은, 특히 환자가 고압적인 태도를 보이거나 치료자를 평가 절하할 때 치료자가 환자의 전적으로 나쁜 자기-타자 상태로 빨려들지 않도록 자제하는 데 도움이 된다. L.B.의 사례에서 치료자에 대한 이런 평가 절하는 환자가 고압적인 어투로 치료자에게 '선생님한테 그게 문제가 되나요?' 라고 말하는 데에 들어 있다. 치료자는 분열되어 버린 전적으로 좋은 자기-타자 상태를 주의 깊게 찾아내고, 그것이 결여된 상태에 대해 궁금해하며, 버림받았다고 느끼는 상태에서 환자가 어떻게 느꼈을지에 대해 공감하는 것이 필요했다.

치료구조를 위반한 것에 대해 공감적으로 직면하는 것은 중요한 기술이다. 이것은 치료자가 환자에게 예측 가능하고 의지할 수 있는 사람으로 그의 존재를 유지하면서 동시에 다른 사람을 의지할 수 있는 존재로 경험하지 못하는 환자의 어려움을 지적할 수 있는 한 가지 방법이다. 치료자의 통합된, 좌절시키는 면과 돌보는 면은 치료구조에서 일정하게 남아 있다. 이는 마치 치료자가 다음과 같이 말하는 것과 같다. "그래요. 치료는 좌절감을 줄 수도 있어요. 그리고 당신은 치료회기에 참석하기 위해 반드시 노력해야 해요. 그러나 당신의 이야기를 들어주고 당신을 이해하려고 애쓰는 의지할 만한 사람을 갖는다는 것 또한 만족스러운 일이지요." 치료자는 직접적으로 이런 주장을 할 필요는 없다. 치료자가 구조에 관심을 두는 것이 그의 행동의 맥락에서 이런 메시지를 전해 주는 것이다.

한계 설정

때때로 구조 위반에 대한 직면이 환자의 행동을 변화시키는 데 충분하지 않고, 환자의 비일관적인 행동이 계속해서 치료의 효용성을 위협하는 경우가 있다. 이런 경우 치료자가 한계를 설정하는 것이 필요하다. 이것은 일종의 최후통첩이다. 이것은 계속되는 구조 위반의 결과가 무엇인지를 설명하는 것이다. 이런 개입은 명료화나 직면 또는 해석은 아니지만[1] 치료가 진행될 수 있는 맥락을 제공하는 부분으로 때로는 필요하다.

모든 토론에서의 최후통첩과 마찬가지로, 한계의 설정은 최후 수단으로 남겨 두어야 한다. 첫째, 치료자는 치료의 구조에 대해, 그리고 때로는 그런 구조의 근거가 무엇인지에 대해 적절히 설명했음을 분명히 해야 한다. 둘째, 치료자는 한계를 넘은 것에 대해 환자의 주의를 환기시켜야 한다. 그런 다음 해석을 할 수 있다. 때때로 이런 기법은 한계를 설정하기 전에 여러 번 반복해서 적용될 수 있다.

대부분 환자의 경우, 한계는 명시적인 것이 아니라 암묵적인 것이다. 즉 치료자는 '치료비를 제때 내지 않으면 우리는 치료를 계속할 수 없습

1) Eissler(1953)는 해석적 방법 이외의 기법을 치료의 '주변적 기법'이라고 명명했다. 그는 치료의 효과를 최대화하기 위해서 이런 기법은 이후 해석되어야 한다고 시사했다.

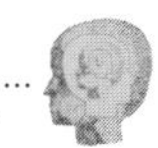

니다.' 라고 말하지 않아도 된다. 대부분의 환자는 치료비를 제때 지불하며 이런 문제가 절대 일어나지 않는다. 경계선 환자에게 한계 설정은 최소한의 수준에서 유지해야 하는데, 그 이유는 그들에게는 그것이 그들을 버리겠다는 위협이 되기 때문이다.

환자가 지속적으로 구조를 위반할 때 치료자가 효과적으로 이행할 수 있는 유일한 결과는 치료의 중단과 비밀보장의 약속을 어기는 것이다. 환자가 자살하겠다고 위협하면 치료자는 입원을 제안할 수 있지만 강제할 수는 없다. 치료자는 환자 가족에게 전화를 걸어 환자를 보호하는 데 도움을 요청할 수 있다. 이것은 비밀보장의 약속을 깨뜨리는 것이고 치료관계의 성격을 변화시킨다. 더 극단적인 상황에서는 치료자가 강제수용 절차에 착수할 필요가 있을 수 있다. 여기서 환자를 억류하는 것은 치료자의 권한이 아니다. 그것은 법원의 권한이다. 치료자는 자신이 전문가로서 알게 된 정보를 제공한다. 흔히 법원은 환자가 자살할 가능성이 있다고 의사가 확신함에도 불구하고 환자를 방면할 것이다. 이런 상황에서 치료자는 그 성격이 변질되고 위험할 수도 있는 치료를 계속할지 말지를 결정해야 한다.

비밀보장의 한계와 치료의 지속 여부는 대체로 실제적인 문제이다. 환자가 자신이나 다른 사람을 해칠 위험이 있다면, 생명과 안전의 문제보다 사생활 보장을 우선하는 것은 바보 같은 일이다.[2] 환자가 치료약속의 절반도 지키지 못한다면, 치료는 별로 영향력을 갖지 못할 것이다. 환자가

2) 위험성이란 복잡한 문제며 이 책에서 포괄적으로 다룰 수는 없다. 내담자의 자살 충동이 더 커지고 더 집중적으로 치료를 받을수록, 아마도 다른 사람이 자신의 생명에 대해 책임을 떠맡기 때문에, 이런 상황은 내담자의 자기-타자 혼동을 더 심하게 하고, 전능한 구조에 대한 환상을 크게 한다. 이런 경우, 치료자는 자문을 구하고 위험한 행동에 대해 한계를 정하지 않을 가능성에 대해 고려해 보는 것이 때로는 최선일 수 있다. 그런 상황에서는 새로운 한계가 설정되어야 한다. 그러나 대개 내담자의 위험한 행위에 대해 반드시 한계를 정해야 한다.

취한 상태로 치료시간에 온다면, 그의 통합적 자아기능은 손상되고, 그래서 그는 통찰을 얻을 수 없다. 이런 상태에서 치료를 계속하는 것은 별 소용이 없다. 환자가 습관적으로 치료자를 위축시킨다면, 어떻게 치료자가 그를 도울 수 있겠는가? 치료자가 전문적 서비스에 대한 대가를 받지 못하고 있다면, 치료를 계속하는 것은 실용적이지 않다.

제2장에서 정체성의 극단적 변화를 보였던 남성으로 논의했던 환자 B.G.는 한계를 설정함으로써 긍정적인 결과를 얻을 수 있었던 경우다. 그는 처음 몇 번의 치료약속을 지켰지만, 그 후 두 번은 지키지 않았다. 한계를 설정하기 전 구조화하는 작업의 일부로 치료자는 "치료가 도움이 되려면, 당신이 규칙적으로 치료 받으러 올 필요가 있어요."라고 말했다.

이후 환자는 2주 동안 약속을 어기지 않고 왔다. 그런 다음 그의 불규칙한 행동이 다시 나타났다. 치료자는 치료구조 위반에 대해 부드럽게 직면했지만 별 효과가 없었다.

몇 주 후 B.G.는 계속해서 치료약속을 불규칙하게 지켰다. 치료자는 해석을 했다. "당신은 치료에 대해 양가감정이 있는 것 같네요. 한편으로는 치료에 오기 원하지만 다른 한편 오고 싶은 마음이 그렇게 확실하지 않을 수 있겠지요. 이런 마음은 어떤 과거 패턴의 반복일 수 있어요. 당신이 어릴 때 당신의 어려움을 다른 사람에게 내놓았을 때 어땠나요?"

"부모님이 매우 엄격했어요."라고 그는 의무적으로 대답했다. "어머니에게 가서 문제를 꺼내 놓으면 어머니는 나를 혼내거나 놀리곤 했어요. 놀리는 게 더 나빴어요. 그런데 그게 이 문제와 무슨 관계가 있는지 모르겠네요. 나는 그저 가끔 약속을 잊어버릴 뿐이에요."

"당신은 내가 당신이 문제를 해결하도록 도와주기를 바라죠. 하지만 어쩌면 당신은 내가 당신의 어머니처럼 당신을 놀리거나 비난할까 봐 염려하는지도 모르겠어요. 이런 감정이 있으면 약속을 더 쉽게 잊을 수 있어요."

환자는 주제를 바꾸어 다른 주제에 대한 이야기를 계속했다. 그는 그 회기의 남은 시간 동안 치료자의 존재를 무시했다. 이런 태도는 그가 때때로 아예 치료 받으러 오지 않음으로써 치료회기를 전적으로 무시하는 것과 같은 방식이었다.

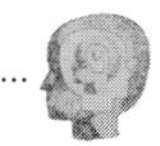

몇 주 뒤 치료자는 다른 접근을 시도했는데, 전이에서 환자의 양가적인 감정보다 환자의 미약한 대상항상성에 대해 언급했다. "때때로 당신은 당신이 치료에 얼마나 가치를 두고 있는지를 완전히 잊어버리는 것 같아요. 그런 때에는 치료가 당신을 위해 존재하지 않게 되고, 그래서 당신은 약속시간에 오지 않거나 심지어 전화도 하지 않죠."

B.G.는 공손한 태도로 치료자의 말을 듣고는 지난 회기에 오지 않았을 때 새로 알게 된 사람과 함께 어떤 음악을 듣는 일에 얼마나 흥미를 갖게 되었었는지에 대해 이야기했다. 그는 논의되고 있던 화제는 잊은 것 같았고 그가 들었던 음악 스타일에 대해 열중해서 이야기했다. 그는 그 음악에 대해 많은 이야기를 하고 싶어 했다.

치료자는 그의 이야기를 조용히 들을 수도 있었다. 그러나 치료약속을 잊는 것이 치료의 효율성을 위협했기 때문에 그는 이 주제를 끌고 가기로 마음먹었다. 그는 환자가 치료회기 진행 중에도 어떻게 치료자의 존재를 잊는 것 같은지에 대해 언급하면서 그렇게 할 수도 있었을 것이다. 그런 말은 전이관계의 지금-여기 상황에서 미흡한 대상항상성에 다시 초점을 두는 것이 되었을 것이다. 그러나 치료자는 환자가 대상에 대한 말보다는 환자 자신에 대한 말을 더 잘 들을 수 있을 것이라고 생각했다.

"그래요. 당신에게는 치료를 중요하게 생각하는 부분이 있어요. 예컨대 당신은 지금 그 음악에 대해 나한테 얘기하고 싶어 하는 것 같아요. 그런데 가끔 당신은 치료를 중요하게 생각하는 당신의 한 부분을 잊어버리죠. 당신이 치료를 받으러 오기 위해 당신이 하던 일을 그만두어야 할 때 말이죠."

B.G.는 이 말을 고맙게 받아들였고 몇 분 동안 이것에 대해 논의했다. 그는 또한 다음 몇 주 동안은 약속시간에 맞추어 왔다. 그러다 얼마 지나지 않아 그는 예전 방식으로 되돌아갔다. 그 정신과 의사가 한계를 정하기 시작한 것은 이 시점이었다. 치료구조를 분명히 하기, 직면하기, 해석하기가 심리적 작업을 불가능하게 만드는 환자의 행동패턴을 바꾸지 못했다. 이제는 이 주제에 초점을 맞추어야 하는 시점이었다.

치료자는 말했다. "나는 당신이 어떻게 해서든 규칙적으로 치료를 받으러 오지 않는다면, 관계와 직장과 종교가 자주 바뀌는 문제로 당신이 겪는 어려움에 대해 내가 도움을 줄 수 없을 것 같군요."라고 말했다.

"무슨 말씀이세요? 이것이 마지막 회기란 말씀인가요?"라고 환자가 말했다.

환자는 버림받는 것에 민감했고, 자기와 다른 사람에 대한 항상적인 이미지를 갖고 있지 않았다. 그는 이 관계가 몇 분 내로 끝날 것으로 기대했다.

환자는 치료자가 한계 설정에 대해 좀 더 분명하게 이야기하라고 요청한 것이었다. 치료자는 좀 더 구체적으로 얘기했다. "아뇨. 이것이 마지막 회기는 아니에요. 나는 당신이 치료약속을 잘 지킨다면 치료가 당신에게 도움이 될 것이라고 생각해요. 그러나 당신이 미리 전화도 없이 치료시간에 오지 않는다면 우리는 1개월 정도 시간을 갖고 치료를 마무리해야 해요. 그런 다음 당신은 6개월 동안 시간을 갖고 치료 받을지의 여부에 대해 진지하게 생각해 보아야 합니다. 하지만 지금이라도 당신이 약속을 어기는 행동을 그만둔다면, 치료를 중단하지 않고 계속할 수 있어요."

치료를 완전히 종결하기보다 이처럼 중단하자는 제안을 하면서 한계를 정하는 방법은 환자가 과거에 겪은 버림받은 경험을 치료장면에서 반복하는 문제를 피하게 한다. Rodman(1967)은 문헌을 검토하여 이렇게 한계를 설정하는 몇 가지 사례를 제시했다.

B.G.는 격분했다. "나는 기억하는 데 문제가 있어요. 그래서 도움을 받으려고 온 거예요. 그게 내가 여기에 오는 이유란 말이에요."

치료자는 말했다. "치료에서 도움을 받을 수 있기 전에 당신이 치료를 필요로 하는 바로 그 행동의 일부를 먼저 바꿀 필요가 있다는 것은 안 된 일이에요. 그렇지만 유감스럽게도 그게 지금 현실이네요. 이 분야에 대한 우리의 지식이 아직은 그렇게 대단하지 않아서 다른 방식으로 도울 수 있는 방법이 없어요."

환자가 말했다. "그렇다면 내가 와야겠네요." 그는 이제 고분고분해졌다. 아니 거의 순종적으로 변했다. "내가 올게요. 그건 할 수 있어요. 하지만 한 가지 여쭈어 봐도 되나요? 내가 내 행동을 스스로 바꿀 수 있다면 치료가 나를 위해 해 줄 수 있는 건 뭡니까? 선생님에게 도전하는 건 아니고, 그냥 물어보는 거예요."

치료자는 이 시점에서 한계 설정에서 해석으로 전환하고 싶은 유혹을 느꼈지만 참았다. 그는 B.G.가 어머니와의 관계에서 그랬었던 것처럼 버려질지도 모른다는 위협을 느끼면 어떻게 순종적이 되는지에 대해 언급하고 싶은 유혹을 느꼈다. 그러나 그는 환자의 질문에 다음과 같은 설명을 제공했다. "어떤 것을 끝까지 고수하는 것이 당신에게 왜 어려운지 그 이유를 알아내는 데 도

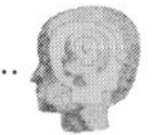

움을 받을 수 있어요. 또한 당신이 어떤 것을 지속할 수 있도록 하는 힘이 당신 밖이 아니라 당신 안에 있기 때문에, 그 일을 당신 스스로 할 수 있고 또 해야 한다는 사실을 누군가가 상기시켜 주는 것도 도움이 될 수 있어요."

이 예시에서 한계 설정에는 치료자가 힘을 행사하는 측면은 들어 있지 않았다. 실제로 치료자는 자신의 전능함의 한계를 받아들인다는 것을 공개적으로 인정했고, 한계설정에는 어떠한 공격성도 내포되지 않았다. 한계를 설정할 때 치료자가 자신의 한계를 인정하는 것이 중요하다. 그렇게 함으로써 환자는 전능한 양육자가 완벽하고 수월한 치료를 해 줄 수도 있는데, 악의나 인색함 때문에 그런 치료를 해 주지 않으려 한다고 느끼지 않고 또 환자가 무엇을 잘못했다고 암시하지 않는다.

환자가 치료자에 대한 전능한 환상을 갖는 것은 매우 자연스러운 일이다. 그러나 성장이 불가능하게 될 정도로 이런 환상을 받아 주는 것은 도움이 되지 않는다. 그리고 어떤 환자가 우리가 그렇다고 믿게끔 하듯이, 한계를 인정한다는 것이 치료자가 도와줄 어떤 능력도 갖고 있지 않음을 시사하지 않는다. 만약 치료자가 문제 해결의 모든 책임이 환자 자신에게 있다고 환자에게 말하는 극단적인 태도를 취한다면, 그것은 치료에 대한 허무주의로 환자를 버리는 일이 될 수 있다. 치료자는 자신에 대한 환자의 이상화나 평가 절하의 투사를 자신의 것으로 받아들이지 않으면서 한계를 설정해야 한다.

환자가 계속 치료 약속을 잊으면 치료를 중단해야 한다고 정신과 의사가 말한 후, 환자는 몇 달간 정반대의 극단으로 치우쳤다. 그는 한 회기도 빠지지 않았으며 종종 30분에서 1시간 일찍 도착했다. 그는 치료자를 높이 띄우는 말을 사용했고 그를 전적으로 이상화하는 것 같았다. B.G.는 완벽한 환자가 되어야 할 것처럼 행동했고, 그렇지 않으면 즉각적으로 버림받을 것이라고 믿는 것 같았다.

몇 달 뒤, 그는 이 주제로 돌아와, 그의 어머니는 그가 어머니의 자존심을 건드리는 행동을 하거나 말을 하면 그를 길거리로 내쫓아 버릴 거라고 위협했던 것을 기억했다. 그는 자신을 돌봐 주는 위치에 있는 사람이 누구든지 간에 그 사람의 자기애를 지속적으로 만족시켜야 할 필요가 있는 것처럼 느꼈다. 그는 치료자를 이상화하면서 이렇게 하려고 했다.

한계 설정은 명료화나 직면 또는 해석이 아니라 치료자가 하는 실제적인 행위이며, 이는 흔히 이전에 부모가 했던 행동을 반복하는 것이다. 이것은 항상 환자에게 깊은 영향을 미친다. 때로는 이런 영향의 크기나 깊이를 예측할 수 없다. 치료 후기에 이런 개입에 대해 좀 더 탐색할 필요가 있는데, 흔히 치료자가 이 주제를 먼저 꺼낸다(Eissler, 1953). 환자들이 치료자의 실제 행동에 대해 거론하는 일은 드물다.

한계 설정이 행동 변화를 가져오기에 항상 충분한 것은 아니다. 어떤 환자는 정해진 한계 안에 있지 못한다. 한계 설정이 분명하고 조심스럽게 이루어졌다면, 원래 치료자와는 치료가 종결되더라도 이후 새로 만나는 치료자와의 치료에는 도움이 될 수 있다. 이런 혜택이 가능하려면, 환자가 이전 치료자를 평가 절하할 때 새 치료자가 동참하지 말아야 한다. 많은 환자들, 특히 문제가 심각한 환자는 그들이 도움 받을 수 있는 관계에 정착하기 전에 여러 번의 치료를 거친다(Katz et al., 1983).

한계에 대한 언급은 환자와 치료자가 그들의 관계성에 대해 직면하게 만든다. 이런 개입은 치료자와 환자에게 각자의 개별성과 그들이 어떤 틀 안에서 관계하고 있음을 상기시킨다. 이것은 환자와 치료자 모두 전능함에 대한 기대에 빠지고 싶은 유혹을 견디게 하고, 심리치료를 포함한 인간의 상호작용에서 가능한 것의 한계에 대해 상기시켜 준다.

부정적인 전이의 직면

Freud(1905b)가 도라라는 환자와의 실패한 사례를 검토한 이래, 정신분석가는 치료가 초기 단계를 넘어 지속되려면 전이를 인식하고 해석하는 것이 얼마나 중요한지에 대해 깊이 자각하고 이런 깨달음의 중요성을 견지해 왔다. 심각한 장애를 겪는 환자의 경우 치료자는 때때로 초기 몇 회기 내에 이런 주제를 다루어야 한다. Kernberg(1975)는 치료 초기에 전이에 대해 해석했던 Klein의 영향을 받아, 이런 기법이 경계선적 장애를 가진 환자에게 특히 중요하다고 강조했다.

부정적인 전이란 나쁘고, 평가 절하되고, 자신을 버리거나 혹은 적어도 실망스럽거나 거부하는 내적인 대상을 치료자에게 투사하는 것이다. 이런 '나쁜' 대상이미지는 대체로 분노하거나 적대적이거나 혹은 무서워하는 감정과 연합되어 있는데, 환자가 이런 감정을 조절하고 통합할 수 있도록 이것을 치료에서 논의할 주제로 거론해야 한다. 이런 감정을 다루지 않고 그냥 두면, 분노나 실망감이 치료의 조기종결을 초래할 수 있다.

제6장에서 언급했던 29세의 접수직원인 W.J.는 치료회기를 시작하면서 다음과 같이 말하며 부정적인 전이를 드러냈다. "너무 기분이 엉망이고 외로워요. 나를 이해해 주는 사람이 아무도 없어요. 다 무슨 소용이 있나요? 내가 왜 여기 오는지조차 모르겠어요."

치료자는 그녀의 낙담한 상태에 대해 초점을 두거나(Frank, 1974), 그녀가 낙담하게끔 한 그녀의 외적인 삶의 스트레스 요인을 강조할 수도 있었다. 하지만 치료자는 전이에 대해 작업하기로 선택했다.

치료자는 다음과 같이 말했다. "나에게 실망했겠네요. 내가 당신을 이해하고 도와주길 원해서 나에게 돈을 내고 치료를 받고 있죠. 그런데 여전히 아무도 당신을 이해하지 못하는 것 같이 느끼는군요."

이런 직면은 새로운 정보를 덧붙이지 않는다. 이것은 내담자의 말을 재진술하는 수준이다. 그럼에도 불구하고 이 말은 치료자에 대한 부정적인 감정을 부각시키고 또한 공감적인 의사소통의 기능을 한다. 요령 있고 시의 적절한 직면은 공감적인 요소를 갖고 있기 때문에 치료자가 직면해야 하는지(Kernberg, 1975) 아니면 공감해야 하는지(Kohut, 1971)에 대해 현재 이루어지고 있는 논쟁은 흔히 불필요한 논란이다.

경계선적 환자에게 부정적인 전이를 직면하는 것이 적대적인 감정을 고조시키는 경우는 드물다. 사실상 대개의 경우 적개심을 감소시킨다. W.J.의 사례에서 그녀는 완전히 혼자라고 느꼈고 치료자를 포함한 모든 사람이 자신을 이해하지 못한다고 느꼈다. 치료자가 자신에 대한 그녀의 실망감에 대해 직면하고 공감했을 때, 그녀는 버림받았다고 느끼던 자기-타자의 상태를 더 이상 경험하지 않게 되었다. 왜냐하면 더 이상 이해받지 못한 것이 아니기 때문이었다. 이런 개입은 역설적이고 지능적이다. 그러나 이런 개입이 진정으로 이루어진다면 도움이 될 수 있는데, 분노하고 버림받았다고 느끼는 환자에게 특히 유익할 수 있다.

W.J.는 치료자가 그녀의 심정에 공감적으로 접촉했다고 느꼈을 때, 전적으로 좋은 자기-타자 상태로 옮겨 갔다. 그녀는 "아니, 아니에요."라고 말했다. "선생님이 그렇다는 게 아니에요. 선생님은 나를 챙겨 주는 유일한 사람이죠. 여기 오면 기분이 훨씬 나아져요. 빌어먹을 남편과 엄마가 그렇다는 얘기예요."

그녀는 바로 직전에 다른 사람이 자신을 이해하지 못한다고 했었다. 그렇지만 그녀는 이제 자신이 얼마나 관심을 받는다고 느끼는지 언급하면서 이전에 했던 말과 모순된다는 것을 전혀 느끼지 못하고 있는 것 같았다. 모순에 대해 이렇게 전혀 알아차리지 못하는 현상은 자기-대상 상태

의 전환을 나타낸다. 이 시점에서 치료자가 자신에게 부여된 새롭고 이상화된 역할을 받아들이고 환자의 모든 불쾌한 감정이 분열되어 그녀의 남편과 어머니에게 투사되도록 내버려 둔다면 치료는 일시적으로 안정될 수도 있었을 것이다. 하지만 환자의 가정생활은 가족에 대한 과장된, 전적으로 나쁘다는 이미지로 인해 악화되었을 것이다. 치료의 목표는 치료자를 위한 편안한 상황을 만드는 것이 아니라, 치료 밖에서의 관계를 개선하도록 돕는 것이었기 때문에 치료자는 부정적인 전이를 다시 직면할 필요가 있었다.

치료자가 말했다. "네, 당신은 지금 나에게서 이해받는다고 느끼는군요. 그리고 그건 중요합니다. 그런데 조금 전에는 당신이 말했던 것처럼 당신은 이해받지 못한다고 느꼈을 거라 생각해요. 때로는 내가 당신에게 위안이 안 되는군요."

환자가 치료자를 좋은 대상으로 보고 있을 때 부정적인 전이를 부드럽게 직면함으로써 치료자는 환자가 대상의 좋은 면과 나쁜 면을 통합하는 자아기능을 사용하도록 도울 수 있었다. 나는 부정적인 전이를 직면하는 이런 요소를 좋은 대상관계단위와 나쁜 대상관계단위를 병치시킨다고 부른다. 통찰과 성장을 촉진하는 이런 기법은 이 장의 뒷부분에서 좀 더 논의하려고 한다.

부정적인 전이를 초기에 직면하는 것이 경계선적 환자에게는 매우 중요하지만, 이 기법을 강조하면 강박적 환자나 자기애적 환자 혹은 정신분열증 환자의 치료에는 때로는 해로운 결과를 초래할 수 있다. 그 이유는 장애에 따라 모두 조금씩 다르다. 강박적 특성이 두드러지는 환자는 자신에게 있을 수도 있는, 권위에 도전하는 어떠한 성향에 대해서도 너무 비판적이다. 이들은 따뜻하고 의존하는 관계를 맺을 수 있는 자신의 능력을 과소 평가한다. 이들의 부정적 전이를 초기에 직면하면, 그것은 자신이 처벌받아 마땅하고 더 통제받아야 하는 반항적이고 고집불통의 인간이라는 그들이 가진 최악의 두려움을 확인시켜 준다. 이들은 자신의 행동을 정당화하는 합리화로 반응한다. 강박적인 환자의 치료 초기에는 그들의 높은 기준과 다른 사람을 기쁘게 하고 도우려는 그들의 소망에 초점을 두는 것이 더 낫다.

자기애적 환자는 치료 초기에 직면을 받으면 상처받았다고 느낀다. Kohut(1971)은 자기애적 환자가 오랫동안 치료자를 이상화하는 것이 그들에게 얼마나 중요한지를 보여 주고 있다. 만약 치료자가 이상화 뒤에 숨겨져 있는 적개심의 징후를 찾아내고 그것을 직면한다면 자기애적 환자들은 크게 오해받았다고 느끼고 깊이 상처받을 수 있다. 이런 경우 이들은 또 한 번의 자기애적 상처를 입는 것이다. 왜냐하면 이들은 자신을 이상적인 치료자의 이상적인 환자로 볼 수 없기 때문이다. 공감적 반응이 이들이 처음에 감당할 수 있는 수준의 직면으로 보인다. 하지만 Kernberg(1974b)는 이들의 과대성과 과소 평가하는 경향은 어떤 시점에서는 반드시 탐색되어야 한다고 제안하는데, 그의 이런 주장은 타당한 것 같다. 부정적인 전이에 대한 초기 직면보다는 인내심과 전략적 개입이 이런 환자를 성공적으로 치료하는 데 열쇠가 된다.

정신분열증 환자의 경우, 치료 초기에 치료자가 부정적인 감정에 대해 온화한 태도로 추정해서 말하면 그들은 때로는 안도감을 느낀다. 대개의 경우 부정적인 전이나 투사를 다루기 위해 직면 대신 명료화를 사용해야 한다. 한 정신분열증 여성이 독살당할지도 모른다는 두려움을 말했을 때, 그녀의 치료자는 "나한테도 그런 두려움을 느낀 적이 있나요?" 라고 물었다. 그녀는 치료자에 대한 편집증은 없다고 주장했다. 치료자는 지혜롭게도 그 주제에 대한 환자의 말을 받아들였다.

정신분열증 환자는 일반적으로 자기존중감이 낮고 다른 사람과의 심리

적 연결이 미약하다. 그들은 자신의 부정적인 감정에 대한 어떤 언급도 자신이 사회적으로 수용될 수 없다는 것의 추가 증거로 받아들인다. 그들이 말하는 내용에서 긍정적인 부분을 찾고(Hamilton, 1986), 적개심에 대해서는 나중에 다루는 것이 더 낫다. 이런 접근은 이런 환자가 전적으로 좋은 자기-타자 상태나 공생적인 자기-타자 상태로 들어가도록 허용한다. Searles(1961)는 정신분열증 환자가 분화를 시작할 수 있으려면 먼저 치료자와 친밀함을 경험하는 것이 필요하다고 설명했다. 직면은 공생적 관계에 대한 이들의 환상을 흔든다. 이런 개입은 대개 자기에 대한 좀 더 견고한 감각이 형성될 때까지 미루어 두어야 한다.

경계선적 환자 치료에 적용했던 접근을 정신병 환자 치료에 적용하지 않도록 유의해야 한다. 경계선적 상태와 정신병적 상태는 자기-대상의 분화와 통합 수준이 서로 다르므로 각각은 서로 다른 접근이 필요하다. 부정적인 전이를 직면하는 것은 좋은 도구이긴 하지만, 모든 상황에서 모든 목적에 다 적합한 것은 아니다.

행동화에 대한 직면

행동화(acting out)는 정신분석학 문헌에서 다양한 의미를 갖게 되었다. 이것은 일반적으로 환자가 치료회기에서 갈등에 대해 말하기보다 갈등을 극적으로 만들기 위해 어떤 행동을 하는 것을 가리킨다(Freud, 1914b). 행동화는 또한 어떤 유형이든 혼란스럽거나 유해한 행동을 말하기도 한다. 어떤 치료자는 이런 충동성을 막무가내로 행동하기(acting up)라고 부르고, 행동화라는 용어는 치료과정에서 드러나는 무의식적 자료를 상징적으로 표상하는 것만을 위하여 남겨 둔다. 나는 일단 환자가 치료자에게 도움을 구하면, 치료회기 밖에서 나타나는 모든 행동화는 치료와 관련된 상징적인 의미가 있고, 모든 막무가내로 행동하기는 항상 행동화라고 생각한다. 치료자는 이런 행동에 대해 직면해서 치료적인 영향을 미칠 수 있어야 한다.

J.G.는 24세의 여대생으로 치료자가 회기 중에 하품을 했을 때 그에 대해 실망했다. 치료자에게 자신의 느낌을 말하는 대신 그녀는 주말에 약물남용과 문란한 성관계에 탐닉했다. 그녀는 자신의 분방한 행위의 중요성을 축소했고, 지루함을 느껴서 재미를 좀 보고 싶었었다고 보고했다.

"당신은 그런 것을 오랫동안 하지 않았잖아요."라고 치료자가 말했다.

"6개월에 한 번 정도는 그리 자주는 아니잖아요."라고 환자가 대답했다.

치료자는 그녀가 보여 주는 불일치에 대해 다시 한 번 직면했다. "당신은 그런 일을 그만하려고 애쓰고 있다고 말했었죠. 왜냐하면 결국에는 당신 자신에 대한 좋지 않은 느낌이 남기 때문에요. 마음이 바뀌었나요?"

"아니요. 그냥 재미를 좀 보려고 했을 뿐이에요. 내 남자친구는 정말 재미없는 사람이에요. 그가 전화를 했길래 너무 피곤해서 나갈 수 없다고 했어요. 그리고 술집에 갔죠."

지난 8개월 동안 그녀는 그녀에게 진심으로 관심을 가진 꽤 안정된 남성과 사귀고 있었다. 이제 그녀는 그를 버리고 이전의 더 혼란스러운 행동패턴으로 돌아가려고 하고 있었다. 치료자는 그녀의 행동화에 대해 다시 한 번 직면했다. "당신은 그를 좋아하고 그도 당신을 좋아하는 것을 느낀다고 말했었죠. 이제 당신은 그런 일이 중요하지 않다고 말하는군요."

"주제를 바꿔요. 이건 지겨워요."라고 그녀가 말했고 하품을 했다.

그녀의 하품을 보면서 치료자는 그 전날 응급실에서 일을 도우면서 거의 잠을 자지 못한 상태에서 지난 회기에 조심성 없이 하품을 했던 자신의 행동이 생각났다. 이제 그는 그녀의 행동화에 대해 해석할 수 있는 입장이 되었다. 그때까지 치료자는 그녀의 행동화가 치료와 어떻게 관련되는지 분명히 알지 못했다. 그녀의 비일관된 행동에 대해 반복적으로 직면한 후, 그는 행동화와 치료의 관련성에 대해 해석할 수 있었다.

"지난 회기에 내가 피곤했을 때 하품을 했었죠. 내가 당신의 감정을 상하게 했나 봐요. 내가 너무 피곤해서 당신에게 관심이 없는 것처럼 보였듯이, 당신은 당신의 친구에게 너무 피곤해서 그와 함께할 수 없다고 말했군요. 하지만 당신은 여전히 외로웠고, 그래서 기분을 좋게 하려고 마약과 우발적인 관계를 찾았군요."

치료자가 환자의 행동화에 대해 먼저 직면하지 않았다면 이런 해석에 필요한 정보를 얻을 수 없었을 것이다. 환자의 행동과 치료의 연관성이 드러나면서 부정적인 전이가 분명해졌다.

행동화는 보통 부정적인 전이와 관련 있다. 자기파괴적인 방식으로 만족을 추구하는 환자는 그의 부모가 적절한 보살핌이나 관심이나 지도를 해 주지 않았다고 느낀 것처럼 치료자 역시 적절한 보살핌을 제공하지 않는다고 느낀다는 것을 암시한다. 이 예에서 환자는 실제의 외적 대상인 치료자에 대해 부정적인 반응을 보였다. 즉, 그가 하품을 했을 때 그녀는 감정이 상했다. 이런 상처받은 감정은 이해할 수 있는 것이지만, 이 감정은 딸에게 대체로 무관심했고 우월했던 그녀의 부모에 대한 전이감정에 의해 증대되었다. 어렸을 때 그녀는 감정적인 교류를 느끼기 위해서라면 어디든 매달려야 했다. 이런 주제에 대한 논의는 행동화로 표출되었던 것을 치료장면으로 가져온 후에 비로소 가능했다.

앞서 소개된 B.G.의 경우, 1주일에 세 번씩 만나는 치료가 2년째 되던 해에 치료자가 휴가를 보내고 온 뒤 두 번 연속해서 약속을 취소했다. 이것은 1년 만에 처음 있는 일이었다. 그 다음 시간에 와서 그는 어떤 종교적 공동체를 방문했고 그의 모든 소유물을 팔고 그 공동체로 들어가기로 했다고 선언했다. 그가 치료를 계속하는 동안 그 공동체에서 그에게 필요한 지도를 받을 것이라고 말했다.

치료자는 다음과 같이 그의 행동화에 직면했다. "내가 휴가 가고 없는 2주 동안 당신을 돌봐 줄 새로운 집단을 찾았군요." 직면이 대부분 그렇듯이 이 말도 환자가 했던 말을 재진술한 것에 불과했다.

"선생님하고 아무 상관없는 일이에요."라고 B.G.가 말했다. "나는 그저 그

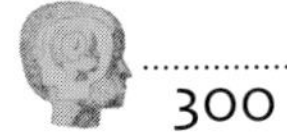

공동체에 가고 싶을 뿐이에요. 선생님도 휴가를 가야 한다는 걸 알고 있어요."

치료자는 다시 그의 행동화에 대해 직면했는데, 이번에는 그의 행동에 엿볼 수 있는 부정적인 전이에 대한 언급을 덧붙였다.

"내가 휴가를 가 있는 동안 당신은 자살충동을 느끼곤 했고, 그래서 당신이 버림받은 느낌을 덜 느끼도록 우리가 당신을 입원시켰던 것이 그리 오래 전 일이 아니라는 것 기억해요? 내가 당신을 그런 힘든 상태에 두게 했을 때 당신이 다소 홀대받는 느낌을 가질 것이라는 것은 충분히 이해할 수 있어요. 그리고 이번에는 내가 당신을 입원시키지도 않았지요. 내가 당신을 그런 상태로 두어서 정말 실망스러웠을 거예요."

이에 대해 환자는 "적어도 이제는 더 이상 자살할 마음이 들지는 않아요. 하지만 이런 집단에 대해 내가 열광한다는 거 선생님도 알잖아요. 그리고 이 집단은 정말 좋은 곳 같아요."라고 했다.

"그렇겠죠. 거기에서 흥미로운 사람을 만났나요?"

여기에서 치료자는 자신의 경쟁자인 전적으로 좋은 대상을 완전히 나쁘게 보는 실수를 범하지 않았다. 환자가 세우는 계획의 이점을 살펴봄으로써, 치료자는 환자가 대상을 전적으로 좋거나 전적으로 나쁜 대상으로 보려고 하는 경향에 합류하지 않았다. 그는 부정적인 전이를 치료에서 논의의 주제로 끌어들이는 데 성공했다. 이제 심각한 행동화의 가능성이 많이 줄어들었고, 공동체로 들어갈 가능성에 대해 좀 더 객관적으로 논의할 수 있게 되었다.

"만났어요."라고 B.G.가 답했다. "그 사람들은 고대 기독교적인 이상에 따라 살려고 노력하고 있어요. 사유재산도 없고 욕심도 없고. 모든 사람이 다른 사람을 위해 일해요. 하지만 항상 문제점은 있죠. 그 메시야 집단의 지도자가 얼마나 허영심이 많고 탐욕스러웠는지 선생님도 알고 있죠! 그들은 모든 사람이 수입의 절반을 기부하길 원했었죠."

행동화의 다른 측면인 이 부분에 대해 추가적으로 직면하는 것이 필요했다. "그래서 당신은 당신 재산을 새롭게 만난 이들에게 모두 내놓으려고 생각하고 있나요?"

"글쎄요. 꼭 그렇진 않아요. 그런 생각은 해 보지만, 그렇게 하지는 않을 거예요. 나는 선생님이 진짜 나를 생각해 준다는 걸 확인할 필요가 있을 뿐이에요."

그때 치료자는 자신이 휴가를 떠났을 때 환자가 무가치하다는 느낌을 받았을 가능성에 대해 언급을 할지 말지를 놓고 선택할 수 있었다. B.G.는 문자 그대로 자신의 가치를 비하함으로써, 즉 자신의 재산을 모두 넘겨 버림으로써 이런 감정을 상징적으로 과장되게 표출할 수 있었을 것이다. 치료자의 직면이 이 주제에 대해 환자의 관심을 환기시켰고, 환자는 "나는 선생님이 진짜 나를 생각해 준다는 걸 확인할 필요가 있을 뿐이에요."라고 말했다. 이 시점에서 더 이상의 언급은 필요하지 않았다.

행동화의 직면은 분열된 자기-대상 상태를 치료의 지금-여기에서 일어나는 상호작용으로 끌어들이고, 이런 자기-대상 상태는 이를 통해 영향을 받을 수 있다. 이 방법은 무의식적 감정을 의식화하려는 목적으로는 그리 자주 사용되지 않는다. 행동화로 표출되는 이러한 감정은 다른 장면에서 의식적으로 경험되기 때문에 이런 감정은 의식적으로든 무의식적으로든 정신적으로 한데 합쳐져 통합될 수 없다. 행동화의 직면은 다른 사람과의 관계에서 자기의 새로운 측면에 대해 생각해 보게 하고, 그 결과 분화와 통합이 좀 더 이루어지게 한다.

좋고 나쁜 대상관계단위 나란히 놓기

환자가 자기세계와 대상세계를 혼란스럽게 뒤바뀌는 전적으로 좋은 관계단위와 전적으로 나쁜 관계단위로 분열시키면, 이런 상태가 때로는 치

료자에게도 너무 혼란스러워 치료자가 무력화된다. 치료자에 대한 환자의 경험이 극단적으로 변하기 때문에, 치료자는 그들이 개입할 수 있는 어떤 안정된 지점을 찾기가 어렵다. 치료자가 해석을 하더라도 환자는 그 해석을 분열시켜 받아들인다. 환자가 치료실 외부 생활을 어떻게 양분하는지에 대해 치료자가 해석하면, 환자는 흔히 치료자가 그들이 정신적으로 문제가 있다고 비난한다고 느낀다. 따라서 치료자는 환자의 내면세계에서 전적으로 나쁜 관계단위에서 처벌하는 부분이 되어 버린다. 만일 치료자가 아무것도 하지 않으면, 환자는 홀대받는다고 느끼고 다시 자신의 잠재적인 조력자를 전적으로 나쁜 관계단위의 일부로 본다. 치료자의 동정과 격려와 조언은 치료자를 좋은 관계단위의 일부로 포함되게 하지만, 어디까지나 치료자의 이런 노력이 환자에게 미흡하다고 여겨지기 전까지다. 그런데 이런 노력은 결국에는 미흡할 수밖에 없다. 그러면 양극점이 바뀌어 치료자는 다시 무가치하고 무력하며 평가 절하된 전적으로 나쁜 대상세계로 전락하게 된다. 환자가 치료자를 이처럼 극단적인 방식으로 보면 치료자는 조절시키는 영향력을 어떻게 제공할 수 있을 것인가?

이런 문제에 대한 한 가지 접근방법은 전이에 주목하는 한편 치료에서 긍정적인 정서와 부정적인 정서를 나란히 놓기 시작하는 것이다. W. J.(경계선적 성격장애를 가진 29세 접수직원)의 예에서, 환자는 치료 시간 초반에 자신이 혼자이고 이해받지 못한다고 느꼈다. 치료자에게서 홀대받는다고 느끼는 그녀의 감정에 대해 치료자가 공감했을 때, 그녀는 전적으로 좋은 자기-타자 상태로 바뀌었다. 이때 그녀와 치료자는 공생적인 파트너였다. 그녀는 치료자와의 관계를 이상화했고 그녀가 갖고 있던 전적으로 나쁜 감정을 남편과 그녀의 어머니에게 돌렸는데, 이들은 그녀의 내면세계에서 전적으로 나쁜 대상을 표상했다. 이런 식으로 그녀는 전적으로 좋고 전적으로 나쁘게 분열된 경험세계를 유지했다. 치료자는 환자의 이상화를 즐기기보다, 비록 지금은 환자가 이해받는다고 느끼지만 조금 전에는

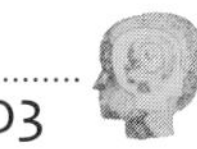

치료자가 '그녀를 위해 존재하지 않는다.' 고 느꼈음을 상기시켜 줌으로써 환자의 긍정적인 정서와 부정적인 정서를 나란히 놓았다. 이렇게 상반되는 정서를 나란히 놓음으로써 환자가 자신의 통합적 자아기능을 동원하여 동일한 사람에 대해 긍정적 감정과 부정적 감정을 모두 가질 수 있다는 것을 점점 더 자각할 수 있도록 했다.

이런 예는 환자가 치료자에 대해 좋은 감정을 갖고 있을 때 전이에 내포된 좋은 대상 이미지와 나쁜 대상이미지를 나란히 놓는 것이 더 수월하다는 점을 보여 준다. 만약에 치료자가 조금 전에 환자가 치료자를 얼마나 높이 평가했는지에 대해 지적하려고 애쓸 때 환자가 오해받는다고 느낀다면, 마치 치료자가 자신을 위해 주장하고 있는 것처럼 들린다. 그러면 환자는 더 오해받는 느낌을 갖게 된다. 환자가 치료자에 대해 좋은 느낌을 가지고 있을 때 긍정적인 대상이미지와 부정적인 대상이미지를 나란히 놓는 것은 Pine(1984)이 "쇠가 식었을 때 내려치기"라고 부르는 것과 관련된다. 부정적인 전이나 다른 정서적인 소용돌이가 가열된 순간에 환자에게 자신의 감정을 살펴보라고 권하는 것은 별로 소용없는 일이다. 이럴 때는 그저 공감하고 기다리는 것이 더 낫다.

치료자는 치료실 밖에서 긍정적인 대상이미지와 부정적인 대상이미지를 나란히 놓는 작업을 할 수도 있다. 앞의 예시에서 치료자는 W.J.가 때로는 어머니와 남편이 그녀의 욕구를 만족시키는가 좌절시키는가에 따라 이들을 어떤 대상으로 지각하는지가 극단적으로 돌변한다는 사실에 대해 언급할 수도 있었다. 이런 경우에도 어떤 시점에서는 전이에서 드러나는 유사한 분열에 대해 언급할 필요가 있다. Freud(1912b)가 말했듯이 "부재중이거나 형상에 불과한(in absentia or in effigie)" (p. 108) 적을 이길 수는 없다. 환자의 관계패턴을 변화시키려면 이런 패턴이 반드시 치료관계에서 드러나야 한다.

Kernberg(1975)는 경계선적 성격장애 환자 치료에서 지금-여기 전이에 대해 작업하는 것의 중요성을 재차 강조했다. 이런 환자의 경우 전이에 들어 있는 분열이 다루어지지 않는다면, 전적으로 좋은 대상이미지와 전적으로 나쁜 대상이미지를 나란히 놓으려는 시도에서 치료자가 하는 어떤 말도 환자가 지각하는 돌변하는 좋고 나쁜 경험에 휘말리게 되어 효과를 낼 수 없다.

긍정적인 자기이미지와 부정적인 자기이미지를 나란히 놓는 것은 대상이미지에 대해 언급하는 것과 유사한 기능을 한다. 치료자는 환자의 긍정적이거나 부정적인 특성을 지적할 때 마치 그것이 객관적인 사실이거나 치료자의 개인적인 평가인 것처럼 전달하지 않도록 주의해야 한다. 사람의 성격적 특성에 대한 치료자의 취향에 대해 아는 것은 환자에게 별로 소용이 없고, 이런 식의 언급은 환자의 자존감을 손상시킬 수 있다. 대신 치료자는 환자 자신이 가치 있게 여기거나 깎아내리는 환자의 특성에 대해 언급해야 한다. 환자가 통합해야 하는 것은 환자 자신의 모순적인 가치다.

제13장에서 언급했던 34세의 여성 사업가 P.H.는 아들이 자신의 방에서 자도록 하기가 어려웠다. 치료시간에 그녀는 자신이 불안해지고 짜증이 나면 아들을 미워하는 것처럼 느낀다고 불평했다. 그 결과 그녀는 자신의 아이를 미워하는 '나쁜 엄마' 라고 자기 자신을 혐오했다. 그녀는 모든 것을 포기하고 죽고 싶어 했다. 그녀는 심리치료가 자신에게 어떻게 도움이 될 수 있는지 이해할 수 없었다. 그녀는 전적으로 나쁜 자기-타자 상태에 있었다.

P.H.는 경계선적 성격구조를 가진 환자는 아니었다. 그러나 그녀는 잘 통합되지 않은 나쁜-엄마라는 자기-이미지를 갖고 있었다. 그녀가 이런 심리상태에 있으면 어떤 좋은 것도 받아들일 수 없었고, 치료자에게서 유익한 말은 더더구나 받아들일 수 없었다.

치료자가 말했다. "당신이 자신에 대해 그렇게 나쁘다고 느낄 때면, 당신에게 아들을 돌볼 수 있는 능력이 있다는 사실을 잊어버리죠. 당신 안에 있는 그 특성, 즉 다른 사람을 돌보는 능력을 당신 자신도 가치 있게 여기고 있어요. 하지만 당신이 그렇게 낙담하게 되면 당신 안에 있는 책임감 있고 다른 사람을

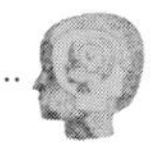

배려하고 소중한 그 부분을 잊어버리죠."

이때 그녀는, 그녀의 좋은 자기이미지를 나쁜 자기이미지와 나란히 놓으려는 의도가 있는 치료자의 이 말을 듣지 않는 것 같았다. 그녀는 나쁜 엄마였고 그것이 전부라는 것이었다. 그럼에도 불구하고 그녀는 자신이 자살을 생각할 정도로 그렇게 낙담한 상태는 아니라고 치료자를 안심시켜 주었다.

다음 회기에 그녀는 기분이 훨씬 나아졌다. 주말에 몇몇 친구가 그녀에게 전화를 했다. 그들은 그녀를 저녁식사에 초대했고 아이 돌보는 일을 도와주었으며 그녀를 걱정했었다는 말을 해 주었다. 또 최근에 그녀가 기분이 안 좋아 보였다는 말도 했다. 그녀가 주말에 대해 얘기하는 동안 이전 시간보다 훨씬 더 편안해 보였다.

그녀는 말했다. "그런데 칼라에 대해 죄책감이 들어요. 나는 여기에서 나의 어려움에 대해 불평하고 있었는데, 그녀는 일자리를 잃을 지경이었거든요. 하지만 나는 그 얘기를 듣고 있을 수가 없었어요. 딴 데 정신이 팔려 있었어요. 하지만 나는 그녀를 정말 소중하게 생각해요."

그녀가 더 이상 전적으로 나쁜 자기-타자 상태에 있지 않았기에 치료자는 긍정적인 자기이미지와 부정적인 자기이미지를 좀 더 효과적으로 나란히 놓을 수 있었다. 치료자는 말했다. "오늘 당신은 다른 사람에 대해 염려하는 당신의 능력에 대해 좀 더 잘 깨닫고 있군요. 당신이 나쁜 엄마인 것처럼 느껴지는 상태에 들어가고 모든 희망이 사라지면, 당신 안에 스스로 소중히 여기는 자질이 있음을 기억하기가 어렵죠. 그런데 어떤 때에는 두 가지 특성, 그러니까 다른 사람을 아끼는 특성과 당신의 이기심을 둘 다 자각하는군요."

환자가 말했다. "내가 두 가지를 모두 기억할 수 있게 되었으면 좋겠어요. 이런 식으로 기분이 좋았다 나빴다 반복하는 게 너무 힘들어요."

좀 더 통합된 상태에 있을 때 환자는 자신이 가치 있게 여기는 부분과 덜 유익하다고 여기는 부분을 나란히 놓을 수 있었다. 다른 사람을 아끼지만 그들을 실망시켰다는 것을 깨달았을 때 그녀는 절망 대신 죄책감을 느꼈다. 치료자는 이 기회를 이용하여 그녀가 최근에 경험했던 전적으로 나쁜 자기-타자 상태를 상기시켰다. 이런 상태에 있었을 때 그녀는 자신의 좋은 통합적 기능을 잊고 자신이 나쁜 엄마라고 느꼈고, 때로는 심지어 자신을 마녀나 괴물이라고 부르기도 했다. 그녀가 기분이 좋아졌을 때 이 주제를 다룸으로써 치료자는 그녀가 자신의 나쁜-엄마 자기이미지와 좀 더 성숙한 정체성을 통합할 수 있는 기회를 주었다. 다시 한 번 말하지만, 치료자는 "쇠가 식었을 때 내리쳤다."(Pine, 1984)

투사적 동일시에서 자기와 대상 명료화하기

투사적 동일시는 분열을 다루는 경우처럼 치료기법을 특별하게 수정하는 것이 필요하다.

심리내적인 측면에서 볼 때, 투사적 동일시란 자기의 측면과 이에 대한 감정을 대상에게 귀속시킨 후, 대상에게서 그런 감정을 통제하려고 시도하는 것을 뜻한다. 다른 사람 안에서 자기를 통제하려고 하는 이런 요소는 부분적으로 불분명한 경계를 포함한다. 대인관계 측면에서 보면, 투사적 동일시는 치료자 안에 원하지 않는 감정을 일으킨 후, 치료자의 감정을 조종하려고 노력하는 것을 의미한다. 심리내적 투사적 동일시와 대인간 투사적 동일시는 대개 동시에 발생한다.

투사적 동일시에는 적어도 부분적으로 불분명한 자기-대상 경계가 포함되기 때문에, 이것을 다루는 기법에는 환자를 버리지 않으면서 경계를 명확히 하는 요소가 들어 있어야 한다. 이런 기술적인 개입은 제13장에서 기술된 것처럼 담아내는 혹은 '보듬어 주는' 관계의 맥락에서 이루어져야 한다.

경계를 명확히 하는 기법의 예를 다음 사례에서 볼 수 있다.

32세의 여성 L.R.은 3세인 아들을 심하게 때렸다. 그녀는 치료의 도움을

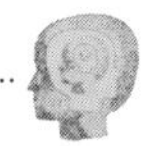

구했고 일시적으로 어머니와 떨어져 보호받고 있던 두 자녀에 대한 양육권을 되찾았다.

그녀는 친구와 이웃에게서 점점 더 소외되어 갔다. 치료에서도 비슷하게 뒤로 물러났다. 그녀는 완벽한 엄마의 겉모습을 보여 주었다. 치료자는 이 환자에 대한 자신의 생각이 점점 더 비판적으로 되는 것을 알게 되었다. 치료자는 '이처럼 고립되고 반응할 줄 모르는 여자가 자녀에게 엄마노릇을 제대로 할 수 있을까? 이 여성은 틀림없이 또 폭발할 거야.' 라고 생각했다. 치료자는 또 다른 아동학대 상황이 일어나지 않도록 완벽하게 L.R.을 치료해야 한다는 압박감이 점점 커지는 것을 느꼈다.

얼마간 생각한 후 치료자는 자신의 소심함을 누를 수 있었고 다음과 같이 말했다. "나는 당신이 아이들과 아무 문제가 없다는 것이 의아하지 않을 수 없어요. 이제 겨우 3세와 1세 밖에 안 된 아이들을 다루는 일은 만만치 않을 수 있으니까요."

"물론 그렇지요. 하지만 다 아무 문제없이 잘되고 있어요."

"당신이 불평하면 내가 당신을 비판할지도 모른다고 당신이 염려하거나 혹은 내가 법원에 보고할 것이라고 두려워한다 해도 그건 당연하다고 생각해요."라고 치료자가 말했다.

그러자 L.R.은 남편과 이웃과 사회복지사가 자신을 용서하지 않았던 것에 대해 장황하게 설명하기 시작했다.

"아마 당신은 나도 당신을 비난할 것이라고 두려워하는가 봅니다."라고 치료자가 말했다.

"글쎄요. 선생님도 그런가요?"라고 L.R.이 물었다.

치료자는 심리내적 투사적 동일시와 대인적 투사적 동일시가 둘 다 작용했다고 가정했다. 환자는 자기비난을 치료자에게 투사했고, 완벽한 엄마의 모습을 보여 줌으로써 있을지도 모를 비난을 통제하려고 노력했다. 대인관계적으로는 뒤로 물러나 스스로 고립시키는 그녀의 행동이 치료자에게 비판적인 감정을 불러일으켰다. 투사적 동일시에서 흔히 있는 일이지만, 환자가 치료자에게 투사한 감정은 이런 투사와 상관없이 치료자 자신이 느끼고 있던 감정과 어느 정도 일치했다. 치료자는 자신도 아이를 키우는 엄마로서 아동학대나 고립과 사회적으로 소외되는 것을 대처방식으로 인정하지 않았다.

만약 치료자가 자신의 반감을 부정하려고 애쓰면서 '나는 당신을 비난하지 않아요.' 라고 했다면, 자신의 갈등이 자기 외부에서 해결될 수 있다는 환자의 관점에 동조하는 셈이 되었을 것이다. 치료자는 '나나 다른 사람이 어떻게 생각할지를 떠나, 나는 당신이 이런 식으로 아이를 학대한 것에 대해 당신 자신을 용서하지 않았다고 생각해요.' 라고 말했다.

이 개입에서 치료자는 환자가 자기비난을 치료자에게서 보고 있음을 지적했다. 치료자는 환자의 학대 행동을 용서한다거나 인정한다고 밝히지 않았다. 그녀는 치료 주제가 환자 자신의 자기비난임을 시사했다. 또한 자기-타자 간의 경계를 명확히 했고, 이것은 환자가 심리적으로 분화하는 데 도움이 되었다. 뿐만 아니라 사랑하고 용서할 수 있는 사람이라는 환자의 자기 이미지를 자기비난과 나란히 놓음으로써 환자의 통합을 증진했다. 투사적 동일시를 다룸으로써 치료자는 환자가 투사된 자기의 나쁜 측면을 자기의 좋은 측면과 재통합하고 다른 사람에게서 분화할 수 있는 더 나은 기회를 제공했다.

전통적인 정신분석 기법만 사용하면 치료자는 투사적 동일시보다는 전이를 해석했을 개연성이 더 크다. 치료자는 환자가 자신의 어머니에 대해 그랬던 것처럼 치료자에게서 가혹한 비난과 처벌을 기대하고 있었다는 점에 대해 언급했을지 모른다. 이런 해석은 환자를 비난하는 사람은 더 이상 어머니가 아니라 환자 자신이라는 점을 다루지 못했을 것이다. 환자는 자신을 학대한 어머니의 가혹한 태도를 내사했고, 이런 비판적인 부모의 내사된 대상과 동일시하여 그것을 자신의 일부로 받아들였다. 이런 주제를 다루는 첫 번째 단계는 자신의 가혹함과 자기 비난을 치료자의 것이 아닌 자기 자신의 것으로 환자가 인정하도록 도와주는 것이었다. 경계의 명료화는 투사적 동일시를 중단시키는 데 도움이 되었고, 치료자가 이어

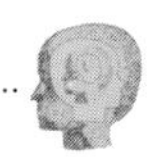

서 하는 말을 환자가 무비판적이고 유익한 것으로 들을 수 있게 했다. 치료자가 이런 개입을 일찍 하지 않았다면, 환자가 치료자에게서 비난과 처벌을 받는다고 받아들이는 부정적인 경험이 감당할 수 없을 정도로 커졌을 것이다.

한 아동정신분석가(Boverman, 1983)가 자신의 임상경험에서 경험한 한 사례를 다음과 같이 기록해서 보냈다.

> 내가 경계선적 성격장애와 거식증이 있고, 비행을 일삼는 소녀를 처음 만나, "이제 널 이해할 수 있다는 생각이 든다. 너는 네 안에서 느끼는 고통과 무질서와 혼란이 너무도 커서 그 모든 걸 나에게 주고 싶겠구나."라고 말하자 즉각 차분해졌다.

이 정신분석가는 경계를 명료화함으로써 대인 간 투사적 동일시에 대해 해석했다. "그 모든 걸 내게 주고 싶겠구나."라고 했을 때 그는 환자의 불편함이, 그녀가 그것을 치료자에게 넣고 싶어 함에도 불구하고 그녀 안에 있음을 암시했다. 그는 환자를 거부하거나 버리지 않으면서 이렇게 자기와 타자를 구별했는데, 이는 그가 "이제 널 이해할 수 있다는 생각이 든다."라고 말하고 환자가 얼마나 큰 고통과 무질서를 느끼고 있는지 그가 이해하고 있음을 설명한 데서 나타난다. 이런 식으로 그는 환자의 감정을 담아내고, 그것을 조절하고 그런 감정을 말로 표현해 주었다.

투사적 동일시는 환자가 가치를 낮게 두는 측면뿐 아니라 자기의 좋은 측면을 투사하는 것도 포함할 수 있다. 정신병 환자는 그들의 과대하고 전능한 자기이미지를 치료자에게 투사하고 완벽한 보살핌을 이끌어 내려고 시도하는 경향이 있다.

담당 간호사 기대에 잘 부응했던, 옷차림이 단정치 못했던 남성 환자 R.J.(제13장)가 이런 예를 보여 준다.

그는 “선생님은 대단해요.”라고 간호사에게 말했다. “당신은 그 누구보다 나를 잘 도와줬어요. 또 나는 이제 일을 할 수 있는 준비도 되었어요.” 그는 자신의 좋은 특성을 치료자에게 투사하여, 자신이 노력한 부분에 대해 스스로 인정해 줄 수 있는 상황에서 자신이 좋아진 것에 대한 모든 공을 치료자에게 돌렸다.

그는 말을 이어 갔다. “그런데 직업재활파트에서 협조하지 않으려고 해요. 그들은 내가 컴퓨터 프로그래머가 되도록 훈련을 시켰는데 나는 주유소를 운영하고 싶거든요. 그들의 훈련프로그램에는 그게 없나 봐요. 그 사람들 뭐가 문제인지 모르겠어요. 선생님이 그 사람들을 고쳐 줘야겠어요.”

그는 자신의 효과적인 기능뿐 아니라 자신을 전능하게 보는 통합되지 않은 자기이미지까지 치료자에게 투사했다는 것을 보여 주었다. 그는 자신이 원하는 것을 무엇이든지 치료자가 해 줄 수 있을 것이라고 전적으로 확신하고 있는 것 같았다.

그녀는 경계를 명확히 하고 잠시 동안 그의 과대성 부분은 무시하면서 다음과 같이 응답했다. “당신 자신의 노력으로 당신이 얼마나 많이 좋아졌는지 자신에게 충분히 점수를 주는 것 같지 않군요. 당신은 직업재활이나 또는 내가 당신을 좀 더 생산적인 사람이 되도록 만들 수 있다고 생각하는데, 사실 그건 일차적으로 당신의 노력이랍니다.”

환자는 계속해서 말했다. “그 사람들은 내 얘기를 들으려 하지 않을 거예요. 선생님한테도 짜증이 나려고 해요. 선생님은 그 사람들한테 말할 수 있는데 그렇게 하지 않으려 하잖아요. 나는 그 주유소가 필요해요.” 그는 치료자나 치료자가 배치해 줄 수 있는 어떤 훈련프로그램이 그를 주유소 직원으로 훈련시킬 뿐만 아니라, 실제 그가 소유할 수 있는 주유소를 제공해 줄 것으로 믿고 있는 것 같았다. 그는 자신의 전능한 자기이미지를 치료자에게 투사하고 있었고 그런 다음 불가능한 것을 얻으려고 그녀를 조종하려고 노력하고 있었다.

치료자가 말했다. “당신은 마술처럼 주유소를 가지고 싶어 하는 것 같네요. 그리고 당신이 마술을 부릴 수 없다는 것을 깨닫고, 내가 그렇게 할 수 있기를 희망하죠. 하지만 나도 마술을 부릴 수는 없어요.” 여기에서 치료자는 자기-타자 경계를 명료화했으며 동시에 전능함에 대한 그의 환상을 직면했다. “나도 역시 마술을 부릴 수는 없어요.”라고 말함으로써 그녀는 환자와의 관계성은 유지하면서 환자를 버리지는 않았다. 환자와 치료자는 분리되었지만 유사

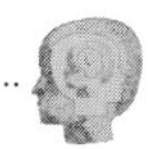

한 점이 있었다.

"글쎄요. 그러면 나는 그냥 궁지에 빠진 거네요." 그는 이제 자신의 상황을 수용할 수 있는 것처럼 보였으나 무력한 입장으로 되돌아갔고, 이런 입장은 치료자를 전능한 조력자의 역할을 받아들여야 하는 자리로 다시 밀어 넣었다.

치료자는 말했다. "그래요. 당신은 궁지에 빠진 셈이네요. 하지만 당신이 좀 더 많은 돈을 벌 수 있도록 할 수 있는 일이 몇 가지 있죠." 그녀는 다시 한 번 그의 무력함을 조절했고, 그가 힘의 자원을 갖고 있음을 지적해 주었다. 그녀는 그가 투사했던 효과적인 행동을 할 수 있는 능력이 그의 내면에 있음을 보여 주려고 애쓰고 있었다.

"그게 어떤 건데요?"라고 그가 물었다.

그는 효과적으로 계획할 수 있는 자신의 기능의 투사를 치료자가 받아들이도록 다시 기회를 주었다.

그녀는 자기-타자 경계를 명확하게 함으로써 환자가 투사한 효과적 기능을 그에게 되돌려주려고 다시 시도했다. "내가 당신에게 말해 주지 않아도 당신 혼자 몇 가지 일을 생각해 낼 수 있다고 믿어요."

"선생님, 정말 고집불통이네요. 어떤 때에는 내가 선생님을 어떻게 해야 할지 모르겠네요." 그는 머리를 가로저었다. "선생님은 정말 별종이에요. 선생님은 정말 별종이에요." 그러고 나서 그는 웃었다.

전능함에 대한 환상을 치료자에게 투사하고 그녀로부터 무제한적인 도움을 받으려 하는 R.J.의 시도에 대해 치료자는 자기-타자 경계를 계속해서 명료화하는 것이 필요했다. 이것은 단조롭고 반복적으로 해야 하는 작업이었다. 그가 그 주제를 계속 따라오고 끝내 웃음을 터뜨린 것을 보면 회기가 끝날 때쯤 그가 투사한 자신의 능력을 어느 정도 재통합했다는 것을 알 수 있다. 그가 머리를 가로저으며 "내가 선생님을 어떻게 해야 할지 모르겠네요."라고 말했다는 것은 그 자신이 무엇인가를 할 능력이 있고, 그가 치료자보다 다소 우월하지는 않다 하더라도 적어도 치료자와 동등하다고 느꼈다는 것을 나타냈다. 그는 더 이상 치료자를 전능한 자기-대상으로 보지 않았다.

치료자는 "내가 도울 수 있는 것이 한계가 있어 좌절스럽겠어요."라고 말했다.

치료자는 자신의 취약한 환자가 치료자를 통해 세상을 마술적으로 통제할 수 없는 데 대해 혼자 좌절감을 느끼도록 내버려 두지 않았다. 그녀는 그가 투사한 전능한 자기이미지를 상실한 것에 대해 공감해 주었다.

긍정적이거나 부정적인 투사적 동일시를 다루기 위해 자기-타자 경계를 명료화할 때, 치료자는 과잉반응을 보이거나 환자를 버리지 않도록 주의해야 한다. 치료자는 환자가 버림받았다는 생각에 극도로 분노감을 느끼고 이런 반응을 치료자에게 투사할 필요성을 느끼지 않도록 환자와 의미 있는 관계성을 유지하는 것이 좋다.

과대한 자기를 직면하면서 자존감 지지하기

경계선의 명료화를 통해 분화를 촉진하고 감정을 나란히 놓는 개입을 통한 통합의 촉진은 과대성의 경우 특별한 문제에 부딪친다. 경계선적 성격이나 자기애적 성격을 가진 환자는 대부분 과대한 자기(grandiose self) 표상이 두드러지는데, 이런 표상은 잘 통합되어 있지 않다. 이런 과대한 자기는 잘 통합되지 않고 평가 절하되거나 혹은 무가치한 자기와 뒤바뀐다. 과대성이 직면되거나 도전을 받게 되면, 환자는 갑자기 무가치함과 절망감에 부딪칠 수도 있다. 자존감을 갑자기 상실하면, 환자는 격분하게 되고 치료자가 자신을 배신했다고 생각할 수 있다. 환자는 과대성의 정도를 더 크게 하고 어쩌면 치료를 그만둠으로써 흔히 자신을 방어한다. 다른 한편 치료자가 환자의 과대성을 전혀 직면하지 않을 경우, 이것 역시 마찬가지로 환자를 효과적으로 돕는 방법은 아니다. 환자는 실패에 실패를 거듭하게 되는데, 그 이유는 세상, 특히 그들에게 가까운 사람들이 그들의 비합리적이고 과대한 기대에 맞추어 줄 것이라고 반복적으로 기대하기 때문이다. 따라서 결국 치료자는 환자의 자존감을 지지하면서 이들이 과장된 자기기대를 인식하도록 도와주어야 한다.

이런 섬세한 과제를 달성하는 한 가지 방법은 과대적 사고에서 적응적이고 사회적으로 가치 있는 측면을 탐색하면서 동시에 삶에 대한 이런 접근이 갖는 단점을 지적해 주는 것이다.

촬영 전날 구타당했던 23세의 배우 D.C.는 병원에서 유사한 행동을 반복했다. 다른 환자와 외출했을 때 그 지역 깡패가 환자 중 한 사람을 놀렸다. D.C.는 이런 모욕에 격분하여 놀린 깡패를 공격했고 그를 때려눕혔다. 다른 깡패가 싸움에 끼어들기 전에 한 식당 주인이 중재했고, D.C.는 다치지 않고 그 자리를 피했다.

병원에 돌아왔을 때 그는 갑자기 병동의 영웅이 되었다. 자긍심에 가득 차서 그는 병동의 규칙을 따르려고 하지 않았다. 그는 간호사를 대할 때 거만하고 고압적인 자세를 취했다. 그의 치료는 위기를 맞게 되었다. 왜냐하면 그는 병동에서 최소한의 기대에 맞춰야 한다는 것이 자신에 대한 모욕이라고 느꼈기 때문이었다.

"그래요, 당신은 성공했어요. 기분이 상당히 좋겠어요."라고 병동의 정신과 의사가 말했다.

"그럼요."

"당신은 병동의 동료를 방어하여 도와줬어요. 그리고 그런 행동은 우리 사회가 가치 있게 여기는 일이지요. 물론 당신이 좀 너무 지나치긴 했지만요. 당신은 남을 돕는 걸 좋아하는군요."

정신과 의사는 환자의 자존감을 지지하고 과대성의 유익한 측면을 지적하고 있었다. 환자는 안 좋은 말이 곧 나올 것임을 또한 알아차렸다.

그는 말했다. "뜸 들이지 마세요. 하실 말씀이 뭔지 들어 봅시다."

"당신의 용기와 에너지는 다른 사람보다 당신의 재능을 좀 더 풍부하게 쓸 수 있도록 하는 자질이죠. 그래서 당신은 당신 안에 있는 이런 자질을 가치 있게 여기죠."

정신과 의사는 자신에게 퉁명스럽고 거칠게 대하라는 환자의 요구에 넘어가지 않았다. 자신은 부드럽게 다루어질 필요가 없다고 생각하는 것은 D.C.의 과대성의 한 부분이었다.

"선생님 말씀 기다리고 있는데요."라고 그가 말했는데, 여전히 말투가 다소 거만하게 들렸다.

환자는 그의 자존심이 공격받으리라 예상하고 있었던 것이 분명했다. 자기애적 환자는 흔히 내면에 두드러지는 자신을 평가 절하하는 대상이미지를 갖고 있는데, 그들은 이런 대상에서 그들 자신을 방어해야 한다. D.C.는 이와 같은 비판적이고 가혹한 내적 이미지를 치료자에게 투사하고 그것과 동일시하고 거만한 태도를 보임으로써 그것을 통제하려고 했다. 치료자와 이런 환자를 돌보는 다른 사람은 환자가 그들에게 투사하는 특성을 받아들이는 쪽으로 빠지기가 쉬운데, 이런 유혹을 이겨 내도록 의식적으로 노력해야 한다.

"한 차례 성공을 거두고 난 후 당신은 자신의 좀 더 슬프고 의존적인 측면에 대해 잊는 것 같군요. 그리고 당신은 한 사람이 할 수 있는 것 이상을 하라고 자신에게 요구하고 있어요."

"예를 들면 어떤 거요?"

"당신 혼자 온 세상을 떠맡고 다른 사람이 당신을 조금도 도와주도록 하지 않는 것."

"나는 필요할 때 사람들이 나를 돕도록 하는데요."

"지금 당신은 간호사가 당신을 돕도록 하고 있지 않죠. 당신도 알듯이, 그게 병동 규칙이 있는 진짜 이유잖아요. 간호사는 여러 사람이 서로 잘 지낼 수 있도록 돕기 위해 규칙을 만들죠. 그리고 당신은 여기 있는 사람과 잘 지낼 필요가 있어요. 그래야 계속 여기에서 지낼 수 있고 또 당신이 너무 외로워져서 코카인을 사용하고 술에 취하고 전도유망한 진로를 망치는 일을 막을 수 있

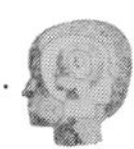

죠. 당신이 규칙을 지킬 수 있도록 간호사가 돕도록 해 주는 것이 좋아요."

"알았어요. 알았어요. 대장님. 그렇게 하도록 하지요."

정신과 의사는 환자의 과대성 가운데 사회의 가치와 일치하는 측면을 지적했다. 그는 또한 과대성의 긍정적인 측면을 위협하지 않으면서 환자의 숨겨진 의존욕구에 대해 논의했다. 하지만 다루어야 할 더 많은 주제가 남아 있었다. 대화의 마지막 부분에 환자는 여전히 치료자를, 그가 좀 더 민감한 자기에 대해 도움을 얻기 위해 기댈 수 있는 사람이라기보다 대장으로 대했다. 치료의 이 시점에서 그가 느끼는 모욕감에 대해서는 접근하기가 어려운 상태였다. 이 부분은 분석에서 좀 더 많은 작업을 요구했다.

심리치료자는 성격장애가 있든 없든 간에 자신의 치료자에게 도전적이고 자기애적인 겉모습을 보이는 경우가 흔히 있다.

심리학자인 S.W.는 유능하고 쾌활한 환자로 자신을 보여 주었고 치료자가 하는 모든 말을 즉각 이해했다. 그녀는 다소 거만한 태도를 보였으며, 때로는 치료자가 할 수 있기도 전에 스스로 해석을 상세하게 했다. 그녀의 어머니는 정신분열증이 있었고, 아버지는 우울해서 그녀를 돌봐 줄 수 없었다. 5세 이후에는 양부모에게 맡겨져 길러졌다. 그녀는 불안전하다고 느꼈고 자신이 언제라도 거부당할 것이라고 확신했다. 성인이 되어 그녀는 남자가 자신을 떠나기 전에 자신이 먼저 남자를 버리고, 또 다른 남자를 만나는 식으로 이성관계를 하면서 이런 어려움을 다루었다.

결국 치료자는 S.W.가 도움을 받아들이는 것을 방해하는 그녀의 과대성을 다룰 필요성을 느꼈다. 그 치료시간에 환자가 말했다. "화요일, 회기가 끝날 무렵, 나는 남아서 책상에 가득 쌓인 서류를 치우도록 선생님을 도와야 한다는 생각이 들었어요. 나는 왜 내가 항상 다른 사람을 도와야 한다고 느끼는지 모르겠어요. 알아요. 알아요. 선생님은 그것이 내 감정의 전이라고 말하려는 거요."

치료자가 말을 가로막았다. "당신이 내가 할 말이 무엇인지 늘 예상하는 것이 의아해요. 분명히 당신의 이런 재능은 당신이 많은 장애를 극복하는 데 도움이 되었을 거예요. 당신의 삶에서 만일 당신이 마냥 기다리고 있었다면 당신이 필요로 한 도움을 얻을 수 없었던 때가 많이 있었어요. 그래서 당신 스스로 그런 도움을 만들어 냈죠. 그렇지만 그렇게 하면 여전히 당신은 홀로 남게 되죠. 왜냐하면 당신은 내가 진짜 할 수도 있는 말을 듣지 못하게 되고, 단지 내가 말할 것이고 당신이 생각하는 것을 들을 뿐이니까요."

S.W.는 조용해졌다. 그녀는 도움이 절실히 필요했지만 아무런 도움도 받지 못했던 많은 상황을 떠올리며 슬퍼졌다.

S.W.의 과대성은 유난히 두드러지게 나타나지는 않았다. 치료자는 그것에 관해 직접적으로 언급하지 않았다. 그렇지만 환자는 열악한 배경을 극복하고 자수성가한 전문가라는 과대한 자기이미지를 갖고 있었다. 그녀가 가진 이런 능력의 적응적인 면을 지적함으로써 치료자는 관계에 대한 그녀의 이런 접근이 어떤 식으로 지나치고 불필요할 수 있는지를 지적할 수 있었다.

과대성을 직면하는 동시에 자존감을 지지할 수 있는 유사한 방법으로는 그것의 근원을 해석하는 것이 있다. 이렇게 하면 환자는 비난받거나 비판받는다고 느끼지 않는다.

B.G.(정체성과 종교적 관심이 급변하는 환자)는 친구에게 종종 거만한 태도를 보였다. "프랭크는 정말 끔찍한 페이즐리[역주: 다채롭고 섬세한 곡선무늬로 음양무늬 또는 짚신벌레처럼 보이기도 함. '페르시안 피클'이라고도 불림] 넥타이를 택해요. 페이즐리 문양이 괴상하잖아요. 그래서 그에게 그렇다고 말해줬어요."

"당신은 그 친구 취향을 인정하지 않는군요."라고 치료자가 말했다.

"글쎄요. 모든 사람은 자신의 취향을 가질 권리가 있죠. 하지만 …… 정말 그건 웃겨요. 그 친구 곁에 있기가 창피해요. 나는 늘 멋진 모습을 유지하려고 애써요. 선생님이 내 아파트를 한번 보셔야 해요. 정말 멋져요."

치료자가 말했다. "어릴 때 당신은 항상 최고만 원해야 한다는 기대를 받았었죠. 그리고 당신이 최고의 기준을 유지하지 않으면 부모님이 당신을 놀렸죠. 그래서 당신과 당신이 소중히 여기는 사람들은 반드시 높은 기준을 따라야 하고, 그러지 않으면 당신이 모욕당할 것이라고 느끼는군요."

B.G.는 어렸을 때 그가 모차르트 대신에 락 음악을 들으면 어머니가 그를 의자에 앉혀 놓고 얼마나 호되게 꾸짖곤 했는지에 대해 얘기했다. 그녀는 그가 가난하고 더럽고 타락하고 홀로 죽게 될 것이라고 그에게 말하곤 했다.

B.G.는 거만한 행동 때문에 좋은 친구를 많이 잃었는데, 치료자는 이런 행동을 직접적으로 직면하지 않았다. 다만 치료자가 "당신은 그 친구 취향을 인정하지 않는군요."라고 한 말은 예외일지 모른다. 직면하는 대신 치료자는 부모에게서 비롯된 환자의 우월한 태도의 근원을 지적했다. 이렇게 함으로써 환자는 모욕감을 느끼지 않고 자신의 완벽주의를 이해하고 수용할 수 있었다.

치료자가 요령 있게 개입하면, 환자는 자신의 가치를 인정받았다고 느끼고, 또한 힘든 주제에 맞닥뜨렸을 때 극심한 자기애적 상처를 입지 않는다. 치료자가 그들의 가치를 인정한다고 느끼면 환자는 곧 과대성을 비롯한 자신의 결점에 대해 개방적이 될 수 있다.

나는 지금까지 명료화와 직면 및 해석의 기법을 설명했다. 이런 개입의 변용에 논의의 초점을 두었다. 이런 변용은 좀 더 심각한 장애의 치료를 가능하게 했고 신경증 치료에도 새로운 차원을 더해 주었다. 기법의 이런 변용에는 구조의 위반과 행동화에 대한 직면, 한계의 설정, 긍정적 정서와 부정적 정서를 나란히 놓기, 자기-대상 경계의 명료화 그리고 자존감을 지지하면서 과대성 직면하기가 있다.

통찰을 증진하기 위한 이 모든 기법은 성공적으로 유지될 수 있는 치료관계의 맥락에서 사용된다. 적절한 심리치료적 환경이 주어진다면, 이러한 개입은 분화와 통합을 증진할 것이다. 이런 개입은 환자가 스스로를 강점과 약점이 있는 일관된 정체성을 가진 존재로 자신을 지각하는 것을 촉진한다. 또한 다른 사람을 좀 더 풍부하고 일관되게 이해하고 가치를 인정할 수 있도록 돕는다.

제 15 장 역전이

최근 역전이는 점점 더 유용한 치료의 도구로 여겨지고 있다. Freud (1910)는 원래 역전이를 환자에 대한 분석가의 무의식적이고 유아적인 반응이라고 규정했다. 그는 역전이를 제거해야 할 어떤 것으로 간주했다. 이후 역전이는 또한 환자에 대한 치료자의 의식적이고 적절한 정서적 반응이라는 의미를 갖게 되었다(Kernberg, 1965). 이런 의미 부여로, 역전이는 환자가 다른 사람과 상호 작용하는 전형적인 방식을 알려 주는 소중한 단서가 되었다.

치료자는 다른 사람이 환자에 의해 영향을 받는 것과 같은 방식으로 환자에게서 영향을 받는다. 환자에 대해 치료자가 감정적인 수준에서 받는 인상은 환자가 주변 사람에게 불러일으키는 감정의 표본을 제공한다. 치료자가 지나치게 침해하지 않는다면, 감정의 이런 표본은 치료자가 치료에 기여하는 부분보다 환자가 기여한 부분에서 초래될 것이다.

H.J. 박사는 정신분석학 초기의 좀 더 좁은 의미의 역전이를 경험했다. 그는 중년의 회계사였던 G.R.과 가졌던 한 회기를 슈퍼바이저에게 제시했다.

"R 씨는 평소처럼 이 시간 처음부터 그의 상사와 아내와 있었던 힘들었던 일을 다 얘기했어요. 그러고 나서 그는, 글쎄요. 나는 정말 놀랐고 어리둥절했다고 말할 수도 있어요. 그는 다 털어놓고 말했는데, 이전의 상사와 … 동성애 경험을 했다고 했어요. 아니 이 남성적인 남자가 이런, 이런 관계를 가졌다고 나한테 말하는 거예요. 『DSM-III』에는 동성애가 반드시 병은 아니라고 나와 있는 건 나도 알고 있어요. 하지만 … 내 생각에는 이 남자가 생각했던 것보다 병이 더 심각한 것 같아요. 내가 좀 구식일 수도 있지만요."

그의 슈퍼바이저가 언급했다. "그게 병이든 아니든, 우리는 이런 경험이 R 씨에게 어땠는지 알아볼 필요가 있겠죠. 하지만 그 이야기를 듣는 것이 당신을 놀라게 하고 마음을 불편하게 했군요."라고 말했다.

"그게 사실일 거예요. 그리고 그는 … 글쎄요, 나는 정말 인정이 안 돼요. 아마 이건 내가 받은 보수적인 교육 때문인 것 같아요."

치료자는 불안을 나타냈는데, 이런 불안이 그가 환자를 이해하는 것을 방해했고, 그의 말이 중간중간 끊어지는 데서도 알 수 있듯이 불안은 슈퍼바이저와 소통하는 것도 억제했다. 남성이 동성애에 대해서 불안을 나타내는 것은 보편적인 현상이고, 특히 그들이 의존적으로 느낄 수도 있는 권위적인 위치에 있는 남자와 말할 때는 더욱 그럴 것이다. 이런 불안은 의존하고 순응하고자 하는 갈망에 대한 잔존하는 유아적 갈등을 반영하는데, 치료자가 효과성을 유지하려면 이런 갈등을 드러내어 다룰 필요가 있다. 또한 이러한 감정이나 태도는 동성에 관해 사회적으로 학습된 태도를 반영하며, 이에 대해서는 좀 더 넓은 맥락에 놓고 논의하는 것이 좋다. 치료내용에 관한 H.J. 박사의 불안은 환자의 상호작용 방식과는 무관하게 일어났다. 즉, 이 불안은 환자보다는 치료자 자신에게서 비롯된 것이었다.

다행스럽게도 이 치료자는 이런 기회를 남성과 친밀해지는 것에 대한 자신의 양가적 감정에 대해 좀 더 자각하게 되는 계기로 활용할 수 있었다. 그리고 그는 그의 환자를 좀 더 잘 이해하는 데 그의 높아진 자각을 이용했다.

다음은 좀 더 넓은 의미의 역전이를 보여 주는 사례다.

D.M. 박사는 F.B.에 대한 자신의 반응을 얘기했다. 이 남성 환자는 63세인데 아내가 5년 전에 뇌졸중을 앓아 몸을 쓰지 못하게 되었다. 이후 그는 점점 더 우울해졌고, 그 결과 결국 직장을 잃게 되었는데 이 때문에 그는 자신이 더 무가치하다고 느끼게 되었다.

"이 남자 때문에 미칠 지경이에요."라고 M 박사가 솔직하게 슈퍼바이저에게 말했다. "매주 똑같아요. 넋두리를 늘어놓고 불평하고. 내가 어떻게 해야 할지 모르겠어요. 치료에 진전도 없고 아무 희망이 없는 것 같은 느낌만 남아요. 내가 이 남자를 도와줄 수 있을지 모르겠어요. 어쩌면 다른 사람에게 넘겨야 할지 모르겠어요."

슈퍼바이저는 말했다. "정말 좌절스럽겠어요. 매주 그의 얘기를 듣는데 똑같은 말만 되풀이하니 무척 힘들 거예요."라고 반응했다.

"그런데 나는 여기 와서 얘기하는데 선생님은 그저 공감만 하네요. 그러지 말고 나더러 어떻게 하라고 말해 주세요."라고 그녀는 비난조로 말했다.

"그러니까 당신은 환자에 대해 무력하고 희망이 없다고 느끼는군요. 그가 아내에 대해 무력하고 희망이 없다고 느끼는 것과 마찬가지로 말이에요. 어쩌면 그것이 그가 당신과 소통하는 방식인지도 모르지요. 이러지도 못하고 저러지도 못하는 그의 느낌을 당신도 느낄 수 있도록 상황을 만들면서 말이죠."

논의가 좀 더 이어졌고 M 박사는 환자를 공감하기 위해 곤궁에 빠진 것 같은 자신의 감정을 이용할 수 있겠다고 생각하게 되었다. 그녀는 건설적인 의사소통을 재개했다. 그녀는 이제 다음과 같이 말할 수 있었다. "매일 양로원에 가서 아내를 방문하는데 당신이 도와줄 수 있는 일이 없다는 것을 확인하는 일이 얼마나 낙담이 되겠어요. 이보다 더 나쁜 것은 그 누구도 당신의 절망을 이해할 수 없다는 느낌이 드는 것이죠."

이 사례에서 치료자의 좌절감은 그녀 자신의 미해결된 무의식적인 문제를 나타내기보다 환자의 특징적인 관계방식에 대한 적절한 반응을 나타냈다. F.B.를 도우려는 시도는 치료자에게 절망감과 무력감을 불러일으켰는데, 왜냐하면 환자는 심하게 불평했지만 치료자의 도움을 통해 개선되지 않았기 때문이었다. 치료자의 감정은 치료자 자신의 개인적인 문제보다 환자의 특성과 좀 더 연관되어 있었다. 이것은 넓은 의미의 역전이다. 이 두 가지의 역전이는 대체로 중복되는 경우가 많다.

투사적 동일시와 역전이

투사적 동일시의 개념을 사용하여 광의의 역전이 주제를 분류하는 데 도움을 주려는 시도가 이루어져 왔다. 환자는 치료자를 비롯하여 자신의 주변 사람에게 원치 않는 감정을 이끌어 내는 방식으로 행동할 수 있다. 환자가 자신의 감정을 조절하고 통합하는 능력이 떨어지면 떨어질수록 이런 투사는 더 전형적이고 강력할 것이다. 정신병 환자는 경계선 환자보다 더 강력한 감정을 불러일으킨다(Colson et al., 1985; Hamilton et al., 1986). 그리고 경계선 환자는 신경증 환자보다 더 강한 감정을 촉발한다. 좀 더 심각한 장애를 가진 환자를 치료할 때, 치료자는 강렬한 감정적 반응을 가질 것이라고 예상할 수 있고, 이런 반응은 치료자가 치료장면에 가져오는 개인적인 문제가 무엇이든 간에 그것을 능가할 수 있다.

투사적 동일시가 역전이에 결정적으로 영향을 미칠 수 있기 때문에 Grinberg(1965, 1979)는 이런 현상을 투사적 역동일시(projective counteridentification)라고 불렀다. Kernberg(1965)는 환자가 투사적 동일시를 할 때 치료자가 보통 수준의 공감능력을 가지고 있으면 역전이가 일어날 수 있다고 언급했다. 환자와 민감하게 조율되어 있는 치료자는 그들에게 투사된 극도로 혼란스러운 감정을 느끼는 경향이 더욱 크다. Kernberg는 치료자가 자신의 반응을 의식적으로 자각할 수 있게 스스로에게 허용하면 환자의 내면세계에 대한 중요한 정보를 얻을 수 있다고 강조했다.

D.M. 박사는 Kernberg가 제시했던 대로 역전이를 공감적으로 활용한

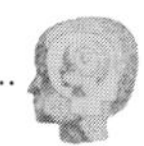

예를 보여 주었다. 그녀는 환자가 자신의 감정과 유사한 감정을 그녀에게 불러일으켰다는 것을 깨달았을 때, 환자가 얼마나 무력하고 희망이 없다고 느꼈는지를 알게 되었다. 그제야 그녀는 자신이 이해할 수 없었던 조절되지 않은 투사적 역동일시에서, 그녀가 이미 이해하고 있었던 환자의 어려운 처지에 대한 공감적인 알아차림으로 넘어갈 수 있었다.

정신과 수련의는 흔히 슈퍼바이저에게, 그들이 진단을 내리는 데 필요한 환자에 대한 충분한 정보와 진단기준에 대한 지식을 갖고 있음에도 불구하고 혼란스럽다고 보고한다.

D.D. 박사는 "이 환자는 제가 만났던 사람 가운데 나를 가장 혼란스럽게 하는 환자예요. 이 여성이 정신분열증인지 아니면 양극성 장애인지 아니면 정신병적 특성을 가진 경계선 성격장애인지 혹은 경계선적 특성을 가진 정신병인지 알 수가 없어요. 혼란스러워요."

슈퍼바이저가 제안했다. "어쩌면 이 여성은 사람을 혼란스럽게 하는 만큼 자신도 혼란을 느낄지도 모르죠. 만일 우리가 그녀 내면의 혼란을 살펴보고 그녀가 주변 사람에게 불러일으키는 혼동을 잠시 제껴 둔다면, 어쩌면 이 상황을 좀 더 이해할 수 있을지도 모르죠."

그러자 D.D. 박사는 1개월 전 환자가 더 이상 자신이 자기 자신이 아닌 것처럼 느끼기 시작하기 전에는 제한적이지만 평범한 생활양식을 가진 대학원생이었던 상황에 대해 묘사했다. 발병 후 학교에서 그녀의 기능수준이 점점 떨어졌고 옷차림이 엉망이 되었다. 상황에 대해 좀 더 논의한 뒤에 그는 이 환자가 처음으로 정신병적 삽화를 경험하고 있을 것이라고 가정했다.

D.D. 박사가 환자를 다시 만났을 때, 그는 그녀가 자기 안에서 일어나는 일에 대해 얼마나 혼란스러운지 그가 이해한다는 것을 그녀에게 알려 줄 수 있었다. 그러고 나서 그는 그녀가 겁이 나는 경험을 피하는 것을 중단하도록 도와줄 수 있었다. 그녀는 치료시간에 이 주제 저 주제로 건너뛰면서 이런 경험을 피하려 했었다. 그들이 그녀의 증상을 체계적으로 탐색하는 과정에서 그녀는 이상한 소리를 듣기 시작했다고 말했다. 그녀의 치료자는 그녀가 최초의 정신병적 삽화를 겪고 있고 혼란스러운 단계에 있다고 결론 내렸다. 그는 이

런 환자의 절반가량은 재발하지 않고 회복되지만, 나머지 반은 만성적인 정신 질환으로 발전하게 된다는 사실을 알고 있었다. 치료자는 진단작업을 좀 더 해야 했지만, 환자가 자신의 문제를 알고 받아들이도록 도와주는 작업을 시작할 수 있었다. 치료자 자신의 혼란이 환자가 얼마나 혼란스러운지를 이해하는 데 열쇠가 됐다. 이것은 치료자가 진단을 내리는 데 도움이 됐다.

담아내는 것과 담기는 것

역전이를 유익하게 처리할 수 있는 한 가지 방법은 Bion(1962)이 제시한 담아내는 것(the container)과 담기는 것(the contained)의 개념을 사용하는 것이다. 그는 어린 아이들은 그들을 압도할 수 있는 강한 감정을 경험한다고 했다. 아이들은 자신의 불편함을 외현화하고 그들의 부모에게 유사한 감정을 불러일으킨다. 이러한 과정이 대인 간 투사적 동일시다. 즉, 부모는 투사된 감정을 내면화하고 그것을 담아내고 조절하고 바꾸어 변형된 감정을 아이에게 되돌려주는데, 보듬어 주는 행동이나 혹은 '그래, 알지. 살갗이 벗겨지면 정말 아프지.' 와 같은 보듬어 주는 말로 그렇게 한다. 아이는 변형된 감정을 재내사하고 그렇게 함으로써 그의 내적 경험을 변화시킬 수 있다.

치료자가 환자의 이야기를 경청할 때 이와 유사하게 강력한 감정을 역전이로 받아들인다. 침착함을 유지하고 환자의 심리적 고통 속에서 의미를 발견함으로써 치료자는 담아내는 기능을 수행한다. D.D. 박사는 그의 환자를 좀 더 잘 이해하기 위해 그녀가 그에게 전달한 혼란을 활용했을 때 이런 기능을 수행했다. 그런 다음 그는 환자가 자신의 고통에 대처하도록 도와줄 수 있었다.

응급실에서 의사는 소란스러움 속에서도 침착함을 유지할 필요가 있다. 때때로 해결할 수 없을 것 같은 딜레마를 가진 환자는 그들의 절박한

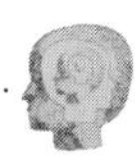

심정을 의사에게 전하고 의사가 이를 진지하게 받아들인다는 것을 아는 것으로 충분한 경우가 있다. 정신과 의사들은 다음에 B 박사가 환자에게 말한 것과 같은 말을 함으로써 많은 위기상황을 넘길 수 있었다. B 박사는, '그거 참 어려운 문제군요. 당신이 왜 기분이 나쁜지 알겠어요. 그 일을 오늘 밤에 해결해야 한다고 당신이 생각하니까 당신에게 특히 어렵겠어요. 당신이 내일까지 기다리기는 힘들죠.'

이런 말을 효과적으로 하려면 치료자는 환자의 절박한 심정을 받아들여야 한다. 만일 치료자가 환자에게 자신의 마음을 열지 않으면 환자를 공감할 수 없고, 공감하지 못한 상태에서 하는 말은 꾸며 낸 말처럼 들릴 것이다. 만약 치료자가 역전이 감정으로 위기감을 느낀다면, 즉각적인 행동을 취하고자 하는 유혹을 이겨 내야 한다. 그렇지 않으면 치료자가 혼란의 일부가 되어 버릴 것이다. 즉각적인 행동을 취하게 되면 치료자는 불안은 견뎌 낼 수 없는 것이고 제거되어야 한다는 환자의 느낌을 암묵적으로 확인해 주게 된다. 이와는 다르게 치료자가 이러한 느낌을 담아내고 조절된 형태로 환자에게 돌려주면 이것은 환자를 안심시킨다. 치료자가 자신을 진정시킬 수 있으면 그는 주변 사람을 진정시키고 그의 태도와 말을 통해 대부분의 문제는 시간을 두고 지켜볼 수 있다는 메시지를 전할 수 있다.

역전이의 효과적인 활용은 어떤 불쾌함이 일어나더라도 치료자가 이에 대해 강력하게 방어하지 않으면서 자신의 감정을 자각할 수 있는 능력에 달려 있다. 치료자는 비치료적인 목적으로 자신의 감정을 억압하고 왜곡할 수 있다. 분노는 죄책감이나 지루함으로 바뀔 수 있다. 두려움은 무관심이 될 수 있다. 성적인 흥분은 경멸이나 돕고자 하는 소망으로 보일 수 있다. 슬픔은 낙관주의로 위장될 수 있다. 전치(displacements) 또한 치료를 방해한다. 환자에 대해 치료자가 경험하는 화나 요구하는 행동이 문제 있는 가족이나 태만한 기관에 대한 정당한 분개심으로 나타나는 경우가 흔히 있다. 치료가 제대로 되려면 역전이로 인한 이런 왜곡과 전치가 반드시 다루어져야 한다. 역전이를 다룬 결과는 한때 생각되었던 것처럼 완전히 중립적인 관심이 아니라, 환자가 치료회기에 가져와서 치료자에게 불러일으키는 강한 감정을 좀 더 직접적으로 자각할 수 있는 치료자의 능력일 것이다.

이런 개념을 적용하여 몇 가지 전형적인 역전이를 살펴보도록 하자.

지루함

Kulick(1985)은 치료자가 느끼는 지루함에 관한 문헌을 개관했다. 이런 감정은 환자와 치료자 모두 공격적이거나 경쟁적인 감정을 서로 회피하는 데서 발생할 수 있다. 이런 감정에 거리를 두려는 시도는 모든 정서적인 접촉의 부재를 가져올 수 있다. 이는 환자나 치료자 혹은 더 흔히는 두 사람 모두 애정이나 성적인 갈망에 대해 불편함을 느끼는 경우에도 비슷하게 나타날 수 있다.

지루함이라는 역전이를 일으키는 또 다른 원인은 치료자가 오랫동안 환자에 의해 자기-대상(Adler, 1984)이나 부분대상으로 취급되는 것이다. 자기이미지와 대상이미지가 잘 분화되거나 통합되지 않고 치료자를 하나의 물건이나 환상 혹은 심지어 환각으로 보는 환자와 함께 있으면, 인간관계에 관여되어 있다는 느낌이 약해질 수 있다.

B.G.는 수개월 동안 마치 치료자가 그의 환상인 것처럼 치료자를 대했다. 사실 치료자는 선조가 농부와 벌목꾼이고 여러 혈통이 섞여 있는 미국인이었는데, 환자는 그를 영국 귀족 출신이라는 환상을 갖고 있었다. 치료자는 중산층 지역의 나무로 지은 작은 집에서 살고 있었지만, 환자는 그가 스테인드글

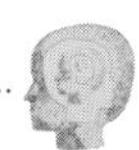

라스가 있는 튜더왕조식 저택에서 살고 있는 모습을 그렸다. 또한 치료자는 저렴한 국산 자동차를 몰고 다녔지만, 환자의 마음속에서 그는 검은색 포르쉐 스포츠카를 타고 질주했다. B.G.는 치료자가 저녁 모임용의 고상한 옷을 차려입고 오페라에 간다고 상상했다. 그는 마치 치료자가 실제로 이런 고상한 사람인 것처럼 그를 대했다. 치료자는 다소 어눌하고 말이 많은 정신과 의사였지만, 환자는 그를 말수가 적으면서도 적절한 시점에서 해석을 하는 영국계 정신분석가로 보았다. 환자가 자신을 환상 속의 인물로 대한 결과, 치료자는 종종 흥미를 유지하기가 어려웠다. B.G.는 치료자에게 말하는 것이 아니라 그의 이상적인 자기에 대한 그 자신의 백일몽에게 말하는 것 같았다. 다행스럽게도 환자가 자신을 외부-대상이 아닌 자기-대상으로 대하고 있다는 것을 치료자가 알아차린 후, 자기이미지와 이상화 전이(Kohut, 1971)를 명료하게 드러내는 작업에 대한 흥미가 생겨나게 되었다.

평가 절하

평가 절하는 흔히 일어나는 또 하나의 역전이다. 때때로 치료자는 동료에게 환자를 깎아내리는 말을 할 때가 있다. 이런 경향은 초보 치료자에게서 더 자주 나타나지만, 대체로 이후에도 어느 정도 지속된다. 환자를 비하하거나 경멸하는 말은 흔히 환자가 스스로 비하한 자기이미지를 치료자에게 투사했고 치료자는 환자를 비하함으로써 이에 대한 반응을 보인다는 것을 시사한다. 치료자는 투사적 역동일시를 이해하고 그것을 치료에서 생산적으로 활용하는 것이 아니라 그것을 행동으로 옮기고 있는 것이다.

응급실이나 크고 비인격적인 분위기의 병원은 이런 상호작용을 조장한다. 이런 곳에서는 환자와 치료자가 서로를 진짜 한 인간으로 경험할 수 있는 기회가 별로 없다. 거대한 기관에 비하여 그들 존재가 가지는 보잘것없음은 비하하는 태도가 길러지는 비옥한 토양을 제공한다.

한 고참 정신과 의사가 어느 금요일 오후 그의 후배 의사가 긴 주말을 보낼 수 있도록 그들 대신 진료를 했다. 한 고질적인 헤로인 중독자를 면담하고 나서 그는 다른 정신과 의사의 사무실에 들렀다. "내가 몇 년 동안 해 볼 기회가 없었던 어떤 일을 방금 했다네. 어떤 아편쟁이한테 아무 약도 주지 않을 거라고 말했어."

그의 친구는 껄껄 웃었다. "그 사람들 정말 골칫거리가 될 수 있지."

"그 쪼그만 족제비 같은 인간이 내가 진정제를 주지 않으면 다시 헤로인을 쓸 것이고 그러면 그게 내 잘못이 될 것이라고 말했다네. 자기가 계속 중독 상태에 있으면 애들이 고생할 것이고, 그리고 그것도 내 잘못이라고 하더군."

"그래서 어떻게 했는데?"

"약물치료 프로그램에 전화했더니, 그 친구가 그쪽 약속을 지키지 않았더라고. 그래서 약물중독이 있는 사람에게 중독성이 있는 약물을 주면 문제가 될 수 있다고 그에게 말해 주었지. 나는 그에게 아무것도 주지 않기로 결정했고 월요일에 약물치료 프로그램에 의뢰했지. 그 친구는 그 프로그램을 정말 나쁘게 생각한다고 하더군."

이 정신과 의사는 환자 앞에서는 예의 바르고 적절하게 행동했지만, 나중에 환자를 '아편쟁이' '족제비 같은 인간' 이라고 불렀다. 그는 환자를 비하하는 역전이에 빠져 있었다. 얼마 후 그는 동료에게 "이들이 왜 이렇게 나를 성가시게 하는지 모르겠어. 요즘은 그들을 자주 만나지도 않는데 말이야."라고 말했다.

앞에 제시된 대화에서도 알 수 있듯이 대부분의 사람은 약물중독자를 비하한다. 이것은 이 정신과 의사만의 독특한 반응은 아니었다. 환자는 그를 비하하고 있었고, 자신이 원하는 약물을 처방해 주지 않으면 마치 그가 비인간적인 사람인 것처럼 느끼게 하려고 했다. 환자는 치료자가 자신의 상태를 나빠지도록 할 뿐 아니라, 죄 없는 아이에게도 해를 끼치고 있다고 주장했다. 환자는 자신과 아이의 기대를 저버리고 있다는 자신의 감정을 정신과 의사에게 투사하고 이런 감정을 통제하고 그가 원하는 약을 얻으려고 의사를 조종하려고 애쓰고 있다고 개념화할 수 있다. 그는

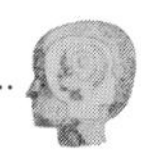

또한 그 의사가 단지 원하는 약물을 얻을 수 있는 통로, 사물인 것처럼 그를 취급했다는 점에서 치료자의 가치를 깎아내렸다. 환자는 치료자를 전문적인 지식과 연민의 정을 가지고 그를 도와줄 수 있는 온전한 사람이 아니라 하나의 부분대상으로 취급했다.

유아의 발달과정 관점에서 보자면, 약물을 원하던 그 환자는 치료자를 양육자로 취급하는 것이 아니라 몸에서 분리된 젖꼭지, 모유, 즉 약물로 가는 통로며 그 외는 아무것도 아닌 것으로 취급했다. 치료자는 박탈하는 부분-대상과 연관된 비하된 자기의 투사적 동일시에 대한 통찰을 얻기보다 환자를 비하함으로써 투사적 역동일시를 보였다. 치료자 자신의 감정에 대한 통찰은 자신의 반응에 대해 동료와 이야기를 나눈 이후에나 얻을 수 있었다. 다행스럽게도 치료자는 환자의 즉각적인 약물 요구에 대응하는 방법을 잘 알고 있었고, 전문가로서의 처신이 확립되어 있었기 때문에 그는 환자를 비하하는 내적 반응에도 불구하고, 환자를 예의 바르게 대했고 분명한 메시지를 전달할 수 있었다. 심리치료와 같이 좀 더 친밀한 장면에서는 환자를 비하하는 치료자의 태도가 의심의 여지없이 환자에게 전달되었을 것이다.

치료적 열성

치료적 열성은 인식되지 않은 역전이에서 파생되는 또 하나의 가능한 반응이다. 환자는 치료자가 영웅적인 치료라는 겉모습 속에 과거의 외상을 반복하도록 유도할 수 있다. 이런 상호작용은 정신분열증 환자와 연관되어 기술되어 왔다(Searles, 1967a). 그것은 많은 심각한 질병에서 공통적으로 나타나는 현상이다.

외상 후 스트레스 장애를 겪고 있는 군인을 치료하는 방법 가운데 한 가지는 그들이 전쟁 경험에 대해 이야기하도록 격려하는 것이다. 그들 대부분은 고통스러웠던 것으로 기억에서조차 되돌아가기를 두려워한다. 때때로 치료자는 감정이 터져 나오도록 하는 파열기법(an implosion technique)을 사용하여 그들이 외상을 한꺼번에 정화하도록 밀어붙인다. 이런 접근의 근거는 환자가 지속적으로 직면당해 최악의 기억으로 되돌아가게 되면 마침내 그가 무너지고 감정을 쏟아놓게 되는데, 이번에는 외국의 전쟁터가 아니라 안전한 치료실에서 그렇게 하도록 한다는 것이다. 그러나 불행하게도 정서적인 측면에서 볼 때 치료실이 항상 안전한 것은 아니다.

감정을 터뜨리는 기법(implosive technigues)이 유익할 수도 있지만, 위험부담이 큰 시도다. 많은 환자가 제대로 도움을 받지 못하고 방치된다. 환자와 치료자 모두 다음과 같은 비유를 사용해 왔다. 치료자는 마치 소대장과 같이 그의 소대원이 그들 자신의 두려움과 판단을 무시하면서 적의 포화 속으로 들어가도록 유도한다는 것이다. 다시 한 번 환자는 그의 개인적인 판단을 보류하고 비인간적인 상황 속으로 지도자를 따라 들어가야 한다. 그들은 치료자의 이와 같은 열성적인 접근 때문에 도움을 받기보다 더 많은 상처를 입었다고 느낄 수 있다.

어떤 군인은 전쟁의 두려운 측면에도 불구하고 그들의 임무를 고귀한 목적을 위해 달성되어야 할 과업으로 받아들이고 수행할 수 있다. 그러나 많은 사람이 그들의 임무를 수행하기 위해 과대한 자기와 가혹하고 높은 자기기대에 의존해야 한다. 그들은 자신의 의존성과 공포와 여린 마음과 그들이 하는 행동의 합리성에 대한 의구심을 분열시키고 투사하여 그들 자신의 이런 측면이 적군이나 정치가와 장교, 비전투병과 민간인 또는 그들이 겁쟁이나 우둔한 사람이라고 여기는 다른 집단에게 있다고 본다. 과대하고 가혹한 자기는 전우, 특히 그들의 리더에게 투사된다. 투사적 동일시가 일어난다면, 그들은 투사된 과대한 자기-대상과 부분적으로 재동

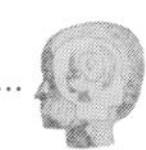

일시할 것이다.

집단치료에서 이러한 군인은 자신들의 가혹하고 요구가 많고 과대한 자기기대를 집단지도자에게 투사하고 이런 태도와 재동일시한다. 이런 강력한 투사의 영향력하에서 경험이 부족한 집단지도자는 역전이 반응으로 과대하게 될 수 있다. 경험이 많든 적든 간에 집단지도자는 이 남성들을 통제하기 어려운 감정의 갑작스러운 맹습 안으로 이끌고 감으로써 이런 역전이 감정에 따라 행동할 수 있다. 집단지도자는 군인이 어떤식으로 두렵고 위험한 일을 하도록 요구받았는지를 공감할 수 있도록 자신의 영웅적인 충동에 따라 행동하지 않도록 자제해야 하고 또 역전이 반응으로서 자신의 과대성에 대해 자각해야 한다.

외상 후 스트레스 장애를 겪는 베트남전쟁 퇴역군인과 작업한 치료자가 경험했던 역전이에 대해서는 Frick과 Bogart(1982), Newberry(1985)가 서술했다.

피해자-가해자 역할

피해자는 우리 사회에서 특별한 위치에 있다. 그들은 주변 사람에게 강한 감정을 불러일으킨다. 죄없는 피해자는 사람의 특별한 호기심을 자극한다.

자기-대상 경계는 투과성이 있기 때문에 희생자가 외상이 있기 전에는 피해를 입는 과정에 전혀 공모하지 않았다 하더라도, 그 이후에는 더 이상 결백한 것은 아니다. 그는 가해자를 내면화하고 그런 역할은 그 자신의 일부가 된다. 이런 일반적인 현상을 역전이와 관련하여 논의할 것이다.

아동에 대한 성적 학대는 중대한 관심사다. 특히 여성 치료자는 아동기에 성적으로 학대당한 많은 여성 환자를 만난다. 이런 치료자가 이런 여성 환자에 대해 자문을 구하는 경우가 흔히 있다. 처음에 이런 여성은 치료자에게 만족감을 줄 수 있다. 그들의 공포증과 우울증상과 해리는 그들이 망각하고 있었던 외상을 자각하게 되면 자못 빨리 없어진다. 그리고 이런 발견단계는 흥미로울 수 있다. 그런 뒤 치료는 수렁에 빠질 수 있다.

어떤 치료자는 자신이 경험한 좌절에 대해 다음과 같이 말했다.

"E.W.는 나한테 똑같은 얘기를 반복해서 계속해요. 이 여성은 이 모든 얘기를 나에게 해 주는데 나아지지는 않아요. 마치 그녀는 모든 불쾌한 것들을 내 안에 밀어 넣고 나서 그냥 문밖으로 걸어나는 것 같아요, 너무도 차분한 상태로 말이에요. 하지만 나는 저녁 내내 그 일에 대해서 생각하게 되지요."

치료자는 침해당하고 피해자가 된 것처럼 느끼고 있었다. 이는 환자가 어렸을 때 성적으로 학대받고는 버림받은 방식과 다소 유사했다. 그 피해자는 가해자를 내면화하고 그와 동일시했다. 그녀는 전이에서 치료자를 이제 피해자로 만들고 있었다.[1)]

어쩌면 훨씬 더 보편적인 현상은 성적으로 학대당한 환자가 치료자에게 정보를 부분 부분 조금씩 내놓으면서 치료자의 애를 태우고 나서 모호한 상태로 들어가 버리는 것이다. 그렇게 함으로써 그들은 치료자가 환자를 침해하는 수준으로 공격하도록 유도한다. 치료자는 환자가 자신을 '열도록' 강요하고 싶은 유혹을 느끼고 있는 자신의 모습을 발견한다. 환자의 이런 행동은 그들이 원래 성적 학대를 유도했다는 것을 시사하는 것

1) 이것은 전이라는 단어가 투사적 동일시의 의미 또한 가지는 경우다. 왜냐하면 어떤 순간에 환자가 자신을 피해자로 경험하고 있는지, 아니면 가해자와 동일시하고 있는지에 따라 때로는 대상이미지가 외현화되고 때로는 자기이미지가 외현화되기 때문이다. 나는 여기에서 전이라는 용어를 그대로 사용했는데, 그 이유는 유아기에 그 기원이 있다는 점뿐만 아니라 '마치 ~인 것 같은(as-if)' 이라는 특성을 나타내기 위해 일반적으로 이 용어를 쓰기 때문이다.

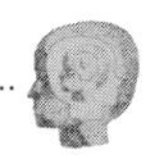

은 아니다. 그러나 일단 학대를 당한 후에 그들은 내사된 가해자를 재투사하고 그 상황에 대한 통제력을 가지려고 한다. 가해자를 다른 사람에게 투사하거나 전이함으로써 그들은 원치 않는 내적 대상을 그들 외부에서 통제하기를 바란다. 불행하게도 그들은 이런 방식으로는 상황을 통제할 수 없고 오히려 다른 학대를 유발할 가능성이 더 크다. 치료에서 이런 똑같은 패턴이 심지어 지지적인 여성 치료자와의 관계에서도 나타난다. 치료자는 강간자이고 환자는 피해자이거나 혹은 그 반대인 전이와 역전이 패러다임은 성인 피해자에게도 동일하게 흔히 나타나는 현상이다(Rose, 1986).

한 심리학자가 그녀의 슈퍼바이저에게 말했다. "이 여성은 마치 자기를 거칠게 다루어 달라고 나한테 강요하는 것 같아요. 그녀는 뭔가 할 말이 있다고 알려 주죠. 그러고 나서는 내숭을 떨면서 말을 안 해요. 그러면 나는 그녀를 흔들어 버리고 싶어요."

"당신은 원하는 건 그녀를 흔들어 버리는 게 아니죠. 그런 역할이 당신에게 강요되고 있는 것이죠. 당신이 진짜 하고 싶은 건 친절하고 도움을 주는 것이죠."라고 그녀의 슈퍼바이저가 말했다.

이 문제에 대해 좀 더 논의한 후, 여성문제 전문가인 이 치료자는 그녀의 환자에게 돌아가 다음과 같은 말을 할 수 있었다. "당신은 양아버지가 당신에게 했던 '것' 에 대해 언급하죠. 그러고는 곧 말이 모호해지고 종잡을 수 없게 되죠. 당신이 계속해서 좋아지려면 언젠가는 우리가 이런 '것' 에 대해 좀 더 자세하게 논의하는 것이 좋을 거예요. 하지만 내가 당신에게 그렇게 하도록 밀어붙이면 당신은 어떤 사적인 부분에 대해 내 방식을 강요한다는 느낌을 받을 수 있죠. 그래서 나는 당신의 얘기를 듣고 기다릴 것이고 당신은 준비가 되면 이런 것에 대해 좀 더 얘기를 하겠죠."

그녀의 환자는 안도의 눈물을 흘렸다.

이 치료자는 역전이를 다루는 문제에 대한 도움을 구했다. 그녀는 이

요정을 길들여 강력한 도구로 바꾸었다. 그녀는 이제 좀 더 즉시적이고 깊이 있게 환자를 이해할 수 있게 되었다.

역전이가 항상 생산적으로 다루어지는 것은 아니다. 치료자는 환자가 피해자로서의 자기이미지를 투사하는 것이나 학대하는 존재의 대상이미지를 전이하는 것을 피하려고 노력할 수 있다. 이렇게 하는 한 가지 방법은 환자와 동일시하고, 환자의 삶에 있는 현재의 주변 사람, 즉 가족, 의료체제나 법조체제 또는 흔히 일반적인 남성에게 가해자 이미지를 투사하는 것이다. 이런 경우 치료는 지지적이고 도움이 될 수 있겠지만, 환자가 자신의 피해자 역할을 극복하도록 돕지는 못한다. 이런 치료자가 합세하여 이루어지는 투사는 단순히 사태를 진정시키지만 환자가 반복적으로 자신을 피해자로 만들게 한다. 이런 환자는 학대받은 자신의 정체성을 버리지 못한다. 그들은 영원히 피해자로 남아 있게 된다.

분노와 죄책감

역전이로 나타나는 분노는 흔히 다른 사람, 즉 가족, 동료 또는 기관에 전치된다. 분노는 역전이 죄책감으로 바뀔 수도 있는데, 이런 감정은 치료자를 무력하게 만든다.

26회기 동안 다섯 명의 외래 치료자에 대한 관찰연구(Hamilton et al., 1986)에서 치료자는 진단이 불확실하고 자신이나 다른 사람에게 폭력을 행사할 잠재성이 있는 정신병 환자에 대해 강한 감정을 갖고 있는 것으로 나타났다. 이런 공격적이고 충동적인 환자는 가족이나 경찰 또는 시설에서 통제할 수가 없었다. 이런 환자 가운데 많은 사람이 정신병원에서 쫓겨난다. 그들은 돌봄을 요구했지만 진단절차에 협조하기를 거부했고 어려운 치료적 개입을 따르기도 거부했다. 이런 환자는 그들이 저지르는 파

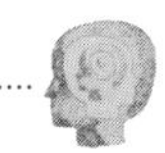

괴적이거나 위험한 행위에 대한 책임은 치료자가 져야 할 것이라고 암시하거나 혹은 실제로 그렇게 말하기도 한다. 우리는 이런 환자를 대하는 치료자가 좌절감을 느낄 것이라고 예상할 수 있다. 어떤 학자는 이런 반응을 역전이 혐오(countertransference hate)의 관점에서 논의했다(Winnicott, 1949; Poggi & Ganzarain, 1983). 그러나 한 클리닉의 치료자는 이런 환자에 대해 화나는 감정을 전혀 표현하지 않았다. 그들의 주된 감정은 죄책감이었다. 한 정신과 의사는 "내가 부주의한 탓일 수 있어요." 라고 말했다. 경험 많은 한 간호사는 "내가 좀 더 노력해야 해요." 라고 말했다. 한 정신과 수련의는 치료를 "일종의 심리적 강간" 이라고 묘사했는데, 그는 성적으로 공격적인 사람이 치료자가 아니라 환자였다는 것을 알게 되었다. 한 치료자는 "환자는 점점 나와 비슷해져 가요. 그게 좋은 것인지 잘 모르겠어요." 불편한 감정은 어떤 것이든 환자에게서 기관이나 가족에게 전치되었다. 이런 경우 "내가 느끼는 좌절감은 환자에 대한 것이 아니라 체제에 대한 것이다." 라는 말을 자주 듣게 된다.

많은 치료자는 조력자로서 환자를 돌봐야 하고 환자가 그들을 귀찮게 하거나, 더더구나 화나게 만드는 사람이라고 생각해서는 안 된다고 느낀다. 그들은 흔히 모든 사람을 도울 수 있고 객관성을 유지할 수 있어야 한다고 믿는다. 환자가 치료자에게 강한 부정적인 감정을 불러일으키면 치료자는 죄책감으로 무력해질 수 있고, 이런 상태는 그들이 적절한 한계를 설정하는 데 걸림돌이 된다. 그들은 비활동적인 상태가 된다. 그들이 하는 어떤 것도 도움을 줄 수 없다고 느끼기 때문이다. 또 어떤 경우에 그들은 그들의 불쾌한 감정을 동료에게 전치시키고 동료가 실제로 그렇지 않은데도 그들을 적대적이거나 비판적으로 본다.

여러 학자 가운데 특히 Kernberg(1965)는 치료자가 역전이 분노를 직접적으로 자각하고 자신을 무력화시키는 죄책감에서 벗어나는 것이 얼마나 유용할 수 있는지를 제시했다. 그의 연구에 따르면, 치료자가 자신의 좌절감을 좀 더 직접적으로 경험하고 그것이 환자의 조절되지 않은 원시적인 공격성에서 비롯되었음을 알게 되면, 그들은 좀 더 효과적인 치료자가 될 수 있었다. 그런 다음 그들은 역전이 분노를 담아낼 수 있었고 환자도 이와 비슷하게 그들 자신의 감정을 담아내도록 도와줄 수 있었다. 그들은 환자가 치료약속을 지킬 것을 기대하기 시작했다. 그리고 약물을 처방하기 전에 철저한 진단적 평가가 이루어지도록 주장했다. 그들은 환자가 자신을 좀 더 정중하게 대하도록 요구했다. 다시 말하면 그들은 합리적이고 도움이 될 수 있는 치료 환경 안에서 환자를 보담는 데 그들의 에너지를 사용했다. 자신의 역전이 분노를 자각하게 되면서 치료자가 다루기 힘든 이런 환자에 대한 관심을 지속시키고, 이들의 투사를 받아들이고, 이들이 느끼는 격한 분노 감정을 공감적으로 직면하는 일을 좀 더 수월하게 해낼 수 있었다.

긍정적인 역전이

최근 긍정적인 역전이는 부정적인 역전이만큼 관심을 받지 못했다. 그러나 역전이는 원래 주로 환자에 대해서 치료자가 가질 수도 있는 성적인 환상을 가리키는 용어였다(Freud, 1915). 이런 감정은 매우 강력할 수 있다. 전이의 측면에서 보면, 환자는 감정적이고 성적인 사생활의 내밀한 경험에 대해 상세하게 말하면서, 그들이 그런 말을 하는 대상이 되는 사람에게 어떤 성적인 감정을 갖게 되리라는 것은 지극히 자연스러운 일이다. 역전이 측면에서 보면, 환자가 치료자와 사랑에 빠지게 되면 치료자 역시 어떤 애정과 성적인 감정을 갖게 되리라는 것도 마찬가지로 이해할 만한 일이다.

치료자가 느끼는 흥분이 무엇이든 그것이 주로 환자에 의해 유발되었

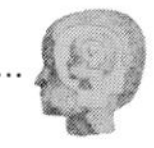

다고 생각하고 그것이 전이의 관점에서 어떤 의미를 갖는지를 이해하는 일은 대체로 쉬운 일이다. 그러나 문제가 발생하는 경우는 환자나 치료자의 자기-타자 경계 문제나 공격성 혹은 과대성이 방해가 될 때다. 즉, 치료자와 공생적 애착을 느끼는 환자는 이런 친밀함을 성적인 소망으로 경험할 수 있다. 이런 환자가 치료자에 대해 느끼는 완전한 사랑과 숭배는 매우 강력한 영향력을 발휘할 수 있다. 치료자가 외롭고 불안전하며 누군가가 이상화해 주기를 필요로 하는 경우, 그는 역전이를 활용하여 환자가 얼마나 깊이 애착관계를 맺기를 원하는지 그리고 그런 소망이 완벽하게 채워지지 않아서 얼마나 좌절스러운지를 공감하는 대신에, 환자의 성적인 감정을 그가 마땅히 누려야 할 감정으로 받아들이고 싶은 유혹을 느낄 수 있다. 또 어떤 치료자는 환자의 이런 감정 때문에 너무도 위협을 느껴 공감하지 못하고 환자와 거리를 두게 된다. 이런 감정에 부딪친 치료자는 동료에게 자문을 구해 치료적으로 관여하면서 성적인 욕망과 이상화되고 싶은 과대한 소망을 행동으로 옮기지 않도록 자제하도록 도움을 받는 것이 최선이다.

어떤 환자는 자신의 적개심을 숨기기 위해 치료자를 유혹한다. 그들은 치료자를 희롱함으로써 그를 지배하려는 은밀한 소망을 갖고 있는지도 모른다. 치료자는 환자를 성적으로 이용함으로써 지배력을 되찾으려는 유혹을 느낄 수도 있다. 좀 더 흔히 나타나는 문제는 그런 상황에서 치료자가 외관상 중립적인 무관심 속으로 물러나는 것이다. 이것은 유혹에서 자신을 방어하려는 시도일 수 있다. 치료자는 지배력 확보를 위한 사적인 전투, 의지의 싸움에 계속해서 가담할 수 있다. 즉, 환자는 계속 희롱하면서 유혹하고, 치료자는 신성한 척하면서 빠지지 않으려고 자제한다. 좀 더 나은 대처방식은 자극되는 감정이 무엇이든 간에 그 감정에 대해 숙고하고 환자의 행동을 이해하려고 애쓰고 그러한 행동을 논의의 주제로 삼는 것이다. 환자는 치료자가 그들의 유혹하려는 언행에 대해 언급하면 흔히 안도감을 느끼는데, 그 이유는 그들이 죄책감이나 지나친 친밀함에 대한 두려움에서 벗어날 수 있기 때문이다.

나의 여자 동료 치료자들은 치료에서 공격적인 남성의 성에 대한 긍정적인 역전이에 대해 언급했다.

M.W. 박사는 남자 환자가 매 회기마다 가학적인 성적 환상을 상세하게 말할 때 무력하게 된다고 했다. 그녀는 환자의 감정과 생각을 탐색하려고 시도했고, 그것의 아동기 기원에 대해 궁금해하고, 그것의 역동에 대해 추측했다.

처음에 그녀에게는 이 모든 것들이 흥미로웠다. 그녀는 슈퍼바이저에게 지금까지 그렇게 자신을 매료시키는 환자를 만나 본 적이 없다고 했다. 환자는 흥미로운 환상을 가지고 있었고 또 이례적으로 그것에 대해 기꺼이 말하려고 했다. 그는 협조적인 것처럼 보였으며 공손하고 호감이 가는 사람이었다.

몇 달이 지나면서 그는 점점 더 많은 환상을 가졌지만 통찰은 거의 얻지 못했다. 그는 위협적인 상상을 통해 그녀를 공략하기 시작했다. 그는 치료시간에 점점 더 적대적인 태도를 보였다. 치료자는 혼란스러웠고 덫에 걸린 느낌이 들었지만 그 이유는 알 수 없었다. 왜냐하면 그녀는 그 환자를 아주 좋아했기 때문이었다. 몇 개월 후 그는 화가 난 상태로 치료를 그만두었다.

이 경험에 대해 성찰한 후, M.W. 박사는 자신이 처음에 이 남자 환자의 내밀한 환상을 은밀히 들여다볼 수 있었기 때문에 흥분했었다는 결론을 내렸다. 그것이 그녀가 그를 그렇게 흥미롭다고 여기고 좋아한 이유의 한 부분이었다. 그가 치료자로 하여금 반복되는 가학적인 이야기를 들을 수밖에 없게 함으로써 이러한 환상을 상징적인 형태로 행동화했을 때, 치료자는 그의 공격에 대해 격분하게 되었다. 그녀는 어쩌면 자신이 이 환자를 좋아한다는 믿음을 재확인함으로써 이런 공격에 대한 자각에 대해 자신을 방어했었는지도 모른다고 추정했다. 그 결과 그녀는 치료적 측면에서 무력화되었다.

이후에 곧 그녀는 비슷한 환자를 만나게 되었다. 이번에는 자신의 통찰을 이용하여 환자의 행동화를 직면할 수 있었다. 이제 그녀는 다음과 같이 말할 수 있었다. “당신이 이런 생각이 자꾸 드는 문제를 극복하고 싶다고 주장하는 만큼, 당신은 나에게 이런 이야기를 하는 데서 즐거움을 얻는 것 같습니다. 당신은 심지어 약간 미소를 띠기도 하는데, 마치 당신이 나를 당신 뜻대로 할 수

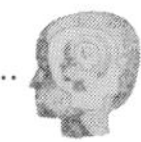

있다는 듯이 말이에요. 아마 당신은 살아오는 동안 다른 시기에 당신이 다른 누군가의 뜻에 의해 좌지우지되는 것 같이 느꼈었는지 모르겠네요." 이렇게 말함으로써 그녀는 흥분되면서도 피해자가 된 듯한 그녀의 역전이 감정을 이용하여 환자의 어머니가 성기의 살갗이 벗겨질 정도로 강박적으로 문질러 씻을 때 그가 어떻게 느꼈는지를 탐색하기 시작할 수 있다.

또 다른 여자 치료자는 분노하고 있는 남자 환자에 대해 느끼는 대체로 긍정적인 감정을 언급했다. 그녀는 그가 불쌍하고 부당한 일을 당했다고 느끼며 돕고 싶어 했다.

T.E.는 36세의 남성으로 자신의 전처에게 얼마나 화가 나 있는지에 대해 몇 달 동안 그의 여성 정신과 의사에게 하소연했다. 그는 자세를 꼿꼿하게 세우고 다녔고 위엄 있는 목소리를 말했다. 또한 그가 정신과 의사가 그에게 더 이상 도움을 주지 못한다고 불평했을 때 그녀는 다소 위협감을 느꼈지만, 기본적으로는 그를 돕고 싶었다. 그녀는 그의 인정을 받고 싶었고 그에게 좋은 치료자가 되고 싶었다.

이 정신과 의사는 동료에게 그녀의 환자가 적개심을 느끼고 있는 것처럼 보이는데, 자신은 주로 긍정적인 역전이를 느끼고 있으며 도와주고 싶다고 말했다. 그녀는 자신의 긍정적인 감정이 자신의 분노에 대한 방어인지 혹은 환자의 자기이미지가 투사된 측면을 그녀가 공감적으로 느끼고 있는 것인지 처음에는 잘 알 수 없었다. 그녀는 환자가 전처에게서 인정과 온정을 경험하기를 많이 원했고, 이제는 치료에서 그녀로부터 그런 것을 원하고 있다고 추정했다. 그는 대인 간 투사적 동일시를 통해 그러한 감정을 치료자로부터 끌어내려고 시도해 왔는지도 모른다. 그녀는 치료에서 환자의 긍정적인 감정에 대해 추측해 봄으로써 이 주제를 탐색하기로 결심했다.

치료자는 환자에게 말했다. "당신은 당신의 화에 대해 말할 때 가장 편안해한다는 생각이 들어요. 당신이 내가 당신을 이해하고 당신에게 마음을 써주기를 얼마나 원하는지를 깨닫는 것은 당신에게 훨씬 힘든 일이지요."

치료자의 이 말이 치료에서 새로운 진전을 가져왔다. 치료자는 긍정적인 역전이에 대한 자각을 활용하여 환자를 좀 더 잘 이해할 수 있었다.

이 장에서 역전이는 광의의 개념으로 환자에 대한 치료자의 정서적 반응이라고 정의되었다. 여기에는 환자가 보내는 사회적인 신호에 대한 치료자의 정상적인 정서적 반응이 포함되는데, 치료자의 이런 반응은 다른 사람도 환자에게 어떻게 반응하는지를 반영한다. 이와 관련된 현상은 치료자의 투사적 역동일시, 즉 환자가 부정하고, 대인 간 투사적 동일시를 통해 치료자에게서 이끌어 내는 감정이다. 역전이는 더 이상 제거되어야 할 어떤 것으로 간주되지 않는다. 그것은 환자를 이해하는 데 유용한 도구가 되었다.

환자의 투사된 감정을 경험하는 역전이는 치료자의 갈등과 편견에 의해 방해받을 수 있다. 환자에 대한 미묘한 정보를 제공한다는 넓은 의미의 역전이가 전통적이고 좀 더 좁은 의미의 역전이, 즉 치료자의 무의식적 갈등에서 비롯된다는 역전이에 의해 왜곡될 수 있다는 것이다.

다른 강력한 도구와 마찬가지로 역전이도 숙달하기 어려운 도구다. 사람이 어떻게 투사적 동일시를 통해 자기-타자 경계를 혼동하는지를 이해하고, 이런 이해를 치료적으로 활용하고자 할 때 치료자는 늘 그들 자신의 안전한 경계를 회복할 수 있도록 유의해야 한다. 단순히 치료자의 감정을 환자의 것으로 돌려버리고 투사적 동일시의 개념을 끌어들이는 것만으로는 충분하지 않다. 치료자는 자신이 사람에게 반응하는 전형적인 방식과 자신의 심리적 방어기제를 파악하고 있을 정도로 자기 자신에 대해 잘 알아야 한다.

감정은 치료자에게 환자 내면의 삶에 대한 단서를 제공할 수 있다. 감정은 환자의 행동에 의해 촉발될 수 있다. 환자는 감정을 치료자에게 투사하는 환상을 가질 수 있다. 그럼에도 불구하고 치료자가 느끼는 것이

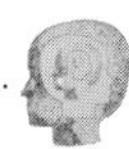

무엇이든 그것은 치료자 자신의 인간적인 감정이며, 환자의 감정과 비슷하지만 분리된 감정이다. 역전이에 대한 자각은 환자가 어떻게 느끼는지, 또한 환자가 어떤 감정을 분열시킬지에 대해 치료자가 가설을 세우는 데 도움이 된다. 그러나 이런 추측은 다른 증거를 통해 확인하거나 부정되어야 한다. 역전이 이외의 다른 증거가 없는 상태에서 치료자는 환상과 의혹에 대한 의아함의 혼란 속에서 헤매게 될 것이다.

역전이는 동료와의 슈퍼비전을 통해 탐색될 수 있다. 이런 어려운 작업을 하면서 치료자는 때때로 "그는 숨길 만한 대단한 비밀은 없고 환자의 경험뿐 아니라 자기 자신의 경험이 그저 인간적인 것, 그 이상도 그 이하도 아니다."라는 사실을 스스로에게 환기해야 한다(Will, 1975, p. 954).

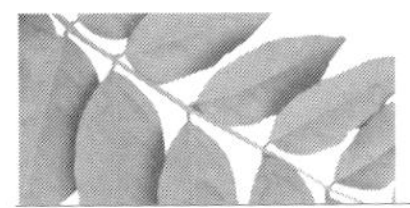

제16장 집단과 체계와 병렬적 과정

대상관계이론은 내부 대 외부, 자기 대 타자 그리고 이런 경계가 때로는 유지되고 때로는 교차되거나 모호해지는 과정에 관심을 둔다. 이런 개념은 개인보다 더 큰 체계, 예컨대 가족과 집단 및 기관에 적용될 수 있다. 이 장에서 나는 다른 사람을 돕기 위해 모인 작업집단에 대상관계이론을 적용하는 것을 강조한다. 가족에 대해서도 언급할 것이다.

이론적인 관점에서 보면, 작업집단의 기능에 대해 어떤 예측을 하는 것이 가능하다. 제5장에서 투사와 내사가 자기-타자 경계를 심리적으로 넘나드는 데 어떻게 사용되는지 기술했다. 사랑받고 미움받고, 좋고 나쁜 자기표상과 타인표상은 투사되고 내사된다. 동일시는 대상이미지의 한 측면을 자기표상으로 귀속시키는 데 사용될 수 있다. 투사적 동일시는 자기의 측면을 대상에게 귀속시키고 대상에게서 이런 특성을 끌어내는 데 사용될 수 있다.

이런 원리를 집단에 적용해 보면, 우리는 집단이 원치 않거나 나쁜 특성을 다른 집단으로 외현화할 것이라고 예측할 수 있다. 심지어 집단은 개인적 차원에서 이루어지는 투사적 동일시와 유사한 방식으로, 다른 집단을 통해 그들이 투사한 악한 부분을 통제하려고 시도할 수 있다. 그들은 분열에서처럼 세상을 전적으로 좋고 전적으로 나쁜 진영으로 나눌 수 있다. 그리고 내사에서처럼 외부에서 어떤 특성을 받아들일 수 있다.

일반체계이론

일반체계이론(Bertalanffy, 1950; Menninger et al., 1963)은 경계를 형성하고 경계를 넘나드는 것이 모든 살아 있는 체계의 특성이라고 기술한다. 생물적인 혹은 심리적인 체계는 경계에 의해 규정된다. 체계의 기능은 경계를 통해 에너지와 노폐물을 전달하면서 경계를 유지하는 것이다. Kernberg(1980)는 구조의 기능을 검토하기 위해 체계이론과 경계에 대한 대상관계이론을 결부시켰다.

살아 있는 체계에서는 영양분은 안으로 받아들여지고 노폐물은 밖으로 내보내져야 한다. 내부적으로나 외부적으로 과다한 에너지는 경계를 붕괴시킬 위험이 있기 때문에 이런 에너지는 피하거나 물리치거나 밖으로 내보내야 한다. 등산로에서 한 등반가가 25미터 높이의 전나무에서 돌풍 때문에 부러져 떨어지는 30킬로그램이나 되는 거대한 나뭇가지를 피해야 했다. 그는 자신이 있는 방향으로 나뭇가지가 꺾이는 소리를 들었고, 팔을 올려 그 가지를 세차게 옆으로 밀쳤다. 그는 심한 부상을 입지 않고 머리를 조금 긁혔을 뿐이었다. 체계이론의 용어로 표현하자면(그런데 이런 용어가 때때로 터무니없이 추상적으로 들리기도 하는데) 이 등반가는 떨어지는 나뭇가지의 에너지를 다른 곳으로 돌려 그것이 자신의 경계를 붕괴시켜 죽음을 초래할 수 있었던 상황을 모면할 수 있었다. 그는 주위 환경과는 구별된 자기 자신을 유지할 수 있었다.

내부에 있는 과다한 에너지 또한 밖으로 내보내는 것이 필요하다. 등반가가 콜럼비아 강 골짜기(Columbia River Gorge)에서 산허리를 따라 꾸불꾸불하게 나 있는 등반로를 좀 더 높이 올라가자 땀을 흘리기 시작했다. 그는 푸른색 모자를 벗어 허리춤에 찼다. 모자를 벗음으로써 그는 체열 형태의 과다한 에너지가 밖으로 나가도록 했다. 모자를 벗었을 때 그는 자기 경계의 한 켜를 벗겨 낸 것이었다. 체계가 기능하기 위해서 경계가 투과성과 비투과성 사이에서 최적의 수준에서 유지되어야 한다.

경계의 명료화

작업집단에도 이와 동일한 원리가 적용될 수 있다.

R.W. 박사는 정신과 클리닉에서 임시 과제 한 가지를 맡았다. 그가 맡은 과제는 복도에서 폭력이 발생할 정도로 무질서하게 된 그 조직을 개선하는 것이었다. 환자는 치료자를 위협했고, 한 환자는 사회복지사를 공격하여 몇 사람이 중재해야 했다. 그곳의 사기는 매우 낮았으며 실무자는 무력하게 되었다.

R.W. 박사는 몇 주 동안 클리닉을 관찰했다. 그는 안내데스크가 사무실의 중앙에 있는 것을 주목했다. 환자는 누군가가 그들을 맞이하기도 전에 이미 작업공간에 들어와 있었다. 거리에서 약물에 취해 배회하던 사람도 클리닉으로 불쑥 들어왔다. R.W. 박사가 가장 먼저 한 조치는 믿기 어려울 정도로 단순한 것이었다. 그는 안내데스크를 엘리베이터 옆으로 옮기고 사무실을 대기실과 분리하는 문을 설치함으로써 경계를 분명히 했다. 문을 잠그지 않았기 때문에 내부와 외부를 가르는 이러한 새로운 경계는 상징적인 것이었다. 그럼에도 불구하고 클리닉 내의 무질서가 눈에 띄게 줄어들었다. 사기가 올라갔고 치료자는 예전의 자신감을 회복했다.

한 개인이 자신의 자기-타자의 구분을 좀 더 명확하게 할 때 불안과 혼란이 경감되는 것처럼, 이 치료자 집단도 경계를 분명하게 설정했을 때 좀 더 안정되었다. 의뢰절차를 명료화하는 것과 같은 다른 변화도 경계를 분명히 하는 데 도움이 되었지만, 첫 번째 조치만큼 눈에 띄는 정도는 아니었다.

이미 형성된 경계가 변화하면, 비록 그것이 긍정적인 변화라고 할지라도 잠재적으로 부적응적인 무질서가 일시적으로 나타날 수 있다.

좀 더 큰 기관의 한 부서로 속해 있고 원활하게 돌아가는 정신과 클리닉에 새 컴퓨터가 설치되었다. 새 컴퓨터 덕분에 일정관리의 속도와 정확성이 개선되었다.

중간급 관리자가 그 클리닉을 처음으로 방문하기 전까지 모든 사람이 이 변화에 만족해했다. 몇 사람이 생산성에 대해 언급했다. 클리닉 실무자가 복도에서 잡담을 나누면서, 병원 관리자가 잘못된 컴퓨터 자료를 근거 삼아 임상 업무에 부정적인 영향을 줄 수 있는 잘못된 결정을 할지도 모른다는 두려움을 표현했다. 아마도 치료자는 해고를 당할 수도 있고, 임상 공간은 행정적인 용도로 전환될지도 모른다고 했다. 그들은 행정 지원의 부족에 대해 이러쿵저러쿵 이야기하면서 시간과 정서적 에너지를 소비했다. 그들은 환자에게 관심을 두고 그들을 돌보는 데 어려움을 겪었다. 어쩌면 관리직으로 고용된 R.S.를 내보내야 할지도 모른다는 말도 나왔다.

R.S.는 생산성에 관한 컴퓨터 출력 자료를 들고 정신과 의사인 임상주임에게 갔다. 이전까지는 임상주임만 이런 자료에 접근할 수 있었다. 그는 자신의 권한으로 자료를 공개하고 모기관의 경영진과 그것에 대해 논의하곤 했다. 그런데 모든 수준의 관리자가 직접 정보에 접근할 수 있게 되었다. 경계의 위기가 발생한 것이다. 이런 상황에 부딪치기 전에는 아무도 이런 문제를 이해하지 못했다.

아무도 인식하지 못했었던 경계의 변화와 함께 치료자 집단과 관리자 집단은 경계가 불분명할 때 사람이 의존하는 원시적인 기제에 빠져들었다. 투사가 만연했다. 치료자는 모든 문제를 R.S.의 탓으로 돌리고 그의 해고를 요구함으로써 그들 자신과 그들의 임상 공간을 보호하려고 노력했다. 그들은 R.S.가 자신들을 직장과 임상공간에서 내쫓을 것을 두려워해서 그를 자신들의 집단에서 내보내려고 했다. R.S.와 다른 관리직인사는 치료자들을 의심했고, 그들의 일자리와 기관의 효율적인 기능을 확보하기 위해서는 치료자를 통제해야 한다고 느꼈다. 이와 같은 내부적인 싸움은 개인적인 차원에서 이루어지는 투사적 동일시와 유사하다. 각각의 사람이 다른 사람 안에서 자기 자신의 불안을 보고 그 사람을 통해 자신의 감정을 통제하려고 한다. 양측이 모두 투사적 동일시에 연루되면 악순환이 발생한다.

문제에 대한 해결책은 경계의 명료화에서 나왔다. 관리자는 임상주임이 여전히 필요한지를 결정해야 했다. 왜냐하면 이제 컴퓨터를 통해 생산성에 대한 정보를 얻을 수 있었기 때문이었다. 임상주임 자리를 존속시키는 쪽으로 결정되자, 관리자와 임상주임인 정신과 의사는 실제 작업량에 대해 논의할 수 있었다. 논의 결과 R.S.와 정신과 의사는 생산성이 기준 이상임을 알게 되었다. 관리자는 작업량을 기록하고 치료비를 청구하는 절차의 정확성을 높임으로써 이미 양호한 실적을 향상시키는 방법을 발견했다. 컴퓨터는 또한 치료자가 직접 해 왔던 몇 가지 사무적인 업무에 도움을 줄 수 있었고, 치료자가 일을 더 하지 않고도 그들의 실제 생산성을 높일 수 있었다. 사태가 이렇게 해결되면서 복도에서 감지되던 불안과 소문이 줄어들었다. 치료실무진은 평소대로 환자를 돌보는 일에 집중했다. 투사적 동일시를 감소시키기 위해 집단에서 경계를 명료화하는 이런 과정은 개인을 위한 치료 절차와 유사하다(제14장 참조).

기본 가정 집단

개인의 자기-타자 경계와 집단의 경계 문제 간의 병렬성은 집단역동에 대상관계이론을 적용할 수 있는 유일한 주제는 아닐 수 있다. 애착과 공격성과 애정에 대해서는 어떻게 적용될까? 이런 중요한 욕동이나 욕구가 집단에 적용될 수 있을까?

아동 발달과 개인치료는 사람이 다른 사람과의 친밀함을 필요로 한다는 것을 보여 준다(제5장 참조). 이와 같은 의존욕구가 만족되지 않을 때, 그들은 좌절과 갈망, 즉 상실한 대상과 관련해서 공격성과 애정의 감정을 경험한다. 집단도 이런 의존과 좌절과 갈망에 상응하는 것을 나타낸다.

우리는 이런 주제에 대한 탐색을 이론적 고찰에 국한하지 않고 구체적인 예시를 통해 살펴보고자 한다.

제2차 세계대전 중에 영국의 정신분석가면서 대상관계이론가인 Bion은 노스필드 군인 병원에서 집단의 기능에 대해 연구했다. 그는 어떤 공통된 과제에 초점을 맞춤으로써 집단의 사기를 회복하는 방법을 개발했다. 전쟁이 끝난 후 그는 런던에 있는 타비스톡 클리닉에서 자신의 작업을 이어 갔다. 그는 집단의 과제가 분명하지 않거나 의미가 없을 때 집단원은 마치 그들에게 어떤 가정된 목적이 있는 것처럼 자연스럽게 행동한다는 것을 발견했다. Bion(1961)은 이런 것을 의존성(dependency)과 투쟁-도피(fight-flight), 짝짓기(pairing)(Rioch, 1970 참조)의 기본적 가정(basic assumptions)이라고 불렀다. 이런 가정은 개인적 차원에서 애착과 공격성과 애정에 상응한다.

남미출신의 정신분석가인 Ramon Ganzarain 박사는 타비스톡 연구소에서 개발된 집단을 모델로 하여 메닝거 재단에서 집단을 구성하고 운영했다. 정신의학과 심리학, 사회복지, 간호학, 목회상담 영역의 수련생이 7인 1조로 8개 집단으로 모였고 각 집단마다 한 사람의 지도자가 있었다. 그들은 매주 90분씩 만났다.

집단 A에 속한 7명의 남녀가 지도자를 맞이했는데, 그는 아무 말도 하지 않았다. 집단원은 그들이 어떻게 진행해야 하는지 지도자에게 물었다. 그가 아무런 반응을 보이지 않자, 그들은 무엇을 해야 할지에 대해 서로 이야기를 나누기 시작했다. 아마 그들 중 한 명이 지도자가 되어야 하는 것은 아닐까? 2주 동안 그들은 누가 집단을 이끌어 갈지, 왜 각 집단원이 그런 역할을 좋아할 수 있는지, 또 왜 그런 책임을 받아들이기 싫어하는지에 대해 논의했다. 지도자가 없다면 그들은 어떻게 집단에 대해서 배울 수 있겠는가?

이 집단의 기본적인 가정은 집단원이 그들에게 지식을 제공해 줄 지도자에게 의존해야 한다는 것이었다. 이런 유형의 집단은 의존성 기본 가정 집단이라고 불린다. 부모의 돌봄을 받는 어린 아이의 갈망과 유사한 면이 있다. 그들은 자신을 돌봐 주는 사람에게서 필요한 것을 함입하거나 내사하기를 원한다. 이런 기본가정이 좌절되었을 때 이 집단은 잠재적인 갈등을 고려했다.

집단원 중 한 사람인 멜이 말했다. "우리가 지도자를 선출하자마자 틀림없이 우리 지도자로 들어온 이 사람이 벌떡 일어나 자기가 주도하려 할 거야. 그러면 갈등이 생길 거야. 이런 사람은 꼭 그렇다니까."

지도자가 마침내 말했다. "내가 어떤 지침을 주지 않으려 하니 여러분은 여러분에게 방향을 제시해 줄 새로운 지도자를 만들고 싶어 하는군요. 하지만 집단은 갈등이 일어날까 봐 염려하는군요."

지도자의 이런 신탁과 같은 진술은 3주 만에 그가 한 유일한 말이었는데, 이 말에 낄낄거리는 웃음이 나왔고, 이어서 잠정적인 갈등에 대한 논의가 확대되었다. 집단원은 다른 7개의 집단에 대한 추측으로 관심을 옮겼다.

멜은 "틀림없이 그들도 우리처럼 좌절하고 있겠지."

"다른 사람은 뭘 배우고 있는지 궁금해요."라고 메리가 말했다.

게리는 "우리는 스스로 조직할 필요가 있어요."라고 제안했다. "그들은 아마도 이미 어떤 구조와 지도자를 갖고 집단 역할에 대한 목록도 만들고 있을 거예요. 우리는 우리가 그렇게 할 수 없는 이유에 대해서 너무 매여 있는 것 같아요."라고 했다.

메리는 "도대체 우리가 뭘 해야 하는 거죠? 우리가 어떤 구조를 만들게 되어 있나요?"라고 물었다.

게리가 말했다. "우리는 집단에서 우리 자신의 기능을 관찰하고 집단에 대해서 배우기로 되어 있어요. 하지만 우리가 그 일을 잘하고 있다는 생각은 안 들어요. 다른 집단은 아마도 우리보다 앞서 있을 것 같아요."

마이크가 끼어들었다. "우리 지도자가 별로예요. 새로운 지도자가 필요해요."

멜이 말했다. "어. 관둡시다. 나가서 맥주나 한잔 하지요."

이 시점에서 기본적인 가정은 의존성에서 투쟁-도피로 바뀌었다. 내부적으로 갈등은 지도자 사이의 경쟁 형태로 표현되고 있었는데, 때로는 이런 경쟁은 인간적인 희생을 초래하는 극단으로 치닫기도 한다. 외부적으로 집단원은 자기가 속한 집단과 다른 집단을 비교하고 대비함으로써 자신의 집단을 규정하려고 했다. 집단은 이것을 경쟁적이거나 공격적인 형태로 하는 경향이 있었다. 이런 과정은 유아가 그들의 의존욕구가 좌절되면 공격적으로 변하고 의존욕구를 자신과 어머니 양자관계의 경계 밖으로 투사함으로써 갈등을 피하려고 시도하는 방식과 유사하다. 그러고 나서 유아는 나쁜 대상을 멀리함으로써 투사된 공격성을 피하려고 노력할지 모른다.

투쟁과 도피의 조합은 또한 많은 집단에서 흔히 나타나는 희생양 만들기에서 볼 수 있다. 의존욕구의 좌절은 그 집단 내의 공격성과 갈등으로 이어질 수 있다. 이런 집단의 '악(evil)' 은 투쟁-도피 집단에 의해 밀려나는 희생양 탓으로 돌려질 수 있다. 투사와 유사한 측면이 분명히 나타난다.

그 다음 회기에 멜과 마이크는 집단을 그만두고 파티를 하자는 제안을 다시 했다. 게리는 집단을 조직화하고 인간의 행동에 대해 배우며 다른 집단들과 보조를 맞추려고 노력하는 일을 계속하기를 원했다. 주안과 린다와 밥이 가끔 발언을 했지만 그리 깊이 관여하지는 않았다.

"너하고 나하고 나가지." 멜이 마이크에게 말했다. "그리고 메리도 데려 가자."

메리는 미소를 지었고 모든 집단원이 웃었다. 이전에 메리와 멜 사이에 미묘하게 희롱이 오고갔고 게리도 여기에 동참했었는데, 이제 이것이 관심의 초점이 되었다. 모든 집단원은 메리와 멜이 데이트를 하게 될 것 같아 흥분했다.

메리가 다음과 같이 말하면서 그 상황을 수습했다. "글쎄요. 게리가 우리에게 상기시켜 주듯이, 이 집단의 과제는 집단에서 상호작용에 대해 배우는 것이지요." 그녀의 미소와 수줍어하는 듯한 태도를 보아 그녀는 집단에서 주어지는 관심을 즐기는 것 같았다. 모든 집단원이 그녀를 부추겼다.

기본가정은 투쟁-도주에서 짝짓기로 바뀌었다. 이 집단은 이제 집단과제가 애정관계를 조장하는 것인양 행동했다. 좀 더 원초적인 관점에서 보면, 이런 집단의 희망은 새로운 구세주가 될 아기를 가질 짝을 만드는 것이다. 이런 후손에 대한 기대는 집단에 홍분과 희망과 의미를 더해준

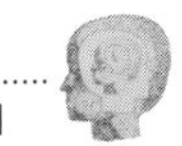

다. 이런 창조적인 노력은 대개 은유적인 것이지만 때로는 문자 그대로 일어나기도 한다. 이런 과정은 아동과 성인 환자에게서 볼 수 있는 긍정적인 투사적 동일시와 유사하다. 집단은 의존적이고 사랑하는 관계에 대한 갈망을 갖고 있으며, 그것을 외현화하고 재내사함으로써 좋은 대상을 창조해 내려고 한다. 메시아가 집단에서 태어나 희망하던 보살핌과 인도를 집단에게 제공하는데, 집단은 단지 이것을 함입하거나 내사한다.

앞에서 예시로 든 실습의 일환으로, 소집단은 각각 28명의 집단원으로 구성된 두 개의 집단으로 합쳐졌다. 그들의 과제는 하루 종일 지속될 회기가 끝날 무렵에 모여 그들이 무엇을 배웠는지에 대해 논의하는 것이었다. 의존성 기본 가정이 다시 모임의 앞부분을 차지했다.

A 집단은 지도자의 필요성에 대해 논의했고, 그들이 공유하는 정치적 전통을 이용하여 지도자 후보를 지명하고 선출하는 방식을 따르기로 했다. 이 집단은 한 사람의 지도자와 두 사람의 사절을 뽑았고, 이들에게 집단을 대변할 수 있는 권한을 주었는데, 각각의 진술에 대한 다수의 의견이 무엇인지 확인해야 한다는 조건이 붙었다. 이들에게는 B 집단이 하는 모든 말을 보고해야 한다는 요구가 주어졌다.

곧 B 집단의 사절이 A 집단의 과정을 관찰하러 왔다. 그녀는 "나는 여러분이 괜찮다면, 여러분의 집단을 5분간 관찰하려고 왔어요. 하지만 나는 아무 말도 하지 말라는 부탁을 받았어요."라고 했다.

A 집단의 구성원은 이 '첩자'에 대해 흥분한 어조로 농담을 했다. 그들은 또한 다른 집단을 염탐하는 환상에 대해 얘기했다. 두 집단에서 모두 긴장감과 불안이 높았다. '첩자'가 돌아간 후 A 집단은 다른 집단에 관찰자를 보냈다.

B 집단은 좀 다른 문화적 전통, 즉 비공식적인 모임이나 파티와 같은 분위기를 따르고 있었다. 집단원은 어떤 암묵적인 사회적 관습 내에서 적절하다고 생각되는 대로 자유롭게 행동하고 말했다. 예외가 있다면 그 밀사였다. 그녀는 원하는 대로 말하고 행동했지만 관찰자의 역할을 할 때는 아무 말도 할 수 없었다. 그들은 최소한의 조직을 갖고 있었다.

양쪽 집단의 집단원은 갱조직의 전쟁에 대한 환상을 하면서 농담을 했다.

그들은 상대 집단을 깎아내렸고, 상대집단이 그들을 어떻게 지각할지에 대해 상상하고 감정이 상했다. 그들은 이것이 그저 실습일 뿐이라는 사실을 상기하고 이 경험이 그들의 동료관계에 지속적인 영향을 미치지 않기를 바랐다. 각 집단은 자기 집단이 상대집단보다 좀 더 성숙한 방식으로 경험을 다루고 있다고 느꼈다.

전체 모임에서 B 집단은 모든 집단원이 개별적으로 말할 기회를 주었다. 그들은 지도체계와 의사소통의 구조를 발전시키지 않았다. 하지만 그들은 A 집단이 왜곡되고 병들었으며 위험한 방식으로 발전했다는 공동의 의견을 갖고 있었다. A 집단의 체계와 고도로 구조화된 의사소통방식 때문에 이 집단은 게슈타포라는 별명을 얻었다.

A 집단의 지명된 대변인은 B 집단은 적대적이고 위험스럽게 보인다고 했는데, B 집단 구성원도 A 집단에 대해 느끼는 것과 마찬가지였다. 이 대변인은 B 집단은 A 집단의 구조를 도발적으로 공격하고 있는 것 같다고 덧붙였다. B 집단의 별명은 마피아(the Mob)였다.

실습 지도자 중 한 사람이 끼어들었다. "아마 우리는 두 집단 모두 비구조화된 상황에서 다른 집단과 비교하고 갈등하면서 각자를 규정한다는 것을 배웠는지 모르겠군요. 이런 식으로 집단은 경계를 만들고 갈등을 외현화합니다."

양쪽 집단구성원은 이 관점에 대해 동의했다. 교수진 지도자는 집단원이 고도로 조직화된 집단과 비형식적 집단이 갖고 있는 장점과 약점을 탐색해 보도록 했다. 그들은 참여자가 집단기능에 대해 배우는 과제를 성취하도록 도와주었다. 이런 과정의 일환으로 그들은 기본 가정을 검토했고, 또한 각각의 집단이 다른 집단과 비교하면서 자신을 규정함으로써 투쟁-도피의 가정이 온종일 진행된 회기에서 얼마나 지배적이었는지를 검토했다. 이 과정에는 공격성을 다른 집단으로 외현화하는 것도 포함되어 있었는데, 이는 아동의 투사와 유사했다.

이런 인위적인 집단은 더 큰 사회의 질서 내에서 형성되었다. 모든 참가자는 학계와 임상적인 맥락에서의 전문가 수련을 받고 있는 학생이었다. 집단의 크기가 작았고 다루기 쉬운 편이었다. 큰 집단의 경우 기본적인 가정이 기능하는 방식은 훨씬 더 분명해진다.

개인과 마찬가지로 모든 집단은 다르게 기능한다. 짝짓기의 가정은 그

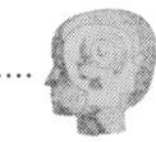

다음 해에 있었던 대집단 실습에서 지배적인 것으로 나타났다. 두 집단은 모두 과제를 포기하고 파티를 열 목적으로 다른 곳에서 만나기로 합의했다. 그 다음 주에 지도자는 어떻게 집단원이 짝짓기 기본가정을 행동화하여 파티와 지속적인 관계라는 형태로 후손을 만들기 위해 두 집단이 모였는지 지적했다. 집단원은 이러한 선택을 한 데 대해 처벌받은 것은 아니었다. 그들은 그들의 행동을 되돌아보면서 배울 수 있었다. 그들 행동의 부가적인 혜택은, 과제와 관련되지는 않았지만 많은 사람이 파티에서 새로운 사람을 만났고 즐거운 시간을 보냈다는 점이었다.

집단은 과제가 분명하지 않거나 의미가 없을 때 기본가정에 더 많이 의존한다. 의미 있는 과제가 있으면, 기본가정의 기능은 약화된다. 이런 진술은 정신병동에서 확인되어 왔다. 1960년대 말에서부터 1970년대 초까지 많은 정신병원은 회의에서 의료진의 상호작용에 초점을 둔 실험을 수행했다. 의료진은 흔히 환자를 돌보는 그들의 과업을 잊고, 그들이 서로 어떻게 상호 작용하는지에 몰두했다. 치료의 원칙에 대한 강조는 배경으로 물러났다. 경험 많은 전문가로 구성된 이런 집단이 카리스마가 있는 지도자에 의존하게 되거나 혹은 분파로 갈라지거나 생산적이고 임상적인 논의를 해치면서 '사랑이 넘치는' 집단분위기를 발전시키기도 했다. 그들은 그들의 목표를 잊어버리고, 의존성과 투쟁-도피와 짝짓기의 기본적 가정에 따라 움직였다. 이런 병동은 치료를 방해하는 환자에 대해 어려운 결정을 해야 할 때에 제대로 기능하지 못했다. 때로는 아무런 효과적인 조치를 취하지 못한 채 환자의 폭력적인 행동 빈도나 자살 빈도가 높아졌다.

1970년대 말에 많은 병원 관리자가 의료진 간의 문제에 지나치게 초점을 두는 것이 과업 수행을 방해하고 업무 대신 기본 가정에 빠지게 한다는 것을 알게 되었다. 이론적 배경이 다른 관리자가 이런 상황을 교정하기 시작했다. 그들은 회의의 초점을 환자 관리에 두었다. 그리고 역할과 경계를 분명하게 설정했다. 의료진 간의 문제에 대한 언급은 환자 관리에 미치는 구체적인 영향과 그것을 직접 관련시킬 수 있을 때에만 했다. 이런 분명한 과업 중심 접근은 의료진의 창의적인 에너지를 활성화하는 데 도움이 되었고 병동은 좀 더 기능적이고 일하기에 좋은 곳으로 바뀌어 갔다.

집단 내에서의 분열

기본 가정 집단에 대한 Bion의 연구 외에도 대상관계이론이 집단기능에 기여한 부분이 있다. 분열의 개념은 개인뿐만 아니라 병동의 실무진들에게도 생산적으로 적용되어 왔다. 내적인 대상관계가 분열된 환자는 그들을 돕는 실무자 집단이 편 가르기를 하도록 자극하는 것으로 나타났다 (Burnham, 1966; Adler, 1985).

25세의 대졸 여성인 W.R.은 자립할 수 없었다. 왜냐하면 그녀는 반복적으로 일부러 토하고 변비약을 남용하는 문제 때문에 가르치는 능력을 제대로 발휘할 수 없었다. 그녀는 격렬할 정도로 독립적이어서 도움을 구하거나 지도를 받기를 거부했다. 그러나 그녀는 직장을 유지하거나 안정된 관계를 가질 수 없었고, 신체적인 건강이 나빠지고 있었기 때문에 부모님 집에 살아야 했다.

그녀는 한꺼번에 많이 먹고 일부러 토하는 증상을 외부에서 통제해 보려고 부모에게 부엌 수납장에 잠금장치를 달아야 한다고 주장했다. 수납장을 잠그는 문제에 대해 논쟁을 한 후 부모는 동의했지만, 결국 그녀가 집 근처 가게에 가서 한꺼번에 먹고 혼자 몰래 토한다는 것을 알게 되었다. 잠금장치는 부모에게 불편을 끼쳤고, 환자에게는 도움이 되지 않았다.

W.R.이 보스톤에 있는 한 사설병원에 입원했을 때, 의료진은 그녀를 돕고 싶어했다. 그녀는 특별 환자가 되었다. 의료진 가운데 일부는 그녀가 속마음을 털어놓을 수 있는 대상이 되었고, 부드럽게 보살핌과 가족갈등에서 떼어놓는 것이 그녀를 낫게 할 것이라는 확신을 표현했다. 다른 치료자는 그녀를 위해 엄격한 식이요법과 운동처방을 짜고 그녀가 이를 따르도록 하는 것이 필

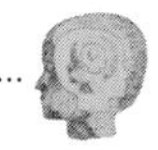

요하다고 느꼈다. 이들은 24시간 내내 그녀를 감시하고 토하고 있는 것을 발견하면 병동 밖으로 나오지 못하게 해야 한다고 주장했다. 만약 그녀의 체중이 증가하지 않으면, 튜브를 통해서라도 먹여야 한다고 했다. 첫 번째 치료자 집단은 그녀가 혼자 식당에 가도록 허락하여 지금까지 누리지 못했던 자율성을 허용하면 더 잘 먹게 될 것이라고 주장했다.

치료자는 상대편이 너무 응석을 받아 준다 혹은 엄격하다고 서로 비난했다. 한 간호사는 환자에게 가게에 갈 수 있는 허가증을 주지 않으면 환자 학대로 보고하겠다고 위협했다. 다른 간호사는 이 환자가 치료팀을 강압하고 조종하도록 내버려 두면 다른 곳으로 전근을 신청하겠다고 위협했다. 담당 정신과 의사는 양쪽에서 서로 자기편으로 끌어당기는 바람에 의료진 대부분이 동의할 수 있는 어떤 공정한 방침을 정하기가 어려웠다. 이런 난관에 빠진 상태에서 그는 자문을 구했다.

자문의는 의료진의 이야기를 오랫동안 경청했다. 그는 환자가 분열된 내적 대상관계를 가지고 있다고 해석했다. 그녀는 어떤 치료자에게는 전적으로 좋은, 보살펴 주는 대상에 대한 내적 표상을 투사했다. 어떤 치료자들은 전적으로 나쁜, 박탈하는 대상으로 대했다. 의료 집단의 분열은 환자 자신의 분열된 내적 대상관계를 반영했다. 그들이 자신의 분열을 치유하려면 환자에 대해 논의할 필요가 있었다. 그렇게 하면 아마도 그들은 환자가 보살핌과 박탈에 대한 극단적인 감정을 통합하도록 환자를 도울 수 있을 것이다.

병동 실무자는 이 해석을 듣고 안심이 되었고 통합된 치료계획을 세우는 일에 착수했다. 이 과제를 위해 함께 작업하는 과정에서 그들의 강렬한 감정이 누그러뜨려졌고 생산적인 작업이 재개됐다.

자문의는 환자가 어느 한쪽 방향으로 치우치는 성향을 갖고 있을 수도 있는 치료자에게 보살펴 주려는 감정과 박탈하려는 감정을 유발하기 위해 투사적 동일시를 사용했다고 설명했다. 환자는 자기 주변에 자신의 분열된 내적 대상세계를 재현했다. 극단적으로 분열된 내적 대상관계를 가진 환자가 주변 사람 사이에 강한 불일치를 유발하는 현상은 흔히 관찰할 수 있다. Adler(1985)는 환자 내면의 분열과 투사적 동일시가 다음의 상황을 초래할 수 있다고 설명했다.

환자의 잔혹하고 처벌하는 부분의 투사대상이 되는 의료진은 환자에게 잔혹하고 가학적이며 처벌적인 태도로 반응하는 경향이 있을 것이다. 사랑하고 이상화된 부분의 투사대상이 되는 의료진은 보호하고 부모와 같은 사랑으로 환자에게 반응하는 경향이 있을 것이다. 이러한 두 의료진 간에 충돌이 발생할 수 있다는 것은 자명한 일이다(p. 204)

일부 환자가 의료진이 서로 대립하도록 조장하는 경향 이외에도 치료자가 유의해야 할 것은 의료진 내부의 은밀한 알력이다(Stanton & Schwartz, 1954). 이런 알력은 특정 환자와 무관하게 의료진을 분열된 치료 집단으로 갈라놓는다. 환자는 집단 내부의 문제를 표현하는 수단이 될 수 있다. W.R.의 사례에서 치료팀이 부딪힌 난국은 투쟁-도피의 기본가정으로 개념적으로 설명될 수 있는데, 이는 담당 정신과 의사의 우유부단과 치료팀이 과업중심으로 운영되지 못한 데서 비롯되었다고 볼 수 있다. 치료팀은 항상 이런 종류의 복잡한 요인을 고려해야 하는데, 그 이유는 집단 갈등이 개별 환자를 통해 드러날 수도 있고, 개인의 갈등이 집단을 통해 표현될 수도 있기 때문이다.

W.R.은 분열된 내적 대상관계를 가지고 있었고 입원 전에 그녀 주변에서 혼란을 일으켰던 환자였다. 더욱이 치료팀은 평소에는 잘 기능했고 과제 중심적이었다. 이 사례에서는 환자가 치료팀의 분열에 기여한 부분이 의료진 내부의 의견차이보다 더 비중이 컸다고 가정할 수 있다.

슈퍼비전에서 병렬적 과정

환자의 내적 역동과 치료팀의 기능간의 병렬성과 유사한 병렬성이 슈퍼비전 관계에서도 관찰된다. 수련의에게 엄격하고 비판적인 슈퍼바이저

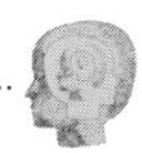

는 수련의가 자신의 환자에게 유사한 태도로 행동하는 것을 흔히 보게 될 것이다(Doerhrman, 1976). 이런 현상은 Anna Freud(1936)가 공격자와의 동일시라고 묘사한 현상의 한 가지 변형일 수 있다. 다른 한편 수련의는 환자가 그들에게 행동하는 것과 같이 슈퍼바이저에게 행동하는 경우가 흔히 있다(Searles, 1955; Sachs & Shapiro, 1976).

대체로 자신감 있고 자원이 풍부한 정신과 수련의 J.N. 박사는 "무슨 일이 일어나고 있는지 모르겠어요. 이 여성환자에게는 아무런 초기 기억이 없어요. 정말 아무것도 없대요. 2년이나 치료를 했는데 여전히 아무것도 기억할 수 없다면, 내가 어떻게 이 환자가 갈등을 해결하도록 도울 수 있을지 모르겠어요. 아무 것도 없대요. 전혀 없대요." 여러 회기가 지나도록 그는 아동기 경험에 관한 환자의 기억상실에 대해 어떤 통찰도 생각해 낼 수 없었다.

그의 슈퍼바이저는 자신이 이상하게 결의가 부족하고 우유부단하다고 느껴졌다. 그는 그의 슈퍼바이저가 이런 상황에서 뭐라고 얘기했을지 떠올려 보려고 했다. 그러나 그 역시 아무것도 생각해 낼 수가 없었다. 곰곰이 생각하던 중 수년 전에 자신의 슈퍼바이저가 병렬적 과정에 대해 설명했던 일이 기억났다. 그래서 그는 자신의 슈퍼바이저를 흉내 내 보기로 했다.

그는 "글쎄. 나도 아무것도 생각해 낼 수가 없네. 나의 이런 상태가 자네가 모호한 상태에서 이 환자와 함께 작업하는 일이 자네에게 얼마나 힘든지 이해하는 데 도움이 될 수 있겠지."

"그러니까 환자가 나에게 행동하는 방식으로 내가 선생님에게 행동하고 있다고 생각하시나요?"

"자네가 무엇을 겪고 있는지 내게 알려 주는 방법으로 이보다 더 좋은 방법이 있겠나? 그리고 아마 자네 환자는 자신이 어머니에게서 느꼈던 것을 자네가 느끼도록 도와주고 있는지도 모르지. 자네 환자는 아무 생각도 안 났겠지."

슈퍼바이저의 이 말이 J.N. 박사가 환자와 공감적인 접촉을 하는 데 도움이 되었다. 정체되었던 치료가 다시 진전되기 시작했다. 그는 이제 환자에게 다음과 같이 말할 수 있었다. "당신은 때때로 여기에서 나와 함께 있을 때 감정적으로 텅 빈 상태로 느껴진다고 행동하고 말해요. 그런 식으로 당신은 감정적으로 텅 빈 상태에 있는 어떤 사람과 함께 있는 것이 어떤 느낌인지를 나에게 알려

주죠. 그런 식으로 나는 당신이 때때로 얼마나 버림받고 난처한 느낌이 드는지를 직접 경험할 수 있어요. 아마 당신이 말하는 아무것도 없다는 것은 실제로, 당신이 어머니를 필요로 했을 때 어머니가 당신을 위해 감정적으로 거기에 없었던 것에 대한 기억이 아닌가 싶어요."

병렬적 과정에 대한 이런 해석은 환자가 어머니의 부재, 즉 텅 빈 상태를 내면화했다는 생각에 기초하고 있다. 투사적 동일시를 통해 환자는 치료자에게 그런 감정을 이끌어 냈다. 치료자는 그의 슈퍼바이저에게 유사한 감정을 이끌어 냈다. 이런 추론과정은 복잡하고 다소 미묘하므로 치료자는 그의 추정에 대해 유보적인 태도를 가지는 것이 필요하다. 만일 그의 추정이 틀렸다면 환자가 그의 생각을 고쳐 줄 수 있었다. 만일 그의 추정이 정확했다면 환자는 깊이 이해받았다고 느꼈을 것이다.

병렬적 과정은 쉽게 관찰할 수 있지만 어떤 구체적인 사례에서 심리적 기제와 인과관계를 확인하는 일은 어려울 수 있다. 그러나 부분적으로 이해가 되는 이런 현상에 대한 자각을 임상적으로 활용하기 위해 완벽한 이론적 설명이 가능할 때까지 기다릴 필요는 없다. 치료자뿐 아니라 병원 관리자도 이 개념을 사용할 수 있다. 관리자가 보살펴 주고 구조화하는 치료환경을 조성하는 방식으로 치료자를 대한다면 치료자가 그들의 환자에 대해 이해하고 공감적이고 적절하게 구조화하는 태도를 보이도록 힘을 실어 줄 수 있다.

가족과 경계선 성격장애

치료자는 가족 내의 분열을 경계선 환자의 내적 분열과 유사한 것으로 묘사해 왔다. Shapiro와 동료(1977)에 따르면 "가족은 그들의 경계선적

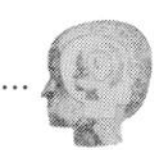

청소년 가족구성원의 분열과 유사하게 분열하는 경향을 보여 준다. 가족집단 내에서 '좋은'(필요한 것을 제공하고, 충족시켜 주며, 사랑하는) 특성과 '나쁜'(박탈하고, 처벌하며, 미워하는) 특성은 서로 분리되고 다른 가족구성원에게 귀속되어 각 구성원은 양가성을 가질 수 없고(preambivalent) 한 가지만 보는 것처럼 보인다….”(p. 79) 그들은 더 나아가 가족체계는 아동의 미약한 자기통합에 “기여하는” 방식으로 분열과 투사적 동일시를 사용했다고 하였다. Masterson과 Risnley(1975)도 유사한 결론에 도달했는데, 이들은 경계선적 장애를 가진 환자의 어머니 자신이 흔히 통합이 잘 안 되어 있고, 그들의 자녀에게 극단적인 방식으로 행동하며, 이것은 이런 환자의 감정과 행동 패턴과 유사하다는 것이다.

Gunderson 등(1980)은 두 번째, 어쩌면 수적으로 더 많을 수도 있는 가족집단에 대해 보고했는데, 이런 가족에서는 부모가 서로에게 너무 밀착되어 있어 자녀가 '관심과 지지와 보호'를 받을 수 없었다. 이런 가족에서는 경계선 환자의 내적인 공허함과 혼자 있다는 느낌(Adler, 1985)은 의미 있는 부모의 관여가 실제로 부족했던 현실의 반영일 수 있다. 아동 자체의 요인, 예컨대 부모에게 애착하거나 혹은 보살펴 주는 관계를 받아들일 수 있는 능력의 결여가 가족관계의 문제를 야기했을 가능성은 여전히 남아 있다. 환자의 외적 관계와 내적 대상관계 간의 병렬성을 관찰할 수 있다 해도 인과관계를 규명하기는 어렵다. 이와 같은 병렬성은 투사적 동일시의 관점에서 설명될 수 있다.

가족과 정신분열증

정신분열증 환자의 분열과 왜곡된 사고와 그들의 가족이 보이는 무질서 간에는 병렬성이 있다. Bateson 등(1956)은 가족이 환자에게 모순되는 요구를 했다고 언급했다. 이러한 '이중속박(double binds)' 은 환자 자신이 만들어내는 모순된 행동이나 말과 유사하다. Bowen(1960)은 정신분열증 환자 부모의 관계에서 정서적 측면과 형식적인 측면 간의 불연속성에 대해 언급했다. Lidz(1964)는 이런 가족에게서 "부부관계의 비대칭(marital skews)"을 관찰했다. 많은 전문가는 가족체계가 정신분열증을 유발한다고 생각해 왔다. Wynne과 Singer(1963)는 이에 대해 다음과 같이 개념화했다. "급성적이고 반응적인 정신분열적 성격구조에서 나타나는 경험의 파편화, 정체성의 혼미, 지각과 의사소통의 혼란스러운 방식 그리고 다른 특성은 상당한 정도 가족 구조의 특성에서 내면화 과정을 통해 초래된 것이다."(p. 192)

환자와 가족체계 내의 이런 병렬성에도 불구하고 이제는 대부분의 정신분열증은 생물학적인 뇌질환에서 비롯된다고 믿는 연구자가 늘어나고 있다. 이는 Torrey(1983)가 정신분열증 환자 가족을 위한 저서에서 묘사한 것과 비슷한 맥락이다. 이런 연구자는 가족이 정신분열증을 보이는 가족원의 혼란스러운 말과 행동으로 인해 고통을 받고 이해할 수 없는 언행에 대해 어떤 의미를 찾으려는 시도에서 이상한 말을 하게 되는 경향이 있다고 주장한다.

나는 이 문제의 원인을 대인관계 속에서 찾으려는 시도를 유보하는 현실적인 접근을 지지한다. 특정 이론에 기초하지 않은 연구가 영국과 미국(Brown et al., 1962; Vaughn & Leff, 1976; Goldstein et al., 1978; Falloon et al., 1982)에서 이루어졌고, 이에 따르면 정신분열증을 앓는 환자는 그 원인이 무엇이든 간에 입원의 필요성이 더 높았고, 이들이 "감정 표현을 많이 하는(expressed emotion, E.E.)" 가족과 과도한 접촉을 하면 일반적으로 상태가 훨씬 더 안 좋아진다. 이런 결과는 높은 E.E. 수준을 보이는 가족이 병을 유발한다는 것을 시사하지는 않는다. 많은 정상적인 가족이 높은 E.E.를 보일 수 있다. 하지만 이런 결과는 정신분열증 환자가 정서적인

강렬함을 감당할 수 없다는 것을 시사한다.

동일한 연구자는 가족들이 표현된 정서를 줄이도록 하는 훈련이 정신분열증 환자가 안정된 상태를 유지하는 데 도움이 된다는 것을 보여 주었다. 가족 내에서 표현된 정서를 낮추는 것이 담아내거나 통합적인 자아기능을 수행하는 것이 되어, 환자가 이를 내사하여 자신의 감정을 조절하는 것을 도울 수 있다. 이것은 어쩌면 환경적인 자극을 줄이고 그렇게 함으로써 환자를 흥분시킬 수 있는 소지를 적게 하는 것의 결과일 수도 있다. 그 기제가 무엇이든 간에 표현된 정서를 낮추는 훈련은 체계와 개인 간의 병렬적 과정을 건설적으로 활용하는 또 하나의 예다. 즉, 체계 내에서 표현된 정서를 낮추고 그럼으로써 개인이 자신의 정서적 삶을 조절하는 것을 돕는 것이다.

연구자는 가족에서 발견된 결과를 지역사회로 확장시켜 정신분열증 환자 개인의 증상과 그들의 사회적 네트워크의 특성 간에 유사한 병렬성이 있는지 탐구하고 있다(Cutler & Tarum, 1983; Hamilton et al., 1987).

이 장에서는 대상관계이론이 개인 환자 이외의 체계에 적용될 수 있는 몇 가지 방법에 대해 탐색해 보았다. 내적, 외적 경계와 분열 및 투사적 동일시의 개념은 집단과 관련성이 있다. 애착과 공격성과 애정의 감정은 의존성과 투쟁-도피 및 짝짓기의 집단현상에 상응한다.

내적이고 개인적인 심리역동과 환자가 속한 집단이 기능하는 방식 사이에는 병렬성이 있다. 환자 내의 분열은 치료팀 내부에서 발생하는 편가르기를 유발할 수 있다. 집단 내의 갈등은 개인의 갈등을 야기할 수 있다. 이런 병렬성은 투사적 동일시에 의해 매개되는 것으로 간주할 수 있다.

제5부
좀 더 넓은 맥락

우리는 결코 우리의 지식과 능력이 완전하고 완결되었다고 자만해 본 적이 없다. 우리는 이전에 그랬던 것처럼 지금도 우리의 이해가 불완전함을 인정하고, 새로운 것을 배우며, 우리의 방법을 개선할 수 있다면 어떤 식으로든 방법을 수정할 준비가 되어 있다.”

– Sigmund Freud 〈정신분석적 치료의 진전〉

서론

대상관계이론은 지난 30년에 걸쳐 정신분석이론의 중요한 진전을 지원해 왔다. 미국에서 수행된 이 주제에 대한 연구는 그 뿌리를 자아심리학에 두어 왔다. 정신분석학은 때로는 분투하면서, 때로는 기꺼이 외부 영향을 받아들여 왔다. 이런 요인이 대상관계이론을 영향력 있는 심리학이 되도록 하는 데 기여했다.

제5부를 구성하는 처음 두 장은 대상관계 개념의 좀 더 광범위한 적용을 설명할 것이다. 제17장에서는 대상관계 발달의 관점에서 민속과 신화를 소개할 것이다. 제18장은 현실 감각과 관련된 생각을 다룰 것이다.

정신분석학이 관련 분야를 탐구하는 데 사용되면 풍성한 보답이 주어진다. 문학과 민속, 신화, 종교 그리고 철학에서 가져온 생각과 이미지는 심리학적 개념을 향상시킨다. 대상관계이론은 이처럼 관련된 연구 분야에 줄 수 있는 것보다 이런 분야에서 더 많은 것을 얻을 수 있다.

마지막 장인 제19장에서는 대상관계이론이 정신분석학 내에서 어떻게 발달되었는지를 설명할 것이다.

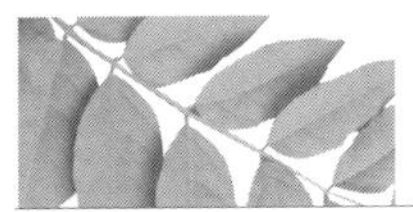

제 17 장 민속과 신화와 자기의 변형

태초에 하나님이 천지를 창조하시니라 땅이 혼돈하고 공허하며

-창세기 1장 1절~2절

이런 방식으로 성경은 미분화되고 통합되지 않은 덩어리, 인류가 형성되어 나온 그 원료를 묘사하기 시작한다.

Bulfinch(1855)의 설명에 따르면 그리스인과 이후 로마인은 이것을 이런 식으로 그렸다.

땅과 바다와 하늘이 창조되기 전에 모든 것들은 한 가지 면을 가졌는데, 이것을 우리는 혼돈이라 이름한다. 혼돈은 혼란스럽고 형체가 없는 덩어리, 죽어있는 무거운 것에 지나지 않으나 그 안에 사물의 씨앗이 잠들어 있는 것이다. 땅과 바다와 공기는 모두 뒤섞여 있었다. 그래서 땅은 단단하지 않았고, 바다는 유동적이지 않았고, 공기는 투명하지 않았다(p. 12).

고대 인도의 베딕 신화 또한 존재와 무존재가 있기 전 어둡고 수분으로 된 혼돈을 묘사했다(Masson-Oursel & Morin, 1959). 훨씬 뒤에 일본에서는 이자나기와 그의 여동생 이자나미가 오노고로라는 섬을 창조하기 위해 움직이는 땅을 굳히고 비옥하게 만들기 전 신생의 세계를 부유하는 기름이나 해파리와 유사하다고 묘사했다(Bruhl, 1959).

세상의 탄생에 관한 이런 이야기는 우리 학문의 이야기, 특히 Mahler의 유아의 심리적 탄생에 대한 묘사와 놀라울 정도로 유사하다. 대상관계 이론은 우리 모두 미분화된 상태, 형태가 없고 비어 있는 상태에서 시작한다고 제시한다. 서서히 우리는 모습을 갖추고 분리하고 개별화한다. 현상을 좋은 것과 나쁜 것, 밝은 것과 어두운 것으로 나누는 분열은 이런 과정의 첫 단계 중 하나다.

무엇으로 이런 유사성을 설명할 수 있을까? 신화적 묘사는 언어 이전 경험의 무의식적 기억에 대한 증거인가? 우리의 심리학적 이론은 우리가 어릴 적 전통적 설화에 노출된 것으로 결정된 것인가? 신화와 과학적 이론 둘 다 원형적 사고 패턴의 반영인가? 유사성으로 보이는 것이 단순히 비유적인 언어의 산물 혹은 그릇된 유추인가?

비록 완전한 설명은 아니더라도, 내가 이해한 바로는 초기 구전작가는 현대 과학자와 임상가와 예술가만큼 인간 삶의 똑같은 문제에 관심을 가졌을 것이다. 그들은 모든 생명이 미분화된 세포원형질이나 씨앗이나 알에서 시작해서 좀 더 복잡한 형태로 자라나고 자신을 기능적이고 살아 있는 유기체로 조직해 간다는 점에 주목했다. 이에 따라 그들의 우주론을 구성했다.

Schafer(1978)는 정신분석적 의미와 인과론 간에는 차이가 있다는 점을 지적했다. 어떤 의식적 요인과 무의식적 요인이 작가로 하여금 이야기를 만들어 내도록 하는지 혹은 한 무리의 사람이 어떤 이야기를 다시 말하게 하는지는, 그 이야기가 듣는 사람이나 혹은 한 무리의 듣는 사람 혹은 심지

어 구전작가 당사자에게 어떤 의미를 가지는 가와는 다소 다른 질문이다.

이 장에서 나는 신화와 민속에서 정신분석학적 관심의 역사를 간단히 살펴보고, 대상관계 발달의 측면에서 이들이 주는 의미가 무엇인지 알아보기 위해 몇 가지 주제를 살펴볼 것이다. 나는 이야기가 한 사회의 모든 구성원에게 의미가 있는 관점에서 보편적인 문제와 잠재적 해결책을 묘사함으로써 사회를 결속시키고 개인의 외로움에 도움을 준다는 측면에서 이야기가 지니는 기능이 그 의미와 관련되어 있는 것이 아닌가 하고 생각한다. 이야기는 우리 존재의 핵심에 있는 주제를 건드린다. 내가 강조하는 것은 그 의미의 기능이나 의미의 원인이 아니라 의미 그 자체다.

역 사

정신분석에서는 민속과 신화에 오랫동안 관심을 가져왔다. Freud (1913b)와 더 이전에 Freud와 Oppenheim(1911), Jung(1912, 1945) 그리고 Rank(1914)는 개인의 환상을 신화와 민속 주제와 비교하고 그들의 의미를 밝히려 한 초기 분석가 가운데 몇 사람이다. Freud는 꿈의 주제를 그리스 신화와 비교함으로써 그가 오이디푸스 콤플렉스에 붙인 이름을 가져왔다.

좀 더 최근에 Bettelheim(1977)은 『마법의 사용(*The Uses of Enchantment*)』에서 아이들에게 동화를 읽어 주는 것의 중요성과 의미를 기술했다. 이 아동분석가는 실존주의자 사상에 영향을 받아서 모든 동화는 어떤 발달상의 문제에서 비롯되고, 이 문제에 대한 가능한 해결책을 제시한다고 시사했다. 이야기 속의 남자 주인공이나 여자 주인공은 좀 더 통합된 자기를 획득하는 방향으로 나아가고, 흔히 삶과 죽음의 딜레마를 경험하고 화해하게 된다. 동화는 발달과업을 이해하고 소통하고 대처하는 하나의 통로를 제공한다.

Bettelheim의 제안 외에도 치료에서 신화와 민화를 직접 사용하는 것은 오랜 논쟁의 역사를 갖고 있다. Slochower(1970)의 신화창조(mythopoesis) 개념을 언급하면서 Pruyser와 Luke(1982)는 길가메시[역주: 수메르와 바빌로니아 신화의 영웅] 서사시를 '전례적 드라마'로 논의하는데, 이것은 인간이 죽음의 불가피성을 점차 자각해나가는 자기애적 외상을 다루도록 돕는다. Simon(1978)은 『고대 그리스의 정신과 광기(*Mind and Madness in Ancient Greece*)』에서 어떻게 한때 시인이 치유의 주된 행위자였는지를 지적했다. Levi-Strauss(1963)는 샤머니즘 의식과 정신분석 간의 놀라운 유사성을 보여 주었다. Jung(1945)은 민속과 신화 및 종교의 보편적인 주제에 대한 지식이 어떻게 치료자의 작업을 지원하는지를 설명했다. 실존주의자이면서 융분석가인 Heuscher(1974, 1980)는 심리치료에서 민속설화의 직접적인 사용에 대해 기술했다. Ekstein(1983)은 좀 더 전통적인 접근에 따라, 흔히 신화적 성격을 띤 비유를 해석하는 것이 어떻게 심각한 문제가 있는 아동을 위한 치료에 도움이 되는지를 기술했다. 나는 잔존하는 연습단계의 딜레마를 가진 청소년의 이해와 치료에서 실증적인 민속설화 기법을 적용하는 데 대해 논의한 적이 있다(Hamilton, 1980).

정신분석적 사상가는 전래동화의 의미와 기능에 초점을 두어 왔고 또 새로운 기능을 창조해 왔다. 어쩌면 이들이 치료영역에 동화를 적용하는 오래된 실천을 부활시켰다는 것이 더 맞는 말이지 모른다. 그들은 원인론에 대해서는 덜 철저하고 덜 만족스럽게 다루어 왔다. 몇 개의 이야기와 주제를 보면서 대상관계 발달의 관점에서 이들의 의미가 무엇인지 살펴보자.

분화

창세기로 돌아가서, 그것은 '형체가 없고 비어 있는' 땅에서 시작한다.

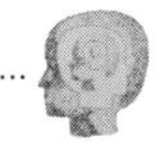

이야기는 다음과 같이 이어진다. "어둠이 깊음 위에 있고, 하나님의 신은 수면에 운행하시니라."

하나님은 형체가 없고, 어둡고 수분으로 된 이런 덩어리에 만족하지 않았던 것 같다. 그래서 그는 하나를 다른 것과 나누고, 전체에서 각각에 어떤 공간을 부여하는 과정을 시작했다.

> 그리고 하나님이 가라사대 "빛이 있으라" 하시매 빛이 있었고
> 그리고 그 빛이 하나님 보시기에 좋았더라
> 그리고 하나님이 빛과 어두움을 나누사
>
> –창세기 1장 3절～4절

하나님은 또한 심연의 물에서 창공의 물을 분리시키고, 바다에서 육지를, 밤에서 낮을 분리시켰다. 각각은 거대한 빛을 동반했다. 그는 창조물들을 만들었는데, 이들이 각자의 종을 번식시켰다.

우리의 태초에 대한 이런 유대기독교의 이야기는 무정형의 모체에서의 분화와 연관이 있다. 처음에 빛과 어둠, 습함과 건조함의 분리가 있었다. 통합 또한 물이 합쳐지는 것과 각각의 창조물이 종을 재생산하는 것으로 제시된다.

그리스 · 로마 신화에서도 거의 똑같은 진화가 일어난다. Bulfinch의 첫 몇 구절은 Ovid의 이야기에서 따온 것인데, 이는 1세기에 흑해의 토미(Tomi)에 그가 추방되어 있는 동안 쓴 것이다. Ovid의 작품은 로마가 초기 그리스 신화를 전적으로 받아들였음을 보여 주는데, 삶의 주요 특성인 변신이나 변형에 대해 묘사하고 있다. Ovid의 설화는 이렇게 시작된다.

> 끝없는 다툼만이 계속 되었다: 하나의 모양 안에
> 열기는 냉기와 다투고, 습기는 건기와 싸웠으며,
> 딱딱함은 부드러움과 다투고, 무게를 가진 것은
> 무게를 갖지 못한 것과 시비를 가렸다.

> 신이었든가, 신보다 더 친절한 자연이었든가?
> 모든 시비를 가려, 하늘과 지구를 가르고,
> 물을 땅과 떼어놓았으며,
> 공기는 성층권과 떨어지게 하고, 해방
> 이렇게 만물이 진화했고, 앞이 보이지 않는 혼돈으로부터
> 각자의 자리를 찾았고…
>
> –『변신』(R. Humphries 역, 1955)

초기 분화에 대한 이런 묘사는 창세기에 시사되어 있는 하나님의 창조적 충동을 넘어서는 동기를 포함한다. 무정형의 덩어리는 잠재적으로 파괴의 씨앗, 즉 대적하는 상반되는 요소를 포함한다. 기원에 대한 이런 신화적 이야기는 Klein(Segal, 1964)의 죽음 본능 개념과 유사하다. 그녀의 관점에서는 모든 생명체와 마찬가지로 유아는 자기 소멸로 향하는 타고난 경향성을 가진다. 이런 선천적인 자기 파괴성은 유아의 생명을 보존하기 위해 분열되어 외부로 투사되어야 한다. 이런 개념화에 따르면 최초의 심리적 분화는 내면의 공격성을 다룰 필요성에서 비롯되는 것인데, 이는 그리스 · 로마 신화가 내부에서 대적하는 요소를 갈라놓기 위해 땅이 나누어질 수밖에 없었다고 시사하는 것과 유사하다.

대부분의 미국 대상관계이론가와 같이 Kernberg(1969)는 죽음 본능의 개념이 유용하다고 보지 않는다. 그는 초기 분열이 일어나는 원인은 공생기 유아가 아직 유쾌한 정서와 불쾌한 정서를 통합할 수 없기 때문이라고 시사했다. 이후에야 어머니에게서 분화되는 동안 유아는 원하는 것이 원치 않는 것에 압도되지 않도록 보호하기 위해 적극적이고 방어적으로 좋고 나쁜 자기이미지와 대상이미지를 분열시킨다. 분화가 있기 전 분열은 경험을 통합하지 못하는 수동적인 무능력이다.

유대기독교, 그리스 · 로마의 우주창조설은 양극의 상반되는 요소로 나누어져야 하는 미분화된 덩어리에서 시작된다는 점에서 대상관계이론과

홍미로운 유사점이 있다. 유대기독교 이야기는 창조적 충동이 분화를 가져왔다는 것을 나타내고, 그리스·로마 신화는 공격성을 조절할 필요성이 이런 분리를 초래했다고 제안한다. 분화의 결정요인이 성장욕구인지 아니면 갈등적인 본능적 충동을 조절하고자 하는 욕구인지에 대한 주된 이론적인 논쟁은 오늘날에도 지속되고 있다. 이런 차이는 Kernberg와 Kohut의 논쟁(제19장 참조)에 반영되어 있고, 이뿐만 아니라 욕동이론이 대상관계이론에서 차지하는 위치에 대한 많은 다른 논쟁에 반영되어 있다(Greenberg & Mitchell, 1983).

최초의 발달에 대한 수많은 다른 유사한 이야기가 서구의 전통과 다른 지역의 전통에서 존재한다. 아담과 이브 이야기의 성적 함의에 대해서는 잘 기술되어 왔다. 이 이야기는 좀 더 유아적인 주제의 관점에서 논의해 볼 수 있다. 추방을 불러온 것은 탐욕, 즉 선과 악의 지식의 나무에서 열매를 따먹은 행위였다. 낙원이 제공하는 것 이상, 하나님이 주시기로 선택한 것 이상을 얻고자 하는 시도로, 아담과 이브는 그들의 분리와 해부학적 차이에 대한 지식을 얻었고, 낙원과 같은 그들의 공생적 실존을 상실했다. 대상관계적 관점에서 보면, 유아의 배고픔과 그리고 어머니가 가진 것을 얻고 어머니의 좋은 양육적인 자질을 삼켜 자기 것으로 갖고자 하는 유아의 소망은, 대상 상실과 취약성에 대한 느낌을 초래한다. 만약 유아가 탐욕적으로 젖가슴의 본질을 삼키기를 바라고, 그저 주어지는 젖만 받으려 하지 않는다면, 그는 갑자기 자기가 혼자라는 것을 발견할 수 있다. 만약 유아가 좋은 것을 담고 있는 것으로부터 훔쳐 그것의 호의를 잃어버리면, 누가 그를 돌볼 것인가? 이와 비슷하게 아담과 이브는 하나님의 가장 내밀한 비밀, 즉 선과 악에 대한 그의 지식, 주거나 주지 않고 갖고 있을 수 있는 그의 능력을 갖기를 바랐다. 그들의 과욕이 그들의 단독성에 대한 자각을 가져왔다.

나는 에덴의 정원 이야기와 관련된 또 다른 비유에 대해 추정해 보고자 한다. 애초에 아이는 공생적 합일체 속에 있다. 마치 신의 존재 안에 있는 것처럼 모든 욕구가 채워지고 유아는 자신이 분리된 존재임을 자각조차 하지 못한다. 자아기능이 발달하면서 유아는 곧 좌절과 만족, 좋은 것과 나쁜 것, 자기와 타인을 구별하기 시작한다. 이런 지식은 공생적 합일체의 상실을 가져온다. 전능감을 갖기를 소망하면서 유아는 좋은 것과 나쁜 것, 모든 것의 제공자인 부모로부터의 분리에 대한 지식을 자신이 훔쳤다고 느낄 수 있다. 하지만 사실은 그것은 발달과정에서 그에게 주어진 것이었다. 아마도 태초에 대한 성경의 이야기가 여전히 의미 있는 이유는 공생의 상실, 우리 모두가 경험한 상실에 수반하는 좋은 것과 나쁜 것에 대한 지식을 얻는 것을 나타내기 때문일 것이다.

연습

유아가 어머니와 자신을 구별하는 것을 배우고 난 후 그리고 이동성이 향상되면서, 그는 자신의 힘과 독립성을 연습해 나가는 일에 매료되어 간다. 그는 이제 과대한 의기양양함으로 자신의 작음과 분리에 직면해서 느낄 수도 있는 불안정감을 보상한다. 그는 엄마 품에서 달아나지만 다시 엄마를 찾고는 또 달아난다. 그는 식기장을 활짝 열어젖히고 주전자와 냄비와 접시를 뒤진다. 여전히 모유를 먹고 있다면, 그는 젖꼭지를 잡아당긴다. 그는 귀여운 소리를 내고 웃고 또 당근이 담긴 그의 접시를 뒤집는다. 이 장난꾸러기는 마술의 세상에서 자신의 자기애적인 활기와 전능감에 둘러싸여 살고 있다. 한편 그는 취약해서, 관심과 찬사와 인정을 구하고 원한다.

이런 연습단계 유아의 심리적 주제는 민속설화의 마술사(trickster)[역주: 원시 민족의 신화에 나와 주술 장난 등으로 질서를 문란시키는 초자연적 존

재] 주제에 비유해 볼 수 있다(Hamilton, 1980). 가장 정교한 마술사 이야기 가운데 하나는 폴리네시아의 이야기다(Luomala, 1949).

마우이-티키티키-아-타란가는 "낙천적인 젊은 문화의 영웅이고 변신가이면서 마술사" 였다(p. 28). 그는 "조숙한 골칫덩어리" (p. 3), "기적을 일으키는 자, 기적의 남자, 마법사, 세상의 원래 모습을 바꾸고 신을 정복한 자" (p. 11)로 묘사되었다. 천 가지의 속임수를 부리는 마우이는 "8개의 머리를 가진 남쪽 바다의 슈퍼 슈퍼맨" (p. 12)이었다. 그러나 그의 출신은 보잘것없었다.

마우이는 어머니 타란가가 낙태한 조산아였다. 그녀는 자신의 정수리에 있는 머리털 한 다발(폴리네시아에서 '티키-티키' 라 함)을 잘라 아이를 감싸고 파도의 품에 눕혔다. 해초에 싸여 그는 파도의 물거품을 먹으며 지내다 모래사장으로 씻겨 올라와 해파리에 둘러싸여 보호받았다. 구더기가 그를 먹을 수 있도록 파리가 그의 몸 위에 알을 놓으려고 내려앉았다. 바다새가 그를 쪼아 갈기갈기 찢어놓으려 떼 지어 몰려들었다. 이런 곤경에서 조상신, 타마-누이-키-테-란기가 아이를 발견했다. 그래서 마우이는 신의 집에서 길러졌다.

통상적으로 핏덩이나 유산의 영혼은 폴리네시아인이 피하는 것이다. 그것은 애정 결핍에 대해 곰곰이 생각하고 마을 사람과 그들의 신을 성가시게 하는 장난에 빠진다는 말이 있다. 마우이는 부모의 기도와 신의 보살핌에 힘입어 "버려진 자의 비틀린 독립" (p. 32)에서 부분적으로 보호받았다. 그럼에도 불구하고 그는 아무 곳에도 속하지 않았다. 그의 양부모였던 신은 그가 인간을 경멸하도록 가르쳤다. 그러나 그는 신을 거역하고, "불가피하고 거스를 수 없게도 인간 친족의 난롯가로 이끌려 갔다." (p. 32) 그가 엄마를 발견하고 그녀의 침대로 데려가져서 그녀의 아낌없는 애정을 받았을 때조차도 그는 여전히 만족하지 않았다. 이 방탕아는 다시 한 번 떠났고, 늘 불안했고, 늘 무언가를 찾았다.

그의 형제가 고기를 잡으러 가면서 그를 데려 가지 않으면 그는 새로 변신하여 바다에 있는 그들의 배로 날아갔다. 다른 때는 형제를 따라가기 위해 곤충으로 변해 아웃트리거[역주: 카누의 뱃전 밖에 나와 있는 안전용 부재(浮材)] 바닥 널빤지에 숨었다. 장난과 같은 그의 많은 이런 속임수는 대상을 찾고, 그의 가족과 재결합하려는 목적을 위한 것이었다. 이런 퇴행적인 경향은 창조적으로 변해 그로 하여금 인류에게 불과 새로운 발명 그리고 새로운 섬과 심지어 사회질서를 제공하게 했다.

대상 추구는 젊은 마우이에게 위험을 안겨다 주었다. 그는 식인괴물의 위협을 받았는데, 그는 이들을 즉각 죽이거나 그들을 꾐에 빠뜨려 스스로 죽도록 했다. 반복해서 그는 물속에 들어가 거대한 식인 조개를 죽이고 엄마에게 줄 진주를 갖고 나왔다. 한 이야기에서, 그는 선조인 무리-란가-훼누아에게 갔는데, 그녀는 모든 사람이 음식물을 갖다 바치며 섬기는 존재였다. 그는 공양된 음식물을 숨기고 그녀가 있는 어두운 동굴 밖으로 그녀를 유인했다. 그녀의 위는 부풀어 올라 그를 집어삼킬 준비가 되어 있었다. 우연히 서풍이 불어 그녀에게 그의 냄새를 전해 주었다. 그녀는 그가 자신의 후손임을 알게 되어 그를 잡아먹는 대신 그녀의 마법의 턱뼈를 주었다. 다시 한 번 마우이는 위험에서 벗어났고, 새로운 마법의 도구를 갖고 좀 더 강력해져서 달아났다.

다른 이야기에서 그는 그렇게 운이 좋지 않았다. 그는 식인 선조인 히네-누이-테-포를 죽이려 했다. 이 어두운 어머니의 눈은 벽옥으로 되어 있었고 식용어 꼬치고기와 같이 입이 크고 날카로운 이가 있었다. 마우이는 잠든 그녀의 몸속으로 들어갔는데, 어떤 통로를 통해 들어갔는지는 알려져 있지 않다. 만약 그녀가 깨기 전에 그가 그녀의 입으로 나오는 데 성공한다면 그녀는 죽을 것이다. 그녀는 일찍 깨서 마우이를 쥐어짜서 죽였다.

잃어버린 엄마를 찾고 또 피하는 이런 이야기는 연습단계 유아에 대한 Mahler(Mahler et al., 1975)의 묘사를 연상시킨다. 유아는 엄마에게 다가

갔다 멀어졌다 하면서 자신의 무력한 의존과 작음과 단독성을 부인하려 한다. 자신이 소망하는 전능하고 마술적인 상태에서 아이는 끝없이 탐험한다. 그리고 퇴행적으로 엄마와의 융합이나 융해 상태로 되돌아가려 하는데, 이는 마우이가 엄마의 침대나 몸, 식인 조개 혹은 조상의 동굴로 들어갔다가 다시 승리를 거두며 도망 나오는 행동에서 볼 수 있다.

이런 이야기는 Mahler의 발달 이론과 마찬가지로 어떻게 과대하고 전능한 환상이 실은 부적절감과 단독성에 대한 감정을 드러내는지 보여 준다. 마우이는 버려진 아이였고, 지극히 취약한 상태에 놓였었다. 그러나 신들이 그를 보호해 주었다. 이와 마찬가지로, 자신의 단독성과 무력함에 대해 새롭게 자각하는 유아는 취약하면서도 또한 의기양양한 듯 보인다. 그의 전능한 환상이 그의 신이고, 이들이 그를 보호한다. 때때로 그는 이런 이미지를 부모에게 투사하고, 이때 부모는 틀림없이 그에게 은혜와 은총을 베푸는 신처럼 보일 것이다. 이런 이미지와 엇갈리게 때때로 부모는 격노에 휩싸여 자신을 삼킬 것 같은 거인이나 괴물로 보일 때도 틀림없이 있다. 이 시기 유아는 쾌락과 분노 경험에서 구강적이고 함입적이기 때문에 부모가 그를 단지 꾸짖고 있는 때에도 부모가 그를 삼키고 있다고 경험한다.

다양한 어려움을 갖고 있는 성인 환자와 상이한 발달 단계에 있는 유아가 겪는 어려움 간에 유사한 측면이 있다. 이런 발달적 문제를 가진 환자 또한 민속설화와 유사한 부분이 있다. 부모의 지지를 충분히 받지 못한 유아는 종종 신과 악마와 기만의 과대한 환상에 빠진다. 이들 중 상당수가 이 연습단계 정신상태의 요소를 보유한다. 마우이와의 유사성은 명백하다. 그들은 버림받은 자처럼 느낀다. 자신의 취약성을 극복하려고 애쓰면서 이들은 지속적으로 자기를 확인시켜 주는 대상을 찾는다. 과대성과 충동적 행동은 이들의 유사독립성을 얇게 가리고 있을 뿐이다.

이들 중 일부는 운 좋게도 이들 환상의 창조적이고 건설적인 측면이,

마치 신이 마우이에게 했던 것처럼 이들을 보호하고 자양분을 제공하여 이들이 압도적인 우울에 무너지지 않고 살아남을 수 있게 한다. 이들이 치르는 대가는 다른 사람으로부터 소외감을 느끼고 진정으로 속한다는 느낌 없이 관계하는 듯한 겉모습이다. 이들은 누구나 믿지만 또 아무도 믿지 않는다. 민속설화의 마술사와 같이 이들은 추구자요, 방랑자며 탐험가다. 어떤 특정 상황하에서만 이들은 어떤 사람에게서 깊이 그리고 지속적으로 이해받고, 또 그 사람을 이해하는 관계를 발전시킬 수 있다. 이때 비로소 이들은 어딘가 소속된 사람에 대한 시기심을 보상하는 연습기의 과대성을 포기할 수 있다.

재접근

연습단계의 불안정한 의기양양한 상태는 단지 몇 개월만 지속된다. 곧 더 큰 세계와의 관계 속에서 자신을 보는 향상된 인지적 능력이 유아의 유사독립성을 길들인다. 그는 이제 엄마의 다양한 면을 새로운 방식으로 받아들일 준비가 되어 엄마에게 되돌아간다. 그는 또한 자기 자신의 많은 갈등적인 감정들과 힘든 노력과도 화해해야 한다.

'빨간 망토(Little Red Riding Hood)' 는 많은 재접근 주제를 보여 준다. 〈빨간 모자(Little Red-Cap)〉로 불리는 Grimm 형제(1812)의 이야기는 모든 사람에게 사랑받는 작은 소녀에 대한 묘사로 시작한다. 소녀를 누구보다 사랑한 할머니는 자신이 아끼는 손녀가 원하는 것은 무엇이든지 주었을 것이다. 따라서 이 이야기는 전적으로 좋은 자기, 즉 모든 사람이 사랑하는 빨간 모자와 전적으로 좋은 대상, 다시 말해 완벽하게 충족시켜 주는 아낌없이 주는 할머니로 시작한다. 자기-대상 정체성은 소녀가 할머니가 준 빨간 모자를 늘 쓰고 다니겠다고 고집하는 행동에서 암시된다.

빨간 모자는 재접근단계 유아가 그렇듯 자신의 좋은 대상의 결점에 대해 자각하게 될 수밖에 없었다. 모성적 인물인 엄마와 할머니 두 사람 다 덜 만족스러운 면을 갖고 있었다. 할머니는 병들고 약해졌다. 그래서 소녀의 엄마는 아이가 할머니에게 음식과 와인 한 병이 든 바구니를 가져다 드리기를 바랐다. 엄마는 아이에게 이르기를, "더워지기 전에 출발해라. 그리고 갈 때는 얌전하고 조용히 걷고 길에서 뛰지 마라. 뛰면 넘어져서 병을 깨뜨릴지도 모른다. 그러면 할머니가 아무것도 못 드실 거야."라고 했다. 여기에서 관심사는 아이의 안녕이 아니라 할머니를 위한 섭생이었다. 빨간 모자가 넘어져 다칠 것인지에 대해서는 언급되지 않았다. 관심사는 포도주 병에 대한 것이었다. 그것은 분명히 장거리 여행이었다. 그렇지 않았다면 소녀가 아침 일찍 떠날 필요는 없었을 것이다. 게다가 엄마는 자기 문제에만 관심을 두었고, 딸이 아직 충분히 능력을 갖추지 못한 어떤 일을 하도록 요구했다. 두 모성적 인물은 박탈적이었다. 재접근단계 유아가 배워야만 하듯이, 빨간 모자 소녀는 엄마가 만족스러울 뿐만 아니라 엄마 자신의 욕구 충족을 요구하기도 하고, 자기 억제를 요구하는 금지사항을 주기도 한다는 것을 배우게 될 참이었다.

착한 어린 소녀는 자신의 선의와 엄마의 건전한 조언과 좋은 음식이 담긴 바구니를 들고 출발했다. 엄마와 떨어져 소녀는 탐욕스러운 늑대와 마주쳤고, 늑대는 결국 그녀를 삼켜 버렸다. 처음에 늑대는 다분히 우호적으로 보였다. 그는 아름다운 꽃을 가리켰고, 그러자 빨간 모자는 길에서 벗어나지 말라는 엄마의 충고를 잊어버렸다. 그녀는 이 꽃 저 꽃 꺾다가 숲속으로 점점 더 깊이 들어갔다. 사랑하는 할머니에게 꽃을 주고 싶은 의도였지만, 자신의 임무를 간과했다. 모성적 인물을 위해 자신의 즉각적인 쾌락을 자제할 수 있는 능력의 결여는 할머니를 위해서 그 일을 하고 있다는 소녀의 자기 기만에 힘입어 늑대에게 의심의 여지없이 할머니의 집으로 달려갈 수 있는 충분한 시간을 주는 결과를 초래했다. 곧 그 나쁜 늑대는 빨간 모자의 공조로 좋은 할머니를 삼켜 버렸다.

어떻게 이런 좋은 소녀가 길에서 벗어나 자신이 사랑하는 부모와 같은 존재의 파괴를 가져오게 되었을까? 사실 소녀가 양육자를 소홀히 하게 된 것은 양육자가 그녀를 소홀히 한 데서 촉발되었다. 할머니는 병들어 보살핌과 섭생을 필요로 했지만, 빨간 모자가 그런 것을 줄 만큼 자라기도 전에 이런 일이 일어났다. 소녀의 엄마는 주의사항을 일러 주기만 하고 어린 소녀를 보냈는데, 그때 소녀는 아직 동행할 어른이 필요한 나이였다. 홀로 남겨진 상태에서 그녀는 자신에게 주어진 만족시키는 대상이 무엇이든 그에 의존하게 되었다. 늑대는 처음에는 꽤 괜찮아 보였으나 그녀를 돌보고 욕구를 채워 주는 대신 자기 만족을 위해 그녀를 잡아 먹으려 했다. 따라서 늑대는 어머니와 할머니의 특성이 과장된 모습을 표상하는데, 이들은 처음에는 다 주는 것처럼 보이지만 그 후에는 자신의 욕구를 우선시한다. 늑대와 할머니가 동일한 대상의 두 가지 다른 측면이라는 사실은 그 탐욕스러운 짐승이 할머니 집에서 할머니의 옷을 입고 할머니 침대에 누워 있는 것을 빨간 모자가 발견한다는 정황에 의해 뒷받침된다. 대상관계 관점에서 보면, 엄마-할머니에 의해 버림받은 채 빨간 모자는 좋은 대상이 곁에 없는 상황에서 그 대상을 기억할 수 있는 능력을 아직 제대로 갖지 못했다. 그녀의 갈망과 버려짐에 대한 격노는 좋은 내적 대상이미지가 나쁜 대상이미지에 의해 삼켜지게 되는 사태를 초래했다.

늑대는 나쁜 대상을 표상할 뿐만 아니라, Fairbairn(1940)이 언급했던 빨간 모자 자신의 공격적이고 탐욕적인 자기를 표상한다. 빨간 모자는 늑대에게 할머니 집으로 가는 길을 분명하게 알려 줌으로써 그가 할머니를 삼켜 버리도록 했다. 소녀는 또한 꽃을 따라는 늑대의 제안을 받아들였다. 처음에 소녀는 할머니에 대한 호의로 가득 차 있었다. 곧 그녀의 이기심이 드러났다. 그녀는 자신이 꽃을 주고자 했던 사람에 대해 완전히 잊어버렸다. 그녀가 여기 저기 뛰어다니며 잔뜩 꽃을 따고 있는 동안, 늑대

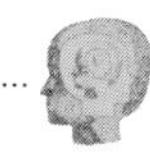

는 그녀의 어머니상을 먹고 있었다(Bettelheim, 1977). Grimm 형제 이야기에서는, "소녀가 더 이상 가져갈 수 없을 만큼 꽃을 많이 땄을 때 비로소 할머니가 생각났다."(pp. 141-142)라고 쓰여 있다. 이 이야기는 어린 소녀의 한 측면과 늑대의 동일성에 대해 직접적으로 지적한다. 할머니가 문간에 있는 사람이 누구냐고 물었을 때, 늑대는 '빨간 모자' 라고 자신을 밝혔다. 따라서 늑대는 공격적 허기로 가득 찬 나쁜 자기표상과 대상표상의 결합으로 개념화할 수 있다.

빨간 모자가 할머니 집에 들어갔을 때 이상한 느낌이 들었다. 뭔가가 잘못되었다. 소녀는 자신의 좋은 엄마상을 갈망했는데, 그 존재의 모든 것이 지나치게 컸다. 소녀의 말을 듣는 귀가 지나치게 컸다. 소녀를 보는 눈도 너무 컸다. 소녀에게 입맞춤을 하고 함께 얘기하고 있는 입 속에 있는 이빨도 너무 컸다. 모든 관심과 위안의 근원이면서 할머니가 소녀를 알아차리고 관심을 두고 소녀와 얘기를 나눈 통로였던 신체기관이 삼키고자 하는 욕구 혹은 탐욕 때문에 과장되었다. 마침내 그 '끔찍한 커다란 입'이 한숨에 소녀를 삼켰다.

이제 어린 소녀와 엄마상의 동일성이 완전해졌다. 할머니와 빨간 모자는 한 피부 안에 있었고, 그들의 원시적이고 공격적인 구강적 소망에 의해 삼켜졌다. 이들은 나쁜 대상관계단위를 표상했다.

다행히도 지나가던 사람이 곤경에서 이 두 사람을 구해 냈다. 좋은 아버지상인 사냥꾼은 처음에는 그 나쁜 늑대를 쏠 작정이었다. 다행히도 그는 어떤 좋은 것이 그 안에 있음을 감지하고 총을 내려놓았다. 제왕절개에서처럼(Bettelheim, 1977) 그는 조심스럽게 늑대의 배를 자르고, 빨간 모자와 이제 다시 좋아진 할머니를 위험에서 나오게 했다. 제5장에서 언급했듯이 아버지나 아버지상은 종종 재접근단계 어머니와 자녀 간의 퇴행적인 공생적 유대의 해체를 촉진하는 역할을 한다.

빨간 모자는 좋은 자기와 좋은 대상이 일시적으로 사라졌어도 다시 나타날 수 있음을 배우게 되었다. 사냥꾼의 출현은 외적 아버지상을 상징할 뿐 아니라, 어린 소녀 자신의 통합적 자아기능의 출현과 복귀를 나타낸다. 그녀는 이제 일시적인 나쁨의 출현 가운데 좋은 것이 존재한다는 것을 깨달을 수 있었다. 자신과 엄마의 탐식하고 이기적인 측면에도 불구하고 좋은 의도와 사랑과 보살핌이 여전히 존재했다. 그들은 이전, 즉 늑대가 그들을 삼키는 것으로 표상되는 탐욕스러운 갈망을 초래한 좌절경험이 있기 전과 똑같았다. 초기 재접근단계의 분열이 대상항상성으로 넘어갔다. 좋은 대상과 좋은 자기를 일시적으로 상실하는 이 경험에서 빨간 모자는 엄마의 현명한 충고를 자기 안에 좀 더 확실하게 간직하고 그것을 항상 기억하는 법을 배웠다.

이 이야기의 마지막 문장은 다음과 같다. "빨간 모자는 혼자 생각했다. '내가 살아 있는 한 나는 결코 혼자 길을 떠나 숲으로 달려가지 않을 거야. 엄마가 그렇게 하지 말라고 한다면.'" 이렇게 빨간 모자는 엄마의 좌절스러운 규제조차도 나름대로 자신을 보호하고 돌보는 것이 될 수 있음을 배웠고, 이제 그녀는 그것을 자신의 한 부분으로 간직할 수 있게 되었다. 그녀는 자신의 갈망에 의해 삼켜졌다가 더 높은 수준의 자기-타자 통합으로 다시 태어났다. 이것이 발달과정의 재접근단계의 과제다.

오이디푸스기 발달

이 풍부하고 복잡한 이야기는 많은 의미를 담고 있는 것으로 이해될 수 있다. 양피지처럼 그 다음 층은 오이디푸스적 해석을 드러내는데, 이 해석은 성장하는 소녀가 막 생겨나는 자신의 성을 받아들이고자 하는 노력을 강조한다. 다른 주제를 인정하면서도 Bettelheim(1977)은 이 이야기의 성적 주제에 주로 초점을 두었다. 다음 설명에서 나는 주로 그의 논의에

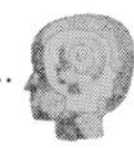

의존한다.

Bettelheim과 그 이전의 다른 정신분석학자는 늑대가 빨간 모자로 하여금 꽃을 따기 위해 할머니 집으로 가는 길에서 벗어나도록 유혹했다는 점을 지적했다. 여기서 꽃은 사랑의 상징이면서, 전통적으로 그리고 꽃이 식물의 재생산 구조라는 사실로 보아 재생산의 상징으로 해석된다. 아버지의 아이를 갖기를 바랄 뿐만 아니라, 어머니상을 제거하기를 바라는 오이디푸스의 주제에 맞게 빨간 모자는 늑대에게 할머니 집으로 가는 길을 분명히 가르쳐 주었고, 이로 인해 할머니의 죽음을 가져왔다. 할머니는 얕게 위장된 어머니상이다. 그런 전치와 대치는 여러 이야기에서 보편적으로 등장한다. 늑대는 빨간 모자의 파괴적이고 경쟁적인 오이디푸스적 갈망과 남성적인 성과 그녀 자신의 성적 욕망을 표상한다. 이런 유형의 압축(condensation)은 꿈뿐만 아니라 이야기에서도 나타난다(Freud, 1900). 소녀는 이렇게 강력한 내적 감정이나 남성의 실제적 외적 세계를 다루기에는 아직 너무 미숙했기 때문에 늑대에게 압도당해 삼켜졌다. 다행히도 좋은, 절제된 아버지상인 사냥꾼이 그녀와 엄마(할머니)를 구출했다. 그는 질서와 조화를 복구했다. 빨간 모자는 그녀가 준비되고 부모의 허락과 지도를 받을 때까지 엄마의 지시를 따르고 성숙한 관계의 숲으로 모험해 들어가기를 자제하는 법을 배웠다.

이 오이디푸스기의 성적, 공격적 주제는 유아가 3세나 4세가 될 무렵 재접근 위기가 해소되면서 처음으로 분명히 나타난다. 고전적 정신분석은 한때 이런 분투에 거의 전적으로 초점을 맞추었다. 어린 소녀는 일차적 애정을 엄마에게서 아버지에게로 옮긴다. 그녀는 아버지의 관심과 애정을 독차지하기를 소망한다. 엄마와 마찬가지로 아버지가 자기를 임신시켜 아버지의 아기를 낳을 수 있기를 바란다. 그러나 엄마가 가로막고 있어서 소녀는 엄마를 없애는 것을 상상한다. 엄마가 이런 비밀스러운 소망을 알아차리고 보복할까 봐 두려운 나머지 어린 소녀는 좋은 어린 소녀가 되고 엄마와 동일시함으로써 충족을 얻기로 마음을 정한다. 언젠가 크면 엄마처럼 자신의 남편과 아기를 가질 수 있을 것이라고 스스로에게 말한다. 오이디푸스 갈등은 이렇게 해소되고, 그 뒤 사춘기와 다시 청소년 후기 부모의 집을 떠날 때 재발생한다. Bettelheim의 주장이 맞다. 〈빨간 모자〉의 이야기와 아동의 오이디푸스 갈등의 전개 사이에는 놀랄 만한 유사성이 있다.

이런 복잡한 이야기가 모두 오이디푸스와 재접근단계 주제를 둘 다 담고 있다는 것은 놀랄 만한 일이 아니다. 성숙하는 성이 부상할 때마다 분리와 유기의 좀 더 근본적인 문제의 재작업이 이루어져야 한다. 가장 분명한 문제는, 딸이 성적 관계를 가지려 한다면 근친상간에 대한 금기에 의해 딸이 배우자를 찾아 집을 떠나야 한다는 것이다. 버려짐에 대한 묵은 감정이 일어난다. 그녀는 정말 사랑하는 어머니를 떠날 수 있는가? 그녀는 그 좋은 외적 대상 없이 살아남을 수 있을까? 선에 대한 그녀 자신의 감각이 충분히 확고해서 그녀가 그것을 자기 안에 담고 갈 수 있는가? 그녀는 어머니가 딸보다 아버지에게 더 애착되어 있다는 사실, 딸이 떠나면 어머니는 아버지와 함께 남을 것이라는 사실을 받아들일 수 있는가? 어머니의 가장 창조적인 측면에서 어머니와 진정으로 같아지기 위해서는 그녀를 떠나야 한다는 것을 받아들일 수 있는가? 어머니는 그녀가 떠나는 것을 받아들일까? 딸이 자신만의 삶을 위해 어머니를 버린다면 어머니는 그녀에게 복수할까? 더 큰 세상으로 그녀가 나아가는 것에 대해 어머니의 축복을 받을 수 있을까? 필요할 때 때때로 집으로 돌아올 수 있을까? 이것은 오이디푸스 갈등에 의해 유발되는 분리 문제 가운데 일부에 불과하다. 재접근단계가 끝날 무렵 어린 소녀가 적절한 대상항상성을 형성하지 않으면 이런 질문에 대한 답을 잘 찾을 수 없다. 그렇다면 〈빨간 모자〉의 이야기에는 오이디푸스와 재접근 주제가 모두 들어 있고, 한 주제가 다른 주제와 겹쳐져 있다는 것은 적절한 것으로 보인다. 개인의 환상과 발달적

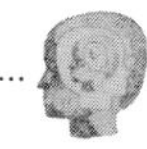

주제들처럼 동화도 풍부한 의미가 있는 여러 층을 갖고 있고, 각각의 층은 자기와 대상관계의 어떤 측면과 관련이 있다.

이 장에서 나는 대상관계의 발달 측면에서 몇 가지 이야기를 살펴보았다. 전래동화의 기능은 그들의 의미와 관련되어 있다. 사람들은 이런 얘기를 하고 또 하고, 읽고 또 읽는데, 이것은 이야기가 의미 있기 때문이다. 즉, 이야기가 강력한 내적인 자기구도와 대상구도를 외적으로 표상하기 때문이다. 이런 이야기는 우리가 가장 깊은 관심사를 동료 인간과 공유한다는 점을 상기시켜 줌으로써 사회집단을 결속시키고 개인이 소외감을 극복하도록 돕는다. 그러나 의미와 마찬가지로 기능은 복합적일 수 있다. 어떤 한계 내에서 기능도 우리의 관점에 따라 변할 수 있다.

민속설화와 신화는 심리성적 발달에 대한 Freud의 생각과 원형에 대한 Jung의 생각의 관점에서 널리 고찰되어 왔음에도 불구하고, 대상관계이론의 관점에 따른 연구는 이제 시작단계에 있다.

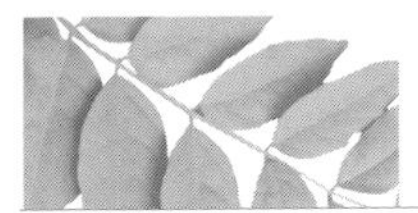

제 18 장 현실은 관계성이다

이 장에서 나는 대상관계의 관점에서 현실에 대한 몇 가지 개념을 검토한다. 이 이론은 무엇이 진실이고 혹은 무엇이 현실인가라는 아주 오래된 질문에 답을 주지는 않는다. 그러나 이 이론은 사람이 무엇이 현실인가에 대한 감각을 어떻게 그리고 언제 발달시키는지 그리고 그들이 어떻게 이런 감각을 잃고 회복하는지에 대한 시사점을 준다.

대상관계이론은 일상적인 사건에 대한 우리의 인습적인 감각은 우선 양자관계, 즉 자기와 대상에 의존한다고 시사한다. 세 번째 요소는 대비와 확인을 위해 추가되며, 양자관계 외부에 있는 어떤 것이다.

정신병과 비현실

정신건강 전문가가 '현실감을 상실한다.' 는 관점에서 정신병을 정의하는 것은 마치 정신과 의사나 심리학자 혹은 다른 어떤 사람이 존재의 본질에 대해 우월한 입장을 갖고 있는 것 같아 다소 주제넘어 보인다. 철학자와 예술가, 시인, 신비주의자, 신학자, 물리학자, 화학자 그리고 다수의 학자는 무엇이 존재하며 무엇이 존재하지 않는가라는 질문과 씨름해 왔다. 정신분석이라는 한 분야에서만 현실이라는 단어가 어떻게 다르게 사용되어 왔는지를 추적해 보는 것만도 엄청난 작업이 될 것이다.[1] 하지만 이런 환자 중 어떤 사람이 "당신 자신도 환각에 불과해요. 진짜 목소리는 이런 다른 목소리요!"라고 공언하면서 우리의 콧대를 꺾기 전까지, 우리는 우리 환자의 신념에 대해 판단할 준비가 너무 잘되어 있다.

자기 지갑과 자기 자신을 혼동했던 32세의 여성 F.Y.는 현실감을 상실했다가 곧 회복했다. 제4장에서 기술한 치료회기의 관계 양상을 좀 더 자세히 살펴보면 그녀의 외부 관계와 그녀의 현실감 간의 연관을 볼 수 있을 것이다.

F.Y.는 즉각적인 도움을 받고자 치료자를 찾았다. 그녀는 절박했다. 그녀의 어머니가 최근에 사망했고, 자신의 결혼생활과 직장을 모두 잃기 직전에 있다고 두려워했다. 10년 전에 이미 정신병적 삽화를 경험했기 때문에 그녀는 다시 '제정신을 잃을 것'에 대해 두려워했다. 그녀는 도움을 원했다.

그녀의 정신과 의사는 다른 생각을 갖고 있었다. 그가 맡은 사례 수는 다소 넘치는 수준이었다. 그는 2주간의 휴가를 계획하고 있었으며, 떠나기 전에 정신과적 진단에 대한 수업을 해야 했다. 그는 친구에 대한 호의로, 또 휴가를 끝내고 돌아온 후에 사례 하나를 더 받을 여유가 있을 것이기 때문에 그 의뢰를 맡았었다.

F.Y.는 얼마나 절박한 상황인지 그에게 얘기하기 시작했다. 그 의사는 듣고 있었지만 관심을 겉으로 드러나게 표현하지는 않았다. 그가 가르칠 수업에 대한 준비에 영향을 받아 그는 평소보다 더 길게 그 회기를 비구조화로 끌고

1) Greenson(1971)은 '실제' 사람이라는 말을 외부대상이라는 말과 동일하게 사용했다. 실제성 대 주관적 지각의 상대성에 관련된 주제는 제18장에서 논의될 것이다. 편의상 그리고 전통적으로 '실제적인(real)'과 '사실적인(actual)'은 철학적으로 볼 때 그 의미가 불분명함에도 불구하고 둘 다 외부대상을 지칭할 때 사용한다.

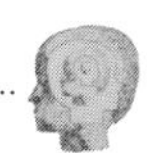

갔다. 그는 그녀가 어떻게 반응하는지 보고 싶었다.

환자는 점점 더 빠르게 말했다. 그녀는 무언가를 붙잡으려 하는 것 같았다. 정신과 의사는 그녀의 요구에 반응하지 않았다. "여자의 지갑은 여자의 한 부분이에요."라고 그녀는 핸드백을 움켜쥐며 말했다. "내 말은 정말 지갑은 진짜 그 여자라는 뜻이에요. 선생님이 이해할지 모르겠어요. 남자 지갑하고는 달라요. 남자도 지갑을 갖고 다니고 신경 쓸지도 모르지만, 여자의 지갑은 실제로 여자 자신이에요. 내 지갑이 나를 엉망으로 만들어요. 나는 지갑을 정리하려고 애를 써요. 물건을 버리느라 하루 종일 시간을 보내요. 하지만 내가 정리하려고 하면 할수록 모든 게 더 엉망이 되어 버려요."

이 시점에서 환자는 현실감을 잃어버렸다. 자기-대상 경계가 혼란스러워졌다. 그녀의 내적인 자기이미지와 외부 대상인 지갑에 대한 그녀의 생각이 뒤섞이게 되었다. 현실감이 상실되면 늘 자기-타자 간의 경계에 변화가 일어난다.

이 시점에서 의사가 개입했다. 그는 지갑은 그녀 자신의 상징이지 실제로 그녀의 일부가 아니라고 그녀에게 일깨워 주었다. 그는 또한 그녀가 최근에 겪은 상실에 대해 언급했다. 그는 이렇게 말했다. "여러 가지 일을 정리할 수 있도록 당신은 대화할 수 있는 누군가가 필요한 것 같군요." 환자는 덜 혼자라고 느꼈고 차분해졌다.

그 정신과 의사가 한 말이 F.Y.에게 도움이 됐을 수도 있지만, 그가 이해하려는 태도로 그녀와 대화했다는 사실도 이에 못지않게 중요했다. 그녀는 필사적으로 누군가를 혹은 무엇인가를 찾고 있었다. 그녀의 어머니도 남편도, 그리고 일도 그녀를 위해 함께해 주지 않았고 정신과 의사도 처음에는 마찬가지였다. 그녀는 "선생님이 이해할지 모르겠어요."라고 말했었다. 그녀는 자기에게 가장 가까운 물건인 자기 지갑에 초점을 맞추었고, 그것과 융합되기 시작했다. 그녀는 더 이상 혼자가 아니었다. 그녀와 지갑은 하나였다. 그러나 이런 공생적 친밀함에 빠져들면서 그녀는 고유한 개체로서의 자기에 대한 감각을 상실했고 두려워졌다. 그녀는 현실감을 잃어버렸다.

정신과 의사가 개입했을 때 그녀는 일상적인 현실감을 되찾았다. 이제 F.Y.와 정신과 의사와 제3의 물건, 상징으로서의 지갑이 존재하여 그들은 이것에 대해 연관되지만 분리된 관점에서 논의하고 있었다. 그들은 그녀의 다른 중요한 대상인 어머니와 남편과 고용주에 대해 논의하기 시작했다.

정신과 의사가 말했다. "여러 가지 일을 정리할 수 있도록 당신은 대화할 수 있는 누군가가 필요한 것 같군요." 이 발언은 그녀가 공생적 융합으로 되돌아가고 싶은 유혹을 느끼고 그로 인해 현실감을 잃을 정도로 가깝지 않으면서도, 그녀가 융합할 다른 대상을 절박하게 찾을 필요성을 느낄 정도로 거리감이 들지 않는 어떤 사람을 필요로 한다는 정신과 의사의 직관적인 깨달음을 반영한다. 세 개의 구분되는 개체, 환자의 자기('당신'), 치료자('대화할 수 있는 누군가'), 그리고 세 번째 요소(정리해야 할 '일')가 있었다. 정신과 환자들은 한결같이 그들이 일상적인 현실에 대한 인식으로 복귀하는 데에는 그들 자신을 다른 사람과 분리되어 있으면서도 관련되어 있는 존재로 경험할 수 있는 심리적 능력이 수반된다고 묘사한다. "당신과 나 그리고 당신도 나도 아닌 다른 것이 존재합니다."

다음 회기에 환자가 말했다. "지난번 선생님을 만났을 때 나는 정말 혼란스러웠어요. 몇 분 동안 모든 것이 비현실적이고 소용돌이치는 느낌이었어요. 좀 당황스럽기도 하지만 지금은 괜찮아요."

"지난 번 오신 이후로 어떠세요?"

"좋아요. 잠이 드는 순간에는 약간 이상한 느낌이 들기도 하지만, '우리가 다음 회기에 정리할 수 있을 거야.' 라고 생각해요. 이렇게 생각하면 나아져요. 남편과 사이가 좋은 날 밤에는 내 손을 남편 어깨에 올리는데 그러면 또 도움이 되요."

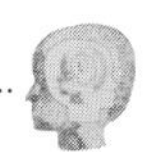

환자는 자신의 현실감이 다른 사람과의 관계성에 의존하고 있음을 확인해 주었다.

Searles(1967b)는 다른 환자를 다음과 같이 묘사했다.

비분화(non-differentiation)는 자신의 치료자에 대한 한 남자의 다음 불평에서 드러난다. "잘 모르겠어요. 내가 선생님한테 얘기할 때 내가 갖고 있는 것이 환각인지 아니면 기억에 대한 환상인지, 아니면 환상에 대한 기억을 갖고 있는 것인지 모르겠어요." 이 남자는 내부 세계와 외부 세계를 분명하고 확실하게 구별할 수 없었다. 공생적인 관계 방식이 이런 환자를 지나치게 지배하여 그가 주변 사람과 사물을 객관적으로 지각할 수 있도록 이들로부터 충분한 거리를 유지할 수 없을 정도였다. 자기가 빠져 있는 것에 대해 사람은 올바르게 지각할 수 없다(p. 123).

Searles는 자기-대상 융합이 현실감의 상실을 초래한다고 생각했다. F.Y.의 경우와 같이, 문제는 다른 사람과 사물과의 관계에서 자기를 분리된 존재로 경험하는 것이다.

한 남자가 메닝거 병원 응급실에 왔을 때 이와 비슷한 경험을 묘사했다.

L.T.는 27세 남성으로 황갈색의 머리와 수염을 한데 엮어 헝클어진 채 땋아서 다녔고, 병원에서 이렇게 불평했다, "나는 지금까지 꿈속에서 살아왔어요."

"얼마나 오랫동안 그렇게 지내오셨죠?" 정신과 수련의가 자기 트위드 상의의 단추를 풀면서 물었다.

"4년 동안이요. 어느 날 내 꿈들이 나를 지배하고 나를 통제하기 시작했어요. 그리고 내 생각이 다른 사람의 생각과 온통 뒤섞여 버렸어요. 나는 사로잡혔어요."

이 남성은 자신을 명확한 경계선을 가진 존재로 보는 능력을 상실했다. 일상적인 현실에 대한 그의 감각은 와해되었다.

한 사람의 현실감이 관계에 좌우된다는 사실은 정신병이 전적으로 사회적 현상이라는 뜻은 아니다. 이것은 우리가 광적인 사회를 치유함으로써 정신분열증을 치유할 수 있다는 뜻도 아니다. 다양한 정신병을 가진 많은 사람은 다른 사람과 관계하는 것을 저해하는 뇌의 문제를 갖고 있다. 그들의 지각-운동력과 인지과정은 비정상적이고(Hartocollis, 1968; Holzman & Levy, 1977; Johnstone et al., 1976, 1978; Bellak, 1979; Hamilton & Allsbrook, 1986), 이런 문제는 종종 뇌구조상의 이상과 연관되어 있다(Johnstone et al., 1976; Weinberger et al., 1979). Fischman (1983)이 검토한 것처럼, 우리는 사람에게 다양한 약을 주면서 일상적인 현실에 대한 사람의 감각을 실험을 통해 방해할 수 있다. 제3장에서 언급된 자극 박탈 실험에서와 같이, 정신병은 환경의 극단적인 변화에 의해서도 발생할 수 있다. 확고한 현실감을 위해 필요한 관계성은 개인이나 환경 어느 쪽에 의해서든 파괴될 수 있다.

정신병과 확신

비현실감(feelings of unreality)은 때로는 소원(estrangement)과 비인격화(depersonalization)로 나누어지기도 하는데(Federn, 1952; Rinsley, 1982), 이것이 유일한 현실감의 비정상적인 상태는 아니다.[2] 정신병적 확

2) 소원은 세상이 비현실적으로 지각되는 것이다. 비인격화는 자기가 비현실적으로 지각되는 것이다. 늘 그런 것은 아니지만 대체로 한쪽에 어려움이 있는 사람은 다른 쪽에도 어려움이 있다. 아마도 소원과 비인격화는 서로 관계가 있을 것이다. 왜냐하면 다른 쪽의 어려움 없이 한쪽에만 어려움을 가지려면 이런 환자가 대체로 갖고 있는 것보다 더 나은 자기-대상 분화를 갖고 있어야 하기 때문이다.

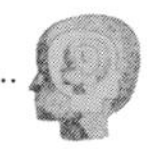

신도 같은 정도로 역기능적일 수 있다.

다음의 사적 현실에서 이런 과도한 확신의 예를 살펴보자.

P.C.는 포틀랜드에서 근무하는 사회복지사에게 자신이 2년 전 처음 입원하기 전 겪었던 일을 말해 주었다. 그는 사무실에서 일하고 있었으며, "훌륭한 종이 되려고 노력하고 있었다." 그런데 그것이 부질없어 보였고 그는 절망했다. 그는 자신을 신에게 '맡기고' 그에게 자신의 절박함과 절망감에 대해 이야기했다. "주여!" 그는 말했다, "나는 당신의 종이 되고 싶습니다." 갑자기 거대한 빛의 구름이 그를 감쌌다. 그는 신이 그의 기도를 들었다고 확신했다. 그는 사무실을 떠나 복음을 전하러 길거리로 달려갔는데 할 말을 찾을 수 없었다. 그는 성령이 자기 입을 통해 말씀하신다고 느꼈다. 그는 신이 모든 것을 보시고 모든 것을 알고 계시며 모든 사람이 찾고 있는 모든 것을 알고 계신다고 외쳤다. 그날 밤 신이 자기 이름을 부르는 소리를 들었을 때 그는 자기 경험에 대해 더욱 확신하게 되었다. 그는 자신이 예언능력을 부여받았으며 성군의 지휘관으로 신의 선택을 받았다는 결론을 내렸다. 유혈참사가 있을 것이었다. 그리고 모든 인간이 그에게 굴복할 것이었다.

P.C.는 처음에는 두렵고 혼자라고 느꼈다. 갑자기 그는 자기가 자신의 주님과 가까울지도 모른다고 생각했을 뿐만 아니라, 그를 자신을 둘러싸고 있는 빛의 구름으로 인식했다. 그의 이야기는 기독교와 어떤 관련이 있는 것으로 보였는데, 그가 신에게서 성전을 통해 모든 인간을 복종시키라는 개인적 임무를 부여받았다고 느끼기 전까지는 그러했다. 그의 종교적 경험은 기이한 것이었다.

이런 정신병적 확신을 대상관계 관점을 통해 어떻게 이해할 수 있을까? 그는 좋은 자기표상과 좋은 대상표상의 상실을 경험하고 있었다. 그는 자신이 훌륭한 종이 되려고 노력하고 있었는데, 그것이 부질없다고 느꼈으며, 자신이 완전히 혼자라고 느꼈다고 말했다. 그는 혼자인 상태를 견딜 수 없었다. 환상 속에서 그는 전능한 신을 위한 전적으로 좋은 종이 되고

자 했다. 그는 갑자기 신에 의해 둘러싸였다고 느꼈고, 신과 특별한 관계를 갖게 되었다고 느꼈다.

우리는 그가 신에 대한 전적으로 좋은 그의 내적 이미지를 외부로 투사했다고 가정해 볼 수 있다. 그런 다음 그는 자신의 내적 대상표상과 특별한 관계를 발전시켰다. 이런 몰입은 다른 모든 관계를 배제하게 되어, 그가 관계하는 것이 내적 대상인지, 외적 대상인지 판단하기 위해 그가 사용할 수 있는 제3의 참조틀이 없었다.

그는 시내의 누추한 호텔방에서 고립된 상태로 지내며 종교적인 소논문을 썼는데 이를 배포하지는 않았다. 그가 방에서 나오는 때는 식사를 하거나, 번화한 길가 모퉁이에서 설교를 하거나 혹은 드물게 지역 정신건강센터에 방문할 때뿐이었다. 누군가 다른 의견을 제시할 때마다 그는 즉각 화를 내며 그 의견을 거부했다. 그는 외부에서 주어지는 정보를 받아들이지 않았다.

앞서 제시한 현실감 상실의 예시와는 달리, 이 환자는 자기 내면세계에서 자기와 대상 간의 구별을 유지하고 있었다. 그러나 그는 내부적인 대상과 외부적인 대상을 구분하지는 못했다. Federn(1952)과 Rinsley(1982)는 이것을 자아경계의 축소[3]라고 불렀는데, 이로 인해 내적 이미지가 자기의 경계선 외부에 위치하게 된다. P.C. 자신과 자신의 전능한 내적 대상에 지나치게 집요하게 집착하여 외부 대상과 정서적으로 의미 있는 관계를 스스로 박탈했다. 그는 제3의 요소에 관심을 두지 않았는데, 그것은 자기도 아니고 주요 대상도 아니었다. 오로지 P.C. 자신과 신만 있었을 뿐이었고, 이 밖에 어떤 것도 중요하지 않았다. 그래서 그는 정신병적 확신 속에 갇힌 채로 남아 있었다.

사람이 태어나면서부터 다른 사람의 의견을 고려하는 것은 아니지만

3) 제3장과 제4장에서 언급했듯이 Federn은 자아라는 용어를 사용하여 자기와 통합적 자아 기능 둘 다를 지칭했다.

그렇게 하는 것을 배워야 한다. 이렇게 하기 위해서 사람은 그들의 주된 자기와 대상 관계성에 대해, 언제든 필요할 때 이 관계성을 다시 불러 낼 수 있다고 확신하면서 일시적으로 이것을 놓을 수 있을 정도로 충분한 안정감을 획득해야 한다. 안정감을 느끼는 정도가 의구심을 갖는 것을 허용할 만큼 충분해야 한다는 것이다. 정신병적 확신으로 고통받는 사람은 그들 자신의 외부를 둘러보고 또 의구심을 가질 만큼 그들의 애착과 생각에 대해 충분히 확고하지 않다. 그렇다면 과도한 확신감과 현실감의 상실 둘 다 전능한 내적 대상과 융합되거나 이에 집착하려는 저변의 욕구를 공통적으로 갖고 있다고 볼 수 있다.

신체 이탈 경험

내가 이 책 전반에 걸쳐 강조해 온 것처럼, 현실에 대한 특이한 경험을 하는 사람은 정신병이 있는 사람만은 아니다. Gabbard와 Twemlow(1984)는 신체 이탈을 경험한 339명에 대해 기술했다. 이들 피험자는 대부분 약물이나 알코올을 사용하지 않는 심리학적으로 건강한 사람이었다. 이들 중 10퍼센트만이 죽음 직전의 경험을 한 적이 있었다. 많은 사람이 신체 이탈을 경험하던 때에 명상을 하고 있는 중이었다.

실제 세계에 대한 고도의 선명성과 생생함을 느끼면서, 피험자 모두 자기가 신체에서 분리된다고 느꼈다. 때때로 이들은 실제로 자신과 떨어진 곳에서 자신의 신체를 볼 수 있었다. Gabbard와 Twemlow가 묘사한 것과 유사한 신체 이탈 경험의 한 예에서, 한 남성은 명상하던 도중에 자기가 신체를 빠져 나와 신체 위로 떠다니는 것을 느꼈다고 했다. 방안의 모든 것은 이전과 완전히 똑같아 보였다. 평화로움과 명료한 느낌이 그에게 몰려왔다. 그는 자신이 온전하고 주변 세상과 조화를 이루고 있다고 느꼈다. 잠시 후 불안의 고통과 자신의 신체로 돌아가고 싶은 갈망이 안에서 일어났다. 그런 생각이 들자 바로 그렇게 되었다. 그는 자기와 신체의 합일체로 되돌아갔다.

신체이미지와 신체구도에 대한 Schilder(1935)의 연구와 Rinsley(1962)가 명료화시킨 Federn(1952)의 신체 자아(body ego) 개념에 대해 언급하면서, Gabbard와 Twemlow는 신체 이탈 경험(Out-of-Body Experience)에 대해 설명했다. 이들은 이들 피험자가 자기-대상 경계와 현실감을 유지하면서도, 자신의 신체 이미지에 대한 자아의 투여(집중, cathexis)를 놓았고, 그래서 자신의 외부에 있는 것으로 느꼈다고 시사했다. 이들은 많은 정신분석학자가 자기라는 단어를 사용하는 방식으로 자아라는 단어를 사용했다. 이들의 연구결과를 이 책에서 사용한 용어로 얼추 바꾸어 본다면, 이완된 정신상태에서 관찰자로서의 자아는 주요한 자기표상을 현재의 신체적 지각과 감각에서 분리시킨다고 말할 수 있다. 형체와 분명한 경계선을 가진 존재로서의 자기이미지는 유지된다. 그러나 이 이미지는 제3의 관점에서 바라본 물리적 덩어리를 가진 몸과 하나라는 자신에 대한 이미지에서 벗어나 있다. 다시 말해서 지각하고 있는 신체적 자기가 자기-대상 경계의 외부에서 경험되어 하나의 외적 대상으로 경험된다는 것이다. 관찰하는 자아가 이것, 저 밖에 있는 이 신체가 자기에 속한 것임을 깨달으면 그것은 이런 두 개의 자기이미지가 둘 다 자기-대상 경계 안에 있는 것으로 재통합할 수 있다.

신체 이탈을 경험하는 사람은 현실감을 느끼는데, 그것은 그들이 자기와 대상 간의 경계선을 온전히 유지하기 때문이다. 하지만 이런 경계선은 정상적으로는 자기-대상 경계 안에 있는 것으로 경험되기 마련인 지각된 신체-자기를 포함하지 않는다는 점에서 관습적이지 않다. 비록 이런 사람은 정신병이 있는 것은 아니지만, 이들은 외부 관찰자가 지각하는 것과 모순되는 확신을 갖고 있다. 왜냐하면 이들은 어떤 자기이미지, 즉 그들의 지각된 신체 이미지를 외부 대상 세계에 귀속시키기 때문이다.

신체 이탈을 경험하는 사람은 대개 견고한 자기-대상 경계선을 갖고 있고, 또한 자기 경계선을 영구적으로 상실하지 않고 일시적으로 바꿀 수 있을 만큼 안정적이다. 다양한 상황에 따라 자기를 구별하고 통합할 수 있는 능력은 질병이 아니라 건강의 신호인 것 같다. Gabbard와 Twemlow는 피험자가 무작위로 선발된 집단보다 평균적으로 더 정신적으로 건강하다는 것을 발견했다.

문화 속에서의 현실

Modell은 그의 저서 『대상 사랑과 현실(*Object Love and Reality*)』(1968)에서 어떻게 사회가, 아동이 현실 개념을 획득하는 것과 유사한 단계로 현실의 개념을 발전시켜 나가는지를 기술했다. 그는 " '현실' 이라는 개념과 '환경' 이라는 개념은 '주어진 것' 이 아니라 그 자체로 상당한 문화적 성취의 결과다." (p. 10)라는 진술로 논의를 시작했다.

물활론적인 문화권에서는 생물의 자질이 무생물에 부여된다. 폭포와 나무와 돌은 영혼을 갖고 있다. 이들은 주관적인 감정과 소망을 가지고 있으며, 행위를 시작할 수도 있다. 대상관계의 관점에서 보면, 이런 사고방식은 신봉자의 불분명한 자기-대상 경계와 그로 인해 자기 감정을 무생물에서 경험하는 경향에 의존한다.

물활론적인 사회에서는 대상 간의 경계선 또한 불분명하다. 이런 문화권의 주술 행위에서 조작된 상징은 대상을 표상하지 않는다. 오히려 이 상징은 바로 대상이다. 기우제 춤을 추는 동안 땅에 뿌려진 모래는 소나기를 상징하지 않는다. 그것은 호우를 일으킨다. 왜냐하면 어떤 하나의 행위는 다른 것의 행위와 같은 것으로 여겨지기 때문이다. 그들은 마치 똑

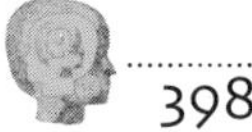

같은 것처럼 취급된다.

이런 종류의 마술적이고 물활론적인 사고방식은 어린 아동의 사고방식과 비슷하다. Modell(1968)은 Piaget의 연구를 인용하여 어떻게 아동에게서 "자기와 대상을 구별하고, 내부와 외부를 구별하고, 물리적 공간에서 분리된 대상을 지각하는 능력이 엄밀하게 결정된 생래적인 시간표에 따라 발달하는지"(p. 9)를 상세히 기술했다. 마술적 세계에서 일상적 현실의 세계로 최종적으로 전환하게 하는 것은 바로 이런 발달이다.

이런 발달의 한 부분이 중간 대상 관계의 창조다(Winnicott, 1953). Modell은 담요나 곰인형 같은 중간 대상은 "자기의 한 부분이 아니라 환경에 있는 '어떤 것' 이다. 하지만 이것에는 내사와 투사의 움직임으로 주체에 의해 창조된 어떤 자질이 부여된다."(p. 37) 아동은 욕구를 충족시키는 대상에 대한 자신의 내적 이미지를 담요에 투사하고, 그런 다음 그것으로 자신을 감싸고 그것을 재내사한다. 중간 대상은 자기도 아니고 대상도 아니면서 동시에 둘 다다.

Modell은 아동의 중간 대상 사용과 구석기시대 사람의 그림의 사용 간에 공통점을 발견했다. 동굴 벽화를 보면 이 초창기 사람은 욕구를 충족시키는 대상, 즉 사냥에서 잡기를 바라는 포획물을 만들고 있는 것 같이 보였다. 그들은 그림이라는 과정을 통해 자신의 내적 이미지를 벽에 투사하고, 그런 다음 증거가 보여 주듯이 마치 그림이 대상 그 자체인 것처럼 때로는 그림에 창을 던지면서 그림과 상호 작용했다. 이런 중간적 관계성은 좀 더 증가된 분리감을 드러낸다. 단순히 생각하거나 환각에 빠지는 것은 충분하지 않을 것이다. 사물에 대한 어떤 조작이 요구된다. 이런 증가된 분리감과 함께 전능감이 감소된다. 만약 우리가 대상이 아니라면, 우리는 그것을 자동적으로 통제할 수 없다. 현실검증이 시작된 것이다.

Modell과 다른 저자는 현실검증은 내부 세계와 외부 환경을 구별하는 능력이라고 지적했다. 서구 문화에서 주체와 대상 간의 구별을 최초로 받

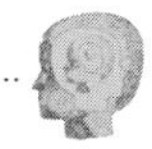

아들인 사람은 그리스인이었다. Modell은 이런 구별이 어떻게 과학적 사고의 근간이 되는지를 설명했다. Simon은 그의 연구 『고대 그리스의 정신과 광기(*Mind and Madness in Ancient Greece*)』(1978)에서 유사한 진술을 했다. '과학적 객관성' 이라는 우리의 문구는 단순히 우연하게 만들어진 것이 아니라는 것이다. 이것은 대상이나 사건을 우리 감정이나 욕구와는 별개로 보기 위해 그것에서 우리 자신을 떼어놓을 수 있을 정도로 우리 자신을 충분히 규정할 수 있는 능력을 암시한다. 우리가 객관적일 때 우리는 사물을 자기가 아닌 외부 대상으로 본다.

Modell은 또한 자기와 대상 간의 구별이 가능해지고 난 후 어떻게 서양 세계가 상상과 지각 간의 구별을 좀 더 세밀하게 해야 하는 과업에 직면하게 되었는지를 기술했다. 이것은 아동이 그들의 사고를 발달시키는 순서와 똑같다. 수많은 철학자가 유니콘과 같은 상상의 대상을 탁자와 같은 지각된 대상과 관련하여 어떻게 분류할지를 놓고 고심해 왔다. 대상관계 이론의 관점에서, 이것은 내적 대상과 외적 대상 간의 구별이다. 우리는 어떻게 사람과 같은 구체적 대상의 범주와 온도 같은 추상적인 범주 혹은 더 추상적인 개념인 아름다움이나 순수함 같은 것을 구별하는가? 이런 것이 주체와 대상간의 구별이 수용되고 난 후 고전 철학에서 제기될 수 있었던 문제 가운데 몇 가지다.

상대성과 현실

Modell의 이론으로부터 계속하여 우리는 상대성에 대한 감각이 개인적 수준과 문화적 수준에서 발달하는 양상에 대해 추정해 볼 수 있다. 아동은 청소년기의 상대적 사고를 위해 요구되는 추상화 능력을 발달시키기 전에 구체적 현실에 대한 상당히 경직된 감각을 먼저 획득해야 한다(Piaget,

1969). 문화적 수준에서는 Einstein이 어떤 원리에 따르면 질량과 에너지가 호환적이라는 그의 이론을 설명하기 전에, 질량과 운동량을 구별되는 실체로 보는 뉴턴식 개념이 먼저 잘 확립되는 것이 필요했다.

모든 사람이 물리학적인 의미 혹은 심지어 심리학적인 의미에서 상대성의 의미를 파악할 수 있는 것은 아니다. 새로운 상대성과의 부딪침으로 우리 문화는 곤경에 빠졌다. 많은 사람이 "결국 아무것도 중요하지 않다. 왜냐하면 모든 것은 상대적이기 때문이다."라는 반지성적이고 비도덕적인 선언 아래 모든 지식과 가치를 폄하하는 유혹에 굴복했다. 상대성에 대한 이런 극단적이고 애매한 개념은 그 저변에 확실성에 대한 갈망을 드러낸다. 비록 그것이 모든 것은 불확실하다는 확실성이라 해도 말이다. 지식을 전적으로 폄하하지 않으면서 지식의 불완전성을 수용하려고 시도하는 성숙한 과학자조차 확정적인 것을 얻고자 하는 추구를 포기하지 못한다. Einstein에 관한 그의 저서에서 Clark(1971)은 "우리는 현재 우리가 알고 있는 것보다 아주 조금 더 알게 될 것이다. 그러나 현상의 실제 본질은 우리가 결코 알 수 없을 것이다. 결코!"라고 말했다(p. 504). 이런 진술은 우리의 한계에 대해 성숙하고 잘 통합된 방식으로 수용하는 것을 보여 주지만, 여전히 우리가 알 수 없다는 확정된 지식을 전제하고 있다. 이 진술의 표현은 비록 그 본질은 우리가 알 수 없다고 주장하고 있지만, 어떤 구체적인 '현상의 실제 본질' 이 존재한다고 가정하고 있다.

아마도 우리가 진정으로 외부 대상에 대해 알 수 없다 하더라도, 우리가 확정적인 외부 대상이 없는 세상을 상상할 수 없도록 하는 것은 대상을 추구하는 우리의 본성 때문인지 모른다. 우리는 다양한 관점에서 현상을 고려하고, 우리 자신에게 세상은 끊임없이 변화하고 있고, 우리는 '똑같은 강에 절대 두 번 들어갈 수 없다.' 고 말할 수 있다. 그러나 우리는 우리 외부에 아무것도 없는 세상에 대한 시각을 유지할 수 없다. 우리는 그와의 관계 속에서 우리 자신을 규정할 수 있는 어떤 대상을 반드시 갖고

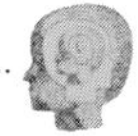

있어야 한다. 이것은 우리가 관계하고 분화하는 어머니나 어머니와 같은 존재 없이는 우리가 심리적으로 성장할 수 없는 것과 마찬가지다. 가장 예리한 통찰을 가진 철학조차도 우리 외부의 어떤 것을 전제한다. 개별성은 허상이며 인류의 목적은 보편성으로 돌아가는 것이라고 주장하는 신념체계는 대상과 관계하는 자기를 개념화하고 나서, 자기를 허상이라고 부르거나 혹은 유아론(solipsism)에서와 같이 자기에 대한 점점 더 광의적인 개념정의를 채택하여 자기와 대상 간의 구별을 '없애려는' 시도를 하지 않고는 이런 문제를 논의할 수 없다. 이런 철학은 그들의 논거를 제시하기 위해 그들이 존재하지 않는다고 말하는 내부-외부 구별에 대해 언급해야만 하는 것이다.

구별에 대한 감각을 유보하고, 변화하는 관점에서 우리 자신을 고려할 수 있는 능력은 유익하고 때로는 깨우침을 준다. 그러나 어머니와 아버지를 통해 발달하는 유아와 같이, 우리의 심리적이고 생물학적인 본성은 우리 개념화의 다양성을 제한한다. 마치 물리학의 상대성처럼 심리적 상대성은 특정 원칙에 의해 제한된다. 우리는 항상 자기와 대상과 자기도 아니고 주요 대상도 아닌 제3의 요소라는 관점에서 현상에 대해 생각할 수밖에 없다.

구체성으로의 회귀

우리의 복잡성과 무관하게, 현실에 대한 관습적인 감각에 의존할 수 있는 능력은 일상적인 기능에서 없어서는 안 될 능력이다. 이전에 정신병을 앓았던 한 환자가 이것을 자기와 대상과 물리적 세계라는 관점에서 설명했다.

T.H.는 자신이 몇 년 동안 외계에서 살았었다고 믿었다. 그는 '4차원'에 있었다는데, 그 이유는 어린 시절 경험한 극단적인 학대와 방임으로 인해 달리 할 수 없었기 때문이라고 그가 말했다. 현재 그는 회복 중이었다.

커피를 마시는 동안, 그의 대학 친구가 유아론의 도전을 제기했다. "현상이 단지 그렇게 보이는 이유는 네가 그렇다고 생각하기 때문이야. 그건 다 허상이야." 그러고 나서 그는 이 유아론을 기독교적 믿음과 결부시켜 이렇게 말했다. "그래서 너의 신앙만 충분하다면, 너는 어떤 일이든 할 수 있어."

그 다음 날 T.H.는 이 대화를 정신과 의사에게 보고했다. "내가 그 친구에게 뭐라 했는지 아세요? '나는 우리가 허상이 아니라는 것을 증명할 수는 없어. 하지만 우리가 허상이라고 생각하는 건 사는 데 그다지 도움이 안 돼. 만일 우리가 1.5미터 정도 서로 떨어져 서서 눈을 감고 '너는 허상이다. 너는 허상이다.' 라고 최대한 열심히 상상한다고 가정해 봐. 그러고 나서 우리가 서로를 향해 달려간다면, 어떤 일이 일어날까?" 그는 자신에게 꽤 만족한 듯 싱긋이 웃었다. "우리 코가 부딪치겠지, 안 그래?"

이 환자가 사실적으로 지적한 것처럼, 우리의 상상이 아무리 강력하다 해도 가장 기초적인 수준에서 기능하기 위해 우리는 대상과 구별되는 존재로서, 그리고 자기나 대상의 통제를 벗어난 가시적인 물리적 속성을 가진 존재로서 자기를 개념화하는 능력을 보유해야 한다.

이 장에서 나는 대상관계의 관점에서 현실감의 몇 가지 측면을 살펴보았다. 일상적인 사건에 대한 경험은 자기를 대상과 구별하지만, 그 대상과 관계를 유지할 것을 요구한다. 아울러 안정된 경험세계를 유지하기 위해서는 반드시 제3의 요소가 존재해야 하는데, 이것은 자기나 대상의 통제하에 있는 것이 아니다. 우리의 대상관계성의 성격에 따라 우리 경험의 다양성이 규정되고 제한된다. 우리는 심리적으로 융합되고 공생적인 합

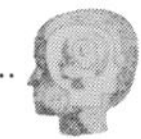

일체에서 분화되어 대상과의 관계에서 자기를 발달시키는데, 자기와 대상은 자기도 아니고 주된 사랑의 대상도 아닌 어떤 것과 대비될 수 있다. 그러므로 우리는 계속 이런 대조의 관점에서 사고해야 한다. 이렇게 하지 않는다는 것은 정신병의 심리적 융합과 자기-대상 경계의 혼동으로 되돌아가는 것이다.

제19장 대상관계이론의 발달

다른 사람과 마찬가지로 정신분석가도 충성심을 갖게 되고 집단역동의 부침(浮沈)에 영향을 받는다. 대상관계에 관한 연구는 성인도 계속해서 그들의 삶에서 중요한 사람을 내면화하고 동일시하며 그들과의 관계에서 씨름한다는 것을 보여 주었다. 이런 개인적인 관계는 인간사의 다른 영역에 영향을 미치는 것과 마찬가지로 과학적 사상에도 영향을 미친다.

이 장은 대상관계이론이 어떻게 발전해 왔는가에 대한 반쯤 역사적인 이야기로 구성되어 있다. 여기에 제시된 개념은 정신분석학 발달에 대한 학자의 논의와 유명한 사상가의 삶에 대한 저술 그리고 정신의학계에서 일어났던 여러 운동에 관련된 역사에서 나온 것이다. 그러나 내용의 대부분은 동료와의 비공식적인 논의에서 나온 것이다. 여기에 제시된 내용의 많은 부분은 확인해 볼 수 없지만 일부는 확인해 볼 수 있다.

Sigmund Freud

Freud(1905a)는 욕동과 목적과 대상이라는 개념을 정신분석에 도입했다. 초기 저술에서 그는 무의식에서 새롭게 발견한 성적 욕동과 공격적 욕동을 탐색하는 데 여전히 매료되어 있었다. 결국 그의 관심사는 애정과 미움의 힘을 넘어, 인간의 마음이 어떻게 구성되어 있는가의 주제로 옮겨갔다. 그때 그는 원초아와 자아 그리고 초자아의 구조이론에 초점을 두었다(Freud, 1923). 이후의 자아심리학자뿐만 아니라 정통적 혹은 고전적인 정신분석가로 지칭되는 Freud의 많은 추종자 또한 원초아의 내용(애정과 미움)에 대한 강조에서 구조이론(원초아, 자아, 초자아)으로 관심의 초점을 옮겼다. 그들은 Freud의 대상관계이론을 중시하지 않았고, 「토템과 터부(Totem and Toboo)」(Freud, 1913a)와 「문명 속의 불만(Civilization and Its Discontent)」(Freud, 1930)과 같은 논문에 기술된 대로 복잡한 인간관계를 추론하고자 하는 그의 시도도 강조하지 않았다.

Freud는 세 편의 논문, 즉 「애도와 멜랑콜리아(Mourning and Melancholia)」(1917), 「집단심리학과 자아의 분석(Group Psychology and the Analysis of Ego)」(1926), 「금지와 증상과 불안(Inhibitions, Symptoms, and Anxiety)」(1926)에서 이미 대상관계이론을 위한 초석을 놓았다. 이들 논문에서 Freud는 사람이 주변 사람을 내면화하고 동일시하는 방식을 탐색했다. 「애도와 멜랑콜리아」는 사람이 사랑하는 사람, 특히 그들이 상실했거나 곧 상실하게 될 사람을 어떻게 그들 내면에 받아들이고 동일시하는지를 묘사했다. 「집단심리학과 자아의 분석」은 사람이 어떻게 자기의 측면을 지도자에게 투사하고 그런 다음 지도자의 그 부분과 재동일시하는지를 기술했다. 집단기능에 대한 이런 분석은 궁극적으로 투사적 동일시에 대한 Klein(1946)의 설명에 영향을 주었다. 「금지와 증상과 불안」에서 Freud는 어머니에 대한 애착과 어머니의 상실에 대한 두려움이 인간 행동의 주요 결정요인으로서 성적 욕동과 공격적 욕동보다 더 중요하다는 점을 인식하는 데 근접했다.

Melanie Klein과 Anna Freud의 논쟁

Freud가 살아 있을 당시 Jung이나 Adler와 같은 중요한 정신분석가들은 Freud와 의견 차이를 보였다. Freud 사망 후 두 여성, 즉 Anna Freud와 Melanie Klein 간의 경쟁이 정신분석학계 내의 가장 격렬한 논쟁을 상징하고 주도하게 되었다. 이들 두 여성은 각각 자아심리학과 대상관계이론을 대표하게 되었다. 이들의 경쟁은 치열했다.

Melanie Klein은 비엔나에서 태어났다. 불행한 결혼생활을 하는 동안 그녀는 Sandor Ferenzi로부터 분석을 받았다(Grosskurth, 1986). 그는 Klein이 정신분석학 공부를 하고 특히 분석기법을 아동치료에 적용해 볼 것을 권유했다. 그 후 그녀는 베를린으로 이주했고, 그곳에서 Karl Abraham을 만났는데, 그는 그녀의 멘토며 보호자이자 분석가가 되었다(King, 1983). 1926년에 그녀는 런던에 정착했고, 곧 영국 정신분석협회에서 저명한 회원이 되었다.

이미 1920년대 후반에 아동을 이해하고 치료하는 방식에 대한 그들의 다른 관점을 두고 Klein과 Anna Freud의 경쟁은 시작되었다. 그들 간의 논쟁은 상당한 거리를 사이에 두고 일어났다. 다양한 비판적인 논문이 국제학회에서 발표되었지만 Freud는 비엔나에서, Klein은 런던에 머무르고 있었다.

영국 정신분석협회 내에서 상황은 순탄하게 돌아가지 않았다. 1930년대에 Klein의 딸인 Mellita Schmideberg는 자기 어머니의 비판자에게 동조하여 "그녀는 점차 Klein의 으뜸가는 적이 되어 어머니의 생각에 도전하고 과학자 모임에서 어머니를 공격했다." (King, 1983, p. 253) 1939년 히틀러가 오스트리아를 침공했을 때 Marie Bonaparte 공주는 Anna Freud와 그녀의 아버지와 36명의 다른 정신분석가가 런던에서 피신처를 찾도록 도와주었다. 그 결과 더 큰 사회적 힘이 두 명의 경쟁 상대가 같은 연구소의 회원이 되게끔 하는 상황을 만들었다.

유명한 아버지의 막내딸인 Anna Freud는 한 번도 결혼한 적이 없었다. 그녀의 아버지가 그녀를 분석했고, 그녀는 자기 능력으로 정신분석가가 되었다. 그녀는 아버지의 기법을 아동 분석에 적용하여 아버지의 업적을 확장시켰다. 런던으로 이주한 후, 그녀는 점차 영국 정신분석협회에서 Melanie Klein과 함께 저명한 위치를 차지하게 되었다.

전쟁기간 중 이 두 여성의 진영에 속했던 분석가 간의 논쟁은 "신랄해" 졌고 "…과학자 모임의 분위기는 점점 더 불편해졌다…." (King, 1983, p. 254) 표면상으로 논쟁은 초기 발달에서 미움과 공격성의 역할, 선천적 결정요인이 심리적 삶에 미치는 영향, 유아기 성적 갈등의 시점, 아동에게 전이를 해석하는 기법에 관한 것이었다. Susan Issacs, Joan Riviere, John Rickman은 Klein의 생각을 선호했다. 여러 사람 중 Edward Glover, Marjorie Brierley, Barbara Low는 Anna Freud의 입장에 동조하는 쪽이었다. Ella Sharpe와 D. W. Winnicott은 둘 다 Klein 학파의 일원이라고 말할 수 없음에도 불구하고, 그들의 사상이 Klein의 영향을 받았다는 점 때문에 비판을 받았다.

런던에서 훈련 받은 한 미국 정신분석가는 최근에 당시 대립에 대해 묘사했다. "그 두 여성은 같은 방에 함께 앉아 있을 수도 없었어요. Anna Freud가 회의장으로 들어왔는데, Melanie Klein이 말하고 있으면 그녀는 뒤돌아 나갔어요. 그들은 서로 미워했어요."

많은 회원은 이 두 사람의 대립에 대해 강한 감정을 가졌다. 한 저명한 회원인 Edward Glover는 이 문제와 다른 관련된 문제 때문에 협회에서

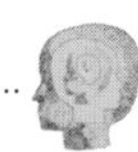

사퇴했다.

1945년 협회 회원은 Strachey의 주도하에 정신분석학을 논쟁과 성장의 여지가 있는 경험과학으로 간주했다. 의견 차이가 너무도 양극화되어 있었기 때문에 논쟁을 담아내기 위해서는 엄격한 구조가 필요했다. 새로운 회장이었던 Sylvia Payne은 협회가 두 개 과정의 강좌를 개발하도록 성공적으로 지원했다. 즉, A 과정의 강사는 모든 학파의 분석가로 구성되었고, Melanie Klein의 생각이 잘 가르쳐졌다. B 과정은 Anna Freud의 방식에 따르는 기법을 가르쳤다. 학생은 그들의 첫 번째 슈퍼바이저는 그들이 속해 있는 집단에서 택할 수 있었지만, 두 번째 슈퍼바이저는 중도적 집단(a middle group)에서 선택해야 했다. Klein과 Freud로 대표되는 두 집단은 모두 동일한 연수위원회의 감독을 받았고, 이 위원회는 두 '여성의 동의' 하에 선정된 양 진영의 회원으로 구성되었다(King, 1983, p. 256).

아동정신분석의 대모가 되고자 했던 Melanie Klein과 Anna Freud의 개인적 소망이 이 논쟁에서 얼마나 큰 역할을 했을까? 실질적인 과학적 주제가 얼마나 큰 역할을 했을까? 당시 런던에 매일같이 떨어졌던 폭격이 이 학문적인 협회의 동요에 기여했을까? Freud의 병과 죽음은 이런 투쟁에 어떤 역할을 했을까? 다른 논쟁, 예컨대 Jones와 Glover의 지도력에 대한 비판을 둘러싼 논쟁이 얼마나 Anna Freud와 Melanie Klein 경쟁으로 전치되었을까? 이런 투쟁은 정신분석학이 불확실한 시기 동안 나타난 투쟁-도피 기본가정이었는가? 이런 요인들과 다른 요인이 이 두 사람의 경쟁에 영향을 주었을 것이다.

영국 정신분석협회의 휴전으로 Klein과 Anna Freud 간의 논쟁이 끝나지는 않았다. 자아심리학과 대상관계이론은 1960년대 남미의 대상관계이론가가 미국에 유입되기 전까지 새로운 부분적인 재통합을 이루지 못했다. 남미 대상관계이론가의 이주는 남미의 국수주의적인 군부 통치자에 의한 표현의 자유에 대한 억압이 부분적인 원인이 되었다.

Fairbairn, Bion, Winnicott

스코틀랜드에 거주하던 Fairbairn(1954)은 Melanie Klein의 생각을 보완한 대상관계이론을 발전시켰다. 그는 에든버러에서 비교적 고립된 상태에서 작업을 했다. 그의 생각은 그의 학생이자 그에게 분석을 받았던 Harry Guntrip(1969)의 저서를 통해 가장 널리 알려지게 되었다. Guntrip은 후에 Winnicott에게도 분석을 받았다. Guntrip은 이 두 사람과의 분석을 서술한 내용을 출판했다(Guntrip, 1975).

Fairbairn은 Freud가 초기에 인간 행동의 동인으로서 욕동을 강조한 데서 벗어나 점차 대상을 찾고 다른 사람과 의미 있는 애착을 맺고자 하는 욕구에 초점을 두었다. 그는 분리된 자아의 개념을 발전시켰는데, 그가 제시한 자아는 리비도적 자아(libidinal ego), 반리비도적 자아(antilibidinal ego), 중심자아(central ego)로 구성되었다. 그에게 자아라는 단어는 많은 이론가가 이제 자기(self)라고 부르는 요소를 포함한다. 분리된 자아에 대한 생각은 좋은 대상관계 단위와 나쁜 대상관계 단위라는 개념으로 이어졌다.

동시대에 Wilfred Bion은 자신만의 독자적인 대상관계이론을 발전시켰다. 그는 제2차 세계대전 동안 그의 정신분석 배경을 이용하여 군인의 사기진작에 도움이 되는 집단기능에 대한 이론을 개발했다(Grotstein, 1981b). 전쟁이 끝난 후, 그는 Melanie Klein에게서 분석을 받으면서 정신분석 훈련을 계속 받았다. 이후 강조점을 집단에서 개인으로 옮기면서 그는 담아내는 것과 담기는 것의 은유적 개념을 정교화시키기 위해 투사적 동일시의 개념을 사용했다(Bion, 1962). 그는 런던의 타비스톡 클리닉과 영국 정신분석협회에 관여하며 생산적인 활동을 하면서 여러 해를 보냈고, 이후 로스엔젤레스로 가서 정착했다. 몇몇 분석가의 이야기에 따르면 몇 년 후, 로스엔젤레스 정신분석연구소도 영국협회의 갈등과 유사한 갈등을 겪었다 한다. 이

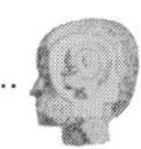

번에는 Bion의 생각이 논쟁에서 어떤 역할을 했을 수도 있었다.

Fairbairn이나 Bion과는 달리 Winnicott은 이론 수정에 대한 취향은 없었다. 정신분석가면서 소아과 의사였던 Winnicott은 어머니와 유아의 관계에 민감하게 조율하는 그의 능력을 활용하여 이만하면 괜찮은 양육(good enough mothering), 보듬어 주는 환경(holding environment), 중간 대상(transitional object)(Winnicott, 1953)의 개념을 발전시켰다. 이런 생각은 Klein과 Anna Freud의 이론 둘 다와 양립할 수 있었으며, 영국 대상관계이론가뿐만 아니라 미국의 자아심리학자에게도 잘 수용되었다. 약간의 신비주의적 성향과 현실적인 소아과 의사의 상식이 결합되어 수많은 독자의 상상력을 사로잡았다. 그의 저술은 궁극적으로 자아심리학과 대상관계이론을 잇는 하나의 가교 역할을 했다. 그것은 어떻게 통합된 자기가 발달하는지에 대해 Tolpin(1971)이 대상관계이론과 자아심리학과 자기심리학의 요소를 통합하는 데 있어 중요한 역할을 했다.

북미의 자아심리학

영국에서 이런 발전이 이루어지고 있는 동안 미국에서는 정신분석학이 번성했다. Anna Freud의 저작이 널리 받아들여졌다. Heinz Hartmann, Erinst Kris, Rudolf Loewenstein, David Rapaport는 복잡한 자아심리학을 정교화했는데, 이들의 연구는 Anna Freud가 「자아와 방어기제(The Ego and Its Mechanism of Defense)」(A. Freud, 1936)에서 기술했던 내용을 확장시켰다. 좀 더 엄격한 자아심리학자는 이제 미국에서 늙은 파수꾼이다. 그러나 1950년대에 그들은 무의식에 있는 근친상간의 충동을 해석하는 것에서 어떻게 자아(자기와 통합자 둘 다로서의 자아)가 발달하는지로 관심을 전환하는 길을 열었던 혁신주의자였다. 그들은 자아 성장을 촉진하는 기법을 고안했다. 또한 정신분석기법을 아동과 청소년 그리고 어느 정도는 정신병 환자에게 적용하는 것을 지원했다. 그들은 중립성의 엄격한 준수로부터 치료자와 환자 간의 관계에 좀 더 높은 관심을 기울이는 쪽으로 기법에 대한 강조의 초점을 옮겼다.

Hartmann(1950)은 자기로서의 자아와 조직하는 기능(organizer)-조직체(organization)로서의 자아를 구별하면서 이 영역의 이론을 한층 더 발전시켰다. Hartmann(1939)과 Rapaport(1967)는 내면세계(the inner world)의 개념을 정교화했다. Edith Jacobson(1964)은 애정의 대상을 내사하고 동일시하는 과정을 서술했다. 그리고 Eric Erikson(1950)은 아동기부터 전 생애에 걸쳐 이루어지는 정체성 혹은 자기됨(selfhood)의 발달에 초점을 두었다.

Mahler와 그녀의 동료(1976)는 뉴욕 지역에서 수행한 기념비적인 발달연구에서 그녀의 직접적인 관찰을 이해하기 위해 Hartmann과 Jacobson과 다른 이론가의 이론을 끌어들였다. 그녀는 또한 Winnicott의 연구에도 많이 의존했다. 심정적으로 자아심리학자였던 그녀는 자신의 결론과 아동발달에 대한 Klein의 생각과의 유사성을 강조하지 않았다. 하지만 이 둘 간의 유사성은 놀라울 정도다. 다만 Klein이 제시한 발달단계가 생후 몇 개월에 집중되어 있고, 또 Klein은 자폐적 단계를 인정하지 않는다는 점이 예외일 따름이다. Mahler는 자신의 관찰결과와 Klein 이론 간의 유사성을 최소화했고, 자신의 관찰이 Piaget(1937)와 Spitz(1965)의 관찰과 일치하는 부분을 강조했다.

정신의학의 대인관계 학파

미국에서 자아심리학이 발달하는 것과 동시에 Harry Stack Sullivan과

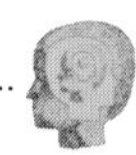

Frieda Fromm-Reichmann은 영향력 있는 인물이 되었다. Sullivan(1953)은 물리학에서 채용한 대인관계의 장(an interpersonal field)이라는 개념을 정교화했다. 그는 그 누구도 어떤 주체의 대인관계의 장에 관여하지 않고서는 인간 행동을 관찰하거나 변화시킬 수 없다는 점을 깨달았다. 이런 생각은 가설적인 구성개념이면서 현실적으로는 불가능인 엄격한 치료적 중립성의 개념에서 많은 심리치료가가 자유로워지도록 해 주었다. 특히 정신병 환자 치료에서 중립성에 대한 모든 환상은 사라진다. 치료자는 환자와의 관계에서 반드시 자신을 실재하는 사람으로 고려해야 한다. 환자와 치료자 둘 다 대인관계의 장에서 움직이는 개체다.

Fromm-Reichmann은 정신분열증 환자를 위한 Sullivan의 작업으로부터 깊은 영향을 받았다. 그녀는 메릴랜드에 있는 체스넛 로지(Chestnut Lodge) 병원 부지에 그녀를 위해 지어진 방 두 칸이 딸린 하얀 별채에 살게 되었다. 병원에서부터 그녀의 집에 있는 사무실까지 걸어 왔던 환자는 그녀의 따뜻함과 활력 그리고 배려를 경험했다. 심각한 장애가 있는 환자를 이해하려는 그녀의 사적이고 실제적인 접근은 그녀를 알고 있던 수많은 치료자뿐 아니라 그녀의 가장 중요한 저작인 『집중적인 심리치료의 원리(*Principles of Intensive Psychotherapy*)』(1950)를 읽었던 더욱 많은 치료자에게 영향을 미쳤다. 한 환자가 Fromm-Reichmann이 어떻게 자신이 정신병을 극복하도록 도와주었는지를 기술한 저서인 『나는 당신에게 장미 화원을 약속한 적이 없어요(*I Never Promised You a Rose Garden*)』(Green, 1964)도 비슷한 영향력을 행사했다.

자아심리학과 정신의학의 대인관계 학파는 미국에서 공존했다. 영향력이 컸던 이 두 학파는 궁극적으로 대상관계이론이 미국에 소개될 수 있는 기름진 토양을 만들어 주었다.

남미의 대상관계이론

1950년대와 1960년대에 남미에서는 문화의 르네상스가 시작되었는데, 대부분의 북미인은 이런 움직임에 대해 1960년대 후반과 1970년대 초반까지 인식하지 못하고 있었다. 이 시기에 여러 탁월한 작가와 화가 및 작곡가 가운데 Jorge Luis Borges, Pablo Neruda, Gabriel Garcia Marquez가 세계적인 명성을 얻게 되었다. 더욱이 새롭고 창조적인 정신분석학파도 번성했다.

아르헨티나인인 Angel Garma는 Klein에게 분석을 받았으며, 그녀의 아이디어를 남미에 소개했던 사람 중 한 사람이었다(Morales, 1985). 역전이를 연구한 Racker(1957), 투사적 동일시의 이해에 중요한 기여를 한 Grinberg(1965), 후에 미국에서 저명한 가족치료자가 된 Salvador Minuchin(1974)은 모두 아르헨티나의 정신분석 공동체에서 배출된 사람들이다. 칠레에서는 Matte Blanco(1981)가 Bion의 아이디어를 수학 논리의 원리와 접목시켰다. Otto Kernberg와 그의 두 번째 분석가였던 Ramon Ganzarain의 뿌리 또한 칠레였다. 중미와 남미에 걸쳐 있는 많은 나라에서 덜 알려졌기는 했으나 영향력을 가진 많은 정신분석가가 대상관계이론에 관심을 보였다.

북미 분석가와는 달리 남미의 많은 분석가는 공공연히 그들의 가르침을 진보적인 정치적 사상과 결부시켰다. 사고와 표현의 자유는 정신분석적 기법과 과학적 논의의 초석인데, 남미에서 이에 대한 억압은 많은 정신분석가가 미국으로 이주하는 데 기여했다. 이주한 분석가 중 일부는 생명의 위협을 받았고 영원히 그들의 본국으로 돌아갈 수 없었다.

Kernberg

Otto Kernberg는 칠레를 떠나 캔자스 주의 토피카로 이주했고 거기에서 메닝거 재단의 교수진에 합류했다. 그는 미국의 자아심리학과 영국의 대상관계이론을 접목시키는 작업에 착수했다. 그는 아동이 어떻게 자기 경험을 내면화하고 분화하며 통합하는지에 대한 Jacobson(1964)의 이해에 의존했다. 그는 이런 통찰을 Klein(1946)의 분열과 투사적 동일시 개념과 연결시켜 경계선적 성격장애(Kernberg, 1975)에 대한 새로운 이해로 발전시켰다. 이후 발달단계에 대한 그의 예견은 또 다른 자아심리학자인 Mahler의 예견과 거의 정확하게 일치하는 것으로 나타났다. Klein과 마찬가지로 Kernberg는 발달 단계를 생후 첫해쯤으로 압축시켰다. Mahler의 자료가 잘 확립되었을 때, 그는 이론보다 관찰 자료에 우위를 두어 발달단계에 대한 그의 시간 틀을 Mahler의 것에 맞추어 수정했다(Kernberg, 1980).

Kernberg는 자신의 연구를 모든 점에서 자아심리학자의 연구, 특히 Hartmann과 Jacobson 연구와의 관련성을 세심하게 추적했다. 그는 또한 자신의 생각과 Klein의 생각 간의 많은 차이점을 상세하게 서술한 논문을 작성했다(Kernberg, 1969). 다른 자아심리학자와 마찬가지로 그는 Klein 이론에서 다음 측면을 거부했다. 그 측면은 (1) 생래적인 죽음 본능의 개념, (2) 성교에 대한 선천적인 지식의 개념, (3) 환경적으로 결정되는 발달과 상반되는 생래적인 발달에 대한 지나친 강조, (4) 심리적 발달을 생후 초기 몇 개월로 압축한 부분, (5) 정상적인 발달과 병리적인 발달에 대한 구분의 결여, (6) 부정확하고 특이한 용어다.

Kernberg는 다음 영역에서는 Klein 이론에 대체로 동의한다고 인정했다. 그 영역은 (1) 정상적이고 병리적인 발달에서 초기 대상관계의 강조, (2) 분열과 투사적 동일시 개념, (3) 초기 발달에서 공격성이 가진 중요성의 부각, (4) 정체성과 가치의 전조에 대한 인식, (5) 성기 이전 단계와 초기 성기단계에서의 갈등 간의 연속성에 대한 인식이다.

기법과 관련해서 그는 Klein의 긍정적인 기여로, 정신분석을 아동에게 적용한 것, 분열과 투사적 동일시의 해석, 치료에 대한 부정적 반응을 초래하는 시기심에 대한 이해를 포함시켰다.

그는 그의 논문에 「Klein 학파에 대한 자아심리학적 비평(A Contribution to the Ego Psychological Critique of the Kleinian School)」(1969)이라는 제목을 붙였으며 자아심리학자 진영에 자신을 소속시켰다. 이런 비평을 씀으로써 그는 동료들과 소원해지지 않으면서 Klein의 좀 더 유용한 개념들 가운데 많은 것을 다시 소개할 수 있었다. Kernberg(1980)는 또한 Bion의 아이디어와 일반체계이론을 활용하여 정신의학 행정에 대한 이론도 개발했다. 지도자의 성격이 조직에 영향을 미치는 방식에 대한 이 이론과 조직 내의 퇴행적인 압력이 어떻게 지도자에게 영향을 미치는지에 대한 이론은 대상관계이론을 좀 더 폭넓고 좀 더 현대적인 과학적 사고와 부합되는 방향으로 발전시키는 데 도움이 되었다.

정신분석학을 심리내적 현상을 순수하게 관찰하려는 시도에서 대인관계에 대한 연구를 포함시키는 것으로 전환하는 작업을 지속하는 것이 Kernberg의 목적이었던 것 같다. 대조적인 관점을 창조적으로 결합시키는 능력은 그가 기여한 부분이 갖는 독특함이었다. 그의 노력의 결과 대상관계이론의 영국-남미 학파와 자아심리학의 영국-북미 학파 간에 최소한 부분적인 화해가 이루어졌다.[1)]

1) Milton Klein과 Tribich(1981)은 Kernberg의 통합 노력이 실패했다는 주장을 분명히 한다. 그들은 "자신의 재구성이 대상관계이론과 Freud 이론 둘 다와 양립 가능하고 동일한 형태라는 Kernberg의 주장은 부정확하다."(p. 27)라고 주장한다. Klein과 Tribich와는 달리 나는 Freud의 아이디어와 자아심리학, 대상관계이론의 중요한 부분을 결합시키려는 Kernberg의 노력은 대체로 성공적이었다고 믿는다.

통합을 위한 다른 노력

Kernberg가 최근 들어 이론 간 통합을 위해 노력한 유일한 정신분석가는 아니었다. Harold Searles는 체스넛 로지 병원에서 정신분열증 환자를 치료하면서 경험한 역전이를 솔직하게 기술한 것으로 잘 알려져 있다. 폭넓은 사상가며 실용적인 임상가였던 그는 자아심리학자와 대상관계학파로부터 유용한 것을 채용했고(Searles, 1961), 특히 Bion과 Rosenfelt가 기여한 부분을 받아들였다(Searles, 1963; Kernberg, 1969).

통합을 위한 또 다른 노력으로, Rinsley(1982)는 Federn의 이론과 Fairbairn의 이론에 대해 논의했다. Adler(1985)는 자아심리학 요소를 Kohut의 자기심리학과 결합시켰다. Grotstein(1987)은 자아심리학과 Bion의 대상관계이론, 자기애에 대한 Kohut의 연구를 한데 엮어 뇌기능에 대한 유용한 추론과 결합시켰다. 체스넛 로지 병원의 McGlashan(1982)은 신경생리학의 기여와 정신의학의 대인관계학파 및 대상관계이론을 활용하여 정신분열증 환자가 보이는 유사우울증(pseudodepression)에 대해 연구했다. Gunderson(1982)은 경계선 성격장애의 진단기준을 정교화하기 위해 경험적 연구를 적용했다.

이런 통합 노력과 또 다른 통합 노력은 파당 간의 논쟁과 탈이론적 절충주의라는 비생산적인 대안에 대한 창조적 반작용의 일부다. 심리학과 정신의학의 통합적인 학파가 그 기반을 넓혀 갔다.

Kernberg와 Kohut의 논쟁

사고의 변증법은 이런 새로운 통합과 함께 멈추지 않았다. 심리학적 이론들을 분화시키고 통합하려는 더 많은 노력이 이어지고 있다.

Kernberg의 생각이 알려지게 되자 그것은 Kohut의 생각에 견주어 비교되었다. 정신건강 전문가는 이 두 사람의 생각을 비교하고 대비했다. Kernberg와 Kohut은 상대의 이론을 적극적으로 비판했다.

Kohut은 시카고에서 자기애적 성격장애를 연구했고, Kernberg는 토피카와 이후 뉴욕에서 경계선 성격장애를 연구했다. Kohut은 자기에 대한 과장된 사고에 빠져 있는 환자는 자기-고갈의 느낌으로 고통받는다는 것을 알았다. 그들은 자기의 중요성을 과장되게 주장함으로써 이런 느낌을 바꾸려는 시도를 계속했다. 분석과정에서 그들은 흔히 분석가를 대단한 사람으로 보고자 하는 욕구를 갖고 있었다. 그는 이런 경향성을 이상화 전이라고 불렀다(Kohut, 1971). 그는 또한 이런 환자는 이런 이상화 전이를 오랫동안 유지할 필요가 있음을 발견했다. 그는 분석가가 환자의 적개심을 직면함으로써 분석가에 대한 이런 숭배를 방해해서는 안 되며 특별한 관계를 필요로 하는 환자의 욕구를 공감해 줄 필요가 있다고 했다.

Kohut과 달리 Kernberg(1975)는 분석가를 이상화하는 것은 그 기저에 있는 시기심과 평가 절하를 얕게 위장한 것이라고 생각했다. 그는 부정적인 전이에 대한 체계적인 직면을 강조했다. 만약 분석가가 이런 이상화를 받아들이면, 그것은 치료자가 타락했고 신뢰할 수 없는 사람이라는 표현되지 않은 환자의 신념을 확인하는 결과가 될 뿐이다.

치료자 간의 비공식적인 논의에서 공감과 직면에 대한 논쟁은 양극화되었다. 예를 들어 토피카에서 온 소수의 정신과 의사가 시카고에서 개최된 학술회의에 함께 참가했다. 학술모임이 끝난 뒤 그들은 시카고에서 일하는 두 명의 정신과 의사와 한 명의 임상심리학자와 함께 저녁을 먹게 되었다. 크고 둥근 식탁에서 대화는 빨리 진행되었다. 치료자들은 자기애적 성격장애 환자를 몇 개월 동안 공감했을 때 성과가 좋았던 예와 좋지 않았던 예를 주고받았다. 성공적인 직면과 실패한 직면에 대해서도 언급했다. 직면을 선

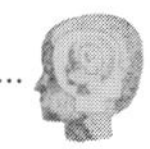

호한 치료자는 그들 자신의 직면적인 성격 양식 때문에 그들이 환자에게서 지각했던 분노를 만들어 냈다고 여겨질 위험에 처했다. 장기간 지속되는 공감을 선호하는 치료자는 그들 자신의 공격성을 잘 받아들이지 못해서 환자 안에 있는 공격성을 부정해야 하는 사람으로 의심받았다.[2] 이런 논쟁은 뉴욕의 발도로프-아스토리아 호텔에서 열렸던 미국정신분석학회 동계모임에서 이루어진 대화와 유사했다. 조만간 이런 논쟁이 해소될 전망은 거의 없다. 이런 논쟁 분야에서 더 많은 진전을 이루기 위해서는 추가적인 임상적인 관찰과 아동발달 연구가 필요할 것이다.

Kohut-Kernberg 논쟁에 기여한 요인이 성격과 지리와 충성심만은 아니다. 기법에 대한 이런 논쟁 이면에는 주요한 이론적 차이점이 있다. Kohut(1971)은 공격성이 초기 발달에서 중요한 역할을 한다는 것을 부정했다. 그는 아동은 주로 부모의 공감적인 반응을 필요로 한다고 했다. 변형적 내면화[3] 과정을 통해 아동은 이런 공감을 건강한 자존감과 자기 스스로를 위로할 수 있는 능력의 형태로 자신의 일부로 만든다고 했다. 그리고 건강한 자존감과 자기위로 능력은 응집된 자기에 대한 감각의 발달을 가져온다고 했다. 그는 자기애적 장애는 부모의 공감 실패에서 비롯된다고 주장했다. 이 장애는 일종의 정서적인 결핍증이라는 것이다. 이런 개념화에 따르면 자기애적인 사람에게 흔히 나타나는 평가 절하와 격한 분노는 부모와 이후 치료자의 공감적 실패에서 비롯된다.

Kernberg(1975)는 아동 자신의 조절되지 않은 공격성이 자기애적 장애의 발달에 주요한 역할을 한다고 강조한다. 기질적이거나 환경적으로 촉발된 과도한 공격성 때문에 긍정적인 대상관계를 내사하고 통합할 수 있는 능

---

2) Adler(1986)는 Kernberg-Kohut 논쟁과 관련하여 이론과 기법과 치료자 성격 간의 상호작용에 대해 논의했다.

3) Kohut의 생각이 대상관계이론이 되도록 하는 것은 발달에서 관계의 측면을 내면화하는 것을 이렇게 강조하기 때문이다.

력이 결여될 수 있다. 적개심이 부모에게 투사되어 부모는 실제보다 훨씬 덜 관여하고 덜 주는 사람으로 경험된다. 이런 투사 때문에 아동은 내면화할 그 어떤 좋은 대상도 볼 수 없다. 내면에 좋은 내적 대상이 비어 있다고 느끼면서 자기애적 성격장애자는 자신보다 더 운이 좋다고 여겨지는 사람들을 시기하고 평가 절하한다. 그들의 이상화는 이런 파괴적인 평가 절하를 숨기거나 완화시키기 위한 방어적 시도다. 이면의 극심한 분노와 시기심은 이상화가 무너지면 드러난다. 과대성은 자기가 고갈되어 있다는 느낌에 대한 유사한 방어다.

자기애적 장애의 심리적 원인론에 대한 이런 논쟁은 인간의 공격성의 본질에 대한 수백 년 된 격론과 관련이 있다. 인간은 생래적으로 사랑하는 존재인가? 적개심은 단순히 정당한 욕구를 만족시키려는 더 강력해진 시도일 뿐인가? 악의성은 사랑하는 이들을 보호하려는 노력인가? 전쟁과 원자핵으로 인한 파멸의 위협이라는 형태로 표현되는 인간의 파괴성은 공격적 욕동, 어쩌면 자기주도적인 죽음 본능의 증거인가? 어쩌면 미움과 전쟁은 인류의 본성의 결함이나 원죄, 산업화된 사회 또는 자본주의적인 사회구조나 전체주의의 억압으로 야기된 경제적 불평등에서 초래되는지 모른다. 인간 동기에 대한 이런 기본적인 질문은 분명히 성격발달에서 공격성의 역할에 대한 논쟁에 기여하고 있다. 이 영역에서 진전이 이루어지려면 더 많은 통합적인 노력이 필요하다.

가족치료와 대상관계이론

논쟁과 통합을 위한 노력이 시작되고 있는 또 다른 영역은 가족치료와 대상관계이론의 화해에서 찾을 수 있다(Slipp, 1984). 이 두 연구 분야는 모두 일반체계이론과 느슨하게 연결되어 있다(Minuchin, 1974; Kernberg, 1980;

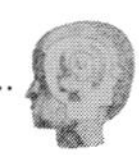

Minuchin & Fishman, 1981). 두 분야 모두 내적-외적 경계와 자원의 경계 간 이동에 관심을 둔다. 앞서 언급했듯이 분열과 경계의 모호함은 개인에게서뿐 아니라 가족 내에서도 찾아볼 수 있다.

가족 연구와 인간 문제에 대한 정신분석적 대상관계 접근 간의 연관성을 체계적으로 논의하려는 노력은 이제 겨우 시작단계에 있지만, 그 연관성에 대해 몇 가지 추정을 해 볼 수 있다. 대상관계의 관점에서 보면, 가족치료는 외부 대상세계에서 경계를 변화시킴으로써 개인의 증상을 경감시키려고 시도한다. 가족의 현재 기능에 대한 책임이 누구에게 있는지를 명료화하고 변화시킨다. 누가 누구로부터 어떤 정보를 받는지를 탐색하고 변화시킨다. 정보의 교환, 즉 의사소통은 생각과 환상과 감정이 한 사람에게서 다른 사람에게로 전해진다는 점에서 경계와 연관된 현상이다. 가족체계에서 외적인 변화는 경계를 탐색하고 변화시키는 작업의 결과인데, 이런 변화는 투사와 내사의 과정을 거쳐 각 가족구성원의 내적인 대상관계에 영향을 줄 수 있다. 개인치료는 전이와 치료자와의 개인적 관계를 논의하고 변화시킴으로써 환자의 내적 대상관계를 바꾼다. 가족치료는 가족구조를 논의하고 바꿈으로써 내적인 관계를 변화시킨다.

이 두 탐구 분야는 모두 일반체계이론 내에 속하고 기법과 이론이 중첩된다. 하지만 대상관계이론과 가족치료 간의 통합은 아직 초보적인 수준에 머물고 있다. 이것은 미래의 과제다.

실질적인 과학적 주제 이외에 몇 가지 요인이 이 영역에서의 진전을 저해하고 있다. 모든 집단과 마찬가지로 전문가 조직도 다른 집단에 대비하여 그들 자신을 규정하는 것이 필요하다. 환자를 끌어들이려는 경제적인 측면에서의 경쟁과 명성을 쟁취하기 위한 사회적 노력 또한 불화를 가열시키는 데 강력한 역할을 하고 있다. 과학적이고 임상적인 주제에 더하여 이런 요인들은 계속해서 인간을 이해하려는 대인관계적 접근과 개인내적 접근 간의 화해를 저해할 것이다.

최면과 대상관계이론

최면과 대상관계이론은 통합 노력이 이루어질 준비가 되어 있는 또 다른 영역이다.

정신분석은 원래 최면기법에서 발전했다. 최면과 암시에 대한 Charcot와 Janet의 생각은 Freud의 초기 연구에 영향을 미쳤다(Jones, 1953; Ellenberger, 1970). Freud는 최면에서 관심을 돌려 자유연상 기법을 발견했다(Breuer & Freud, 1895). 그와 다른 정신분석가는 최면의 사용을 삼가게 되었고, 이것이 저항을 우회하여 결과적으로 저항의 변화가 일어나지 않도록 고안된 기법이라고 불렀다.

최면은 계속해서 역동적인 내적 세계를 설득력 있게 보여 주고 있으며, 기존의 정신분석조직체 외부에서 이에 대한 유익한 연구가 지속되어 왔다. Erickson(1935)은 이차적 은유적 질병(a second metaphoric illness)을 치료함으로써 그가 어떻게 신경증을 고칠 수 있었는지를 보여 주었다. 신경증적인 갈등이 있던 환자에게 최면을 실시했고 첫 번째 갈등을 상징화한 두 번째 갈등을 암시했다. 일단 새로운 증상이 형성되면, 그것에 대한 치료가 이루어졌다. 치료가 전개되면서 증상은 은유적인 장애와 원래의 장애에서 모두 해소되었다. 이런 상징적 표상과 은유적인 의사소통은 어쩌면 내적 자기표상과 대상표상 그리고 병렬적 과정을 통해 이 표상에게 영향을 주는 관점에서 이해할 수 있을지 모른다.

다중인격을 탐색하기 위해 최면을 사용하는 것에 대한 최근의 관심은 아직 완전히 탐구되지는 않았지만, 대상관계이론과 분명한 유사성을 갖고 있다. 이런 드문 사례는 서로의 존재를 의식적으로 자각하지 못하는, 구별되어 있고 부분적으로 통합된 성격을 보여 준다. 이런 어느 정도 서로 다른 성격은 그 전체 개인을 위해 다양한 기능을 수행할 수 있다. 한 성격은 관찰하

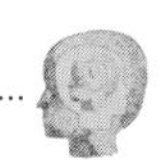

는 자아와 유사한 '집행자' 일 수 있다. 또 다른 성격은 '어린애같이 철없는 자기' 가 될 수 있고, 또 다른 성격은 '훈육자' 가 될 수 있다. 각각의 성격은 좋은 자기와 나쁜 자기가 어느 정도 부분적으로는 통합되어 있고 대상에서 다소 분화되어 있다. 이 장애는 자기를 대상에서 분화하기보다 자기를 자기로부터 과도하게 분화한 것이라고 이해할 수 있을까? 자기와 자기를 통합하는 데 실패한 것으로 이해할 수 있을까? Hilgard (1977)와 Beahrs(1982)가 시사했듯이 모든 사람은 어느 정도 다르고 분리된 채 지속되는 경험을 하고 있는 다수의 부분-자기를 갖고 있는가? 좀 더 복잡한 다중인격에서 통합에 실패하는 이런 흥미로운 현상의 원인은 무엇이며, 경계선 성격이 아닌 다중인격이 형성되는 원인은 무엇인가? 최면을 활용한 탐구와 대상관계이론이 만나는 지점에서 제기될 수 있는 이런 질문과 다른 질문에 대한 집중적인 논의는 아직 이루어지지 않고 있다.

Baker(1981)는 최면작업의 또 다른 영역에서 대상관계이론을 공공연히 활용한 사람이다. 그는 최면술사가 정신병 환자가 내면세계와 외부세계, 자기-자각과 대상-자각 사이를 점진적인 단계로 넘나들도록 안내하기 위해 암시를 사용하는 데 있어 어떻게 대상관계이론에 대한 이해에서 도움을 얻을 수 있는지를 설명했다. 이 과정의 일부로 최면술사는 환자가 자신과 좋은 공생관계를 형성하도록 암시하며, 그 후 분화를 향한 단계를 점차적으로 암시했다. 이런 연습은 환자가 자기파편화와 대상의 파편화 혹은 융합을 극복하고 좀 더 통합된 경험을 하도록 지원할 수 있다. Baker의 연구는 이전까지는 최면으로 변화시킬 수 없거나 심지어 악화된다고 여겨졌던 장애를 치료하는 데 최면을 적용할 수 있다는 가능성을 보여 준다. 그는 최면 이론과 실제와 대상관계이론의 통합을 이미 시작했다.

⁂

이 장에서는 Freud에서 현대 이론가와 임상가에 이르기까지 대상관계이론이 어떻게 발전해 왔는지를 기술했다. 자아심리학자와 대상관계이론가 사이의 논쟁은 영국에서 시작되어 미국으로까지 이어졌다. 남미 분석가들이 북미로 유입되면서 대상관계이론과 자아심리학 간 통합의 새로운 가능성이 전개되었다.

이제 새로운 연구 영역에서 대상관계이론과 비교하고 통합하는 작업이 이루어질 수 있는 여건이 마련되었다. 진전을 위해서는 용어를 명료화하고 통일하는 작업이 함께 이루어져야 한다. 대상관계이론에 새로운 내용을 추가하고 이론을 수정하는 노력은 환자를 이해하고 환자 자신과 다른 사람들과의 관계에서 환자를 도울 수 있는 치료자의 능력을 증진할 것이다.

Freud는 1919년에 "우리는 결코 우리의 지식과 능력이 완전하고 완결되었다고 자만해 본 적이 없다. 우리는 이전에 그랬던 것처럼 지금도 우리의 이해가 불완전함을 인정하고, 새로운 것을 배우며, 우리의 방법을 개선할 수 있다면 어떤 식으로든 방법을 수정할 준비가 되어 있다." (p. 159)라고 말했다. Freud의 이 말은 그 당시나 현재의 정신분석에 대해 사실을 말해 준다.

참고문헌

Adams, F. (1929). *Genuine Works of Hippocrates,* vols. 1 and 2. New York: William Wood.

Adler, G. (1977). Hospital management of borderline patients and its relation to psychotherapy. In *Borderline Personality Disorders: The Concept, the Syndrome, the Patient,* ed. P. Hartocollis, pp. 307-323. New York: International University Press.

Adler, G. (1984). The treatment of narcissistic and borderline personality disorder. Paper presented at the Oregon Psychiatric Association Meeting, Kah-Nee-Ta, April 1984.

Adler, G. (1985). *Borderline Psychopathology and Its Treatment.* New York: Jason Aronson.

Adler, G. (1986). Psychotherapy of the narcissistic personality disorder patent: two contrasting approaches. *American Journal of Psychiatry* 143:430-436.

American Psychiatric Association (1980). *Diagnostic and Statistical Manual of Mental Disorders,* Third Edition. Washington, D.C.: American Psychiatric Press.

Appelbaum, A. H. (1979). Personal communication.

Baker, E. L. (1981). A hypnotherapeutic approach to enhance object relatedness in psychotic patients. *International Journal of Clinical and Experimental Hypnosis* 29:136-147.

Bateson, G., Jackson, D. D., Haley, J., and Weakland, J. (1956). Toward a theory of schizophrenia. *Behavioral Science* 1:251-264.

Beahrs, J. O. (1982). *Unity and Multiplicity: Multilevel Consciousness of Self in Hypnosis, Psychiatric Disorder, and Mental Health*. New York: Brunner/Mazel.

Bell, S. J. (1970). The development of the concept of object as related to mother-infant attachment. *Child Development* 41:291-311.

Bellak, L. (1979). Schizophrenia syndrome related to minimal brain dysfunction: a possible neurologic subgroup. *Schizophrenia Bulletin* 5:480-489.

Bertalanffy, L. von (1950). An outline of general systems theory. *British Journal for the Philosophy of Science* 1:134-163.

Bettelheim, B. (1977). *The Uses of Enchantment: The Meaning and Importance of Fairy Tales*. New York: Knopf.

Bion, W. R. (1956). Development of schizophrenic thought. In *Second Thoughts: Selected Papers on Psychoanalysis*. New York: Jason Aronson, 1967.

Bion, W. R. (1957). Differentiation of the psychotic from the non-psychotic personalities. *International Journal of Psycho-Analysis* 38:266-275.

Bion, W. R. (1959). Attacks on linking. *International Journal of Psycho-Analysis* 40:308-315.

Bion, W. R. (1961). *Experiences in Groups*. London: Tavistock.

Bion, W. R. (1961). *Learning from Experience*. London: Heinemann.

Blanck, G., and Blanck, R. (1974). *Ego Psychology: Theory and Practice*. New York: Columbia University Press.

Blanck, G., and Blanck, R. (1979). *Ego Psychology II: Psychoanalytic Developmental Psychology*. New York: Columbia University Press.

Boesky, D. (1983). The problem of mental representation in self and object theory. *Psychoanalytic Quarterly* 52:564-583.

Boverman, H. (1983). Personal communication.

Bowen, M. (1960) A family concept of schizophrenia. In *The Etiology of*

Schizophrenia, ed. D. D. Jackson, pp. 346-372. New York: Basic Books.

Bower, T. G. R. (1965). The determinants of perceptual unity in infancy. *Psychonomic Science* 3:323-324.

Bowlby, J. (1969). *Attachment and Loss,* vol. 1: *Attachment.* New York: Basic Books.

Bowlby, J. (1973). *Attachment and Loss,* vol. 2: *Separation: Anxiety and Anger,* New York: Basic Books.

Brazelton, T. B. (1969). *Infants and Mothers: Differences in Development.* New York: Delacorte.

Brazelton, T. B. (1975). Early infant-mother reciprocity. *Ciba Symposium.*

Brende, J. O. (1983). A psychodynamic view of character pathology in Vietnam combat veterans. *Bulletin of the Menninger Clinic* 47:193-216.

Brenner, C. (1973). *An Elementary Textbook of Psychoanalysis,* Revised Edition. New York: International Universities Press.

Breuer, J., and Freud, S. (1895). Studies on hysteria. *Standard Edition* 2:1-335.

Brody, S., and Axelrad, S. (1970). *Anxiety and Ego Formation in Infancy.* New York: International Universities Press.

Brown, G. W., Monck, E. M., Carstairs, G. M., and Wing, J. K. (1962). Influence of family life on the course of schizophrenic illness. *British Journal of Prevention and Social Medicine* 16:55-68.

Bruhl, O. (1959). Japanese mythology. In *New Larousse Encyclopedia of Mythology,* trans. R. Aldington and D. Ames, pp. 403-422. New York: Hamlyn.

Bulfinch, T. (1855). *Bulfinch's Mythology.* New York: Avenel Books, 1978.

Burnham, D. L. (1966). The special-problem patient: victim or agent of splitting? *Psychiatry* 29:105-122.

Burnham, D., Gladstone, A., and Gibson, R. (1969). *Schizophrenia and the Need-Fear Dilemma.* New York: International Universities Press.

Cameron, N. (1961). Introjection, reprojection, and hallucination in the interaction between schizophrenic patient and therapist.

International Journal of Psycho-Analysis 42:86-96.

Cantwell, D. (1986). Panel discussion. Oregon Psychiatric Association, Portland, January 1986.

Carnegie, D. (1926). *How to Develop Self-Confidence and Influence People by Public Speaking*. New York: Simon & Schuster, 1956.

Carnegie, D. (1936). *How to Win Friends and Influence People*. New York: Simon & Schuster, 1981.

Chodorow, N. (1974). Family structure and feminine personality. In *Woman, Culture, and Society*, ed. M. Z. Rosaldo and L. Lamphere, pp. 43-66. Palo Alto, CA: Stanford University Press.

Chopra, H. D., and Beatson, J. A. (1986). Psychotic symptoms in borderline personality disorder. *American Journal of Psychiatry*, 143:1605-1607.

Clark, R. W. (1971). *Einstein: The Life and Times*. New York: Avon Books.

Cobliner, W. G. (1965). The Geneva school of genetic psychology: parallels and counterparts. Appendix. In *The First Year of Life*, ed. R. A. Spitz, pp. 301-356. New York: International Universities Press.

Colson, D. B., Allen, J. G., Coyne, L., Deering, D., Jehl, N., Kearns, W., and Spohn, H. (1985). Patterns of staff perception of difficult patients in a long-term psychiatric hospital. *Hospital and Community Psychiatry* 36:168-172.

Cutler, D. L., and Tatum, E. (1983). Networks and the chronic patient. In *Effective Aftercare for the 1980's*. New Directions for Mental Health Services, No. 19. San Francisco: Jossey-Bass.

Deutsch, H. (1934). Some forms of emotional disturbance and their relationship to schizophrenia. *Psychoanalytic Quarterly* 11:301-321, 1942.

Doctorow, E. L. (1984). Willi. In *Lives of the Poets*, pp. 25-35. New York: Random House.

Doehrman, M. J. G. (1976). Parallel processes in supervision and psychotherapy. *Bulletin of the Menninger Clinic* 40:9-104.

Drinka, G. F. (1984). *The Birth of Neurosis: Myth, Malady and the Victorians*. New York: Simon & Schuster.

Eisenberg, L., and Kanner, L. (1956). Early infantile autism, 1943-1955. *American Journal of Orthopsychiatry* 26:256-266.

Eissler, K. R. (1953). The effect of the structure of the ego on psychoanalytic technique. *Journal of the American Psychoanalytic Association* 1:104-143.

Ekstein, R. (1983). *Children of Time and Space, of Action and Impulse.* New York: Jason Aronson.

Ellenberger, H. F. (1970). *The Discovery of the Unconscious: The History and Evolution of Dynamic Psychiatry.* New York: Basic Books.

Engen, T., and Lipsitt, L. P. (1965). Decrement and recovery of reponses to olfactory stimuli in the human neonate. *Journal of Comparative and Physiological Psychology* 59:312-316.

Erickson, M. H. (1935). A study of experimental neurosis hypnotically induced in a case of ejaculatio praecox. *British Journal of Medical Psychology* 15:34-50.

Erickson, E. H. (1950). *Childhood and Society.* New York: W. W. Norton.

Fairbairn, W. R. D. (1940). Schizoid factors in the personality. In *Psychoanalytic Studies of the Personality*, pp. 3-27. London: Routledge & Kegan Paul.

Fairbairn, W. R. D. (1941). A revised psychopathology of the psychoses and the psychoneuroses. In *An Object Relations Theory of Personality*, pp. 28-58. New York: Basic Books.

Fairbairn, W. R. D. (1943). The war neuroses - their nature and significance. In *An Object Relations Theory of Personality*, pp. 256-288. New York: Basic Books.

Fairbairn, W. R. D. (1954). *An Object Relations Theory of Personality.* New York: Basic Books.

Falloon, I. R. H., Boyd, J. L., McGill, C. W., Razani, J., Moss, H. B., and Gilderman, A. M. (1982). Family management in the prevention of exacerbations of schizophrenia: a controlled study. *New England Journal of Medicine* 306:1437-1440.

Federn, P. (1952). *Ego Psychology and the Psychoses.* New York: Basic Books.

Fenichel, O. (1945). *The Psychoanalytic Theory of Neurosis*. New York: W. W. Norton.

Fischman, L. G. (1983). Dreams, hallucinogenic drug states, and schizophrenia: a psychological and biological comparison. *Schizophrenia Bulletin* 9:73-94.

Fisher, H. F., Tennen, H., Tasman, A., Borton, M., Kubeck, M., and Stone, M. (1985). Comparison of three systems for diagnosing borderline personality disorder. *American Journal of Psychiatry* 142:855-858.

Fraiberg, S. R. (1969). Libidinal object constancy and mental representation. *Psychoanalytic Study of the Child* 24:9-47.

Frank, J. (1974). The restoration of morale. *American Journal of Psychiatry* 131:271-274.

Frazer, J. G. (1890). *The Golden Bough*. New York: Macmillan, 1922.

Freud, A. (1936). *The Ego and Its Mechanisms of Defense*. New York: International Universities Press.

Freud, A. (1965). *Normality and Pathology in Childhood*. New York: International Universities Press.

Freud, S. (1900). The interpretation of dreams. *Standard Edition* 4, 5:1-626.

Freud, S. (1905a). Three essays on the theory of sexuality. *Standard Edition* 7:121-245.

Freud, S. (1905b). Fragment of an analysis of a case of hysteria. *Standard Edition* 7:3-122.

Freud, S. (1909). Notes upon a case of obsessional neurosis. *Standard Edition* 10:153-318.

Freud, S. (1910). The future prospects of psycho-analytic therapy. *Standard Edition* 1:139-151.

Freud, S. (1911). Formulations on the two principles of mental functioning. *Standard Edition* 12:213-266.

Freud, S. (1912a). Recommendations to physicians practicing psycho-analysis. *Standard Edition* 12:109-120.

Freud, S. (1912b). The dynamics of transference. *Standard Edition* 12:97-108.

Freud, S. (1913a). Totem and taboo. *Standard Edition* 13:1-162.

Freud, S. (1913b). The occurrence in dreams of material from fairy tales. *Standard Edition* 12:281-287.

Freud, S. (1914a). On narcissism: an introduction. *Standard Edition* 14:69-102.

Freud, S. (1914b). Remembering, repeating and working through: further recommendations on the technique of psycho-analysis. *Standard Edition* 12:145-156.

Freud, S. (1915). Observations on transference-love: further recommendations on the technique of psycho-analysis. *Standard Edition* 12:157-171.

Freud, S. (1917). Mourning and melancholia. *Standard Edition* 14:243-258.

Freud, S. (1919). Lines of advance in psycho-analytic therapy. *Standard Edition* 17:157-168.

Freud, S. (1921). Group psychology and the analysis of the ego. *Standard Edition* 18:69-143.

Freud, S. (1923). The ego and the id. *Standard Edition* 19:3-66.

Freud, S. (1926). Inhibitions, symptoms, and anxiety. *Standard Edition* 20:87-172.

Freud, S. (1930). Civilization and its discontents. *Standard Edition* 21:57-145.

Freud, S. (1940). An outline of psycho-analysis. *Standard Edition* 23:141-207.

Freud, S., and Oppenheim, D. E. (1911). Dreams in folklore. *Standard Edition* 12: 180-203.

Frick, R. B. (1982). The ego and the vestibulocerebellar system: some theoretical perspectives. *Psychoanalytic Quarterly* 51:93-122.

Frick, R., and Bogart, L. (1982). Transference and countertransference in group therapy with Vietnam veterans. *Bulletin of the Menninger Clinic* 49:151-160.

Friedman, L. (1978). Trends in the psychoanalytic theory of treatment. *Psychoanalytic Quarterly* 47:524-567.

Fromm-Reichmann, F. (1950). *Principles of Intensive Psychotherapy.*

Chicago: University of Chicago Press.

Frosch, J. (1964). The psychotic character: clinical psychiatric considerations. *Psychoanalytic Quarterly* 38:81-96.

Frosch, J. (1970). Psychoanalytic considerations of the psychotic character. *Journal of the American Psychoanalytic Association* 18:24-50.

Gabbard, G. O. (1979). Stage fright. *International Journal of Psycho-Analysis* 60:383-392.

Gabbard, G. O. (1986). The treatment of the "special" patient in a psychoanalytic hospital. *International Review of Psycho-Analysis* 13:333-347.

Gabbard, G. O., and Twemlow, S. W. (1984). *With the Eyes of the Mind: An Empirical Analysis of Out-of-Body States.* New York: Praeger.

Giovacchini, P. L. (1975). Various aspects of the analytic process. In *Tactics and Techniques in Psychoanalytic Therapy,* vol. 2, ed. P. L. Giovacchini, PP. 5-94. New York: Jason Aronson.

Giovacchini, P. L. (1979). *Treatment of Primitive Mental States.* New York: Jason Aronson.

Gitelson, M. (1962). The curative factors with psycho-analysis. *International Journal of Psycho-Analysis* 43:194-205.

Goldstein, K. (1954). The concept of transference in treatment of organic and functional nervous disease. *Acta Psychotherapeutica* 2:334-353.

Goldstein, M. J., Rodnick, E. H., Evans, J. P., May, P. R. A., and Steinberg, M. R. (1978). Drug and family therapy in the aftercare of acute schizophrenics. *Archives of General Psychiatry* 35:1169-1177.

Green, H. (1964). *I Never Promised You a Rose Garden.* New York: Holt, Rinehart & Winston.

Greenacre, P. (1957). The childhood of the artist: libidinal phase development and giftedness. *Psychoanalytic Study of the Child* 12:27-72.

Greenberg, J. R., and Mitchell, S. A. (1983). *Object Relations in Psychoanalytic Theory.* Cambridge, MA: Harvard University Press.

Greene, M. A. (1984). The self psychology of Heinz Kohut: a synopsis and critique. *Bulletin of the Menninger Clinic* 48:37-53.

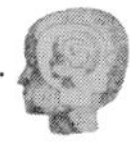

Greenson, R. R. (1965). The working alliance and the transference neurosis. *Psychoanalytic Quarterly* 34:155-181.

Greenson, R. R. (1971). The "real" relationship between the patient and the psychoanalyst. In *The Unconscious Today: Essays in Honor of Max Schur,* ed. M. Kanzer, pp. 213-232. New York: International Universities Press.

Grimm, J. K. L., and Grimm, W. K. (1812). Little Red-Cap. In *The Complete Grimms' Fairy Tales,* pp. 139-143. New York: Pantheon, 1972.

Grinberg, L. (1965). Contributión al estudio de las modalidades de la identificatión proyectiva. *Revista de Psicoacalisis* 22:263-278.

Grinberg, L. (1979). Countertransference and projective counteridentification. *Contemporary Psychoanalysis* 15:226-247.

Grinker, R. R., Werble, B., and Drye, R. C. (1968). *The Borderline Syndrome: A Behavioral Study of Ego-Functions.* New York: Jason Aronson.

Grolnick, S. A., Barkin, L., Muensterberger, W., eds. (1978). *Between Reality and Fantasy: Transitional Objects and Phenomena.* New York: Jason Aronson.

Grosskurth, P. (1986). *Melanie Klein: Her World and Her Work.* New York: Knopf.

Grostein, J. S. (1981a). *Splitting and Projective Identification.* New York: Jason Aronson.

Grostein, J. S. (1981b). Wilfred R. Bion: the man, the psychoanalyst, the mystic. In *Do I Dare Disturb the Universe? A Memorial to Wilfred R. Bion,* ed. J. S. Grotstein, pp. 1-35. Beverly Hills, CA: Caesura.

Grostein, J. S. (1987). The borderline as a disorder of self-regulation. In *The Borderline Patient: Emerging Concepts in Diagnosis, Etiology, Psychodynamics, and Treatment,* ed. J. S. Grotstein, J. Lang, and M. Solomon. Hillsdale, NJ: Analytic Press.

Gunderson, J. G. (1982). Empirical studies of the borderline diagnosis. In *Psychiatry, 1982: Annual Review,* ed. L. Grinspoon, pp. 425-437. Washington, DC: American Psychiatric Press.

Gunderson, J. G., Kerr, J., and Englund, D. W. (1980). The families of borderlines. *Archives of General Psychiatry* 37:27-33.

Guntrip, H. J. S. (1962). The clinical-diagnostic framework: the manic-depressive problem in light of the schizoid process. In *Schizoid Phenomena, Object-Relations and the Self,* ed. H. J. S. Guntrip, pp. 130-164. New York: International Universities Press.

Guntrip, H. J. S. (1969). *Schizoid Phenomena, Object-Relations and the Self.* New York: International Universities Press.

Guntrip, H. J. S. (1975). My experiences of analysis with Fairbairn and Winnicott. *International Review of Psycho-Analysis* 2:145-156.

Hamilton, N. G. (1980). The trickster: the use of folklore in psycho-analytic psychotherapy. *Bulletin of the Menninger Clinic* 44:364-380.

Hamilton, N. G. (1981). Empathic understanding. *Psychoanalytic Inquiry* 1:417-422.

Hamilton, N. G. (1986). Positive projective identification. *International Journal of Psycho-Analysis* 67:489-496.

Hamilton, N. G., and Allsbrook, L. (1986). Thirty cases of "schizophrenia" reexamined. *Bulletin of the Menninger Clinic* 50:323-340.

Hamilton, N. G., Green, H. J., Mech, A. W., Brand, A. A., Wong, N., and Coyne, L. (1984). Borderline personality: DSM-III versus a previous usage. *Bulletin of the Menninger Clinic* 48:540-543.

Hamilton, N. G., Ponzoha, C. A., Cutler, D. L., and Wiegel, R. M. (1987). Negative symptoms of schizophrenia and social networks. Paper presented at American Psychiatric Association Annual Meeting, Chicago, May 12, 1987.

Hamilton, N. G., Rogers, B. J., Morgan, F. D., Ponzoha, C. A., and Schwartz, L. D. (1986). Countertransference in a psychiatric outpatient clinic. Paper presented at Grand Rounds, Oregon Health Sciences University, Portland, April 1986.

Hartmann, H. (1939). *Ego Psychology and the Problem of Adaptation.* New York: International Universities Press, 1958.

Hartmann, H. (1950). Comments on the psychoanalytic theory of the ego. In *Essays on Ego Psychology,* pp. 113-141. New York: International Universities Press.

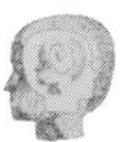

Hartmann, H. (1952). The mutual influences of the ego and the id. Psychoanalytic Study of the Child 7:9-30.

Hartmann, H. (1959). Psychoanalysis as a scientific theory. In *Essays on Ego Psychology,* pp. 318-350. New York: International Universities Press, 1964.

Hartmann, H. (1964). *Ego Psychology and the Problem of Adaptation.* New York: International Universities Press.

Hartocollis, P. (1968). The syndrome of minimal brain dysfunction in young adult patients. *Bulletin of the Menninger Clinic* 32:102-114.

Heuscher, J. E. (1974). *A Psychiatric Study of Myths and Fairytales,* Second Edition. Springfield, IL: Charles C Thomas.

Heuscher, J. E. (1980). The role of humor and folklore themes in psychotherapy. *American Journal of Psychiatry* 137:1546-1549.

Hilgard, E. R. (1977). *Divided Consciousness.* New York: Wiley.

Hoch, P. H., and Polatin, P. (1949). Pseudoneurotic forms of schizophrenia. *Psychiatric Quarterly* 23:248-274.

Holzman, P. S., and Levy, D. L. (1977). Smooth pursuit eye movements and functional psychoses: a review. *Schizophrenia Bulletin* 3:15-27.

Horner, A. J. (1984). *Object Relations and the Developing Ego in Therapy.* New York: Jason Aronson.

Horowitz, L. (1985). Divergent views on the treatment of borderline patients. *Bulletin of the Menninger Clinic* 49:525-545.

Isaacs, S. (1943). The nature and function of phantasy. In *Developments in Psychoanalysis,* ed. M. Klein, P. Heimann, S. Isaacs, and J. Riviere, pp. 67-121. London: Hogarth, 1952.

Jackson, J. H. (1884). Evolution and dissolution of the nervous system: lecture 1. *British Medical Journal* 1:591-593.

Jacobson, E. (1964). *The Self and the Object World.* New York: International Universities Press.

Jensen, K. (1932). Differential reaction to taste and temperature stimuli in newborn infants. *Genetic Psychology Monograph* 12:361-479.

Johnstone, E. C., Crow, T. J., Frith, C. D., Husband, J., and Kreel, L. (1976). Cerebral ventricular size and cognitive impairment in chronic schizophrenia. *Lancet* 2:924-926.

Johnstone, E. C., Crow, T. J., Frith, C. D., Stevens, M., Kreel, L., and Husband, J. (1978). The dementia of dementia praecox. *Acta Psychiatrica Scandinavica* 577:305-324.

Jones, E. (1953). *The Life and Work of Sigmund Freud*. New York: Basic Books.

Jung, C. G. (1912). *Symbols of Transformation: An Analysis of the Prelude to a Case of Schizophrenia*. In *The Collected Works of C. G. Jung*, vol. 5, trans. R. F. C. Hull, pp. 255-272. New York: Pantheon, 1954.

Jung, C. G. (1945). Medicine and psychotherapy. In *The Collected Works of C. G. Jung*, vol. 16, trans. R. F. C. Hull, pp. 84-93. New York: Pantheon, 1954.

Kaplan, L. S. (1978). *Oneness and Separateness: From Infancy to Individual*. New York: Simon & Schuster.

Katz, H., Frank, A., Hamm, D., and Gunderson, J. G. (1983). Psychotherapy of schizophrenia: what happens to treatment dropouts. Paper presented at the American Psychiatric Association Meeting, New York, April 1983.

Kernberg, O. F. (1965). Notes on countertransference. *Journal of the American Psychoanalytic Association* 13:38-56.

Kernberg, O. F. (1967). Borderline personality organization. *Journal of the American Psychoanalytic Association* 15:641-685.

Kernberg, O. F. (1969). A contribution to the ego-psychological critique of the Kleinian school. *International Journal of Psycho-Analysis*. 50:317-333.

Kernberg, O. F. (1970). A psychoanalytic classification of character pathology. *Journal of the American Psychoanalytic Association* 18:800-820.

Kernberg, O. F. (1974a). Further contributions to the treatment of narcissistic personalities. *International Journal of Psycho-Analysis*. 55:215-240.

Kernberg, O. F. (1974b). Contrasting viewpoints regarding the nature and psychoanalytic treatment of narcissistic personalities: a preliminary communication. *Journal of the American Psychoanalytic Association* 22:255-267.

Kernberg, O. F. (1975). *Borderline Conditions and Pathological Narcissism*. New York: Jason Aronson.

Kernberg, O. F. (1976). *Object Relations Theory and Clinical Psycho-Analysis.* New York: Jason Aronson.

Kernberg, O. F. (1977). Structural change and its impediments. In *Borderline Personality Disorders: The Concept, the Syndrome, the Patient,* ed. P. Hartocollis, pp. 275-306. New York: International Universities Press.

Kernberg, O. F. (1980). *Internet World and External Reality.* New York: Basic Books.

Kernberg, O. F. (1981). The therapeutic community: a reevaluation. *National Organization of Private Psychiatric Hospitals Journal* 12:46-55.

Kernberg, O. F. (1982). Self, ego, affects, and drives. *Journal of the American Psychoanalytic Association* 30:893-917.

Kernberg, O. F. (1984). *Severe Personality Disorders: Psychotherapeutic Strategies.* New Haven: Yale University Press.

Kernberg, O. F. (1986). Identification and its vicissitudes as observed in psychosis. *International Journal of Psycho-Analysis* 64:147-159.

Kernberg, O. F., Goldstein, E. G., Carr, A. C., Hunt, H. F., Bauer, S. F., and Blumenthal, R. (1981). Diagnosing borderline personality: a pilot study using multiple diagnostic methods. *Journal of Nervous and Mental Disease* 169:225-234.

King, P. H. M. (1983). The life and work of Melanie Klein in the British Psycho-Analytical Society. *International Journal of Psycho-Analysis* 64:251-260.

Klaus, M. H., Jerauld, R., Kreger, N., McAlpine, W. Steffa, M., and Kennell, J. H. (1972). Maternal attachment: the importance of the first postpartum days. *New England Journal of Medicine* 286:460-463.

Klein, M. (1932). *The Psycho-Analysis of Children.* London: Hogarth.

Klein, M. (1940). Mourning and its relation to manic-depressive states. In

Contributions to Psycho-Analysis, 1921-1945, pp. 311-338. London: Hogarth.

Klein, M. (1946). Notes on some schizoid mechanisms. *International Journal of Psycho-Analysis* 27:99-110.

Klein, M. (1957a). *Envy and Gratitude.* London: Tavistock.

Klein, M. (1957b). On identification. In *New Directions in Psycho-Analysis,* ed. M. Klein, pp. 309-345. New York: Basic Books.

Klein, M. (1959). Our adult world and its roots in infancy. In *Envy and Gratitude and Other Works, 1946-1963.* New York: The Free Press, 1975.

Klein, M., and Riviere, J. (1964). *Love, Hate, and Reparation.* New York: W. W. Norton.

Klein, M., and Tribich, D. (1981). Kernberg's object relations theory: a critical evaluation. *International Journal of Psycho-Analysis* 62:27-43.

Knight, R. P. (1953). Borderline states. *Bulletin of the Menninger Clinic* 17:1-12.

Kohut, H. (1971). *The Analysis of the Self.* New York: International Universities Press.

Kohut, H. (1977). *The Restoration of the Self.* New York: International Universities Press.

Kohut, H., and Wolf, E. S. (1978). The disorders of the self and their treatment: an outline. *International Journal of Psycho-Analysis* 59:413-425.

Kolb, J. E., and Gunderson, J. G. (1980). Diagnosing borderline patients with a semistructured interview. *Archives of General Psychiatry* 37:37-41.

Kraepelin, E. (1919). *Dementia Praecox and Paraphrenia,* trans. R. M. Barclay. Edinburgh: E. and S. Livingstone.

Kroll, J., Pyle, R., Zandr, J., Martin, K., Lari, S., and Sines, L. (1981). Borderline personality disorder: Construct validity of the concept. *Archives of General Psychiatry* 38:1021-1026.

Kulick, E. (1985). On countertransference boredom. *Bulletin of the Menninger Clinic* 49:95-112.

Lao Tzu (1955). *The Way of Life*, trans. R. B. Blakney. New York: New American Library.

Lasch, C. (1978). *The Culture of Narcissism: American Life in an Age of Diminishing Expectation*. New York: W. W. Norton.

Lester, E. P. (1983). Separation-individuation and cognition. *Journal of the American Psychoanalytic Association* 31:127-156.

Levi-Strauss, C. (1963). The sorcerer and his magic. In *Structural Anthropology,* vol. 1, trans. C. Jacobson and B. G. Schoepf, pp. 1677-205. New York: Basic Books.

Lidz, T. (1964). *The Family and Human Adaptation*. London: Hogarth.

Lipsitt, L. P., and Levy, N. (1959). Electrotactual threshold in the neonate. *Child Development* 30:547-554.

Lipton, S. D. (1977). The advantages of Freud's technique as shown in his analysis of the Rat Man. *International Journal of Psycho-Analysis* 58:255-273.

Luomala, K. (1949). Maui-of-a-Thousand-Tricks: his oceanic and European biographers. *Bernice P. Bishop Museum Bulletin,* No. 198.

Mahler, M. S. (1952). On child psychosis and schizophrenia: autistic and symbiotic infantile psychoses. *Psychoanalytic Study of the Child* 7:286-305.

Mahler, M. S. (1965). On the significance of the normal separation-individuation phase. In *Drives, Affects and Behavior,* vol. 2, ed. M. Schur, pp. 161-169. New York: International Universities Press.

Mahler, M. S. (1971). A study of the separation-individuation process and its possible application to borderline phenomena in the psychoanalytic situation. *Psychoanalytic Study of the Child* 26:403-424.

Mahler, M. S., and Gosliner, B. J. (1955). On symbiotic child psychosis: genetic, dynamic and restitutive aspects. *Psychoanalytic Study of the Child* 10:195-212.

Mahler, M. S., Pine, F., and Bergman, A. (1975). *The Psychological Birth of the Human Infant.* New York: Basic Books.

Masson-Oursel, P., and Morin, L. (1959). Indian mythology. In *New Larousse Encyclopedia of Mythology,* trans. R. Aldington and D.

Ames, pp. 325-378. New York: Hamlyn.

Masterson, J. F. (1976). *Psychotherapy of the Borderline Adult: A Developmental Approach*. New York: Brunner/Mazel.

Masterson, J. F., and Rinsley, D. B. (1975). The borderline syndrome: the role of the mother in the genesis and psychic structure of the borderline personality. *International Journal of Psycho-Analysis* 56:163-177.

Matte-Blanco, I. (1981). Reflecting with Bion. In *Do I Dare Disturb the Universe? A Memorial to Wilfred R. Bion,* ed. J. S. Grotstein, pp. 491-535. Beverly Hills, CA: Caesura.

Maugham, W. S. (1944). *The Razor's Edge*. New York: Doubleday.

Mayer, W. (1950). Remarks on abortive cases of schizophrenia. *Journal of Nervous and Mental Disease* 112:539-542.

McGlashan, T. H. (1982). Aphanasis: the syndrome of pseudo-depression in schizophrenia. *Schizophrenia Bulletin* 8:118-134.

McGlashan, T. H. (1983). The borderline syndrome: testing three diagnostic systems. *Archives of General Psychiatry* 40:1311-1318.

McIntosh, D. (1986). The ego and self in the thought of Sigmund Freud. *International Journal of Psycho-Analysis* 67:429-448.

Menninger, K. A. (1942). *Love against Hate*. New York: Harcourt, Brace.

Menninger, K. A., Mayman, M., and Pruyser, P. (1963). *The Vital Balance*. New York: Viking.

Meissner, W. W. (1980). A note on projective identification. *Journal of the American Psychoanalytic Association* 28:43-67.

Meissner, W. W. (1981). *Internalization in Psychoanalysis*. New York: International Universities Press.

Minuchin, S. (1974). *Families and Family Therapy*. Cambridge, MA: Harvard University Press.

Minuchin, S., and Fishman, H. C. (1981). *Family Therapy Techniques*. Cambridge, MA: Harvard University Press.

Mirsky, A. F., Silberman, E. K., Latz, A., and Nagler, S. (1985). Adult outcomes of high-risk children. *Schizophrenia Bulletin* 11:150-154.

Modell, A. H. (1968). *Object Love and Reality: An Introduction to a*

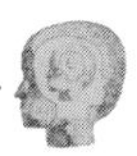

Psychoanalytic Theory of Object Relations. New York: International Universities Press.

Morales, M. (1985). Personal communication.

Newberry, T. B. (1985). Levels of countertransference toward Vietnam veterans with posttraumatic stress disorder. *Bulletin of the Menninger Clinic* 49:151-160.

Novotny, P. C. (1980). Personal communication.

Ogden, T. H. (1979). On projective identification. *International Journal of Psycho-Analysis* 60:357-373.

Ogden, T. H. (1982). *Projective Identification and Psychotherapeutic Technique.* New York: Jason Aronson.

Ornstein, P. H. (19774). On narcissism: beyond the introduction: highlights of Heinz Kohut's contributions to the psychoanalytic treatment of narcissistic personality disorders. *Annual of Psycho-Analysis* 2:127-149.

Oster, H. S. (1975). The perception of color in ten-week-old infants. Paper presented at the Society for Research in Child Development, Denver, 1975.

Ovid. In *Metamorphoses,* trans. R. Humphries. Bloomington: Indiana University Press, 1955.

Peale, N. V. (1952). *The Power of Positive Thinking.* New York: Prentice-Hall.

Peterson, D. R. (1954). The diagnosis of subclinical schizophrenia. *Journal of Consultation Psychology* 18:198-200.

Piaget, J. (1936). *The Origins of Intelligence in Children.* New York: International Universities Press, 1954.

Piaget, J. (1937). *The Construction of Reality in the Child.* New York: Basic Books, 1954.

Piaget, J. (1969). The intellectual development of the adolescent. In *Adolescence: Psychosocial Perspectives,* ed. G. Caplan and S. Lebovici, pp. 22-26. New York: Basic Books.

Pine, F. (1984). The interpretive moment: Variations on classical themes. *Bulletin of the Menninger Clinic* 48:54-71.

Poggi, R. G., and Ganzarain, R. (1983). Countertransference hate. *Bulletin of the Menninger Clinic* 47:15-35.

Pollock, G. H. (1985). Abandoning and abusing caretakers. In *Parental Influence in Health and Disease,* ed. J. E. Anthony and G. H. Pollock, pp. 349-400. Boston: Little, Brown.

Pruyser, P. W. (1975). What splits in "splitting?" *Bulletin of the Menninger Clinic* 39:1-46.

Pruyser, P. W., and Luke, J. T. (1982). The epic of Gilgamesh. *American Imago* 39:73-93.

Racker, H. (1957). The meanings and uses of countertransference. *Psychoanalytic Quarterly* 26:303-357.

Rank, O. (1914). The myth of the birth of the hero: a psychological interpretation of mythology. Nervous and Mental Disease Publishing Monograph Series, no. 18, trans. F. Robbins and S. E. Jelliffe. New York: Journal of Nervous and Mental Disease Publishing Company.

Rapaport, D. (1967). A theoretical analysis of the superego concept. In *Collected Papers,* ed. M. M. Gill, pp. 685-709. New York: Basic Books.

Rinsley, D. B. (1962). A Contribution to the theory of ego and self. *Psychoanalytic Quarterly* 36:96-120.

Rinsley, D. B. (1968). Economic aspects of object relations. *International Journal of Psycho-Analysis* 49:38-48.

Rinsley, D. B. (1972). A contribution to the nosology and dynamics of adolescent schizophrenia. *Psychoanalytic Quarterly* 46:159-186.

Rinsley, D. B. (1977). Personal communication.

Rinsley, D. B. (1978). Borderline psychopathology: a review of aetiology, dynamics and treatment. *International Review of Psycho-Analysis* 5:45-54.

Rinsley, D. B. (1982). *Borderline and Other Self Disorders.* New York: Jason Aronson.

Rinsley, D. B. (1987). Personal communication.

Rioch, M. J. (1970). The work of Wilfred Bion on groups. *Psychiatry* 33:56-66.

Ritvo, S., and Solnit, A. J. (1958). Influences of early mother-child interaction on identification processes. *Psychoanalytic Study of the Child* 13:64-86.

Rodman, R. F. (1967). Interrupting psychotherapy with patients who exceed the limits. *British Journal of Medical Psychology* 40:359-370.

Rose, D. S. (1986). "Worse than death": psychodynamics of rape victims and the need for psychotherapy. *American Journal of Psychiatry* 143:817-824.

Rosenfeld, H. (1983). Primitive object relations and mechanisms. *International Journal of Psycho-Analysis* 64:261-267.

Rutter, M. (1971). Pathogenesis of infantile autism. In *Abstracts: Fifth World Congress of Psychiatry, Mexico*. Mexico: Prensa M ica Mexicana.

Sachs, D. M., and Shapiro, S. H. (1976). On parallel processes in therapy and teaching. *Psychoanalytic Quarterly* 45:394-415.

Sandler, J., and Rosenblatt, B. (1962). The concept of the representational world. *Psychoanalytic Study of the Child* 17:128-145.

Schafer, R. (1948). *The Clinical Application of Psychological Tests*. New York: International Universities Press.

Schafer, R. (1968). *Aspects of Internalization*. New York: International Universities Press.

Schafer, R. (1978). *Language and Insight*. New Haven: Yale University Press.

Schilder, P. (1935). *The Image and Appearance of the Human Body*. London: Routledge & Kegan Paul.

Scott, E. M. (1984). Some suggestions based on the association of personality disorders and alcoholism. Paper presented at the Oregon Psychiatric Association, Kah-Nee-Ta, April 1984.

Searles, H. (1955). The informational value of the supervisor's emotional experiences. *Psychiatry* 18:135-146.

Searles, H. (1959). Integration and differentiation in schizophrenia: an over-all view. *British Journal of Medical Psychology* 32:261-281.

Searles, H. (1961). Phases of patient-therapist interaction in the psychotherapy of schizophrenia. In *Collected Papers on Schizophrenia and Related Subjects*, pp. 521-559. New York: International Universities Press, 1965.

Searles, H. (1963). Transference psychosis in the psychotherapy of chronic schizophrenia. In *Collected Papers on Schizophrenia and Related Subjects*, pp. 654-716. New York: International Universities Press, 1965.

Searles, H. (1967a). The "dedicated physician" in psychotherapy and psychoanalysis. In *Cross Currents in Psychiatry and Psychoanalysis*, ed. R. W. Gibson, pp. 128-143. Philadelphia: JB Lippincott.

Searles, H. (1967b). The schizophrenic individual's experience of his world. *Psychiatry* 30:119-131.

Segal, H. (1964). *Introduction to the Work of Melanie Klein*. New York: Basic Books.

Shapiro, E. R., Shpiro, R. L., Zinner, J., and Berkowitz, D. A. (1977). The borderline ego and the working alliance: indications for family and individual treatment in adolescence. *International Journal of Psycho-Analysis* 58:77-87.

Sheehy, M., Goldsmith, L., and Charles, E. (1980). A comparative study of borderline patients in a psychiatric outpatient clinic. *American Journal of Psychiatry* 137:1374-1379.

Simon, B. (1978). *Mind and Madness in Ancient Greece*. Ithaca, NY: Cornell University Press.

Slipp, S. (1984). *Object Relations: A Dynamic Bridge between Individual and Family Treatment*. New York: Jason Aronson.

Slochower, H. (1970). *Mythopoesis: Mythic Patterns in the Literary Classics*. Detroit.: Wayne State University Press.

Soloff, P. H., and Ulrich, R. R. (1981). Diagnostic interview for borderline patients: a replication study. *Archives of General Psychiatry* 38:686-692.

Solomon, P., and Kleeman, S. T. (1975). Sensory deprivation. In *Comprehensive Textbook of Psychiatry/II*, vol. 1, ed. A. M. Freedman, H. I. Kaplan, and B. J. Sadock, pp. 455-459. Baltimore, MD: Williams & Wilkins.

Spillius, E. B. (1983). Some developments from the work of Melanie Klein. *International Journal of Psycho-Analysis* 64:321-332.

Spitz, R. A. (1946). The smiling response: a contribution to the ontogenesis of social relations. *Genetic Psychology Monographs* 34:57-125.

Spitz, R. A. (1965). *The First Year of Life: A Psychoanalytic Study of Normal and Deviant Development of Object Relations*. New York: International Universities Press.

Spitzer, R. L., Endicott, J., and Gibbon, M. (19779). Crossing the border into borderline personality and borderline schizophrenia. *Archives of General Psychiatry* 36:17-24.

Stanton, A., and Schwartz, M. (1954). *The Mental Hospital: A Study of Institutional Participation in Psychiatric Illness and Treatment*. New York: Basic Books.

Stern, A. (1938). Psychoanalytic investigation of and therapy in the borderline group of neuroses. *Psychoanalytic Quarterly* 7:457-489.

Stern, A. (1945). Psychoanalytic therapy in the borderline neuroses. *Psychoanalytic Quarterly* 14:190-198.

Sullivan, H. S. (1953). *The Interpersonal Theory of Psychiatry*. New York: W. W. Norton.

Tolpin, M. (1971). On the beginnings of a cohesive self: an application of the concept of transmuting internalization to the study of the transitional object and signal anxiety. *Psychoanalytic Study of the Child* 26:316-352.

Torrey, E. F. (1983). *Surviving Schizophrenia: A Family Manual*. New York: Harper and Row.

Tuchman, B. W. (1978). *A Distant Mirror: The Calamitous Fourteenth Century*. New York: Alfred A. Knopf.

Tyson, P. (1982). A developmental line of gender identity, gender, role, and choice of love object. *Journal of the American Psychoanalytic Association* 30:61-86.

Vaughn, C. E., and Leff, J. (1976). The measurement of expressed emotion in the families of psychiatric patients. *British Journal of Social and*

Clinical Psychiatry 15:157-165.

Weinberger, D. R., Torrey, E. F., Neophytides, A. N., and Wyatt, R. J. (1979). Structural abnormalities in the cerebral cortex of chronic schizophrenic patients. *Archives of General Psychiatry* 36:935-939.

Wertheheimer, M. (1961). Psychomotor coordination of auditory and visual space at birth. *Science* 134:19-62.

Will, O. A., Jr. (1975). Schizophrenia: psychological treatment. In *Comprehensive Textbook of Psychiatry/II,* vol. 2, ed. A. M. Freedman, H. I. Kaplan, and B. J. Sadock, pp. 939-954. Baltimore: Williams & Wilkins.

Winnicott, D. W. (1935). The manic defense. In *Collected Papers*, pp. 129-144. London: Tavistock, 1958.

Winnicott, D. W. (1949). Hate in the countertransference. *International Journal of Psycho-Analysis* 30:69-74.

Winnicott, D. W. (1953). Transitional objects and transitional phenomena: a study of the not-me possession. *International Journal of Psycho-Analysis* 34:89-97.

Winnicott, D. W. (1960). The theory of the parent-infant relationship. In *The Maturational Process and the Facilitating Environment,* pp. 37-55. New York: International Universities Press.

Wong, N. (1980). Borderline and narcissistic disorders: a selective overview. *Bulletin of Menninger Clinic* 44:101-126.

Wynne, L. C., and Singer, M. T. (1963). Thought disorder and family relations of schizophrenics: a research strategy. *Archives of General Psychiatry* 9:191-198.

Zetzel, E. R. (1965). The theory of therapy in relation to a developmental model of the psychic apparatus. *International Journal of Psycho-Analysis* 46:39-52.

Zetzel, E. R. (1966). 1965: Additional notes upon a case of obsessional neurosis: Freud 1909. *International Journal of Psycho-Analysis* 47:123-129.

Zilboorg, G. (1941). Ambulatory schizophrenia. *Psychiatry* 4:149-155.

찾아보기

인 명

내 용

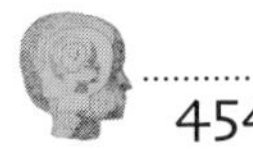

◎ 저자 소개

N. Gregory Hamilton
정신과 의사. 미국 Menninger Clinic에서 정신과 수련의 과정을 거친 후 Menninger Clinic 임상교수와 Oregon 대학병원 정신과 교수를 지냈다.

◎ 역자 소개

김진숙
경북대학교 사범대학 교육학과 교수. 미국 Western Michigan 대학교 상담자교육 및 상담심리학과 상담심리학 전공 석 · 박사 학위를 받은 후 Western Michigan 대학교 대학상담센터 상담원과 한국청소년상담원 상담교수를 지냈다.

김창대
서울대학교 사범대학 교육학과 교수. 서울대학교 대학원 교육학과 상담전공 석사 학위, 미국 Columbia University의 Teachers College 상담심리학과 석 · 박사 학위를 받은 후 한국청소년상담원 상담교수와 계명대학교 교육학과 교수를 지냈다.

이지연
인천대학교 대학원 교육학과 교수. 계명대학교 대학원 교육학과 상담심리학전공 석사 학위, 이화여자대학교 대학원 심리학과 상담심리전공 박사 학위를 받은 후 서강대학교 상담교수와 이화여자대학교 심리학과 교수를 지냈다.

대상관계 이론과 실제: 자기와 타자

SELF AND OTHERS : Object Relations Theory in Practice

2007년 3월 20일 1판 1쇄 발행
2025년 1월 20일 1판 23쇄 발행

지은이 • N. Gregory Hamilton, M. D.
옮긴이 • 김진숙 · 김창대 · 이지연
펴낸이 • 김 진 환
펴낸곳 • (주) 학지사
04031 서울특별시 마포구 양화로 15길 20 마인드월드빌딩 5층
대표전화 • 02) 330-5114 팩스 • 02) 324-2345
등록번호 • 제313-2006-000265호

홈페이지 • http://www.hakjisa.co.kr
인스타그램 • https://www.instagram.com/hakjisabook

ISBN 978-89-5891-438-9 93180

정가 18,000원